THE POLITICAL ECONOMY OF GOVERNMENT DEBT
국가채무

김준기 지음

박영사

※ 이 책은 2018년도 서울대학교 한국행정연구소 연구총서로 발간되었음.

머리말

오랜 시간을 거쳐 모든 원고를 가다듬는 지금, 그동안 거쳐 온 모든 집필의 과정을 되돌아보지 않을 수 없다. 2017년 1월 국회예산정책처장의 소임을 마무리하던 당시, 이 책의 집필을 처음 구상하게 되었다. 지난 2년간의 임기 동안 대한민국의 재정운영 전반을 두루 접하면서 국가예산과 재정관리제도에 대한 이해를 바탕으로 그 결과물인 '국가채무'에 관한 입문서를 써 봐야겠다고 생각한 것이다.

그런데 막상 졸고(拙稿)치고는 너무 오래 걸렸다. 처음에는 정책현장의 경험과 이해를 바탕으로 학술 차원의 이론서가 아닌, 국가채무가 발생하는 정치경제적 맥락과 요인을 분석하는 데 집중하려 했으나 슬그머니 욕심이 나기 시작하였다. 기나긴 국가재정관리의 역사적 맥락과 흐름 속에서 오늘날 현대국가가 당면한 국가채무의 현실과 문제를 이해하고픈 학문적 호기심이 슬며시 솟구쳤다. 때마침 살스먼(Richard M. Salsman)의 『The Political Economy of Public Debt』(2017)를 접하게 되었고, 이로부터 본서의 제3장과 제7장을 구성하는 국가채무이론에 대한 주요 논의들을 풀어낼 수 있었다.

그러나 이 과정은 생각보다 훨씬 더 지난하고 더딘 작업이 되었다. 왜냐하면 고전학파와 케인스학파의 논의를 다루는 대목은 비교적 순탄하였으나 보다 심층적이고 광범위한 공공선택론의 핵심 논의들을 일목요연하게 제시하는 것은 좀처럼 수월하지 않았기 때문이다. 설상가상으로 가장 중요한 시점에서 예기치 못한 사정들이 발생하였고, 공공기관경영평가단 업무를 수행하는 것 또한 집필활동에 전력하지 못한 배경이 되었으나 이 또한 무슨 소용인가? 이제와서 돌아보면 그저 핑계일 따름인 것을.

무엇보다도 이 책을 쓰게 된 동기는 국회 현장에 직접 몸담으면서 국회의 예·결산과정을 통하여 재정정책의 역할과 기능이 뒤바뀌는 현실을 목도한 것에서 비롯된다. 특히 2010년 중반부터 국내 경제상황은 그리 녹록하지 않은 가운데, 2%대의 저(低)성장구조가 고착화되었고, 정부는 '양입제출(量入制出)'의 원칙을 포기하고 확장적 재정지출정책을 추구한다. 이로부터 우리나라에서는 재정적자가 지속적으로 발생하면서 국가채무 또한 크게 늘어나게 되었다. 특히 국가채무(D1)의 연평균 증가폭은 2000~2010년 23.8조원에서 2010~2015년에 이르러 40조원에 육박하였고, 최근 발표된 「2019~2023년 국가재정운용계획」에 의하면, 2023년 기준으로 전년 대비 90조원 이상 증가하여 1,000조원을 넘는다는 전망이 제시된다.

이때 국가세입·세출 여건의 변화가 없다고 가정하면, 우리나라는 2024년 이후에는 매년 100조원 이상의 국가채무가 늘어난다는 예측이다. 비록 우리나라의 GDP 대비 일반정부 부채비율(D2)은 2017년 기준 42.5% 수준이며, 이는 일반정부 부채비율 100%를 일찌감치 넘어선 OECD 주요국보다는 나은 형편이지만, 우리나라의 일반정부 부채의 연평균 증가율(2001~2018년)은 11.1%로 OECD 회원국 가운데 가장 빠르게 증가하고 있는 국가 중 하나이다. 이러한 현상은 민간과 사회 부문의 역량이 강화되고 복잡다기한 사회문제가 끊임없이 등장하는 새로운 밀레니엄 시대임에도 불구하고, 대한민국은 여전히 1970~1980년대의 발전국가론에 입각한 국가주도형 경제성장모델의 성공법칙에 매몰되어, 정부에 대한 과도한 기대를 가지고 사회문제를 해결하려는 여론과 정치권의 인식에서 크게 벗어나지 못하고 있음을 반증하고 있다.

재정정책을 통하여 경제성장과 분배의 문제를 해결하겠다는 재정만능주의, 세입을 초과한 확장적 정부지출과 재정수지의 적자편향성, 정부예산을 둘러싼 예산관리부처와 사업부처의 갈등과 사업부처 간 예산경쟁, 정부예산과 국가재정을 관리, 통제할 권한을 가진 국회의 정치적 이해추구와 제한된 의사결정능력. 이 모든 것들이 더해져 대한민국의 재정환경에서 정작 이들을 관리, 운영해야 할 제도적 견제와 균형은 그 방향성과 힘을 잃고 사익을 추구하는 정치과정으로 변질되었고, 머지않아 장기침체를 유도할 수 있는 저출산·고령화라는 거대한 산과 마주하게 되었다.

이 같은 현실에서 저자는 과연 우리나라가 당면한 국가재정 여건에서 지금처럼 확장적 적자지출을 지속적으로 추구할 수 있는지, 이와 함께 당면하게 될 국가채무는 얼마나 지속가능한지를 분석하겠다는 목적을 가지고 본서를 집필하기 시작하였다. 더욱이 이 같은 의문에 흔쾌히 방향을 제시할 만한 국가채무에 대한 변변한 입문서가 없는 것 또한 중요한 집필동기가 되었다. 어쩌면 처음이라는 수식어가 될 법한 졸고의 면면은 다소 부족한 점은 있더라도 이 같은 저자의 문제의식과 바람을 소박하게나마 풀어내었기에 한편으로는 나름의 가치와 의미가 있는 작업이 된 것 같다.

이 책은 총 8장으로 구성되어 있다. 제1장은 국가채무에 대한 법적 정의와 IMF와 UN 등이 정의하고 있는 국제기준에 대한 논의를 정리하였고, 이러한 정의에 따른 우리나라의 국가채무수준을 다른 OECD 국가들과 비교·분석하였다. 제2장은 지난 200년 동안 주요 선진국의 채무수준은 어떻게 변화되었으며, 이들의 정치·경제·사회적 요인은 무엇인지, 그리고 국가별 특성은 무엇인지 제시하였다. 제3장은 국가채무에 관한 주요 이론으로서 고전학파(classical school), 케인스학파(Keynesian school), 그리고 공공선택론학파(public choice school)로 분류하여 국가부채의 발생원인과 함의, 그리고 부채의 지속가능성(sustainability)에 대한 논의들을 정리하였다. 제4장은 우리나라의 국가재정 규모를 파악하고, 정부의 12개 분야별 재정지출의 변화 추이와 가장 변화의 폭과 비중이 높은 사회복지지출 추이를 중장기적 관점에서 분석하였다.

제5장은 「국가재정운용계획」을 포함한 중장기 재정운용과 관련된 제도의 실태를 점검하면서 「국가재정운용계획」의 주요 개념과 지표들의 적정성 및 예측, 전망의 정확성을 논하며, 이들의 제도적 개선방안을 제시하였다. 또한 최근 논란이 일고 있는 예비타당성조사제도의 주요 이슈들도 함께 논의하였다. 제6장은 추가경정예산의 편성배경과 경제 및 재정효과에 대한 분석을 시도하였다. 제7장은 이론과 실증분석 차원에서 국가채무의 지속가능성과 최적수준을 검토하며, 이들의 개념정리를 비롯하여 국가채무의 누적이 거시경제에 미치는 영향을 분석하였다. 이와 함께 여러 기관에서 제시한 장기재정전망에 따

른 우리나라의 국가채무의 지속가능성을 검토하며, 이들 논의를 발전시켰다. 마지막으로, 제8장의 결론과 정책 시사점으로 본서를 마무리하였다.

무엇보다 졸고를 마무리하는 시점에서 크게 애써 준 이들에게 감사를 전하지 않을 수 없다. 먼저 연구실 식구들이다. 석조은 박사는 본서를 두루 살피며, 부족한 부분을 메우고 세심히 원고를 다듬는 수고를 흔쾌히 감당해 주었고, 이민호 박사는 제5장부터 제8장의 내용을 거듭 검토하며, 거의 새로 쓰는 수준의 수정작업을 해 주었으며, 김정부 교수는 여러 방면에서 저자에게 큰 도움을 주었다. 그리고 권예솔, 조하나, 홍지민, 김병수, 심의영, 이우리, 송은우 학생의 도움으로 집필 작업을 잘 마칠 수 있었다. 아울러 오랜 시간 인내해 주신 박영사 안종만·안상준 대표님, 조성호 이사님과 손준호 대리님, 이강용 편집위원님, 지면을 꾸며 준 안은영 위원님에게도 감사의 말씀을 드린다.

마지막으로 가족들에게 감사의 말씀을 전한다. 편히 영면(永眠)하고 계실 아버지와 장인어른이 제일 기뻐하실 것 같고, 어머니와 장모님도 이젠 공부하며 잘 지낸다고 안심하실 것 같다. 그중에서도 그토록 여유부리며, 마냥 인생을 즐기기만 할 것 같던 아빠가 다소 고민의 흔적이 있는 책을 썼다며 무척 좋아하고 뿌듯해 할 아들 진석과 진형, 그리고 지난날 학문과 연구라는 힘든 삶의 여정에서, 이제는 선생이자 행정가라는 갈림길에서 정처 없이 헤매고만 있는 철없는 남편을 언제나 격려하고 지지해 주는 아내 묘은에게 이 책을 바친다.

2020년 3월 관악산 자락에서

저 자

차 례

01 국가채무의 정의와 변화 추이

02 국가채무의 역사적 변천과정

03 국가채무에 대한 이론적 논의

04 재정지출과 복지지출

05 재정정책과 재정제도

06 재정정책과 추가경정예산

07 국가채무의 지속가능성

01

국가채무의 정의와 변화 추이

01

국가채무의 정의와 변화 추이

① 서 론

최근 국가재정과 관련된 중요 화두는 정부의 적자지출 증가로 인하여 급속도로 증가하는 국가채무의 지속가능성(sustainability) 여부이다. 가장 협소한 국가채무 기준으로 우리나라의 국가채무는 2001년 이후 600조원 이상 증가하여 2019년 731.7조원으로 예측되고 있으며, 중장기채무전망에서도 매우 빠른 증가가 예상되고 있다.[1] 특히 세계경제가 침체되면서 우리나라는 저성장이 구조화되어 재정수입의 성장은 둔화되고 있는 반면, 저출산·고령화가 가속화되면서 '연령관련지출(age-related expenses)' 확대를 포함한 의무지출의 증가 및 경기부양 등을 위한 재량지출의 증가로 인하여 재정수지가 악화되면서 국가채무도 급속하게 늘어나고 있다. 이 같은 양상은 시장에서의 정부의 역할에 대한 논쟁을 촉발시키며 매우 빠른 속도로 증가하고 있는 국가채무가 재정여건상 지속가능한지, 그리고 이처럼 누적되는 국가채무가 거시경제에 어떠한 영향을 미칠 것인지에 대한 논란으로 이어지고 있다. 특히 2019년 현재 2%대의 실질 경제성장률이 고착화되고 있는 국내경제 상황에서 '자기증속적' 속성이 있는

1) 1998년 국가채무(D1)는 80.4조원(15.3%)에서 2018년 680.7조원(38.2%)으로 600조원 이상 증가하였고, GDP 대비 국가채무비율도 20%p 이상 증가하였다.

국가채무가 2036년에는 GDP의 70% 수준에 육박하면서 막대한 이자부담과 원금상환의 불능, 국가신용도 하락 등으로 인하여 더 이상 지속가능하지 않다는 주장이 있다(국회예산정책처, 2016). 또한 재정지출의 승수효과 측면에서도 국가채무가 GDP의 90% 수준을 넘으면 민간 투자와 소비에 대한 구축효과(crowd-out effect)로 인하여 국가의 경제성장에 부정적인 영향을 미친다는 주장도 있다(Reinhart & Rogoff, 2009).2)

그러나 국가채무 전반에 대하여 면밀한 진단과 생산적인 논의를 이어가기 위해서는 국가채무에 대한 정의와 재정통계의 범위가 명확해야 한다(윤영진, 2012). 특히 최근 국가부채가 급격하게 증가하는 상황에서 부채의 발생원인에 대한 논의와 국가채무의 범위에 대한 정치적 논쟁이 크게 늘고 있어 이에 대한 국제기준을 검토하는 한편, 보다 명확하게 논의할 필요가 있다. 뿐만 아니라 시장과 시민사회의 특성을 가미한 다양한 형태의 혼합조직(hybrid organizations)이 급증하면서 어떠한 형태의 조직까지 국가(정부)의 범위에 포함시킬 것인지, 국가채무에 대한 인식범위를 어디까지 확대할지에 따라 재정통계는 매우 상이하게 나타날 수 있다. 특히 연금충당부채와 같이 확정적이지 않고 변동성이 높은 우발채무의 포함 여부도 국가채무 논의에서 매우 중요하다.3)

이러한 과정에서 정부부채(government debt), 국가채무(national debt), 공공채무(public debt) 등 다양한 개념들이 논의되고 있으며, 여기에 공공신용(public credit), 외국채(foreign-held debt, foreign bond)와 내국채(domestically-held debt, domestic bond), 총채무(gross debt)와 순채무(net debt), 묵시적 채무(implicit debt)와 명시적 채무(explicit debt) 등 개념적으로 차이가 있는 여러 항목들이 존재한다(Salsman, 2018). 일반적으로 정부부채와 국가채무는 중앙정부와 지방정부의 부채라는 맥락에서 혼용되어 쓰이고 있으나, 공공채무는 중앙정부와 지방정부의 채무에 공공기관(공기업)의 부채를 포함하고 있다.4) 또한 공공신용은 정부신뢰(government

2) 선진국은 90%, 개발도상국은 70% 수준을 넘을 경우 구축효과가 발생하기 시작한다고 주장한다.

3) 연금충당부채 등 우발채무(비확정부채)는 2018년도 1,127.9조원으로 연금충당부채 939.54조원, 기타 충당부채 61.8조원(퇴직수당충당부채 3.2조원, 소송충당부채 58.6조원, 기타 부채(주택도시기금 청약저축 등) 129.4조원으로 구성되어 있다(기획재정부, 2019a).

4) 이러한 광의의 개념에서 공기업(공공기관) 부채도 포함되기도 한다.

trust)와 신용도(creditworthiness)와 유사한 개념으로 정부가 주로 민간에서 가용할 수 있는 재정자원의 총액을 의미하고, 외국채는 1980년대 신흥국의 외채 증가와 1990년대 이후 선진국의 대외채무 증가에 따라 발생하는 경제적 파급효과가 내국채와는 상이하기 때문에 이들을 구분 짓고 있다. 한편 총채무에서 정부 간 내부 거래를 제외하면 순채무가 계산되고, 묵시적 채무는 주로 인구통계학적 변화에 따라 발생하는 '연령관련지출'과 같은 의무지출 성격의 우발채무를 포함하며, 법적 기준에 근거한 측정 가능한 채무는 명시적 채무로 정의하고 있다.[5)]

이 장에서는 국가채무에 대한 법적 정의와 IMF, OECD, UN 등이 정의하는 국제기준에 대한 논의를 제시한다. 그리고 이러한 정의에 따른 우리나라의 국가채무 수준을 OECD 국가와 비교·분석하고, 이들의 변화 추이도 함께 논의하기로 한다.

2 국가채무의 정의

우리나라 정부가 일반적으로 정의하고 있는 '국가채무'는 정부가 민간이나 해외에 원리금 상환의무를 지고 있는 채무를 지칭한다. 보다 구체적으로 「국가재정법」 제91조 제1항에 따르면 국가채무는 국가의 회계 또는 기금이 부담하는 금전채무[6)]로 규정되고 있으며, 기획재정부가 발표하는 국가채무 통계는

5) 외채총액에서 국내 기관과 개인이 보유한 외국의 채무를 제외하면 순외채규모를 얻을 수 있다.

6) 「국가재정법」 제91조(국가채무의 관리)
① 기획재정부장관은 국가의 회계 또는 기금이 부담하는 금전채무에 대하여 매년 다음 각 호의 사항이 포함된 국가채무관리계획을 수립하여야 한다.
② 제1항의 규정에 따른 금전채무는 다음 각 호의 어느 하나에 해당하는 채무를 말한다.
1. 국가의 회계 또는 기금(재원의 조성 및 운용방식 등에 따라 실질적으로 국가의 회계 또는 기금으로 보기 어려운 회계 또는 기금으로서 대통령령이 정하는 회계 또는 기금을 제외한다)이 발행한 채권
2. 국가의 회계 또는 기금의 차입금
3. 국가의 회계 또는 기금의 국고채무부담행위

표 1-1 국가채무 규모 추이(2001~2018년)

(단위: 조원, GDP 대비 %)

연도	중앙정부 채무								지방정부 순채무	국가채무	
			국채				차입금	국고채무부담행위			
		%		국고채권	국민주택채권	외평채권(외화)					%
2001	113.1	16.4	87.8	50.9	20.6	5.4	22.5	2.8	8.7	121.8	18.3
2002	126.6	16.6	103.1	55.6	25.7	4.8	20.7	2.8	7.1	133.8	18.2
2003	158.8	19.6	140.6	81.5	30.1	4.8	15.8	2.4	6.9	165.8	21.1
2004	196.1	22.4	182.9	123.1	32.4	5.3	10.7	2.5	7.6	203.7	23.8
2005	238.8	26.0	229.0	170.5	37.1	6.1	7.6	2.2	9.2	247.9	27.5
2006	273.2	28.3	264.3	206.8	42.9	6.6	6.4	2.5	9.5	282.7	29.8
2007	289.1	27.7	280.5	227.4	43.3	6.7	5.7	2.9	10.1	299.2	29.2
2008	297.9	27.0	289.4	239.3	44.9	5.2	5.3	3.2	11.0	309.0	28.0
2009	346.1	30.1	337.5	280.9	48.3	8.3	5.4	3.2	13.5	359.6	31.2
2010	373.8	29.5	367.2	310.1	49.0	8.0	3.5	3.1	18.4	392.2	31.0
2011	402.8	30.2	397.1	340.1	48.9	8.1	2.5	3.3	17.6	420.5	31.6
2012	425.1	30.9	420.0	362.9	49.5	7.6	2.3	2.8	18.0	443.1	32.2
2013	464.0	32.5	459.5	400.7	51.3	7.5	1.9	2.7	25.7	489.8	34.3
2014	503.0	33.9	498.1	438.3	52.8	7.0	2.6	2.4	30.1	533.2	35.9
2015	556.5	35.6	551.5	485.1	59.3	7.1	3.3	1.7	34.9	591.5	37.8
2016	591.9	36.1	587.5	516.9	64.0	6.7	3.9	0.5	35.0	626.9	38.2
2017	627.4	36.3	623.3	546.7	69.4	7.2	3.8	0.2	32.8	660.2	38.2
2018	651.8	37.7	648.4	567.0	73.3	8.0	3.2	0.2	28.7	680.5	39.5

주: GDP 대비 채무비율은 한국은행 구(舊)계열 GDP 기준(2010년 기준)을 활용하고 있음.
자료: 기획재정부 재정정보공개시스템(openfiscaldata.go.kr)(2019년 12월 10일 접속).

'법령상 국가채무(중앙정부 국가채무)'에 '지방정부 순채무'를 더한 수치를 의미한다(한국재정정보원, 2019). 따라서 재정통계에서 가장 많이 활용되고 있는 '국가채무'의 개념은 중앙정부와 지방정부의 확정된 채무만을 포함하고 있고, 묵시적 채무와 공기업을 포함한 다른 공공부문을 포함하지 않으므로 개념상 가장 협소한 정의로 볼 수 있다.

다만 여기서 구분해야 할 개념 중 하나가 '국가채무'와 '국가부채'에 대한 정의이다. 윤영진(2012)은 「국가재정법」 제91조의 국가채무와 「국가회계기준에 관한 규칙」 제17조의 국가부채를 비교하면서 '국가채무'는 "국가의 회계 또는 기금이 부담하는 금전채무"라는 금융부채의 의미를 담고 있으며, 「국가회계기준에 관한 규칙」에서 언급한 '국가부채'는 "과거의 거래나 사건의 결과로 국가회계실체가 부담하는 의무로서, 그 이행을 위하여 미래에 자원의 유출 또는 사용이 예상되는 현재의 의무"로 정의하고 있다(윤영진, 2012: 376). 따라서 「국가회계기준에 대한 규칙」에서 논의하는 국가부채의 개념은 우발채무 등을 포함하고 있어 「국가재정법」상 국가채무보다 그 범위가 넓다고 볼 수 있다. 다만 본서에서는 재정통계 확보의 용이성과 재정당국이 재정운영을 위해 활용하는 개념 등을 고려하여 기획재정부와 국회예산정책처 등이 일반적으로 활용하는 확정된 채무로서 「국가재정법」의 '국가채무(D1)'의 개념을 적용하기로 한다.

3 국가채무의 구분

우리나라는 「국가재정법」 제7조에 따라 기획재정부가 「국가채무관리계획」을 수립하여 국회에 제출하며, 이를 통해 중기(5년) 국가채무의 목표수준을 설정하고 동시에 국가채무의 관리 및 재정운용의 방향을 제시하고 있다.[7] 국가

7) 「국가재정법」 제7조(국가재정운용계획의 수립 등) ①정부는 재정운용의 효율화와 건전화를 위하여 매년 당해 회계연도부터 5회계연도 이상의 기간에 대한 재정운용계획(이하 "국가재정운용계획"이라 한다)을 수립하여 회계연도 개시 120일 전까지 국회에 제출하여야 한다.

채무에 대한 작성범위는 「국가재정법」 제91조 제2항에 따라 중앙정부 채무인 국채, 차입금, 국고채무부담행위와 지방정부 순채무로 한정하고 있다. 이러한 국가채무는 확정된 금융성 채무와 적자지출에 따라 발생하는 적자성 채무로 구분된다. 일반적으로 금융성 채무는 주택기금을 포함하여 외국환평형기금, 재정융자특별회계, 농어촌구조개선자금융자 등 향후 회수하여 상환할 수 있는 채무를 칭하는 반면, 적자성 채무는 주로 재정수지 적자로 인하여 발생하는 채무를 포함한다.

이처럼 「국가재정법」에서 정의하고 있는 '국가채무'는 2018년 결산기준으로 680.5조원이고, 2001년 대비 558.7조원 증가하였으며, 기획재정부(2020)에 따르면 2020년에는 국가채무가 805.2조원으로 증가할 것으로 전망하고 있다. 이는 2001~2018년 사이 연평균 33조원 가깝게 증가한 것을 의미하며, 1997~2001년 사이 연평균 증가규모(12.3조원)보다 매우 크다. 국가채무의 순증이 가장 크게 발생한 연도는 2014~2015년(58.3조원), 2008~2009년(50.6조원), 2012~2013년(46.7조원), 2004~2005년(44.2조원), 2013~2014년(43.4조원)이며, 이 배경에는 경제회복을 위한 추경편성과 세수부족 등의 이유에서 발생하고 있다. 한편 기획재정부(2020)에 따르면 국가채무는 전년 대비 2019년에는 60.3조원, 2020년에는 64.4조원 증가가 예상되며, 향후 국가채무의 증가속도가 빠르게 늘 것으

---

② 국가재정운용계획에는 다음 각 호의 사항이 포함되어야 한다.
1. 재정운용의 기본방향과 목표
2. 중·장기 재정전망 및 그 근거
3. 분야별 재원배분계획 및 투자방향
4. 재정규모증가율 및 그 근거
4의2. 의무지출(재정지출 중 법률에 따라 지출의무가 발생하고 법령에 따라 지출규모가 결정되는 법정지출 및 이자지출을 말하며, 그 구체적인 범위는 대통령령으로 정한다)의 증가율 및 산출내역
4의3. 재량지출(재정지출에서 의무지출을 제외한 지출을 말한다)의 증가율에 대한 분야별 전망과 근거 및 관리계획
4의4. 세입·세외수입·기금수입 등 재정수입의 증가율 및 그 근거
5. 조세부담률 및 국민부담률 전망
6. 통합재정수지에 대한 전망과 근거 및 관리계획
7. 삭제
8. 그 밖에 대통령령이 정하는 사항

로 예상된다.[8)]

국가채무의 수준을 판단하는 기준으로 국가채무의 총액과 GDP 대비 국가채무비율을 주로 활용한다. 예를 들면 GDP[구(舊)계열] 대비 국가채무비율도 2001년 18.3%에서 2018년 38.2%으로 증가하였으며, 2020년에는 42%를 상회할 것으로 기획재정부는 전망하고 있다. 다만 기획재정부는 2019년부터 2000년 이후 자료에 대해 한국은행 신(新)계열 GDP 기준으로 반영하고 있다. 따라서 한국은행 신(新)계열 GDP 기준연도가 이전의 2010년에서 2015년으로 변경되면서 분모가 커지게 되어 GDP 대비 채무비율은 이전의 구(舊)계열 기준과 대비하여 하락하는 효과가 발생하고 있다. 이러한 기준연도의 변화에 따라 정부에서 제시하는 2018년 국가채무비율은 38.2%에서 35.9%로 2.3%p 하락하였다.

3.1 중앙정부 채무

중앙정부 채무는 국채, 차입금, 국고채무부담행위로 구성되고 있으며, 2018년 결산기준으로 651.8조원 규모이다. 정부의 「2020년도 예산안」에 따르면 2019년 중앙정부 채무는 전년 대비 50.1조원 증가한 701.9조원, 2020년에는 전년 대비 62.4조원 증가한 773.6조원으로 전망하고 있다. 〈표 1-1〉에서 볼 수 있듯이 국가채무(2018년)에서 중앙정부 채무가 차지하는 비중은 95% 이상으로 매우 높으며, 지방정부 순채무는 4% 수준이다.

3.1.1 국 채

국채는 국가가 발행하는 채권을 의미하며, 대표적으로 국고채권, 국민주택채권, 외국환평형기금채권 등이 발행되고 있다. 국고채권은 국가의 재정수지상의 세입 부족액을 보전하고 수지균형을 확보하기 위해 공공자금관리기금의 부담으로 기획재정부가 발행하고 있으며, 외국환평형기금채권(외평채)은 외환보유액 확충 등 외환시장 안정을 위해 발행되고 있다. 한편 국민주택채권은 임대

8) 2019년, 2020년 본예산 국회 확정 기준이다.

주택건설 등 서민주거생활안정 재원마련을 위해 각각 공공자금관리기금, 외국환평형기금, 국민주택기금의 부담으로 발행되고 있다. 한편 2018년 결산기준으로 중앙정부 채무는 651.8조원이며, 이 중 국채의 규모는 648.4조원이다. 국채를 세분하면 국고채가 567.0조원 규모이며, 국민주택채는 73.3조원, 외평채가 8.0조원이다. 2018년 현재 국채는 2001년(87.8조원) 대비 560조원 이상 증가하였다. 한편 정부의 「2020년도 예산안」에 따르면 2019년 국채규모는 전년 대비 50.5조원 증가한 698.9조원, 2020년에는 전년 대비 62.4조원 증가한 773.6조원으로 전망하고 있다.

3.1.2 차입금

차입금은 정부가 한국은행, 민간기금 또는 국제기구 등으로부터 법정 유가증권의 발행 없이 직접 차입한 금액을 의미한다. 차입대상에 따라 정부가 한국은행 등 국내 금융기관에서 차입한 국내차입금과 국제통화기금(IMF), 세계은행(IBRD), 외국정부 등에서 차입하는 해외차입금으로 구분할 수 있다. 1997~1998년 외환사태 당시 IMF로부터 195억 달러, 세계은행과 아시아개발은행(ADB)으로부터 각각 70억 달러와 37억 달러의 대규모 자금을 차입한 사례가 있다(국회예산정책처, 2018). 2018년 결산기준으로 해외차입금은 없고 국내차입금만 3.2조원 수준이다. 한편 정부의 「2020년도 예산안」에 따르면 2019~2020년 차입금 규모는 큰 변동이 없을 것으로 전망하고 있다.

3.1.3 국고채무부담행위

국고채무부담행위는 「국가재정법」 제25조에 따라 국가가 법률에 따른 것과 세출예산금액 또는 계속비 총액의 범위 안의 것 외에 채무를 부담하는 행위로 사전에 국회의 의결을 받은 범위 내에서 이루어진다. 통상적으로 예산 외에 국가의 부담이 되는 계약에는 국가가 해당 회계연도를 넘는 기간에 걸쳐서 계속되는 채무를 부담하는 계약을 포함하게 된다. 채무의 효력이 다음 회계연도 이후에도 계속될 경우에는 예산의 효력은 1년에 그치기 때문에 예산 외에 별도로 국회의 의결을 얻어야 한다. 예를 들어 정부가 공공사업을 위해 2년 이상 대지나 건물을 임차계약하거나 외국인 기술자와의 고용계약을 체결할 때에는 미래에 국가가 채무를 지게 될 행위이므로 미리 국회로부터 동의를 받아두어야 한다는 것이다. 따라서 국고채무부담행위는 보증채무를 부담하는 계약도 포함되며, 국회의 재정통제수단으로 볼 수 있다. 2018년 결산기준으로 국고채무부담행위는 0.2조원 수준이다. 한편 정부의 「2020년도 예산안」에 따르면 2019~2020년 국고채무부담행위 규모는 큰 변동이 없을 것으로 전망하고 있다.

3.2 지방정부 순채무

지방정부 순채무는 지방정부의 지방자치단체가 발행한 지방채 및 지방자치교육단체가 발행한 지방교육채 잔액에서 중앙정부에 대한 채무잔액을 차감한 것으로 정의된다. 원래 지방정부 순채무는 국가채무의 범위에 포함되지 않았으나 국제비교를 위해 1997년 이후 포함하고 있다. 2018년 결산기준으로 지방정부 순채무는 28.7조원 수준이다. 기획재정부의 「2020년도 예산안」에 따르면 2019년 지방정부 순채무는 전년 대비 1.1조원 증가한 29.8조원, 2020년은 2.2조원 증가한 32.0조원으로 전망하고 있다.

4 국가채무 관련 재정지표

중앙정부의 재정체계는 예산과 기금으로 구분되며, 2016회계연도 기준 예산은 일반회계 1개와 특별회계 17개, 기금 58개로 구성되어 있다.[9] 예산은 「국가재정법」에 따라 정부가 편성하고, 국회가 심의·의결하는 회계연도의 확정된 국가재정계획을 의미하고, 기금은 예산과 구분되는 재정수단으로 재정운영의 신축성이 인정될 때 설치한다. 이 역시 정부가 편성하고, 국회가 심의·의결한

9) 한편 2019년 기준으로 예산은 일반회계 1개와 특별회계 19개, 기금 67개로 구성되어 있다.

그림 1-1 정부 재정지출체계(2016회계연도)

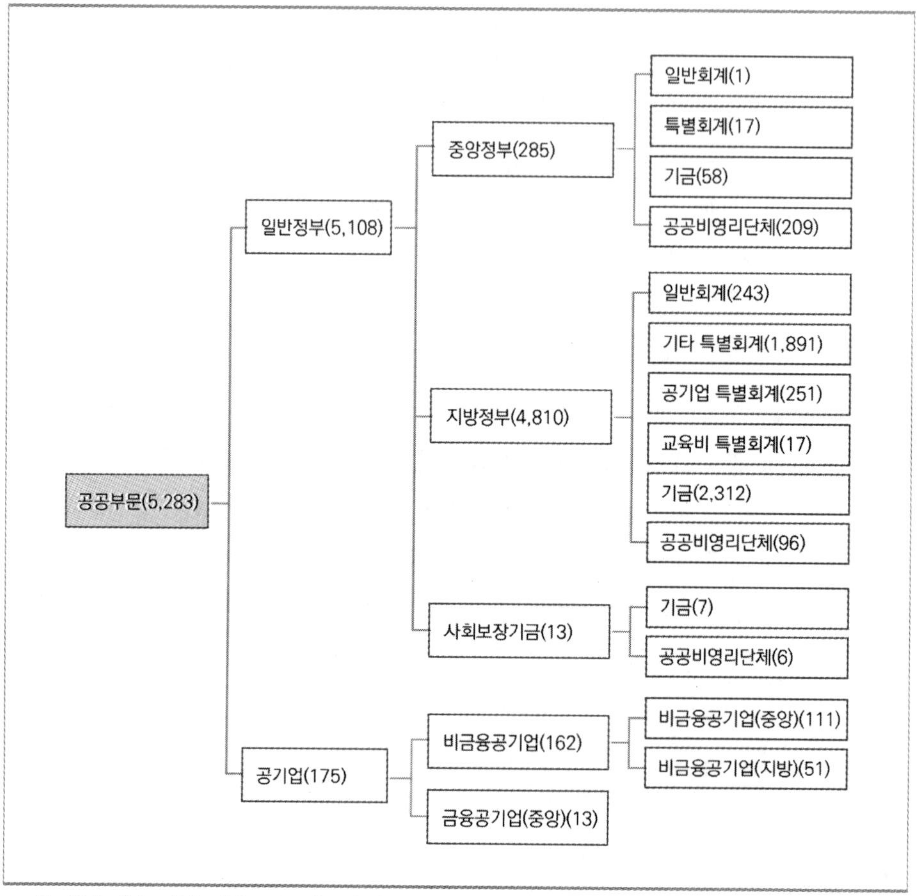

주: 괄호 안은 해당 기관 또는 기금의 수.
자료: 한국은행(2017).

기금운영계획에 따라 운용된다(한국재정정보원, 2018: 4). 이 외에도 공공기관을 포함하는 공공비영리단체가 존재한다. [그림 1-1]은 중앙정부와 지방정부의 재정체계를 예산과 기금 그리고 공기업으로 구분하여 유형화하고 있다.

한편 기획재정부(2018a)가 발표하는 국가채무(부채) 관련 재정지표는 회계의 인식시점과 포괄범위에 따라 국가채무(D1), 일반정부 부채(D2), 공공부문 부채(D3), 국가재무제표상 부채 등으로 구분하고 있다.

4.1 국가채무(D1)

국가채무(D1)는 일반적으로 가장 많이 활용되는 개념으로 중앙정부와 지방정부가 직접 갚을 의무가 있는 확정채무를 의미하며, 국공채, 차입금, 국고채무부담행위가 포함된다. 국가채무는 「국가재정법」 제91조에 따라 현금주의 기준으로 중앙 및 지방정부의 회계·기금을 대상으로 산출하며, 예산·결산, 「국가재정운용계획」 및 「국가채무관리계획」 수립 시 활용하고 있다. 국가채무(D1)는 IMF에서 1986년 작성한 국가재정통계편람(GFSM: Government Finance Statistics Manual)에 의해 작성되고 있으며, 현금주의 방식에 따라 상환시기와 금액이 확정된 채무만 인식하고 있다. 여기서 중앙정부 및 지방정부 등 제도부분(sector)에 대한 정의는 UN에서 2008년 작성한 국민계정체계(SNA: System of National Account)에 근거한 것이며, 국가 간 비교에 널리 활용되는 OECD의 일반정부 부채(general government debt)와는 근본적인 차이가 있다.[10] 2018년 결산 기준으로 국가채무는 680.5조원이고, GDP 대비 38.2% 수준이다.[11]

4.2 일반정부 부채(D2)

일반정부 부채(D2)는 2001년 IMF에서 제정한 국가재정통계편람 등을 고려하여 중앙정부와 지방정부의 회계· 기금과 비영리공공기관이 직접 갚을 의무가 있는 부채를 포함하여 산출하며, IMF와 OECD에서 국가 간 재정건전성을 비교할 때 이를 활용하고 있다.[12] 또한 일반정부 부채(D2)는 회계기준을 현금주의에서 발생주의로 전환하여 선수금, 미지급금, 예수금 등의 발생주의 항목도 포함하게 된다(국회예산정책처, 2018: 59). 가장 최근 자료인 2017회계연도 결산

10) 작성방식과 포괄범위에 있어 차이가 발생하고 있다.

11) 이는 GDP 구계열(2010년 기준연도) 기준 채무비율이며, 신계열(2015년 기준연도) 기준으로는 35.9%이다.

12) 현금주의는 부채 수납과 지급을 기준으로 수입과 비용을 인식하는 제도이고 발생주의는 현금흐름과 무관하게 거래 혹은 경제적 사건이 발생했을 때를 기준으로 수입과 비용을 인식하게 된다.

기준으로 일반정부 부채(D2)는 735.2조원이고, GDP 대비 42.5% 수준이다.[13)]

4.3 공공부문 부채(D3)

공공부문 부채(D3)는 IMF 등이 작성한 '공공부문 부채 작성지침(PSDS: Public Sector Debt Statistics)'[14)]에 의거하여 발생주의 기준으로 작성된 일반정부 부채(D2)에 비금융공기업의 부채까지 포함하여 산출하며, 공기업 부채를 포함한 공공부문 전반의 재정위험 및 재정건전성 관리지표로 활용하고 있다. 가장 최근 자료인 2017년 결산기준으로 공공부문 부채(D3)는 1044.6조원이고, GDP 대비 60.4% 수준이다.[15)]

4.4 국가재무제표상 부채

통상적으로 결산 시 작성되는 국가재무제표상 부채는 「국가회계법」에 따라 발생주의 기준으로 공무원연금 및 군인연금 등 연금충당부채 등을 포함하여 중앙정부의 회계 및 기금을 대상으로 작성되고 있다. 따라서 재무제표상 부채는 성격상 지급시기 및 금액이 확정된 확정부채(국채, 차입금 등 국가채무)와 비확정부채(충당부채)로 구성되어 있고, 국가재무제표상 부채는 미래에 국가가 부담해야 하는 포괄적인 재정비용을 파악할 수 있는 장점이 있지만, 연금충당부채 등의 비확정부채는 국가채무로 대변되는 확정부채와는 확정성과 변동성의 측면에서 많은 차이가 존재한다. 우선 연금충당부채 등을 포함하는 비확정부채는 지급시기 및 금액이 확정되지 않아 장기에 걸친 불확실한 미래예측을 통해 산출한 추정치이기 때문에 지급시기와 금액이 확정된 국가채무와 다르다. 또한 확정된 금액으로 산출되는 국가채무와 달리, 비확정부채는 할인율 등의

13) 한국은행 신계열 GDP 기준으로는 GDP의 40.1%이다.

14) 2011년 IMF 등 9개 국제기구가 공동으로 발표한 '공공부문부채 작성지침(PSDS: Public Sector Debt Statistics: Guide for Compilers and Users)'을 의미한다. 자세한 내용은 http://www.tffs.org/pdf/method/2013/psds2013.pdf를 참조할 수 있다.

15) 한국은행 신계열 GDP 기준(2015년 기준)으로는 GDP의 56.9%이다.

그림 1-2 국가채무 지표의 구분

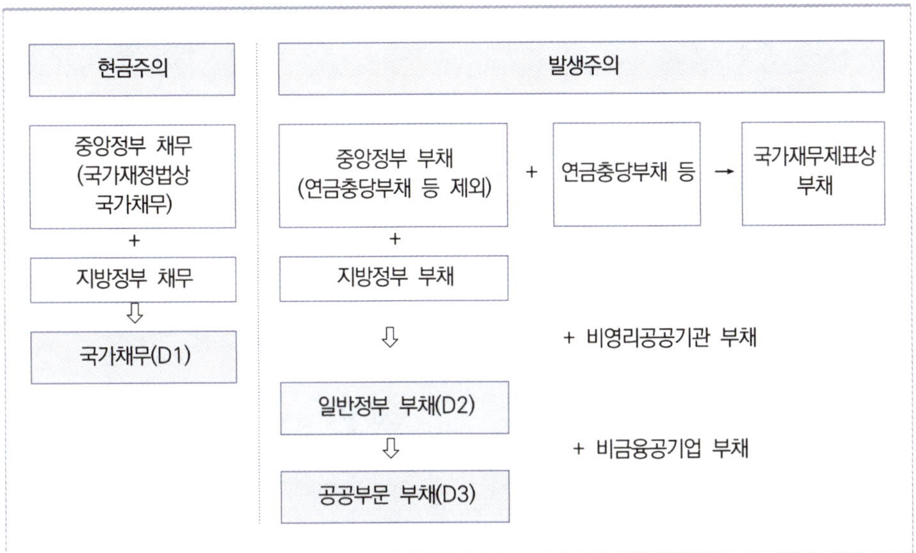

주: 일반정부 부채(D2)와 공공부문 부채(D3)는 복식부기에 따른 부채지표임.
자료: 한국재정정보원(2019)

재무상의 가정을 통한 장기예측을 통해 추정하고, 이를 현재가치로 환산하여 산출하고 있어 변동성이 존재한다(기획재정부, 2019a).[16] 2018년 결산기준으로 국가재무제표상 부채는 1,682.7조원이다. 2017년 대비 재무제표상 부채증가액 126.9조원 중 비확정부채 증가가 105.2조원(82.9%)을 차지하고 있으며, 이 중 대부분은 연금충당부채의 증가(94.1조원)에 기인한다.[17]

16) 기획재정부(2019a)는 2018년 기준 재무제표상 부채 1,682.7조원 중 비확정부채가 67%인 1,127.9조원이라고 발표하였다.

17) 기획재정부(2019c)는 연금충당부채 증가액(94.1조원) 중 할인율 하락(2017년 3.66% → 2018년 3.35%) 등 재무적 요인에 의해 79.9조원(85%)이 증가하였고, 재직자 근무기간 증가(30.7조원), 연금수급자에게 연금지급(△16.5조원) 등 연금충당부채의 실질적 증가요인은 14.2조원이라고 주장하고 있다.

표 1-2 국가채무, 일반정부 부채, 공공부문 부채 포괄범위 및 부채 항목 비교 (2017회계연도)

구분		국가채무(D1)	일반정부 부채(D2)	공공부문 부채(D3)
규모 (GDP 비중)		660.2조원 (38.2%)	735.2조원 (42.5%)	1044.6조원 (60.4%)
산출근거		국가재정법(제91조) (1986 GFSM)	국제기준 (2001 GFSM)	국제기준 (2011 PSDS)
회계기준		현금주의	발생주의	발생주의
활용도		예산·결산, 국가재정운용계획 및 국가채무관리계획 수립	국가 간 재정건전성 비교(IMF, OECD)	공공부문의 재정위험 및 재정건전성 관리 지표
포괄범위	중앙정부	• 일반회계 • 특별회계 • 정부 관리기금	• 일반회계 • 특별회계 • 정부 관리기금 • 공공기관 관리기금 • 비영리공공기관	• 일반회계 • 특별회계 • 정부 관리기금 • 공공기관 관리기금 • 비영리공공기관
	지방·교육 자치단체	• 일반회계 • 특별회계 • 기금 • 교육비특별회계	• 일반회계 • 특별회계 • 기금 • 교육비특별회계 • 비영리공공기관	• 일반회계 • 특별회계 • 기금 • 교육비특별회계 • 비영리공공기관
	비금융공기업	제외	제외	포함
부채항목	국 채	포함	포함	포함
	차입금	포함	포함	포함
	공 채	제외	포함	포함
	충당부채 (공무원·군인연금 등)	제외	제외 (별도 부기)	제외 (별도 부기)
	기타발생주의 부채항목	제외	포함	포함
	연기금이 보유한 국공채	포함	제외	제외

주: 기타 발생주의 부채항목에는 예수금, 미지급비용, 미지급금 등이 포함되며, 규모는 2016회계연도 결산기준임. GDP는 구계열 기준(2010년).

자료: 국회예산정책처(2019a) 자료를 수정.

2017년 결산기준으로 국가채무(D1)는 660.2조원(GDP 대비 38.2%)이며, 발생주의 기준으로 작성되는 일반정부 부채(D2)는 735.2조원(GDP 대비 42.5%)이다. 따라서 그 차액인 75조원(GDP의 4.3%)이 비영리공공기관의 부채와 회계 인식기준(현금주의 vs 발생주의)에 따라 발생하고 있는 것이다. 2011년 이후 2017년까지 국가채무(D1)는 연평균 7.8% 증가하였고, 일반정부 부채(D2)는 연평균 8.2% 증가하였다. 일반정부 부채에 비금융공기업 부채를 추가하는 공공부문 부채(D3)는 1,044.6조원(GDP 대비 60.4%)으로 파악되고 있으며, 같은 기간 동안 연평균 증가율은 5.6%이다. 한편 「국가회계법」에 따라 발생주의 기준으로 작성되는 국가재무제표상 부채는 연금충당부채 등을 포함하여 2017회계연도에는 1555.8조원으로 GDP 대비 89.9%에 이르는 규모이고, 연평균 8.6% 증가하였다. 2011년 이후 국가재무제표상 부채가 다른 부채지표보다 가장 높은 증가율은 보인 것은 연금충당부채가 빠르게 증가한 데 기인한다. 2017년 기준으로 연금충당부채는 845.8조원으로 비확정부채의 82.7%를 차지하고 있다.

표 1-3 국가채무, 일반정부 부채, 공공부문 부채 변화 추이(2011~2018년)

(단위: 조원, %)

연도	국가채무(D1)		일반정부 부채(D2)		공공부문 부채(D3)	
	금액	GDP 대비	금액	GDP 대비	금액	GDP 대비
2011	420.5	31.6	459.2	34.5	753.3	56.5
2012	443.1	32.2	504.6	36.6	821.1	59.6
2013	489.8	34.3	565.6	39.6	898.7	62.9
2014	533.2	35.9	620.6	41.8	957.3	64.5
2015	591.5	37.8	676.2	43.2	1,003.5	64.2
2016	629.9	38.2	717.5	43.8	1,036.6	63.3
2017	660.2	38.2	735.2	42.5	1044.6	60.4
2018	700.5	39.5	–	–	–	–

주: D2와 D3는 2011년부터 작성되기 시작했음. GDP는 구계열 기준(2010년).
자료: 기획재정부 재정정보공개시스템(openfiscaldata.go.kr)(2020년 1월 20일 접속).

〈표 1-4〉에서 볼 수 있듯이 2017회계연도 기준 국가채무(D1)에서 중앙정부 부채가 차지하는 비중은 압도적으로 높은 95.0%이며, 나머지는 243개 지방자치단체의 부채가 3.8%, 17개 지방교육자치단체가 1.2%를 차지하고 있다. 지방재정이 열악함에도 불구하고 지방정부 부채비중이 낮은 이유는 지방자치단체와 지방교육청의 채무는 「지방재정법」 및 「지방교육자치에 관한 법률」 등에 의해 엄격하게 관리되고 있기 때문이다.[18] 예를 들어 「지방재정법」에 따라 지방자치단체의 채무한도액은 자치단체별 채무액, 경상일반재원 등을 기초로 예산액의 10% 범위에서 매년 행정안전부에서 산정하여 각 자치단체에 통보하고 있으며, 한도액을 초과하는 경우에도 행정안전부의 승인이 필요하다. 또한 행정안전부는 지방채 잔액 및 향후 5년간 지방채 발행 및 상환계획을 매년 수립하여 공개하고 있으며, 지방자치단체의 관리채무부담도가 35% 이상일 경우, 채무관리계획을 지방의회 및 행정안전부에 의무적으로 제출해야 한다. 또한 이 비율이 60% 이상의 단체는 순세계잉여금의 20% 이상을 채무상환에 의무적으로 사용하도록 법적으로 강제화하고 있다.[19]

한편 현금주의 기준에 의한 중앙정부 부채는 2017회계연도 기준으로 627.4조원으로 발생주의 기준의 683.4조원과는 큰 차이(56.0조원)를 보이고 있으며, 지방정부도 18.2조원의 차이를 보이고 있다(〈표 1-4〉 참조). 한편 D1과 D2의 차이가 발생하는 항목 중 하나인 비영리공공기관 부채는 50.2조원 규모이며, D2와 D3 간 차이인 비금융공기업 부채는 378.5조원으로 파악되고 있다. 우리나라의 공공기관의 부채는 매우 높은 수준이며, 일부 상업적인 활동을 하는 기관은

18) 「지방재정법」 제11조에 따르면 지방자치단체의 장은 항구적 이익이 되거나 긴급한 재난복구 등의 필요가 있을 때에는 지방채를 발행할 수 있는데 위의 지방채를 발행하려면 재정상황 및 채무규모 등을 고려하여 대통령령으로 정하는 지방채 발행 한도액의 범위에서 지방의회의 의결을 얻어야 한다. 다만, 지방채 발행 한도액 범위더라도 외채를 발행하는 경우에는 지방의회의 의결을 거치기 전에 행정안전부장관의 승인을 받아야 한다고 규정되어 있다. 또한 지방자치단체는 총액한도제에 적용을 받아 「지방자치법」 제124조, 「지방재정법」 제11조 내지 제14조 및 제44조, 「지방재정법 시행령」 제7조 내지 제12조에 규정된 한도액을 초과하여 발행하고자 하는 경우에는 사전에 행정안전부장관의 승인을 얻어야 한다.

19) 관리채무부담도는 관리채무(일반채무 + BTL임대료)/경상일반재원(결산)×100으로 정의된다.

표 1-4 국가채무 규모 상세 비교(2017회계연도 기준)

(단위: 조원)

<table>
<tr><th colspan="4">분류</th><th>국가채무
(D1)</th><th>일반정부 부채
(D2)</th><th>공공부문 부채
(D3)</th></tr>
<tr><td colspan="4">합계(A+B+C)</td><td>660.2</td><td>735.2</td><td>1,044.6</td></tr>
<tr><td rowspan="15">공공부문</td><td rowspan="10">일반정부
(A)</td><td colspan="2">중앙정부 부채
(회계·기금)</td><td>627.4</td><td>683.4</td><td>683.4</td></tr>
<tr><td colspan="2">지방정부 부채</td><td>37.4</td><td>63.9</td><td>63.9</td></tr>
<tr><td rowspan="3">지방
정부</td><td>지방자치단체(243개)</td><td>25.3</td><td>45.7</td><td>45.7</td></tr>
<tr><td>교육자치단체(17개)</td><td>12.1</td><td>18.3</td><td>18.3</td></tr>
<tr><td>내부거래</td><td>–</td><td>△1.1</td><td>△1.0</td></tr>
<tr><td colspan="2">비영리공공기관 부채</td><td>–</td><td>50.1</td><td>50.1</td></tr>
<tr><td rowspan="3">비영리
공공기관</td><td>중앙(217개)</td><td>–</td><td>50.2</td><td>50.2</td></tr>
<tr><td>지방(97개)</td><td>–</td><td>1.0</td><td>1.0</td></tr>
<tr><td>내부거래</td><td>–</td><td>△1.1</td><td>△1.1</td></tr>
<tr><td colspan="2">중앙·지방·비영리
공공기관 간 내부거래</td><td>–</td><td>△12.1</td><td>△12.1</td></tr>
<tr><td rowspan="4">비금융
공기업
(B)</td><td colspan="2">비금융공기업 부채</td><td>–</td><td>–</td><td>378.5</td></tr>
<tr><td colspan="2">중앙(111개)</td><td>–</td><td>–</td><td>345.8</td></tr>
<tr><td colspan="2">지방(54개)</td><td>–</td><td>–</td><td>41.2</td></tr>
<tr><td colspan="2">내부거래</td><td>–</td><td>–</td><td>△8.5</td></tr>
<tr><td colspan="3">일반정부－비금융공기업 간 내부거래(C)</td><td>–</td><td>–</td><td>△69.2</td></tr>
</table>

자료: 기획재정부(2019a).

공공요금 인상 등으로 부채상환이 가능하지만 대부분 정부에 대한 재정의존도가 높아 자체적인 상환이 불가능한 관계로 묵시적인 국가의 부채라고 보는 것이 타당하다는 의견도 있다(김성태·박진, 2014).

기획재정부에 따르면 2017년 재무제표상 결산기준 자산은 2,063.2조원이고, 부채는 1,555.8조원이다.[20] 〈표 1-5〉에서 볼 수 있듯이 자산은 2011~2017

20) 기획재정부 재정정보공개시스템(openfiscaldata.go.kr).

년 동안 연평균 5.2% 증가하였고, 정기성예금, 유가증권이 포함되는 투자자산은 같은 기간 동안 연평균 8% 증가하였다. 반면 유동부채(140.2조원), 장기차입부채(478.4조원), 장기충당부채(902.2조원), 기타비유동부채(35조원)로 구성되어 있는 부채는 연평균 8.6% 증가하여 자산보다 빠르게 늘어났고, 특히 연금 및 퇴직금충당부채가 포함되는 장기충당부채가 2011년 이후 연평균 11.9%가 증가한 점은 우려가 되는 부분이다. 장기충당부채는 2011년 374.8조원에서 2017년 902.2조원으로 증가하였다.[21] 이에 따라 2017년 결산기준 재무제표상 순자산

표 1-5 재무제표상 부채 추이(2011~2017년)

(단위: 조원, %)

구분		2011	2013	2015	2017	연평균 증가율
자산	유동자산	263.5	291.1	352.8	395.1	7.0
	투자자산	483.0	563.1	664.9	785.6	8.0
	일반유형자산	492.9	508.6	523.5	546.8	0.8
	사회기반시설	274.5	294.4	305.9	325.3	3.8
	무형자산	1.0	1.2	1.2	1.6	33.3
	기타비유동자산	8.1	7.9	7.9	8.8	−1.1
	소계(A)	1,523.0	1,666.3	1,856.2	2,063.2	5.2
부채	유동부채	82.0	108.6	132.8	140.2	2.3
	장기차입부채	294.8	347.8	421.0	478.4	4.8
	장기충당부채	374.8	633.8	699.9	902.2	11.9
	기타비유동부채	21.9	27.7	31.1	35.0	3.9
	소계(B)	773.5	1,117.9	1,284.8	1,555.8	8.6
순자산(A−B)		749.5	548.4	571.4	507.4	−4.1

주: 2013년부터 연금충당부채 계산방식이 미래보수 상승분을 반영하는 방식(PBO방식)으로 변경되었으며, 2012년 이전의 부채는 미래보수 상승분을 반영하지 않은 방식(ABO방식)으로 계산된 수치임

자료: 기획재정부 재정정보공개시스템(openfiscaldata.go.kr)(2020년 1월 20일 접속).

21) 기획재정부가 국회기획재정위원회에 제출한 국정감사 자료(2018년 10월 18일)에 따르면 2017년 공무원·군인연금 충당부채는 845.8조원으로 나타났다. 공무원·군인 연금충당부채는 2013년 596.3조원에서 2014년 643.7조원, 2015년 659.9조원, 2016년 752.6조원으로 늘어났다. 2017년 공무원 연금충당부채가 675.3조원, 군인 연금충당부채가 170.5조원이었다. 관

은 507조원으로 2011년 749.5조원에서 크게 감소한 수치이며, 연평균 4.1% 감소한 것으로 파악되고 있다(〈표 1-5〉 참조). 한편 부채는 만기와 지급금액이 확정된 금융성 부채와 만기와 지급금액은 확정되어 있지 않지만 지급이 확실한 충당부채로 나눌 수 있으며, 2017년 현재 금융성 부채는 654조원, 충당부채는 902조원 규모이다. 통상적으로 충당부채는 지출이 확정되지는 않았지만 지출 가능성이 매우 높기 때문에 향후 지출이 이루어지는 것으로 보는 것이 합리적이다(김상노, 2018).

〈표 1-6〉에서 볼 수 있듯이 연금충당부채는 현재 연금수급자와 재직자에게 장기에 걸쳐 지급해야 할 연금액을 추정한 후 현재가치로 환산하여 재무제표상 부채로 인식한 것으로 연금충당부채는 산정시점에서 미래에 발생할 수입을 고려하지 않고 미래에 지출할 금액만 산정한 것으로 모두 국민의 세금으로 부담해야 하는 부채는 아니다. 다만 실제 연금의 지급은 공무원·군인의 기여금과 정부의 부담금으로 조성된 재원으로 충당하지만, 조성액이 지급액보다 부족할 경우에만 정부의 일반재원에서 지원하고 있다. 2017년 충당부채는 845.8조원으로 2011년(342조원) 대비 503.8조원이나 증가하였다.[22)]

연금충당부채는 공무원연금과 군인연금과 관련한 충당부채로 구성되어 있으며, 〈표 1-6〉에서 확인할 수 있듯이 2011년 342조원에서 2017년 845.8조원으로 503조원 증가하였다. 연금충당부채 증가금액 503조원 중 공무원연금충당부채가 386조원 증가하여 연금충당부채 증가의 대부분을 차지한다. 공무원연금충당부채는 매년 높은 증가율을 보이고 있으나, 2015년의 경우 공무원연금개혁으로 인한 효과로 증가율 둔화를 볼 수 있다. 김상노(2018)는 연금충당부채는 미래 현금지출 가능성이 매우 높은 부채이며, 미래지출을 대비하여 동일한 규모의 자금을 운용하고 있어야만 향후 재정보전이 일어나지 않지만, 현재 공무원연금기금은 7.2조원, 군인연금은 0.9조원의 투자증권을 보유하고 있어 연

련 기사는 다음을 참고할 수 있다(http://news1.kr/articles/?3453023). 그리고 장기충당부채(2017년 902.2조원)는 연금충당부채(845.8조원), 퇴직급여충당부채(0.46조원), 보험충당부채(0.9조원), 기타장기충당부채(55조원) 등으로 구성되어 있다.

22) 연금충당부채는 재직자 및 연금수급자수 변동, 보수상승률 및 물가상승률 변동 등 다양한 요인에 영향을 받으며, 특히 2014년까지 산출방식의 변경으로 인해 규모가 크게 증가했다.

표 1-6 연금충당부채 추이(2011~2017년)

(단위: 조원)

구분	2011	2012	2013	2014	2015	2016	2017
연금충당부채	342.0	436.9	596.3	643.7	659.9	752.6	845.8
공무원연금 충당부채	289.8	351.4	484.4	523.9	531.8	600.5	675.3
군인연금충당부채	52.2	85.5	111.9	119.8	128.1	152.1	170.5

주: 연금충당부채 산출 시 2011년에는 군인연금 VBO방식, 공무원연금 ABO방식, 2012년에는 ABO방식, 2013년 이후 PBO방식이 적용됨.
자료: 기획재정부(2018a) 자료를 바탕으로 재구성.

금충당부채 845.8조원 대비 837.7조원이 부족한 상태라고 분석하고 있다. 이는 2017년 말 현재 공무원 평균연령과 평균수명 등을 감안할 때 22년 이후에는 17.1년 동안 매년 평균 47.7조원의 재정보전이 이루어져야 한다는 것을 의미한다.[23] 2017년 현재 지출되고 있는 보조금 수준은 공무원연금은 2.3조원, 군인연금은 국가부담금을 포함하여 2.5조원이다.

국민연금과 사학연금의 경우, 연금지급재원 부족 시 국가의 보전의무가 법제화되어 있지 않기 때문에 연금충당부채를 설정하고 있지 않다. 그러나 정부의 「2016~2060년 장기재정전망」에 따르면, 국민연금 적립금은 2035년에 정점에 도달하고 국민연금기금수지가 적자로 전환되는 2044년 이후 급속하게 감소하여 2060년에는 기금이 고갈될 것으로 전망하고 있다.[24] 한편 사립학교교직원연금기금(사학연금기금)은 국민연금기금보다 이른 2024년부터 수지적자가 발생하고, 적립금은 2040년에 고갈될 전망이다(국회예산정책처, 2016). 따라서 현재와 같이 충당부채를 전혀 계상하지 않는 정부회계 처리방식은 재정건전성을 상당 부분 왜곡시키고 있다고 볼 수 있다. 특히 재정여건상 고령화의 속도가

23) 2017년 현재 공무원 평균연령은 42.6세이고 연금수령 나이인 65세까지 22년이 소요되며, 평균수명이 82.7세(통계청 2017년 생명표)로 가정할 때 17.7년간 연금을 수령하게 된다. 따라서 837.7조원/17.7년=47.7조원이 매년 필요하다.

24) 국민연금기금수지=지출−총수입(보험료수입+기금투자수입)

예상보다 빠르게 진행되고 있으며, 최근 연금개혁이 미완의 상태인 점을 감안하면 연금충당부채 등에 대한 현실적 대응이 필요하다.

5 국가채무 상세 분석

5.1 재정수지 추이

당해 회계연도의 정부의 재정건전성 상태를 나타내는 지표는 재정수지이다. 재정의 기준이 되는 지출과 수입의 범위는 현재 통합재정으로 볼 수 있으며, 통합재정범위 기준으로 나타나는 재정수지는 통합재정수지와 관리재정수지로 구분할 수 있다(국회예산정책처, 2012: 673).[25] 통합재정수지는 당해 연도의 일반회계, 특별회계, 기금을 모두 포괄한 수지로서 회계-기금 간 내부거래 및 차입, 채무상환 등 보전거래를 제외한 순수한 재정수입에서 재정지출을 차감한 수치(재정수지=세입-세출 및 순융자=총수입-총지출)를 의미한다. 한편 관리재정수지는 재정건전성 여부를 판단하기 위해 재정수지에서 사회보장기금[26]수지를 제외한 정부의 재정상태를 의미한다. 이는 국민연금 등 사회보장성기금의 수입은 장기적으로 다시 그 납부자에게 지출될 수밖에 없어 이를 수지흑자로 계상하지 않는 것이 재정상황을 보다 객관적으로 파악할 수 있기 때문이다.

2008년 이후 2009년(17.6조원 적자)과 2015년(0.2조원 적자)을 제외하면 모든 회계연도에 통합재정수지 흑자를 기록하였다. 2017년에는 결산기준으로 24조원 흑자를 기록하였다. 다만 관리재정수지의 경우, 2000년 이후 2002년과 2007년을 제외한 모든 연도에서 적자를 기록하였으며, 2017년은 18.5조원 적자를 기록하였다. 한편 정부의 「2020년도 예산안」에 따르면 2020년 관리재정수지는

25) 통합재정은 1년 동안 정부의 수입과 지출의 총체적 규모를 의미하며, 총지출과는 집계방식이 상이하다. 예를 들어 총지출은 융지지출 총계를 지출로 인식하는 반면, 통합재정은 융자회수를 차감한 순융자만을 지출로 인식한다(한국재정정보원, 2018: 58).

26) 국민연금, 사학연금, 고용보험, 산재보험 등을 포함한다.

그림 1-3 재정수지 추이(1990~2017년: 결산기준)

(단위: 조원, %)

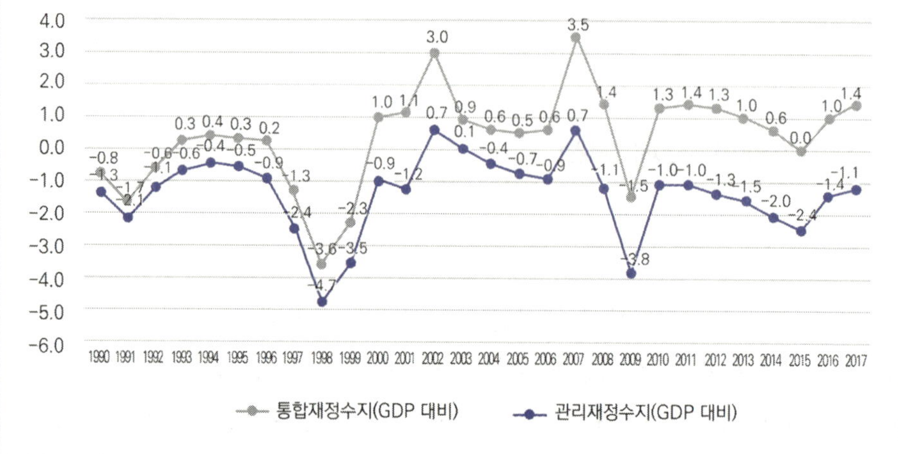

자료: 한국재정정보원(2018).

GDP 대비 △3.6%인 72.1조원 적자, 통합재정수지는 GDP 대비 △1.6%인 31.5조원 적자로 전망되고 있다. 2019년 추경예산 시의 재정수지 전망과 비교할 경우, 통합재정수지는 전년 대비 32.5조원, 관리재정수지는 전년 대비 29.8조원이 악화될 것으로 예상하고 있다(국회예산결산위원회, 2019).

5.2 적자성 채무의 변화 추이

국가채무는 향후 국민의 부담으로 상환해야 할 적자성 채무와 대응자산이 있는 금융성 채무로 구분된다. 금융성 채무는 외환시장 안정을 위해 외화자산을 매입할 목적으로 외국환평형기금채권을 발행하거나 국민임대주택 건설, 근로자 및 서민 주택구입 등을 지원하기 위해 채권을 발행하는 경우 발생하며, 채무와 동시에 자산이 생성되기 때문에 일반적으로 자체상환이 가능하다. 반면 적자성 채무는 조세 등 국민부담으로 상환해야 할 의무가 있으며, 경기침체로 재정수입이 좋지 않은 상황에서 적자보전용 국채를 발행하거나, 공적자금이 국채로 전환될 경우, 그리고 중앙정부가 지방정부에 채무가 있을 경우, 적자성 채무로 구분한다. 2018년 현재 680.5조원의 국가채무는 적자성 채무 379.2조원과 금융성 채무 301.2조원으로 나뉘고 있고, 적자성 채무는 일반회계 적자보존이 300.4조원, 공적자금 국채전환 등이 78.8조원으로 구분되고 있다. 〈표 1-7〉에서 볼 수 있듯이 최근 적자성 채무가 빠르게 증가하고 있다. 국가채무는 2010년부터 2020년까지 연평균 7.5% 증가하는 것으로 예상되는 반면, 적자성 채무는 연평균 9.4%의 빠른 증가율을 예상하고 있다.

표 1-7 적자성 채무의 변화 추이(2010~2020년)

(단위: 조원)

구분	2010	2011	2012	2013	2014	2015	2016	2017	2018	2019	2020
국가채무	392.2	420.5	443.1	489.8	527.0	569.9	615.5	659.4	680.5	740.8	805.2
• 금융성 채무	199.0	213.6	223.1	236.7	246.7	260.7	267.0	280.8	301.3	314.3	328.6
• 적자성 채무	193.3	206.9	220.0	253.1	282.7	315.1	349.6	378.6	379.2	426.5	476.6

자료: 2010~2014년 자료는 기획재정부(2015), 2015년 이후는 기획재정부(2018c, 2020) 참고.

5.3 국가채무 이자비용

2018년 국가채무 이자비용은 18.7조원으로 2010년의 17.1조원 대비 1.6조원 증가하였다. 이는 연평균 2.4% 증가한 것으로 최근 저금리정책으로 인해 국가채무의 절대 규모가 크게 증가했음에도 불구하고 국가채무의 이자비용은 크게 증가되지 않은 것이다.[27] 국고채 평균 조달금리는 2013년 3.14%에서 2014년 3.02%, 2015년 2.15%, 2016년 1.62%, 2017년 2.1%로 점차 안정화된 추세를 볼 수 있다(기획재정부, 2018c). 이는 2007~2009년 글로벌 경제위기 이후 글로벌

27) 현재 국가가 발행하는 채권 중 제1종 국민주택채는 연 1.85% 5년 만기로 발행하고 있으나 국고채(만기 3~50년)과 외평채(만기 3~30년)는 시장에서 정해지는 낙찰금리를 적용받는다. 2019년 1월 7일 경찰입찰을 통해 발행한 5년물(국고02250~2309) 8,000억원의 국채는 1.87%의 금리에 낙찰되었다.

표 1-8 연도별 국가채무 이자비용(2010-2020년)

(단위: 조원, %)

구분	2010	2012	2014	2016	2018	2020
국가채무이자	17.1	19.1	19.4	19.7	18.7	21.8
• 국채이자	17.0	19.0	19.4	19.6	18.6	21.7
– 국고채권	15.1	16.7	17.3	17.6	16.8	19.9
– 국민주택채권	1.5	1.9	1.7	1.7	1.4	1.5
– 외평채(외화)	0.4	0.4	0.4	0.3	0.3	0.4
• 차입금이자	0.1	0.05	0.04	0.06	0.06	0.06
– 국내차입금	0.03	0.02	0.04	0.06	0.06	0.06
– 해외차입금	0.07	0.03	0.00	0.00	–	–

자료: 기획재정부(2016) 및 기획재정부(2018c, 2019b).

경제가 안정적으로 성장하지 않는 가운데 대부분의 선진국에서 저금리정책을 추진한 결과에 따른 현상이다. 다만 최근 미국 중앙은행인 연방준비제도이사회(FRB: Federal Reserve Board)와 한국은행에서 여러 차례 금리의 정상화를 표명한 바 있어 향후 이자비용의 증가가 예상된다. 이는 금리가 상승하면 국가채무의 규모가 증가하지 않더라도 이자비용이 지속적으로 증가될 수 있어 주의할 필요가 있다. 2019년 기준 정부는 2020년 이자비용을 21.8조원으로 전망하고, 통계청 추계인구(2018년 12월 말 5,163만 명) 기준으로 2018년 1인당 국가채무 이자는 36.4만원 수준이다.

5.4 공공기관 부채

우리나라의 공공부문은 [그림 1-1]에서 볼 수 있듯이 일반정부와 공기업으로 구분되고, 일반정부는 중앙정부 및 지방정부와 비영리공기업으로 분류하며, 공기업은 금융공기업과 비금융공기업으로 구분된다. 2018년 현재 중앙정부의 비영리공기업은 예금보험공사, 국민연금공단 등 172개, 비금융공기업은 인천국제공항공사 등 124개이다. 지방정부의 비영리공기업은 인천교통공사, 서울시설관리공단 등 90개이며, 비금융공기업은 서울메트로공사 등 51개이다.

중앙정부의 공기업 부채는 2008년 290.0조원에서 2013년 523.2조원으로 연평균 12.5%씩 증가한 이후, 정부의 부채관리정책에 따라 감소세로 돌아섰다(〈표 1-9〉 참조). 이는 기획재정부가 「공공기관의 운영에 관한 법률」 제39조 제2항에 의거, 자산 2조원 이상 또는 정부 손실보전 조항이 있거나 자본잠식인 공기업·준정부기관 등 '중장기 재무관리계획 대상기관'에 대한 기관별 경영목표, 주요 사업계획, 5개년 재무전망 등을 국회에 제출해야 함에 따라 관리의 의무가 부여되면서 부채비율이 높은 38개 주요 공기업들을 대상으로 부채감축계획(2014~2017) 및 공사채 총량제(2014~2017) 등 강도 높은 부채감축정책을 통해 공공기관의 재무건전성을 제고한 데 따른 것이다. 이와 함께 중장기 재무관리계획 이행실적을 공공기관 경영평가에 반영하고 있으며, 향후 공공기관의 재무건전성을 제고하기 위해 부채비율 이외의 여타 재무지표 활용 및 사업단

표 1-9 중앙정부 공공기관 재무현황 추이(2010~2017년)[28]

(단위: 조원, %)

구분	2010	2012	2014	2015	2016	2017	연평균 증가율
부채	398.8	496.1	519.3	504.9	500.4	495.6	3.2%
• 공기업	292	353.2	377.4	365.3	363	363.7	3.2%
• 준정부기관	96.4	131.2	130.2	125.5	123.5	118.6	3%
• 기타 공공기관	10.4	11.7	11.8	14	13.9	13.3	3.6%
자산	640.5	721.6	777.9	781.3	800	811	3.4%
• 공기업	460	523.5	561.2	555.6	563	568.8	3.1%
• 준정부기관	156.6	170.2	188.5	194.7	203.0	207.3	4.1%
• 기타 공공기관	24.1	27.8	28.2	31	34	35	5.5%

자료: 2010~2012년 자료는 국회예산정책처(2015), 2014년 이후는 공공기관 경영정보공개시스템(ALIO)를 참조(2019년 12월 10일 접속).

28) 전체 335개 공공기관의 재무자료이며, 알리오 공시대상 338개 기관 중 은행(산업은행, 수출입은행, 기업은행) 등은 제외된다.

위별 구분회계 도입 등의 개선을 검토하고 있다.[29)]

그러나 2018년부터 공공기관에 대한 '일률적 부채감축' 기조에서 기관별 재무상황을 고려한 '맞춤형 관리체계'로 전환되어 추진되고 신규 투자수요 증가 및 공공기관에 대한 공적기능 강화가 강조되면서 공공기관의 부채 증가가 예상되고 있다.[30)] 기획재정부가 제출한 「2018~2022년 공공기관 중장기 재무관리계획」에 따르면 이들 기관의 부채규모가 2013년부터 2017년까지 연평균 3.8% 감소했으나, 2018년 480.8조원에서 2022년 539.0조원으로 58.2조원 증가하여 연평균 2.3% 증가율을 기록할 것으로 예상하고 있다.[31)]

김성태·박진(2014)은 공기업의 부채에 대해 두 가지 관점에서 우려를 표명하고 있다. 첫째, 일부 공기업의 경우 영업이익으로 부채에 대한 이자비용조차 충당하지 못하는 경우가 발생하고 있으며, 개별 공공기관의 채무불이행이 발생할 경우 정부의 직접적인 재정부담으로 이어질 수밖에 없다고 주장한다. 둘째, OECD 국가와 비교할 때 공공기관의 부채는 일본, 프랑스와 함께 가장 높은 편에 속하며, 이러한 부채의 문제가 근본적으로 해결되지 않을 경우 한국의 대외신인도가 악영향을 받을 가능성이 있다고 본다. 이와 함께 공공기관의 사회적 책임이 강조되면서 재무구조가 악화되고 있다는 지적이 제기된다(서유진·김도년, 2019).

공공기관 부채의 위험성은 여러 지표로 확인할 수 있다. 먼저 LH한국토지주택공사, 한국전력공사, 한국가스공사, 한국석유공사, 한국광물자원공사, 대한석탄공사, 한국수자원공사, 한국도로공사, 한국철도공사, 한국철도시설공단 등 10개 주요 공공기관의 평균 차입금 의존도는 2017년 기준으로 50%가 초과된 상태로 취약한 재무구조를 보이고 있다. 특히 2017년 기준으로 이자보상배율

29) 현재 경영평가에서는 중장기 채무관리 목표 부채비율 달성 여부(계량)와 투자계획의 적정성 및 이행노력(비계량) 등을 반영하고 있다.

30) 2018년에는 「공공기관의 운영에 관한 법률」 제39조 제2항에 따른 중장기 재무관리계획 대상기관이 기존 38개에서 강원랜드가 추가되어 39개이다.

31) 기획재정부는 자본의 증가속도가 빨라 부채비율(부채/자본)은 2018년 167%에서 2022년 156%로 감소될 것으로 전망하고 있다. 특히 SOC(△9%) 및 금융(△23%) 부문은 2018~2022년간 부채비율이 하락할 것으로 전망되나, 에너지 부문(+15%)은 신규 발전소 건설수요 등으로 인하여 부채비율이 상승할 것으로 전망되고 있다.

이 1 미만인 기관은 한국석유공사와 한국철도공사이다.[32)]

한편 이들 기관의 당기순이익이 2016년 15.4조원과 2017년 6.9조원에서 2018년 0.7조원으로 급격히 감소한 배경에는 공익서비스의무(PSO: Public Service Obligation) 증대[33)] 및 사회적 가치 추구, 공적기능 강화, 일자리 창출 및 비정규직의 정규직 전환 등이 작용한 것으로 나타난다.[34)] 특히 공공요금 인상이 정치적 이유에서 유보될 경우, 한국전력공사와 발전자회사 등을 포함한 관련 공공기관의 부채비율은 더욱 악화될 것으로 전망되며, 공공기관의 재무건전성 강화를 위한 실효성 있는 정책이 필요하다.

5.5 지방공기업 부채

지방공기업은 자치단체가 사업수행을 위해 일반회계와 독립된 공기업특별회계를 설치하여 운영하되, 조직과 인력은 자치단체 소속인 '지방직영기업'과 자치단체가 50% 이상 출자한 독립법인으로 자치단체와 별도로 운영하는 '지방공사', 자치단체가 전액 출자하여 자치단체의 시설을 자치단체 예산으로 관리하는 '지방공단' 등으로 나뉜다. 2017년 현재 직영기업 248개, 지방공사 62개, 공단 89개 등 총 399개의 지방공기업이 존재한다.「지방공기업법」 제35조, 제66조 및 제76조는 지방공기업의 재무현황, 경영성과와 재무건전성 제고를 위한 제도를 정하고 있다.[35)]

32) 차입금 의존도는 '차입금/(부채+자산)'이며, 이자보상배율은 '영업이익/이자비용'으로 정의된다.

33) 예를 들어 한국철도공사는 벽지에 교통망을 제공하거나 노약자 운임 등을 감면해 주는 철도공익서비스를 제공하고 있는데, 이러한 PSO 제공에 따른 정산액은 2013년 3,860억원으로 이 중 3,434억원을 정부에서 보상했으나, 2017년에는 5,025억원 중 2,932억원만을 보상했다. 이에 따라 한국철도공사는 2017년 8,555억원의 당기순손실을 보았으며, 부채는 2016년 13.7조원에서 2017년 14.9조원(297.8% 부채비율)으로 증가하였다.

34) 2017년 고용노동부가 발표한「공공부문 비정규직 특별실태조사결과 및 연차별 전환계획」에 따르면 2020년까지 853개 공공기관 비정규직 20만 5,000명이 정규직으로 전환되고, 이 중 7만 4,000명은 2017년에 전환하는 것으로 발표하였다. 2018년 공공기관 임직원은 38만 3,000명으로 전년 대비 3만 6,000명(10.5%) 증가했다. 이 중 비정규직의 정규직 전환이 2만 4,000명이며, 신규채용도 49.8% 늘어난 1만 1,000명이었다.

35) 중앙정부 공공기관의 경영정보는 알리오(http://www.alio.go.kr), 지방공기업에 대한 경영정

지방공기업 부채는 2009년 58.2조원에서 2013년 73.9조원으로 증가하였으나 2017년에는 68.1조원으로 감소하였다. 행정자치부(현 행정안전부)는 2013년 12월, 「지방공기업 부채감축 및 경영효율화 방안」[36]을 통해 '통합부채 관리체계'를 도입하여 각 지방자치단체가 우발부채, 지방공기업 부채를 포함한 총부채의 통합관리를 추진하도록 하였으며, 이때부터 부채중점관리기관 25개를 지정하여 관리하고 있다.[37] 그 결과 2017년 한 해에만 지방공기업들의 부채가 15.8조원 감소하였고, 부채중점관리기관의 부채비율은 99%로, 2013년 중점관리기관 지정당시수준인 157.3%보다 크게 감소하였다.[38]·[39]

다만 2017년도에는 직영기업과 지방공사의 당기순이익 감소로 지방공기업의 당기순손실 규모는 2016년 2,585억원에서 2017년도 4,046억원으로 순손실이 1,461억원(56.5%) 확대되고 있다. 특히 2017년도 요금현실화율이 상수도는 80.6%, 하수도는 44.2%(기초 77.7%), 도시철도는 49.5% 등에 불과하여 지속적인 경영손실이 발생하고 있는 구조적 문제가 존재한다.[40] 이러한 도시철도와 상·하수도 중심의 손실발생으로 인하여 지방자치단체는 2009~2013년간 지방공기업에 10.9조원을 지원하는 등 지방공기업의 재무건전성 악화는 지방재정에 부담요

보는 클린아이(www.cleaneye.go.kr)를 통하여 제공되고 있다.

36) 안전행정부(현 행정안전부) 보도자료, 「지방공기업 부채, 지자체가 책임지고 통합관리」, 2013. 12. 12.

37) 정부는 부채가 1,000억원 이상이거나 부채비율이 200% 이상인 기관을 부채 중점관리기관으로 지정하여 관리하고 있다.

38) 2017년 부채중점관리기관의 부채[2017년부터 결산 산출기준이 변경돼 지방공기업 특별회계로 분류됐던 지역개발기금(부채 13조원, 당기순이익 1,401억원)을 포함]는 2016년 대비 2.8조원 감소한 64.3조원이며, 부채비율은 6.5%포인트 감소한 51.4%다. 지역개발기금을 제외할 경우 지방공기업의 자산은 178조원, 부채 52.3조원, 부채비율은 41.6%였다. 경영손실은 4,046억원인 것으로 나타났다.

39) 지방공기업 유형별로 살펴보면 2017년 도시개발공사의 부채규모는 34.2조원으로 전년보다 2.5조원 줄었다. 임대주택 물량 감소로 당기순이익(1조 2,172억원)이 7.1% 감소했다. 상수도 부채는 6,600억원으로 2012년 이후 지속적으로 감소하고 있다. 하수도 부채는 5.9조원으로 4년 만에 감소세로 돌아섰다.

40) 요금현실화율은 평균요금/평균원가의 비율이다. 요금현실화율이 최상위와 최하위 기관의 격차가 상수도는 109.5%, 하수도 96.7%로 크게 벌어지고 있어 지방공기업 간 요금현실화율의 격차 해소가 시급한 것으로 분석된다(행정안전부, 2018).

표 1-10 지방공기업 부채규모(2009~2017년)

(단위: 조원, %)

구분	2009	2011	2013	2015	2017	연평균 증가율
지방직영기업 소계(A)	15.5	18.4	21.7	23.2	23.4	6.1%
• 상수도	1.3	1.5	1.3	0.9	0.8	−6.7%
• 하수도	1.5	2.9	5.3	6.1	6.3	23%
• 공영개발	2.5	2.3	2.6	3	3.3	4%
• 지역개발기금	10.2	11.7	12.5	13.2	13	−3.5%
지방공사 소계(B)	42.7	49.4	52.2	49	44.8	0.7%
• 도시철도	5.8	6.3	6.1	5.9	5.9	0.2%
• 도시개발	35.0	40.9	43.2	40.2	36.7	0.7%
• 기타 공사	1.6	2.0	2.7	2.7	2	3.2%
• 지방공단	0.3	0.2	0.2	0.2	0.2	−5.6%
지방공기업 소계(A+B)	58.2	67.8	73.9	72.2	68.1	2.3%

자료: 2009~2013년 자료는 안전행정부(2014), 2015~2016년 자료는 행정안전부(2017)를 참조.

인으로 작용하고 있다. 특히 2019년 예타면제사업으로 일부 도시철도사업이 추가적으로 지정되면서 이러한 구조적 문제는 지속적으로 발생할 가능성이 크기 때문에 손실이 발생하는 분야에 대한 적정요금 책정을 위한 노력이 필요하다. 이와 더불어 설비투자에 대한 수요 증가로 재정지원금도 대규모로 투입되고 있으며, 최근 부동산 경기 침체에 따라 수익성이 악화되면서 지방재정에 대한 부담이 가중되고 있다(행정안전부, 2018). 특히 경기침체기에 재고자산 과다보유에 따른 유동성 하락문제로 도시개발공사 등의 경우 부채비율이 다시 높아질 수 있는 가능성이 크다.

5.6 국가보증채무

통상적으로 국가보증채무는 정부가 주채무자의 채무이행을 보증한 채무를

표 1-11 국가보증채무 규모(2010~2018년)

(단위: 조원, %)

연도	보증채무						
		GDP 대비 %	예보채상환기금채권	장학재단채권	구조조정기금채권	수리자금	국내은행외화표시채무
2010	34.8	2.8	26.7	2.5	4.0	0.1	1.5
2011	35.1	2.6	23.7	4.8	5.2	0.1	1.3
2012	32.8	2.4	22.8	6.9	3.0	0.09	–
2013	33.0	2.3	22.5	8.3	2.1	0.07	–
2014	29.2	2.0	18.5	10.6	–	0.06	–
2015	26.4	1.7	14.7	11.6	–	0.04	–
2016.	24.2	1.5	12.6	11.7	–	0.03	–
2017	21.1	1.2	9.7	11.3	–	0.02	–
2018	19.4	1.1	7.5	11.9	–	0.01	–

자료: 기획재정부 재정정부공개시스템(openfiscaldata.go.kr)(2019년 12월 10일 접속).

의미하며 정부가 채무를 보증하기 위해서는 「국가재정법」 제32조에 따라 국회의 의결을 먼저 거쳐야 한다. 국가보증채무는 2008년 28.1조원에서 2011년 35.1조원으로 증가하였으나 이후 지속적으로 감소하여 2018년 19.4조원(GDP의 1.1%) 규모이다. 이 중 예금보험기금채권상환기금 보증잔액이 2018년 현재 7.5조원 규모이나, 2021년에 모두 상환될 전망이다. 그리고 한국장학재단채권의 보증채무는 11.9조원(2018년) 규모로 2010년 2.5조원에서 크게 증가하였으며, 매년 신규대출이 발생하고 있어 잔액이 증가할 것으로 예상된다(국회예산정책처, 2018: 58).

6 국가채무관리

국가채무관리계획은 「국가재정법」 제91조에 의하여 2007년부터 작성되어 국회에 제출되고 있다.[41] 동 계획에는 전전년도 및 전년도 국채 또는 차입금의 차입 및 상환실적, 당해 회계연도의 국채발행 또는 차입금 등에 대한 추정액, 다음 회계연도부터 5회계연도 이상의 기간에 대한 국채 또는 차입금의 상환계획, 채무의 증감에 대한 전망이 포함되고 있다. 또한 기획재정부는 「국가재정법」 제20조에 의하여 예산총칙상 국채와 차입금의 한도액을 국회에 보고해야 한다.[42] 기획재정부는 한도액 범위 내에서 신규 재정수요를 충족시키기 위해 순증적 개념에서 신규 국채발행을 하거나 만기가 도래하거나 조기만기(buy-back) 대상의 채권을 새로운 채권으로 차환하게 된다.[43]·[44] 예를 들어 기

---

41) 「국가재정법」 제91조(국가채무의 관리) ① 기획재정부장관은 국가의 회계 또는 기금이 부담하는 금전채무에 대하여 매년 다음 각 호의 사항이 포함된 국가채무관리계획을 수립하여야 한다.
1. 전전년도 및 전년도 국채 또는 차입금의 차입 및 상환실적
2. 당해 회계연도의 국채 발행 또는 차입금 등에 대한 추정액
3. 해당 회계연도부터 5회계연도 이상의 기간에 대한 국채 발행 계획 또는 차입 계획과 그에 따른 국채 또는 차입금의 상환 계획
4. 해당 회계연도부터 5회계연도 이상의 기간에 대한 채무의 증감 전망과 근거 및 관리계획
5. 그 밖에 대통령령이 정하는 사항

42) 「국가재정법」 제20조(예산총칙) ① 예산총칙에는 세입세출예산·계속비·명시이월비 및 국고채무부담행위에 관한 총괄적 규정을 두는 외에 다음 각 호의 사항을 규정하여야 한다.
1. 제18조 단서의 규정에 따른 국채와 차입금의 한도액(중앙관서의 장이 관리하는 기금의 기금운용계획안에 계상된 국채발행 및 차입금의 한도액을 포함한다)
2. 「국고금관리법」 제32조의 규정에 따른 재정증권의 발행과 일시차입금의 최고액
3. 그 밖에 예산집행에 관하여 필요한 사항
② 정부는 기존 국채를 새로운 국채로 대체하기 위하여 필요한 경우에는 제1항 제1호의 한도액을 초과하여 국채를 발행할 수 있다. 이 경우 미리 국회에 이를 보고하여야 한다.

43) 바이백이란 만기가 아직 도래하지 않은 국채를 사들이는 것을 의미한다. 통상적으로 시장에서의 시중금리가 상승하는 분위기에서 정부가 바이백을 할 경우 국고채를 회수하게 되어 수요가 증가하기 때문에 국채가격이 상승하고 국채금리가 하락하는 효과가 있다.

44) 만기도래하는 국채를 새로 발행된 채권으로 상환하는 것을 의미하는 단어가 차환이다. 상

획재정부는 2018년도 국고채 발행계획을 발표하면서 발행한도액을 전년 대비 2.7조원 증가한 106.4조원으로 책정하고 새로운 재정수요에 따라 국고채 순증 규모는 36.7조원, 상환규모는 69.7조원 수준으로 책정하였다. 다만 정부는 97.4조원의 국고채를 2018년에 발행하였다.

변동성 있는 국고채시장에서 재정자금을 원활하게 조달하면서 낮은 국채금리로 국채시장을 안정적으로 관리해 나가기 위해서는 효과적인 국채관리정책이 필요하다. 특히 예산집행 및 세수여건 등을 고려하여 재정이 역할을 수행할 수 있도록 적기에 발행해야 하는 '적자국채'는 재정정책 측면에서 매우 중요하다. 따라서 국채의 발행규모 및 만기구성을 고려하는 일관성 있는 정책을 추구해야 한다. 보다 구체적으로 정부는 재정자금의 조달을 위하여 국채의 발행·상환·차환 등의 규모를 효과적으로 관리해야 하며, 신규발행 국채의 종류·만기·이자율 등의 발행조건의 결정, 만기가 도래한 국채의 차환으로 발행되는 국채의 종류 및 발행조건의 결정, 공개시장조작으로 매매할 국채의 종류의 결정 등을 체계적으로 관리해야 한다.[45] 기본적으로 국채관리정책은 유통되는 국채의 구성, 신규발행 내지 차환되는 국채의 종류 및 조건 등을 변경시켜 금융시장의 안정, 만기구성의 장기화, 이자비용의 최소화 등을 추구할 수 있다.[46] 또한 정부는 국가의 채권에 대한 관리기관·관리절차·채권의 내용변경

환기간이 10년 미만인 단기채권은 상환기간이 되면 신채권을 발행하여 상환기간을 연장하는 것이 보통이다. 그러나 만기가 도래하기 전에도 차환이 이루어지는 경우가 있는데, 다음과 같은 경우에 행하여진다. ① 단기채무를 장기채무로 전환할 필요가 있는 경우, ② 금리가 하락하여 차환하는 것이 유리한 경우, ③ 감채기금 등 엄격한 계약내용을 차환하여 완화할 수 있는 경우 등이다(매일경제용어사전 참조). 또한 일정기간에 집중된 만기도래분을 선제적으로 분산하기 위해 차환을 하기도 한다. 예를 들어 2018년에 2019년 및 2020년에 집중된 만기도래분 18조원을 차환한 바 있다. 이외에도 정부는 차환리스크 관리 및 장기물 수요 증가 등에 대응하여 20년 이상의 국고채 발행을 증가시키고 있다. 예를 들어 2018년에는 네 차례나 50년 만기 장기국채를 발행하여 전체 국고채 중 20년물 이상의 비중을 2017년 30.1%에서 2018년 34.8%로 높였으며, 이는 2013년 20.1% 대비해서는 크게 증가한 수치이다.

45) 자세한 내용은 두산백과의 국채관리정책(國債管理政策)을 참고할 수 있다.

46) 정부의 입장에서는 안정적 국고채 발행을 위해 다양한 만기 및 조건의 국채발행, 국고채 전문딜러(PD) 간 경쟁환경 조성 등을 통한 국고채 인수기반을 강화해야 하며, 변동성이 강한 금융시장의 특징을 감안하여 투명하고 일관성 있는 국채관리정책을 추구해야 한다. 이와 함께 외국인 보유 국채에 대한 동향파악 등 상당 부분 미시적 관리가 필요하다(기획재정부,

및 면제기준을 정하여 국채의 적정관리를 추구할 목적으로 「국가채권 관리법」을 1970년 제정하였다.

7 국가채무의 국제비교

주요 OECD 국가와 국가채무 비교 시 우리나라는 아직 국가채무 규모가 크지 않은 것으로 나타난다.47) OECD에서 발표된 통계에 의하면 2018년 우리나라의 일반정부 부채(D2: General Gross Financial Liabilities)는 GDP의 43.3%로 이는 일본

표 1-12 OECD 주요국의 일반정부 부채비율(D2, 2012~2019년)

(단위: GDP 대비 %)

구분	2012	2013	2014	2015	2016	2017	2018	2019
프랑스	110.4	111.0	119.7	120.4	123.3	124.2	124.6	125.0
독일	88.2	83.1	83.3	79.0	76.3	72.4	69.1	66.2
일본	206.2	210.0	214.5	214.7	217.7	221.0	223.3	224.3
한국	38.5	40.5	43.7	45.7	45.5	45.8	46.3	46.9
영국	106.5	102.1	112.5	111.7	121.9	121.0	120.3	119.5
미국	103.3	105.1	104.8	105.0	106.9	105.2	106.1	107.2
Euro 지역 (16개국)	104.6	105.8	112.1	109.5	108.9	107.1	105.1	103.2
OECD 평균	107.4	108.7	111.7	111.4	112.7	111.8	111.3	110.9

주: 한국의 경우 국가채무(D1)와 OECD에서 작성된 일반정부 부채(D2)는 회계인식과 정부범위상의 차이로 인해 발생하고 있음. 2018~2019년은 예측치임.
자료: OECD(2017).

2018c).

47) 이전 연도의 비교를 하자면 2013년 우리나라의 GDP 대비 일반정부 부채비율은 36.5%로 OECD 평균(109.5%), 일본(224.6%), 미국(104.3%), 영국(99.3%), 독일(85.9%) 등에 비해 낮은 규모이며, 2015년 경우에도 우리나라의 GDP 대비 국가채무는 37.9%로 일본(230.0%), 프랑스(120.8%), 영국(112.8%), 미국(113.6%), OECD 평균(115.5%)보다 낮은 상황이다.

의 227.9%, 미국의 109.9.%, 그리고 OECD 국가 평균 111.0% 등에 비하면 낮은 수준이다.[48] 〈표 1-12〉에서 볼 수 있듯이 대부분의 국가들은 2008~2009년 경제위기 이후에도 지속적으로 확장적 재정정책과 양적완화(QE: Quantitative Easing) 중심의 통화정책을 동시에 추구한 결과 국가채무가 급격하게 증가하였다.

한편 〈표 1-13〉은 2015년 세계 주요 지역별 소득수준에 따라 일반정부 부채비율을 비교하고 있다. 우선 2015년 세계 평균 일반정부 부채비율(D2)은 79.4%이며, 선진국은 106%인 반면 신흥국(중진국)의 부채비율은 우리나라와 유사한 41.2% 수준이다. 미국(105.1%), 유럽(96.1%), 일본(245.5%)의 부채비율이 높은 수준인 반면, 재정수단과 금융시장에 대한 접근성이 제한되어 있는 신흥국은 상대적으로 부채비율이 낮은 수준임을 확인할 수 있다. 신흥국 중 아시아권 국가들이 상대적으로 낮은 부채비율(43.9%)을 보이며, 중·남미권 국가들은 평균 51.8%를 기록하고 있다.

이처럼 GDP 대비 국가채무비율을 국가별 단순비교하는 것으로 우리나라의 재정상태가 건전하다고 판단하는 것은 무리가 있다. 일반적으로 국가채무의 총량 외 채무의 증가속도, 경제수준, 인구고령화 정도 등을 감안하면 우리나라의 재정상태가 상대적으로 건전하다고 단언할 수 없기 때문이다. 예를 들어 1인당 국민소득 28,000 달러 도달 시점에 우리나라 국가채무비율(2014년)은 35.9%인 반면, 주요 선진국의 당시 국가채무비율은 48~68% 수준으로 이들과 확연한 차이가 존재한다고 보기 어렵다. 특히 '연령관련비용'의 증가가 급격하게 나타나는 시점, 즉 65세 인구비율이 14% 이상인 고령사회로의 진입시점에서 우리나라 국가채무비율(2018년)은 38.2%인 반면, 프랑스는 32.6%(1995년), 독일은 36.8%(1972년)으로 오히려 이들보다 더 높은 상황이다(〈표 1-14〉 참조). 따라서 국가채무비율의 비교를 통한 우리나라의 재정건전성을 판단하는 것은 매우 적절하지 못한 접근이다.

48) 여기서 사용된 OECD 평균은 OECD 국가들의 가중평균(전체 국가의 부채합계/전체 국가의 GDP 합계)이다. 국회예결위원회(2019)에 따르면 산술평균한 값(각 국가 부채비율의 합/국가 수)을 활용할 경우, OECD 국가의 부채비율은 82.3%로 우리나라의 부채비율과 OECD 평균과의 격차가 감소하게 된다.

표 1-13 세계 주요국가의 일반정부 부채비율(D2, 2008~2015년)

(단위: GDP 대비 %)

구분	2008	2009	2010	2011	2012	2013	2014	2015
세계	65.5	75.9	78.3	79.2	81.1	79.7	80.0	79.4
선진국	79.4	92.8	99.3	103.3	107.6	106.2	106.5	106.0
미국	72.8	86.1	94.8	99.0	102.5	104.2	105.6	105.1
유럽 지역	70.3	80.2	85.9	88.3	92.9	95.2	96.4	96.1
프랑스	67.0	78.0	80.8	84.4	88.7	91.8	95.2	97.7
독일	66.8	74.6	82.5	80.0	81.0	78.4	75.5	72.5
그리스	112.9	129.7	148.3	170.3	157.2	175.1	174.2	171.0
아일랜드	42.6	62.2	87.4	98.9	111.4	116.1	112.4	111.7
이탈리아	106.1	116.4	119.3	120.7	127.0	132.5	136.7	136.4
포르투갈	71.7	83.7	94.0	108.2	124.1	128.9	131.3	128.7
스페인	40.2	54.0	61.7	70.5	85.9	93.9	98.6	101.1
일본	191.8	210.2	216.0	229.8	237.3	243.2	245.1	245.5
영국	51.9	67.1	78.5	84.3	89.1	90.6	92.0	93.1
캐나다	70.8	83.0	84.6	85.9	88.1	88.8	88.1	86.8
신흥국 및 중진국	35.5	40.1	39.7	38.7	39.0	39.7	40.5	41.2
아시아	40.4	43.0	42.6	41.7	41.9	42.4	43.3	43.9
중국	31.7	35.8	36.6	36.5	37.4	39.4	40.7	41.8
인도	74.5	72.5	67.5	66.8	66.6	61.5	60.5	59.5
유럽	23.8	29.5	29.4	28.0	27.2	28.3	28.9	29.6
러시아	8.0	10.6	11.3	11.6	12.7	13.9	15.7	16.5
터키	40.0	46.1	42.3	39.1	36.2	36.3	33.6	33.1
중남미	47.0	49.8	49.1	49.2	49.7	50.4	51.3	51.8
브라질	63.5	66.8	65.0	64.7	68.2	66.2	65.8	65.6
멕시코	42.8	43.9	42.2	43.2	43.2	46.4	48.0	49.0
중동 및 파키스탄	20.0	26.1	24.5	22.0	23.1	23.5	23.6	24.2
저소득국	30.0	33.4	30.7	30.4	30.8	31.0	31.4	31.2
산유국	22.0	25.0	23.2	21.2	21.4	22.2	22.6	23.0

주: 2014년과 2015년은 전망치.

자료: IMF(2014).

표 1-14 주요 국가 국가채무비율

구분	동일한 1인당 GDP 도달시점 비교		동일한 고령화 비율 도달시점 비교	
	$28,000 도달시점	국가채무비율(%)	14% 도달시점	국가채무비율(%)
한국	2014년	35.9	2018년	38.2
영국	1995년	48.2	1976년	50.5
독일	1995년	54.2	1972년	36.8
일본	1991년	64.6	1994년	80.1
프랑스	1995년	66.6	1979년	32.6
미국	1995년	68.3	–	–

자료: 국회예산정책처(2015)를 수정함.

또한 2000~2018년 동안 우리나라의 일반정부 부채의 연평균 증가율은 같은 기간 동안 경상성장률(5.8%)보다 1.9배 높은 11.1%로, OECD 35개국 중 라트비아(13.4%), 룩셈부르크(12.8%) 등에 이어 6번째로 높은 증가율을 기록하고 있다([그림 1-4] 참조). 다만 우리보다 높은 증가율을 보인 국가들은 소규모 국가이고, 한국은 주요 OECD 국가 중 가장 높은 증가율을 보이고 있다. 이 외에도 주로 재정위기를 겪고 있는 아일랜드(10.8%), 포르투갈(8.9%), 스페인(7.0%), 그리스(4.9%) 등에서 높은 부채증가율이 나타나고 있다. 특히 일본은 1997년과 2007년 사이 국가채무비율이 100.5%에서 170.3%로 급증하였으며, 그리스도 2008년과 2017년 사이 117%에서 189%로 급증하였다. 이처럼 한 국가의 재정상태는 경제성장률의 둔화와 정부지출요인의 증가로 인하여 급속하게 변경될 수 있다.

그림 1-4 OECD 35개국의 일반정부 부채 수준 비교

(GDP 대비 %, 연평균 증가율 % ◆)

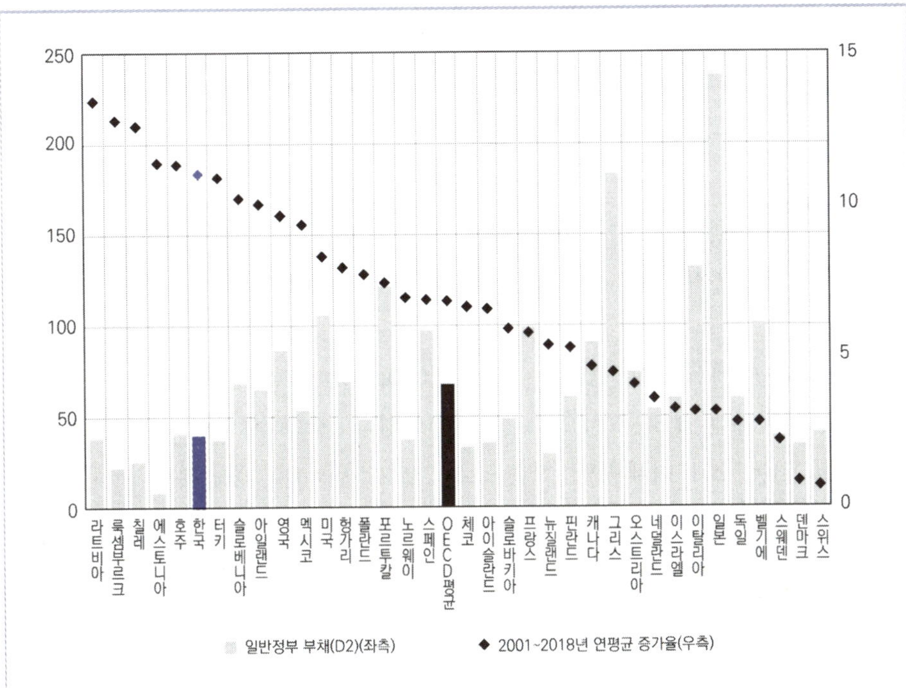

자료: 국회예산결산특별위원회(2019).

8 소 결

오늘날 국가채무와 관련하여 채무의 개념정의 및 적용범위 등을 비롯한 기술적 문제로부터 재정정책을 통한 국가의 역할론에 이르기까지 다양한 의견이 있는 만큼 학계와 정치권에서도 상이한 인식과 태도가 나타나는 양상이다. 특히 최근 정부의 적자지출이 늘면서 국가채무의 규모가 급속하게 증가하는 점이 가장 우려스러운 부분이다. 국가채무의 규모를 살펴보면 가장 협소하게 정의된 국가채무(D1)는 1987년 민주화 이후 꾸준히 증가하여 1988년 19조원

표 1-15 중기 국가채무 전망(2019~2023년)

(단위: 조원, %)

구분	2019		2020	2021	2022	2023
	본예산	추경				
국가채무	740.8	731.5	805.5	887.6	970.6	1061.3
(GDP 대비)	37.1	37.2	39.8	42.1	44.2	46.4
경상GDP성장률	3.0		3.8	4.1	4.1	4.1

주: GDP 대비 채무비율은 한국은행 신계열 GDP 기준(2015년 기준)을 활용하고 있음.[49)]
자료: 기획재정부(2019a)

(GDP 대비 13%)에서 2018년에는 680조원(GDP 구계열 대비 38.2%, 신계열 대비 35.9%), 2020년에는 805.2조원으로 전망되고 있다. 보다 광의의 개념인 일반정부 부채(D2)는 2017회계연도 기준으로 735.2조원이며, 공공부문 부채(D3)는 2016년 결산기준으로 1,044.6조원, 재무제표상 부채는 총 1,555.8조원이다. 관리재정수지는 지난 10년간 △13.0조원에서 △43.2조원의 적자규모를 보이고 있어 GDP 대비 △3% 수준을 유지하고 있다(국회예산정책처, 2019b).

그러나 재정건전성의 핵심지표인 재정수지가 당분간 개선될 가능성이 매우 낮고, 최근 정부가 확장적으로 재정을 운용하면서 총지출 증가율이 경상성장률 및 총수입 증가율보다 높게 유지하기로 결정된 만큼 국가채무는 매우 빠른 속도로 증가할 것으로 예상되고 있다.[50)] 이미 급속한 인구고령화로 인한 잠재성장률의 하락 및 세법개정(재정분권 관련) 등의 요인으로 총수입 증가율은 감소하고, '연령관련지출'을 비롯한 의무지출의 증가와 재량지출의 증가에 따라 재정건전성이 취약해지는 상황에서 추가적인 재정투입은 재정건전성을 더

49) 따라서 한국은행 구계열 GDP 기준(2010년 기준)을 적용할 경우, 국가채무비율은 2023년에 49%에 근접할 가능성이 높다.

50) 「2018~2022년 국가재정운용계획」에서는 총지출 연평균 증가율을 7.3%로 유지하기로 하였고, 이는 「2017~2021년 국가재정운용계획」의 5.8%보다 1년 만에 1.5%나 크게 증가한 수치이다. 이와 함께 정부는 탈루소득 과세 강화, 비과세·감면 정비 등 세입확충을 위한 노력도 시행하였다. 다만 정부는 「2019~2023년 국가재정운용계획」에서 총지출 연평균 증가율을 6.5%로 다시 하향조정하였다.

욱 악화시킬 가능성이 높다(국회예산정책처, 2019b).[51)]

정부가 2019년 발표한 「2019~2023년 국가재정운용계획」에 따르면 재정의 적극적인 역할 증대에 따라 관리재정수지는 2020년 GDP 대비 △3.6%를 기록한 후, 2023년까지 △3.9% 수준이 지속될 것으로 전망하고 있다. 이에 따라 2019년 추경기준 국가채무는 731.5조원으로 전년도 대비 50.8조원 증가할 것으로 전망되며, 2020년에는 805.5조원(+74조원), 2021년에는 887.6조원(+82.1조원), 2022년에는 970.6조원(+83조원), 2023년에는 1,061.3조원(+90.7조원)으로 매년 국가채무는 급격하게 증가할 것으로 전망된다. 특히 이 기간 동안 국가채무는 연평균 9.8%로 증가할 것으로 전망되며, 이는 2013년부터 2018년까지 7년간 평균 증가율 5.7%보다 매우 높은 수치이다(국회예결산특별위원회, 2019). 국가채무의 내용에서도 적자성 채무만 2019년 415.5조원에서 2023년 710.9조원으로 연평균 14.4% 증가되는 만큼 재정상태가 취약해지는 것으로 판단된다.

뿐만아니라 이러한 전망은 '장밋빛' 재정수입 예측에 근거하고 있어 실질적으로 국가채무는 정부의 예측치보다 더 크게 증가할 가능성이 높다. 예를 들어 「2019~2023년 국가재정운용계획」에서 2020년 국세수입은 292조원으로 2019년 국세수입 294.8조원보다 2.8조원 감소하나, 2021년 국세수입은 304.9조원으로 전년 대비 12.9조원 증가하는 것으로 예측하고 있으나, 정작 이에 대한 근거가 부족한 상황이다(양준모, 2019).[52)] 특히 중장기 잠재성장률이 2%대로 하락하고 있는 시점에서 구조적 세출개혁과 세입기반의 확대가 이루어지지 않으면 재정수지는 정부계획보다 악화될 가능성이 크다(현대경제연구원, 2019).

따라서 이러한 정부의 적자지출 증대는 일시적 현상이 아니라, 「2017~2021년 국가재정운용계획」에서 제시되듯이 중장기적으로 적자지출을 늘리는

51) 「2019~2023년 국가재정운용계획」에 따르면 「2018~2022년 국가재정운용계획」 대비 총수입 연평균 증가율은 1.3% 감소한 3.9% 증가할 것으로 전망되며, 총지출 연평균 증가율은 전년도 계획 대비 1.8%p 하회하는 6.5%로 전망된다. 따라서 2018년 계획 대비 2019년 계획은 총수입은 감소하고 총지출은 증가함에 따라 적자폭이 확대되어 국가채무의 빠른 증가가 예상되고 있다.

52) 정부는 2019년 반도체 업황 부진 등으로 2020년 세수 증가세가 둔화되나, 이후 성장세로 전환되면서 세수 증가로 연평균 3.4% 증가를 예상하고 있으나 현실성은 부족하다.

표 1-16 중기 재정수지 전망(2019~2023년)

(단위: 조원, %)

구분	2019		2020	2021	2022	2023
	본예산	추경				
관리재정수지	△37.6	△42.3	△72.1	△81.8	△85.6	△90.2
(GDP 대비)	△1.9	△2.2	△3.6	△3.9	△3.9	△3.9
통합재정수지	△6.5	1.0	△31.5	△41.3	△46.1	△49.6
(GDP 대비)	0.3	0.05	△1.6	△2.0	△2.1	△2.2
경상 GDP 성장률	3.0		3.8	4.1	4.1	4.1

주: GDP 대비 채무비율은 한국은행 신계열 GDP 기준(2015년 기준)을 활용하고 있음.
자료: 기획재정부(2019a)

방향으로 재정운용의 기본 틀을 전환하고 있다. 특히 이 같은 정부의 정책기조는 재정지출 증가율을 수입 증가율보다 낮게 책정하여 재정건전성 관리를 하겠다는 이전의 재정운용 기조에서 후퇴한 것으로 판단된다. 이러한 정책기조의 변화는 「2017~2021년 국가재정운용계획」에서부터 나타나는데, 해당 계획에서 5년간 재정지출 및 재정수입 연평균 증가율을 5.8%와 5.5%로 전망하였고, 「2018~2022년 국가재정운용계획」에서는 7.3%와 5.2%로, 「2019~2023년 국가재정운용계획」에서는 6.5%와 3.9%로 제시하였다.[53] 더욱이 가장 최근 발표된 「2019~2023년 국가재정운용계획」은 「2018~2022년 국가재정운용계획」에 비해 총수입은 감소하고 총지출은 증가함에 따라 재정수지의 적자폭이 확대되어 국가채무비율이 5년 동안 기존의 2%p 증가에서 9.3%p 증가로 예상되는 등 국가채무의 악화 추세가 현실로 나타나고 있다.[54] 사실 이러한 변화는 정부가 재정건전성 관리를 목표로 정한 GDP 대비 국가채무비율의 변화에서도

53) 반면 2016년까지는 계획기간 중 총지출 증가율을 재정수입 증가율보다 낮게 유지하였다. 예를 들어 「2016~2020년 국가재정운용계획」에 따르면 재정지출 증가율은 연평균 3.5%로 재정수입 증가율 5.0%보다 낮게 책정되어 있다.

54) 「2018~2022년 국가재정운용계획」에 따르면 GDP 대비 국가채무비율이 2018년 37.2%에서 2022년 39.2%로 2.0%p 증가를 예상했으나, 「2019~2023년 국가재정운용계획」에서는 2019년 37.1%에서 2023년 46.4%로 9.3%p 증가를 예상하고 있다.

감지할 수 있다(국회예결산특별위원회, 2019). 예를 들어 「2011~2015년 국가재정운용계획」에서는 국가채무비율을 20% 후반 수준에서 관리하기로 하였으나, 「2014~2018년 국가재정운용계획」에서는 30%대 중반으로, 「2018~2022년 국가재정운용계획」에서는 40%대 초반으로, 급기야 「2019~2023년 국가재정운용계획」에서는 40%대 중반 수준에서 관리하기로 하였다. 한편 국회예산정책처(2019b)는 총수입보다 높은 총지출 증가율로 인해 관리재정수지 적자규모가 확대되어 국가채무는 GDP 대비 2019년 38.0%에서 2028년 56.7%까지 증가할 것으로 전망하고 있어 정부의 예측보다 더욱 부정적이다.[55)]

마지막으로 국가채무(D1) 외에 공공기관(공기업)의 부채수준과 연·기금 관련 우발채무 등을 고려하면 장기적으로 재정건전성을 확보하기 위한 노력을 일반정부부문뿐만 아니라 중앙정부와 지방정부의 공공기관에서도 체계적으로 시행해야 하며, 특히 연·기금의 재무구조 개선도 시급하다. 또한 우리나라의 공공기관은 정부정책을 대행하는 업무의 특성상 국가채무관리의 측면에서도 이를 지속적으로 관리할 필요가 있다. 특히 일부 공공기관의 부채는 상당히 높은 수준이기 때문에 보다 체계적인 관리와 감독이 필요하다. 아울러 소득대체율 인상 등 구조적 개편 없이는 연·기금의 운용이 지속가능하지 않다는 평가가 많은 만큼 장기적인 재정관리의 측면에서 보다 합리적이고 실질적인 제도 개선과 정책운용이 매우 필요하다.

55) 따라서 국회예산정책처(2019b)는 2023년 GDP 대비 국가채무비율도 정부의 46.4%보다 비관적인 48.2%(+1.8%)로 보고 있으며, 관리재정수지가 2019년 △45.7조원에서 2028년 △79.3조원으로 늘고, 국가채무는 2019년 734.8조원에서 2028년 1,490.6조원으로 전망하고 있다.

참고 문헌

국내 문헌

국회예산결산특별위원회(2019). 2020년도 예산안 및 기금운영계획안 검토보고(종합).

국회예산정책처(2012). 국가재정법: 이해와 실제.

국회예산정책처(2015). 2014 회계연도 공공기관 결산평가.

국회예산정책처(2016). 2016~2060년 NABO 장기 재정전망.

국회예산정책처(2018). 대한민국 재정 2018.

국회예산정책처(2019a). 대한민국 재정 2019.

국회예산정책처(2019b). 2019~2028년 NABO 중기 재정전망.

기획재정부(2014). 2014~2018년 국가채무관리계획.

기획재정부(2015). 2015~2019년 국가채무관리계획.

기획재정부(2016). 2016~2020년 국가채무관리계획.

기획재정부(2018a). 2018~2022년 국가채무관리계획.

기획재정부(2018b). 월간 재정동향. (2018년 1월 제48호).

기획재정부(2018c). 월간 재정동향. (2018년 7월 제55호).

기획재정부(2018d). 2018~2022년 공공기관 중장기 재무관리계획.

기획재정부(2019a). 월간 재정동향. (2019년 1월 제60호).

기획재정부(2019a). 재무제표상 부채와 국가채무에 대한 오해 바로잡기. 보도자료.

기획재정부(2019b). 2020년도 예산안.

기획재정부(2020). 2020 나라살림 예산개요.

기획재정부 재정정보공개시스템 열린재정[웹사이트]. 2019월 12월 8일 접속. URL: http://www.openfiscaldata.go.kr/

김상노(2018). 국가재무제표 현황과 개선과제. 국회예산정책처.

김성태·박진(2014). 재정건전성의 평가 및 정책과제. 한국개발연구원(KDI).

대한민국 정부(2017). 2017~2021년 국가재정운용계획.

대한민국 정부(2018). 2018~2022년 국가재정운용계획.

대한민국 정부(2019). 2019~2023년 국가재정운용계획.

서유진·김도년(2019. 5. 1). 한전 1조, 건보 4조 적자 … 정책에 멍든 공공기관. 중앙일보. 종합 1면.

안전행정부(2013. 12. 12). 지방공기업 부채, 지자체가 책임지고 통합 관리. 보도자료.

안전행정부(2014). 지방공기업 경영정보.

양준모(2019). 국회예산결산특별위원회 2020년도 예산안 및 기금운용계획안에 대한 공청회 자료.

윤영진(2012). 재정건전성 지표로서의 국가채무 개념의 쟁점과 대안모형, 한국행정논집, 24(2), 371-394.

한국은행(2017). 2016년 공공부문계정.

한국재정정보원(2018). 2018 주요 재정통계.

한국재정정보원(2019). 재정통계 해설.

한재준(2018. 10. 18). 퇴직 공무원·군인 연금충당부채 845조…해마다 늘어. news 1. URL: http://news1.kr/articles/?3453023

행정안전부(2017). 2016사업연도 지방공기업 결산 및 경영분석.

행정안전부(2018). 2017사업연도 지방공기업 결산 및 경영분석.

현대경제연구원(2019). 잠재성장률 하락의 원인과 제고 방안.

해외 문헌

Abbas, S. M., Belhocine, N., ElGanainy, A. A., & Horton, M. (2010). *A historical public debt database*. (IMF working paper No. 10/245). Washington, D.C.: International Monetary Fund.

IMF (2014). *Fiscal Monitor-Back to Work: How Fiscal Policy Can Help*. Washington, D.C.: International Monetary Fund.

OECD (2017). *Economic Outlook No. 102*. Retreived January 20, 2020 from https://stats.oecd.org/index.aspx?DatasetCode=EO102_INTERNET

OECD (2018). *Economic Outlook No. 104*. Retrieved January 20, 2020 from https://stats.oecd.org/Index.aspx?DataSetCode=EO104_INTERNET

Reinhart, C. M., & Rogoff, K. S. (2009). *This Ttime is Different: Eight Centuries of Financial Folly*. Princeton University Press.

Reinhart C. M., & Rogoff, K. S. (2010). *Debt and Growth Revisited*. Retrieved January 20, 2020 from https://voxeu.org/article/debt-and-growth-revisited.

Salsman, R. M. (2017). *The Political Economy of Public Debt: Three Centuries of Theory and Evidence*. Edward Elgar Publishing.

02

국가채무의 역사적 변천과정

❶ 서 론
❷ 중세의 국가채무(1300~1800년)
❸ 현대국가의 국가채무(1800~현재)
❹ 개별 국가채무 추이 분석
❺ 소 결

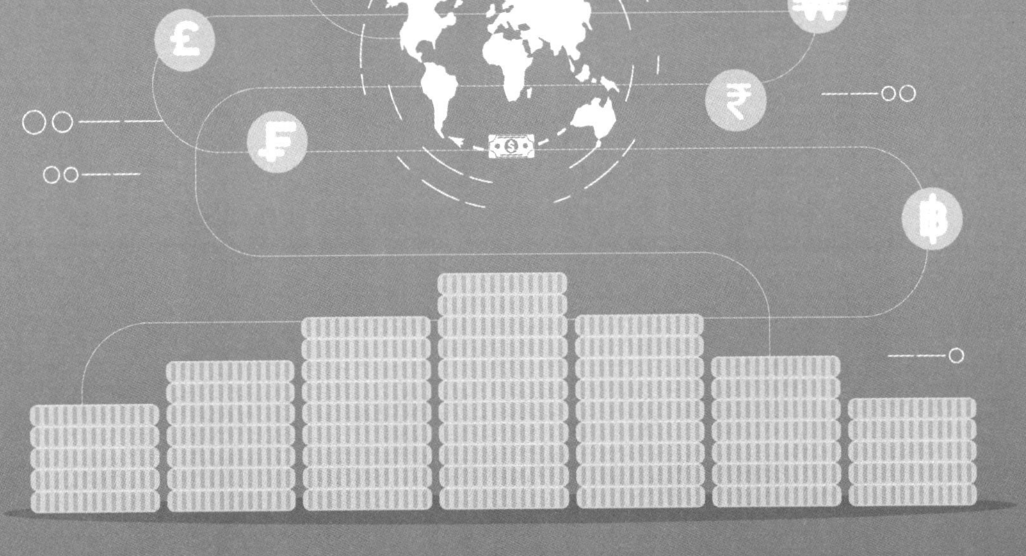

02 국가채무의 역사적 변천과정

1 서 론

이 장(章)에서는 세계 주요 국가의 국가채무를 대상으로 채무규모와 생성 배경에 어떠한 변화가 나타났는지 분석한다. 제1장에서 살펴보았듯이, 2018년 기준 OECD 국가의 일반정부 부채(D2)는 GDP 대비 90%를 넘고 있으며, 지속적으로 늘고 있다. 이처럼 높은 수준의 국가채무에 대해 우려하는 일부 학자들은 이를 '과잉채무(debt overhang)'로 정의하면서 지속가능한 경제발전을 도모할 수 있는 임계점을 넘어섰다고 주장한다.[1] 가령 Eichengreen 외(2019)는 국가채무가 공공투자의 재원확보를 통해 민간소비와 투자를 촉진하여 국가경쟁력을 제고시키고 투자자에게 포트폴리오의 다양성을 제공하는 등 긍정적인 역할을 하지만, 과잉채무는 금융시스템의 붕괴, 환율위기, 인플레이션 유발 등을 초래할 수 있다는 점에서 이중적 특징을 가진 재정정책수단이라고 주장한다.

국가채무는 국가재정 현안 중 가장 논의하기 어려운 정치경제적 문제 중

1) 학자에 따라 국가채무의 임계점에 대한 주장은 다르다. 그러나 체계적인 연구를 진행한 Reinhart & Rogoff(2009)는 선진국은 GDP 대비 90%를, 개도국은 GDP 대비 70%를 임계점으로 제시하고 있다. 이에 대한 논의는 제7장에서 다루기로 한다.

하나이다. 과거 전쟁과 같은 국가위기상황일 때 일시적으로 발생하던 국가채무가 이제는 상시적으로 경기관리 및 정치순환 논리에 따라 활용되면서 그 규모가 지속적으로 늘어나고 있을 뿐만 아니라 현재의 저금리 구조에서 영구적 부채(permanent debt)로 남을 가능성도 높다. 이러한 현상에 따라 국가채무에 대한 논의는 필연적으로 정부의 역할에 대한 논쟁과 더불어 재정정책과 조세정책을 포함한 정부정책의 목적과 실효성에 대한 논의를 수반하고 있다(Cottarelli, 2017). 특히 글로벌 경제위기(2007~2009) 이후 각국 정부는 경기부양과 사회안전망 강화를 위한 복지·실업대책에 천문학적인 재정을 투입하면서 국가채무비율이 급속하게 증가하면서 국가의 재정건전성 논의가 크게 확산되고 있다(OECD, 2017a).

정부역할에 대한 논의는 고전학파(classical school), 케인스학파(Keynesian school), 공공선택론학파(public choice school) 사이에서 오랫동안 전개된 논쟁처럼 정부의 '시장보완' 역할에 대한 근본적인 관점의 차이에서 발생한다.[2] 특히 학파별 상반된 주장은 시장과 정부의 운영체계(operating system)의 상대적 효율성에 대한 상이한 신념과 믿음에 기반하고 있으나, 근본적으로는 시장에 대한 정부개입의 정당성과 합목적성에 대한 인식의 차이를 반영한다.

뿐만 아니라 국가채무는 윤리적이고 도덕적 논쟁을 수반한다. 기본적으로 국가의 규모 확대는 개인의 가처분소득 등에 영향을 미치면서 개인의 경제적 자유에 부정적인 영향을 미칠 가능성이 크다. 또한 국가채무의 급격한 증가는 정부의 의도적인 통화발행을 통한 화폐가치 하락을 추구할 가능성을 높임으로써 묵시적 채무불이행을 유도할 수 있으며, 부실한 부채관리나 외채에 대한 채무불이행 선언 등 명시적 채무불이행을 발생시키기도 한다. 또한 지속적인 적자지출에 따른 국가채무의 누적은 필연적으로 세대 간 비용부담 문제(inter-generational transfer)를 발생시킨다. 특히 의료·사회복지 분야 등 이전지출의 비중이 크게 늘어 적자재정에 대한 의존도가 증가하는 경우, 현 세대의 효용은 증가하지만 정작 다음 세대의 부담은 가중될 수밖에 없기 때문이다.

---

2) 이러한 논쟁은 1600년대를 시작으로 1700년대부터 본격적으로 논의되어 온바, 최소한 300년 이상의 역사를 가진다. 제3장에서 자세히 논의한다.

국가채무에 대한 논의는 주로 경제학자들에 의해 주도되었기 때문에 경제학적 논의가 주를 이루었으나, 고전학파와 케인스학파의 다양한 논쟁과 함께 20세기 후반부터 공공선택론(public choice theory)의 정치경제적(political economy) 시각이 확산되면서 훨씬 풍부한 논의가 가능해졌다. 이러한 배경에서 역사적으로 전개된 국가채무의 추이분석을 먼저 살펴볼 필요가 있다. 따라서 이 장에서는 지난 700년 동안, 구체적으로는 지난 200년 동안 주요 국가의 채무는 어떻게 전개되어 왔으며, 이에 대한 정치·경제·사회적 요인은 무엇인지, 이들 국가의 국가채무 변화의 공통요인은 무엇이며, 국가별 특성은 무엇인지 살펴본다. 특히 한국을 포함하여 영국, 미국, 일본 등 OECD 주요국가의 국가채무 추이를 살펴보고, 국가별 재정정책의 특징을 알아본다. 이를 위해서 시장에 대한 정부역할과 관련된 각국의 재정정책의 주요 특징을 살펴보고, 이러한 정책결정에 작용한 정치경제적 이념과 철학적 배경에 대하여 논의하기로 한다.

2 중세의 국가채무(1300~1800년)

Eichengreen 외(2018)에 따르면, 국가형태의 조직이 정기적으로 국가채무를 발생시킨 것은 기원전 1000~1400년경부터였다고 주장한다. 중세 봉건시대의 국가채무는 정부(government)와 군주(monarchy)의 구분이 명확하지 않은 관계로 대부분 군주 개인이 자본가와 귀족계층으로부터 차입하는 재정대출금의 성격이 강했다. 특히 금융시장이 발전되지 않아 채권발행 및 중개업무를 전문적으로 취급하는 금융기관이 많지 않았기 때문에 군주들은 개인의 신용도에 따라 일부 부유층의 차입에 의존하였다. 그러나 13세기 후반 이후 이탈리아의 베네치아, 피렌체, 제노바 등의 도시국가에 기반을 둔 금융산업이 발전하면서 유럽 내 군주들의 대출규모는 크게 증가하기 시작한다(Ferguson, 2008/2010).

체계화된 국가형태의 정치적 조직체가 부채를 발행하기 시작한 것은 1260년대 교황(청)의 재정(papal finance)에서 비롯된 것으로 알려진다(Eichengreen 외,

2019). 로마교회는 부유했지만 수입원이 각지에 분산되어 현금흐름(cash-flow)의 어려움을 겪었으며, 특히 신성로마제국의 황제와 갈등을 겪기 시작하고 이탈리아 동맹군에 대한 인건비 지급이 늘면서 부채발행이 늘기 시작한다. 한편 프랑스와의 전쟁수행에 필요한 군비조달을 위하여 영국은 풍부한 천연자원을 담보로 상대적으로 금융시스템이 발달한 이탈리아 도시국가의 금융기관에서 대출을 받기 시작한다. 그러나 1340년 영국의 에드워드 3세는 전쟁패배로 인해 국가채무 불이행을 선언, 피렌체에 기반을 둔 은행들을 포함한 이탈리아의 주요 금융기관들이 파산에 직면하게 된다.[3] 이러한 여파로 중세 후기 유럽에서 영국 등을 포함한 군주들에 대한 대출은 기간도 짧았고, 이자율도 높았다(Eichengreen 외, 2018).

다음의 〈표 2-1〉에서 볼 수 있듯이, 유럽에서는 1300년부터 1799년까지 영국, 프랑스, 스페인 등의 국가들이 17번 이상 해외에서 발행한 채권에 대한 상환 불이행을 선언하면서 금융시장에 큰 충격을 주었으며, 국가 간 분쟁발생으로 비화되는 정치경제적 문제를 떠안게 된다(Reinhart & Rogoff, 2009). 이 기간 동안 프랑스는 8번의 채무불이행을 선언하여 가장 빈번하게 재정위기에 처했으며, 스페인은 6번, 영국도 2번의 채무불이행을 선언하면서 유럽의 금융시장은 여러 번의 위기에 직면하였다. 이러한 국가재정의 파탄은 재정관리제도의 부실 등으로 발생하기도 했지만, 유럽대륙 내 전쟁과 자연재해 등으로 인한 세입감소도 그 원인으로 지적된다(Reinhart & Rogoff, 2009).

한편 상인 중심의 정치조직체와 행정부를 감시하는 실질적인 입법부의 기능이 존재했던 유럽의 도시국가들은 보다 진화된 금융시스템을 발전시켜 13세기와 14세기부터 5%대 금리로 장기국채를 발행하게 된다(Epstein, 2000; Stasavage, 2011). 주로 이탈리아에 위치한 도시국가 군주들은 중세 유럽에서 빈번한 전쟁과 국방비 부담 증가에 따라 부채발행을 더욱 늘리게 된다. 다만 소비세 및 무

3) 영국에 대한 대출 의존도가 높은 이탈리아은행들은 대부분 예금인출 사태로 인하여 파산을 선언하게 된다. Reinhart & Rogoff(2009: 68)에 따르면 '일련의 사건들이 연계되어 진행되었는데' 영국의 채무 불이행 선언 3년 후인 1343년에는 페루치은행이, 1346년에는 바디은행이 파산하게 된다.

4) Reinhart & Rogoff(2009)는 자료의 접근성 문제로 인하여 정확한 데이터를 확보하지 못하고

표 2-1 중세기 유럽의 국가채무 부도(1300~1799년)[4)]

국가	부도 연도	부도 횟수
오스트리아	1796	1
영국	1340, 1472, 1594*	2*
프랑스	1558, 1624, 1648, 1661, 1701, 1715, 1770, 1788	8
독일(Prussia)	1683	1
포르투갈	1560	1
스페인	1557, 1575, 1596, 1607, 1627, 1647	6

주: *는 영국이 당시 국내 부도였는지 혹은 해외 채무부도였는지 불확실함을 의미함.
자료: Reinhart & Rogoff(2009).

역세 부과는 이러한 국가에 어느 정도의 세원을 제공하였으나, 빈번한 영토분쟁과 식민지 확보 분쟁 등이 증가하면서 재정비용을 감당하기에는 턱없이 부족하였다(Stasavage, 2011: 29; Drelichman & Voth, 2014: 21).

16세기부터 유럽의 정치구도는 1648년 웨스트팔리아(Westphalia) 평화조약에 의해 민족국가(nation state)를 중심으로 재편되면서 입법부의 역할이 증가하는 '제한된 입헌군주제도(limited constitutional monarchy)'로 진화한다. 이러한 국가체제의 변화는 재정 공백을 메우기 위한 국가채무의 증가와 발행된 국채의 자유로운 거래를 가능하게 하는 금융시장의 발전시기와도 일치한다(Eichengreen 외, 2019). 이에 따라 17세기 중반부터 유럽국가의 국가채무는 GDP 대비 20~60% 수준으로 늘게 된다(Drelichman & Voth, 2014).

이러한 과정에서 네덜란드는 초기 '이탈리아 금융모델'에 국제적 요소를 추가하여 유럽 중앙정부와 지방(도시)정부가 발행한 국채가 국제적으로 거래될 수 있는 고유의 '더치 모델(Dutch model)'을 발전시키게 된다. 이때 발행된 채권의 거래 활성화와 체계적인 채무관리제도가 이러한 더치 모델의 특징이었다.

있다. 상기의 〈표 2-1〉은 원문의 [그림 2-1]인데, 원데이터가 책 〈표 3-2〉부터 〈표 3-4〉까지 걸쳐 소개된다. 이를 비교해 본 결과, 다소의 오차가 나타난다. 예를 들어 스페인의 경우, 〈표 3-6〉에 의하면 총 13번의 부도를 겪었으나 〈표 3-2〉와 〈표 3-4〉에는 8차례의 사례에 대해서만 연도가 게재되고 나머지는 생략되어 있다.

반면 영국은 소비세 도입 등 새로운 세원(tax base) 발굴 및 효율적 세금징수체계의 도입을 통하여 훨씬 더 큰 규모의 재정수입원을 확보한다(Eichengreen 외, 2019). Brewer(1989)는 영국이 스튜어트왕조 후반부터 미국독립전쟁 때까지 세수를 3배 이상 증가시켜 강력한 재정기반을 마련하였다고 주장한다. 이러한 재정제도의 발전은 영국정부가 1694년 중앙은행의 성격을 띤 영란은행(Bank of England)이 설립되면서 더욱 강화되었다. 영란은행은 국가채무의 출자전환이 가능해지면서 당시 영국의 국가채무과잉 사태를 완화시켰다. 이후 영란은행은 영국의 중앙은행으로 전환되었고, 통화정책과 국가채무관리도 담당한다. 이렇게 통화정책과 재정정책에 대한 국가책임성이 강화되면서 시장의 신뢰를 확보한 영국정부는 유럽에서 3%의 가장 낮은 이자율로 재원을 조달하게 된다(Neal, 1990).

3 현대국가의 국가채무(1800~현재)

중세 유럽국가가 국경을 수비하고 영토를 확장하면서 생존을 보장받기 위해 국가재정을 운용하였다면, 1650년 이후에 출현한 중앙집권적인 유럽국가들은 공익을 창출하고 공공재 공급을 위해 재정지출을 하면서 현대국가의 모습을 갖추기 시작한다(Eichengreen 외, 2019). 영국의 산업혁명 등에 영향을 받은 유럽국가들은 제조업이 발달하면서 가계소득이 높아지고 도시가 성장하면서 위생적인 상·하수도 체계에 대한 요구가 높아졌고, 교육에 대한 관심이 증가하면서 정부의 보다 적극적인 역할이 강조되기 시작한다. 이로부터 국가의 재정확보를 위한 세입기반을 확충하고, 철도, 항만, 운하 등 SOC 개발과 공공재 공급을 위한 재정지출은 늘어나기 시작한다.

이러한 변화는 [그림 2-1]의 정부지출 추이에서도 확인할 수 있다. 해당 국가들의 GDP 대비 정부지출비율은 지난 100여 년간 꾸준히 증가하여 1910년대 GDP 대비 10% 중반대의 재정지출비중은 양차 세계대전과 대공황을 겪으면서

그림 2-1 OECD 주요국가의 GDP 대비 정부지출 비율(15개국)

(단위: GDP 대비 %)

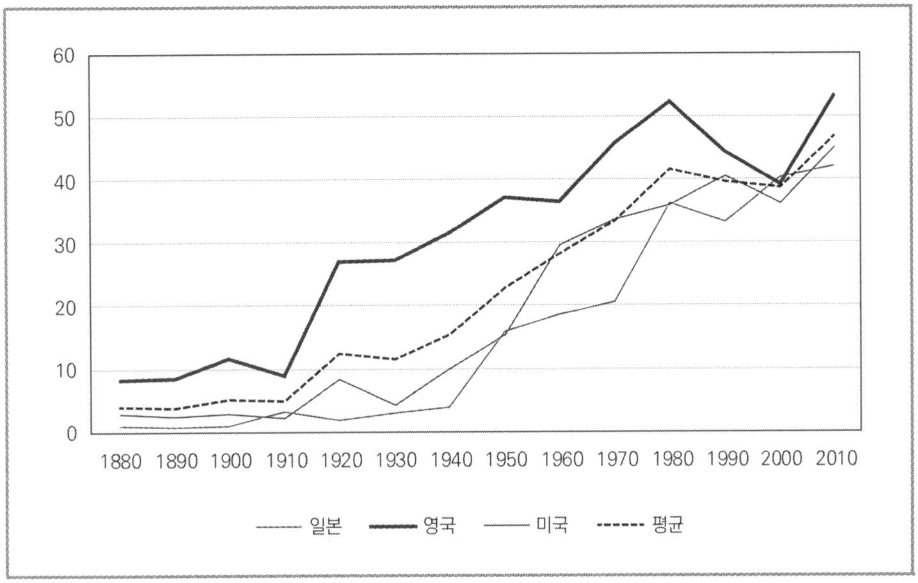

주: 평균은 OECD 주요 15개국 평균임.
자료: Reinhart(2019), OECD(2018).

1940년대에는 20% 중반대로 증가하였고, 1960년과 1980년 사이에는 복지지출 증가에 따라 급격한 증가 추세를 보이면서 재정지출은 GDP 대비 40%를 상회하게 된다. 이 기간 동안 국가의 재정지출 증가는 복지지출 등의 이전지출과 공공재의 확대공급을 위한 재원으로 활용되었다(Abbas 외, 2011). 1980년대 이후 이러한 급격한 지출증가에 대한 반작용으로 지출비중은 40% 중반대로 안정화되기 시작한다. 다만 글로벌 경제위기가 발생한 2007~2009년 이후에는 다소 증가하는 추세를 보이고 있다.

이러한 팽창적 재정정책은 필연적으로 국가채무 발행을 수반하게 되었으며, 이 과정에서 국제자본시장의 발전은 재정정책의 확장 추세를 강화시키기도 하였다. 특히 국채시장의 발전과 해외채권투자를 통한 이익극대화를 노린 기관투자자들이 늘면서 국채시장 규모가 크게 확대되어 외채 발행규모가 1870년 세

표 2-2 국채자본의 흐름과 지리적 분산

(단위: %, U$백만)

구분	부채발행				부채총량	
	외채 1880~1889	외채 1890~1899	외채 1900~1913	외채 1913~1914	외채 1913~1914	총계 1913~1914
유럽	36.8	48.5	37.4	47.3	48.9	73
북미	7.9	10.6	9.3	2.4	2.3	4.3
남미	47.8	12.3	21.3	9.2	9.8	5.1
아프리카			0.4	7.8	7.4	2.6
아시아	7.5	28.6	25.9	26.1	24.9	9.6
오세아니아			5.7	7.1	6.7	5.3
총부채	957.6	1,284.5	4,398.6	12,729.1	13,453.1	40,171.8
국가의 수	26	26	29	29	45	45

자료: Bent & Esteves(2016).

계 GDP의 7%에서 1900년대 초반 20%로 증가했다(Obstfeld & Taylor, 2004, p. 55). 아래 〈표 2-2〉는 제1차 세계대전 이전 40년 동안 대륙별로 발행된 외채의 비중과 부채총량을 보여 주고 있다. Bent & Esteves(2016)는 1914년 당시 400억 달러 규모의 세계 각국의 국채 중 135억 달러가량이 외채로 발행되었다고 분석한다.[5] 또한 유럽국가들의 부채발행이 가장 큰 비중을 차지하고 있으나, 다른 지역도 특정 시기에 부채가 크게 늘어나는 현상이 발생한다고 분석한다. 예를 들어 남미의 경우, 1890년 이전까지 전체 부채규모의 거의 절반 비중을 차지했으며, 이후에는 일본과 중국의 대출규모가 늘면서 아시아의 비중이 점차 커진 것으로 나타난다(Eichengreen 외, 2019).

한편 [그림 2-2]는 소득수준에 따른 그룹별 국가채무비율을 1880년부터 2009년까지 보여 주고 있다. 비록 훨씬 높은 채무비율을 보인 기간도 있었지만

5) 이들은 런던, 파리, 베를린의 증권시장 데이터를 사용하여 분석하였다.

그림 2-2 소득유형별 국가채무비율(1880~2009년)

(단위: GDP 대비 %)

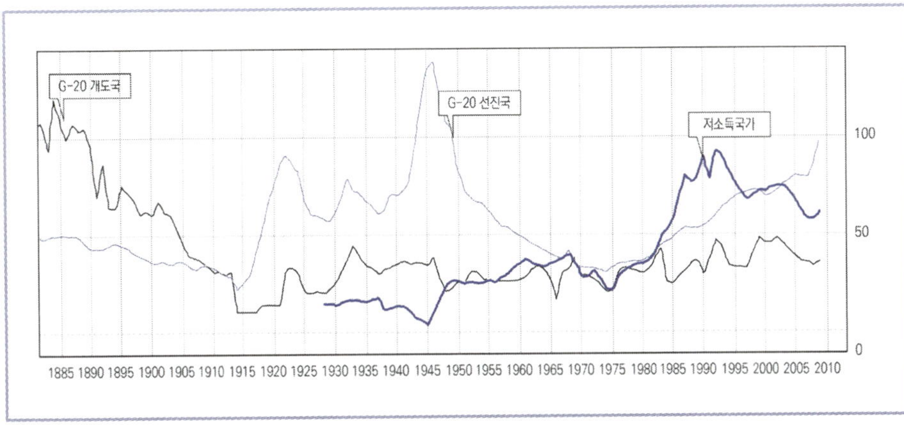

주: 국가유형을 G-20 Advanced(선진국), G-20 Emerging(신흥국), Low Income(저소득국가)로 구분.
자료: Abbas 외(2010).

1880~2009년 사이 G-20 선진국의 평균 채무비율은 GDP의 55% 수준이었다.[6] 반면 20세기 이전에 진행된 제1기 금융세계화로 불리는 1880년에서 1913년까지 G-20 선진국과 신흥경제의 채무비율이 전반적으로 낮아지는 추세를 보이고 있다. 특히 G-20 개도국(emerging economies)의 채무비율은 1880년의 GDP의 45%에서 1913년 29%로 크게 감소되었다. Reinhart & Rogoff(2009)는 이 시기에 금본위제 도입에 따른 전례 없는 민간자본의 유입과 무역 증대, 높은 경제성장에 따라 채무비율이 크게 하락하였다고 분석한다. 또한 나폴레옹전쟁 이후 영국, 19세기 말 미국, 그리고 1913년까지 프랑스가 전쟁비용을 조달하기 위하여 이들 국가에서 막대한 부채가 발생하였지만, 이후 적극적인 채무절감 노력을 통하여 국가채무 수준을 크게 낮추게 된다.

그러나 국가채무비율은 제1차 세계대전(1914~1918)과 이후의 재정위기, 그리고 1920년대 말 발생한 경제대공황으로 인하여 크게 증가한다. 우선 제1차 세계대전(1914~1918)의 여파로 오스트리아, 벨기에, 캐나다, 프랑스, 이탈리아,

6) G-20 선진국은 호주, 캐나다, 프랑스, 독일, 이탈리아, 일본, 한국, 미국 등을 포함한다.

독일 등의 국가는 최소 10%~최대 100%를 상회하는 급격한 채무비율의 상승을 경험하게 된다. 마찬가지로 경제대공황의 여파(1930년대) 및 제2차 세계대전(1941~1945)으로 인하여 주요국의 채무비율은 1932년에 GDP의 90%, 1946년은 150% 수준에 육박한다. Abbas 외(2011)는 양차 세계대전이 G-20 국가들에게 미친 영향을 분석하면서 세계대전의 말기인 1919~1920년과 1944~1945년 사이 이들 국가의 평균 채무비율이 각각 14%와 22% 증가하였다고 주장한다.7)

그러나 대공황과 양차 대전이 종료한 후, 대부분의 선진국들은 1960년대 이후부터 1980년대에 이르기까지 경기호황에 따른 세입 증가로 인하여 지속적으로 부채가 감축되면서 1970년대 말에는 GDP 대비 50%를 하회하는 채무비율을 보였다. 그러나 1970년대 중반 이후, 브레턴우즈체제의 붕괴와 두 번의 석유파동, 1990년대 아시아, 유럽, 라틴아메리카의 경제위기, 그리고 2007~2009년의 글로벌 금융위기가 발생하면서 적자지출에 대한 의존도가 늘어나 채무비율이 크게 상승하게 된다. [그림 2-2]에서도 볼 수 있듯이, 선진국의 채무비율은 1970년대부터 지속적으로 증가하였으며, 특히 2007~2009년의 글로벌 금융위기 당시 미국과 유럽을 포함한 대부분의 선진국에서는 전례 없는 규모의 재정투입을 시도함에 따라 2010년부터 2015년까지 5년간 OECD 주요국가의 일반정부 부채(D2) 비율은 평균 28% 이상 상승하였다. 특히 일본의 채무 증가는 '잃어버린 20년'이 시작하는 1990년대부터 급격하게 증가하여 1990년 68%, 2000년 142%, 2010년 225.9%, 그리고 2015년 234%를 넘게 된다.

한편 [그림 2-2]에서 확인할 수 있듯이, 개도국과 저소득국가(low-income countries)의 채무비율은 같은 기간 선진국보다 낮은 수준이었다. Abbas 외(2010)에 따르면, 개도국과 저소득국가를 포함한 비선진국그룹의 평균 채무비율은 44%로 선진국 대비 11%가량 낮은 수준이었으나, 변동성을 나타내는 표준편차는 비선진국그룹은 24.4%로 선진국그룹의 19.9%로 보다 높은 수준이었다. 특히 이러한 변동성은 개도국그룹이 1980년 초 라틴국가의 경제위기와 1990년 후반 아시아의 경제위기를 겪으면서 크게 증가한 것으로 조사된다. 한편 저소득

7) 금융위기가 발생한 2007~2009년 직후 G-20 선진국들의 채무비율은 평균 13% 증가하였다.

국가의 경우, 일반적으로 1980년대까지 지속적으로 채무비율이 증가하였으나, 이후 금융시장의 여건변화 등의 이유로 감소하는 추세를 보이고 있다.

Salsman(2017)은 지난 100년 동안 OECD 국가들의 국가채무비율 상승에 대한 근본적인 원인을 급격한 재정지출의 증가에서 찾고 있다. 그는 이 기간 동안 OECD 국가들의 GDP 대비 정부지출 비율이 34% 이상 증가하여 평균 47% 수준에 육박한다는 점을 강조한다. 이는 연속적으로 발생하는 경제위기와 케인시언 경제학의 대두 이후, 각 국가들이 다양한 정책목표 달성을 위해 적자지출의 규모를 확장해 왔기 때문이다. 특히 사회안전망과 복지서비스의 구축을 위해 더 큰 재정소요가 요청되면서 복지지출과 같은 이전지출이 가장 빠르게 증가한 1960년에서 1980년까지 국가채무비율이 가장 가파르게 증가하였다. 1980년대 GDP 대비 정부지출이 40%를 넘은 이후 정부지출의 비중은 일부 국가에서 감소 추세를 보이거나 정체되는 경향을 보인다.

한편 노르웨이, 스웨덴과 같은 북유럽국가들의 경우, 최근의 상승세가 여타 국가들과 달리 뚜렷하게 관찰되지는 않고 있다.[8] 이에 대하여 조은영(2014)은 북유럽국가들이 1990년대 초반 부동산 거품경제 등으로 인한 국가재정위기를 겪게 된 후, 이를 극복하는 과정에서 재정준칙, 세원확충, 재정부담 완화책 등 다양한 재정건전화 수단을 구축하며 경제성장률 제고를 위해 산업구조조정에도 상당한 노력을 기울였다고 분석한다. 따라서 비교적 이른 시기부터 높은 조세부담률과 사회적 합의에 의한 적정 수준의 복지서비스 제공틀을 마련한 북유럽국가는 이 같은 어려움에 보다 손쉽게 대처할 수 있었다. 뿐만 아니라 2007~2009년 글로벌 금융위기가 유럽 전 지역에 영향을 미쳐 북유럽국가의 대외여건을 악화시키기는 하였으나, 상대적으로 북유럽국가의 금융권은 이에 대한 영향이 비교적 작은 관계로 그 피해가 최소화되었다고 설명된다. 따라서 이들 국가들은 최근 위기상황에도 불구하고 재정적자 요인이 크게 발생하지 않는다.[9]

8) 스위스도 여타 국가와 달리 상당히 낮은 국가채무비율을 유지하고 있다.

9) 나아가 Salsman(2017)은 이러한 국가채무비율 및 정부지출 확대의 세계적인 추이에도 불구하고 국채가격이 크게 떨어지지 않는 현상이 이례적이라고 분석하고 있다. 시장에서 증가

표 2-3 OECD 주요국가의 일반정부 채무비율(1910~2015년)

(단위: GDP 대비 %)

연도	프랑스	독일	이탈리아	일본	스웨덴	영국	미국	평균
1910	79.6	46.6	76.2	70.1	16.6	31.7	7.9	48.8
1920	185.5	59(*)	142.3	25.3	11.6	130.7	29.4	–
1930	142.9	30(*)	111.4	47.3	17.3	161.6	17.7	–
1940		·80(*)	93.3	78.5	24.6	110	42.4	–
1950	27.4	17.5	32.3	41.3	36.5	194.2	87.6	68.3
1960	22.1	18.8	32.8	8.4	27.8	106.8	54.4	42.1
1970	12.4	17.4	30.9	8.5	26.8	64.2	35.7	29.3
1980	20.9	30	53.5	51.4	39.3	41.3	32.6	34.7
1990	35.2	41	96.3	68	41.2	27.4	55.7	50.2
2000	57.3	59.7	105.9	142	53.2	33.3	57	62.8
2010	78.5	78.8	117.5	225.9	41.7	72	89.9	76.9
2015	120.5	78.9	156.9	234	61.7	112.1	125.2	105.2

주: 평균은 OECD 주요국가 15개국의 평균임. 독일(*)의 수치는 Burret, Feld & Köhler(2013)를 참조.
자료: OECD(2018).

한편 신흥경제그룹과 저소득국가그룹은 선진국과 비교하여 상대적으로 낮은 채무비율을 보이고 있으나, 변동성은 훨씬 높은 수준이다. 1880~2009년 사이 이들 국가의 평균 채무비율은 GDP의 54% 수준으로 선진국보다 11% 낮은 수준이나 표준편차는 24.4%로 선진국의 19.9%보다 높아 변동성이 높은 것으로 평가되고 있다(Abbas 외, 2011). 이는 1980년대 중남미국가의 경제위기와

하는 국가채무비율을 관찰하고 국가의 명시적 및 암묵적 디폴트의 가능성에 대비해 더 높은 수익률을 요구해야 하지만, 오히려 주요 G-7 국가들의 10년 국채수익률을 살펴보면 점점 더 낮아지고 있다는 것이다. 이와 같은 역설적 현상을 유발하는 요인으로 수십 년에 걸친 세계경제의 디스인플레이션(disinflation) 국면이 채권가격을 안정시켰다는 점, 중앙은행이 최근 금융위기에 대한 대응책으로서 저(zero)금리기조를 추구하는 점 등을 들고 있다. 특히 양적완화정책과 같은 경기부양책과 더불어 단기적으로 제로금리를 유지시킴으로써 인위적으로 경기부양의 효과를 극대화시키는 동시에 정부로 하여금 부채이자 압력을 느끼지 않도록 조정하고 있다는 것이 그의 분석이다.

1990년대 후반 아시아국가들의 경제위기에서 비롯된 것으로 알려지고 있다(Eichengreen 외, 2018). 대부분의 신흥경제 부채누적은 1920~1930년과 1970~1980년대, 그리고 1990년대에 주로 발생한다. 특히 1970~1980년대에 남미국가들은 일시적 호황에 힘입어 해외에서 높은 금리로 자금조달을 시작하면서 이들 국가의 채무비율이 크게 증가하게 된다. 예를 들어 아르헨티나의 경우, 1900년대 초 호황기에 막대한 외채를 조달하였으나, 이후 대공황 시기의 경제붕괴로 인하여 채무비율은 1925년 56%에서 1932년 118%까지 증가하였다. 대부분의 신흥경제에서 1970년대 천연자원 개발을 위한 정부간(inter-governmental) 대출 및 일반 상업대출로 인하여 채무비율이 크게 증가한다(Eichengreen 외, 2019).

한편 저소득국가의 일반정부 부채는 1926년에서 2015년 동안 평균 38% 수준을 유지하였으나, 1990년대에는 147%까지 늘어났다(Eichengreen 외, 2018). 신생독립국가들은 경제성장을 위한 공공투자를 증가시키고, 1970년대의 성장둔화를 상쇄시키기 위해서 외부재원을 동원하여 재정지출을 크게 늘리게 된다. 그러나 이러한 외채차입은 국내정치 부패 등의 요인으로 생산적인 수단에 투자되지 못하였고, 오히려 복지 등 각종 이전지출에 사용되었다(Krumm, 1985). 이에 대응하고자 세계은행(IBRD)과 국제통화기금(IMF)은 '저소득·고부채국가 프로그램(HIPC: Heavily Indebted Poor Country Initiative)'과 '다국적 부채구제프로그램(MDRI: Multilateral Debt Relief Initiative)'을 통하여 부채탕감을 포함한 다양한 정책개입을 시도하게 된다.

한편 Abbas 외(2011)는 1880~2009년 사이 개별 국가의 채무비율이 10%이상 급격하게 변동한 사례를 분석하였다.[10] 국가채무비율이 급감한 66개 사례는 1914년 제1차 세계대전 이전 시기, 브레턴우즈체제(1945~1970) 시기, 그리고 1970년 이후의 시기 등 세 기간에 거의 균등하게 분포되나, 국가채무비율 급증은 경기침체(34번), 두 번의 세계대전(10번), 그리고 1880년대 급격한 금융세계

10) 본 연구에 포함된 국가는 호주, 오스트리아, 벨기에, 캐나다, 핀란드, 프랑스, 독일, 그리스, 아일랜드, 이탈리아, 일본, 네덜란드, 뉴질랜드, 포르투갈, 스페인, 스웨덴, 스위스, 영국, 미국 등이다.

그림 2-3 OECD 주요국가의 일반정부 채무비율(1910~2015년)

(단위: GDP 대비 %)

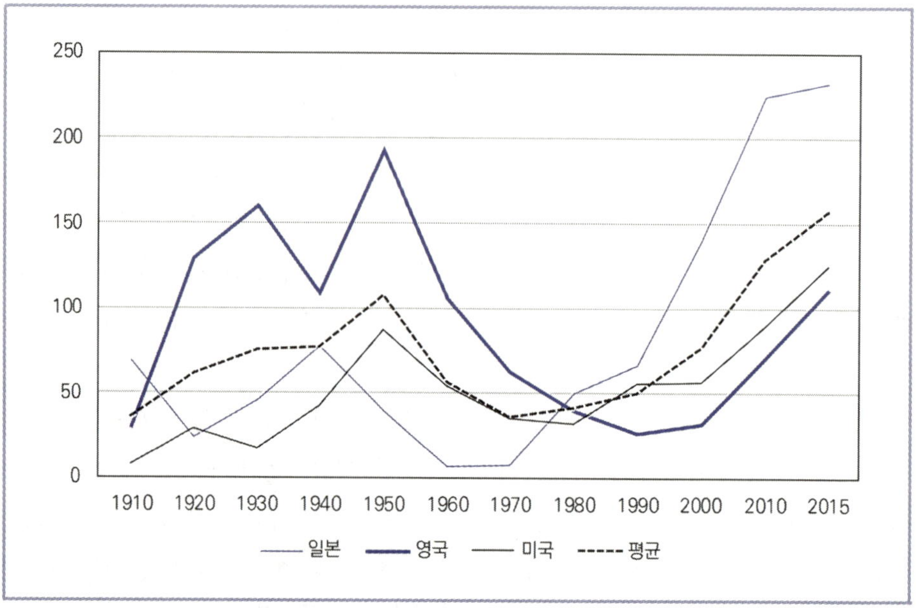

주: 평균은 OECD 주요 15개국 평균임.
자료: Rreinhart(2019), OECD(2018).

화의 중단(10번) 등의 요인으로 나타난다. 특히 Abbas 외(2011)는 영국(223%p, 1946~1975), 그리스(92%p, 1902~1907), 스페인(89%p, 1880~1884), 아일랜드(69%p, 1993~2006) 등을 가장 크게 국가채무비율이 감소한 사례로 언급한다. 반면에 네덜란드(179%p, 1929~1946), 그리스(170%p, 1886~1900), 영국(149%p, 1940~1946), 벨기에(95%p, 1974~1993), 이탈리아(95%p, 1963~1994)를 채무비율이 가장 많이 증가한 대표 사례로 제시한다.

Reinhart & Rogoff(2009)는 1800~2011년 동안 5년 이상 GDP 대비 국가채무비율이 90%를 넘는 '과잉채무' 26개 사례를 분석하였다. 다음의 〈표 2-4〉에서 볼 수 있듯이, 각 사례의 채무 발생원인은 전쟁, 금융위기, 경제불황, 국내변동, 기타 등으로 분류하였고, 일부는 전쟁과 여러 국면의 경기순환이 혼합되어 국가채무가 급증하는 것으로 나타난다. 그러나 제1차 세계대전, 경제대공황, 그

표 2-4 과잉국가채무 사례(1800~2011년)

국가	과잉채무	기간(년)	채무 증가요인
짧은 기간(제1차 세계대전과 제2차 세계대전 이후)			
호주	1945~1950	6	유의미한 마이너스 실제금리(−7%); 금융억압; 낮은 성장률
벨기에	1920~1926	7	전후 성장과 재건; 인플레이션 상승과 현저한 마이너스 실질금리
벨기에	1946~1947	*	과잉채무로 보기에 너무 짧음
캐나다	1944~1950	6	1946년 채무비율 136% 돌파; 실질 단기이자율이 장기이자율을 평균 0.39~2.69% 상회
핀란드	1943~1945	*	과잉채무로 보기에 너무 짧음
이탈리아	1940~1944	5	1940~1946년간 채무불이행 상태; 인플레이션율 344%; 부채유동화에 따라 1974년 GDP 대비 부채비율 25%로 감소
미국	1944~1949	6	1946년 총부채 121%로 최고조; 1946년 11%의 실업률 및 생산량 감소; 브레턴우즈 협정에 따른 글로벌 금융억압 시대; 실질금리 마이너스(−) 유지
긴 기간(제1차 세계대전/은행위기 1930년대 불황/제2차 세계대전)			
프랑스	1920~1945	26	1922년 부채 262%; 1932년 제1차 세계대전 미국에 대한 부채로 채무불이행 상태
이탈리아	1917~1936	20	1920년대 여러 채무전환이 있었음
네덜란드	1932~1954	25	제2차 세계대전 이후 강한 경기회복; 실질금리 마이너스(−)
영국	1917~1964	48	1932년 제1차 세계대전 미국에 대한 부채로 채무불이행; 제2차 세계대전 이후 부채비율 248%; 금융억압 시대; 실질 단기 및 장기요율 각각 −1.1%와 −0.5%
은행위기와 경제불황			
호주	1931~1934	*	과잉부채로 보기에 너무 짧음
그리스	1928~1939	12	1931년 은행 위기; 채무불이행 1932~1964년
이탈리아	1881~1904	24	1980년대 초반 심각한 은행 위기
일본	1995~2012	18, 진행 중	1989년 주식시장 폭락; 심각한 은행위기; 1980년대부터 대규모 민간부문 과잉부채
긴 기간, 다른 전쟁들과 내부갈등			
프랑스	1880~1905	26	보·불 전쟁; 1870~1871년, 독일에 대한 배상금 지급

네델란드	1816~1872	57	나폴레옹전쟁 부채; 1830년 벨기에와의 전쟁 부채는 이후 여러 전환(conversion)을 거쳐 280%까지 치솟음
스페인	1868~1882	15	1868~1876년 제3차 카를로스파 전쟁; 실물채권의 수익률은 약 25%; 1877~1882년 채무불이행 상태
영국	1830~1863	34	1819~1821년 나폴레옹전쟁 이후 부채 260% (1830년 전까지는 실질GDP 데이터 없었음); 여러 채무전환이 있었음
평화시기 사례(인플레이션 안정화와 관련)			
벨기에	1982~2005	24	성장률 평균 이하; 인플레이션 8% 이상에서 하락
캐나다	1992~1999	7	실제 채권금리 9%까지 올라감; 최단기 평화시기 에피소드
아일랜드	1983~1993	11	인플레이션 20% 증가; 1986년 장기채권에 대한 실이율 10%; 1992년 ERM 위기 동안 실단기이율 평균 15%
그리스	1993~2012	20, 진행 중	1993년 인플레이션 15% 육박; 실채권수익률 4%로 전쟁 전보다 낮음; 은행위기와 구조조정 이후 호황
이탈리아	1988~2012, 진행 중	25, 진행 중	전쟁 전보다 낮은 실금리; 외채에 대한 낮은 의존도
기타 사례			
오스트리아	1882–1883	*	과잉부채로 보기에 너무 짧음
그리스	1848~1883	36	국가건립; 제2차 세계대전 이전 실질이자율 15% 이상
그리스	1887~1913	27	1843~1878년과 1894~1897년 사이 채무불이행
네델란드	1886~1898	13	인도네시아로부터 감소된 수익이 부채 증대에 더해짐
뉴질랜드	1881~1951	71	1893년 심각한 은행위기. 1932년 상품가격이 폭락하는 가운데 부채 226% 돌파; 1933년 채무전환

자료: Reinhart & Rogoff(2009).

리고 제2차 세계대전이 연속 발생하면서 선진국의 채무비율은 크게 증가하는 결과가 나타난다.[11] 다만 상대적으로 평화로운 시기에 과도한 국가채무 상황이 발생한 국가들은 벨기에(1982~2005), 캐나다(1992~1999), 그리스(1993~2012), 아일랜드(1887~1913), 이탈리아(1988~2012), 일본(1995~2012)이다. 이 중 캐나다와 아일랜드의 과잉채무 지속기간이 8~11년으로 가장 짧은 편이었고, 1991년 금융권 위기와 자산가치 붕괴 후 일본의 국가채무가 급격하게 상승하는 현상이 나타난다. 한편 그리스, 아일랜드, 이탈리아의 채무급증은 유로존에 가입한 후 무리한 재정정책을 추진한 결과로 유추할 수 있다.[12]

한편 국가부도를 선언하기 전에 정부가 취할 수 있는 조치 중 하나가 채무구조조정이다. 다음의 [그림 2-4]는 외국에서 차입한 자금에 대한 정상적인 채무변제가 어려워지면서 채무 구조조정을 선언한 국가의 비중을 1800년에서부터 최근 2008년까지 조사한 자료이다(Reinhart & Rogoff, 2009). [그림 2-4]의 첫 봉우리는 18세기 초반 프랑스의 나폴레옹이 일으킨 '나폴레옹전쟁' 기간에 군비충당을 위하여 많은 유럽국가들이 부채를 일으키면서 국가채무비율이 GDP의 50%에 근접한 경우가 대부분이며, 이들 국가가 (외채)부도선언 또는 채무재조정을 실행하는 기간이다. 예를 들어 영국의 채무비율은 1819년 261%를 초과하면서 국가재정운영에 큰 부담으로 작용한다. 두 번째 봉우리는 1880년대 이후 소위 1차 금융세계화에 따른 금융시장의 불안정성으로 인하여 발생하게 된다(Bordo, 2006). 세 번째 피크는 1929년 발생한 경제대공황과 제2차 세계대전의 여파로 부채가 GDP의 100%가 넘는 일부 국가들이 부도를 선언한 기간이다.[13] 당시 영국과 미국의 국가채무비율은 각각 238%(1947년)와 121% (1946년)

11) 영국과 네덜란드는 20세기 전까지 상대적으로 낮은 채무비율을 유지할 수 있었는데, 이는 식민지로부터 재원이전을 확보할 수 있었기 때문이다. 또한 1800년대에 네덜란드가 인도네시아로부터 확보한 재원을 국가재정의 적자보전에 사용한 것도 이와 유사한 사례이다.

12) 이들 국가들은 유로존 가입 이전에는 채무비율을 관리하기 위하여 자국 화폐가치를 '증발' 시키는 높은 인플레이션을 유지하는 통화정책을 사용할 수 있었지만, 유로존 가입 이후에는 유로화를 사용하면서 이러한 묵시적 채무불이행이 어려워지면서 빠른 속도로 채무가 누적되기 시작한다.

13) 1941년 제2차 세계대전에 참전선언을 한 미국의 총생산량은 군비증강으로 1942년 4배 증가하게 되고 정부 재정지출의 56%를 차입에 의존하게 된다. 이러한 적자지출에 대한 높은 의

로 매우 높은 수준이었다. 다만 이후 경기호황으로 생산량이 크게 늘면서 국가채무비율도 감소하기 시작한다.[14] 마지막으로 1990년대의 피크는 아시아 지역의 금융위기와 관련된 것으로 특히 한국을 포함한 상당수 아시아권 신흥경제가 모라토리움(moratorium) 또는 채무 구조조정을 선언한 기간이다(Reinhart & Rogoff, 2009).

그림 2-4 외채부도를 선언하거나 채무 구조조정을 시도한 국가의 비중 (1800~2008년)[15)·16)]

(단위: GDP 대비 %)

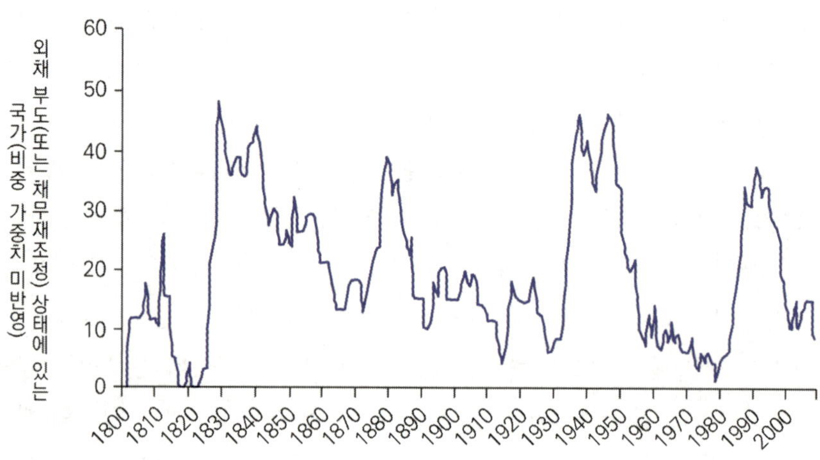

자료: Reinhart & Rogoff(2009).

존도에 따라 국가채무비율이 1942년 45%에 불과하였으나 전쟁이 종료된 1946년에는 121%로 크게 증가하였다.

14) 1950년대 영국과 미국의 생산량은 각각 33%와 67% 증가하면서 GDP도 크게 증가하게 된다.

15) Y축은 유럽의 66개국 중 국가부도(채무구조조정) 상태에 있는 국가의 비중이며, 특정 국가가 세계 국내총생산(GDP)에서 차지하는 가중치는 반영되어 있지 않다.

16) 다소 기술적인 문제가 있을 수 있는 부분은 저자들이 언급한 '가중치 반영'이 의미하는 바가 확실하지 않다는 것이다. 책 전반을 살펴보아도 그러한 가중치가 반영된 상태의 연도별, 국가별 부도사례 데이터는 제공하고 있지 않다.

한편 [그림 2-5]는 22개 선진국과 48개 신흥국에서 차입한 총외채의 규모가 GDP 대비 차지하는 비율을 1970년 이후부터 최근까지 어떻게 변화하는지 보여 준다.[17] Reinhart & Rogoff(2009)에 따르면, 유럽을 포함한 선진국의 민간과 정부의 외채비중이 1990년대 초반부터 급격하게 증가하여 불과 10년 사이 GDP의 50%를 넘는 수준에서 2010년 기준으로 200%를 상회하는 등 급격히 상승하는데, 이는 전례 없는 일이라고 지적한다. 이처럼 급격한 외채 증가는 금융세계화로 인하여 국내보다 외국에서 차입하는 외채비용이 적게 드는 장점과 민간의 채무불이행에 따라 국가신용도 하락을 우려한 일부정부가 민간채무를 떠안으면서 발생한 현상이라고 지적한다. 특히 유럽국가들에서 2000년대 이후

그림 2-5 선진국과 신흥국의 외채비율

(단위: GDP 대비 %)

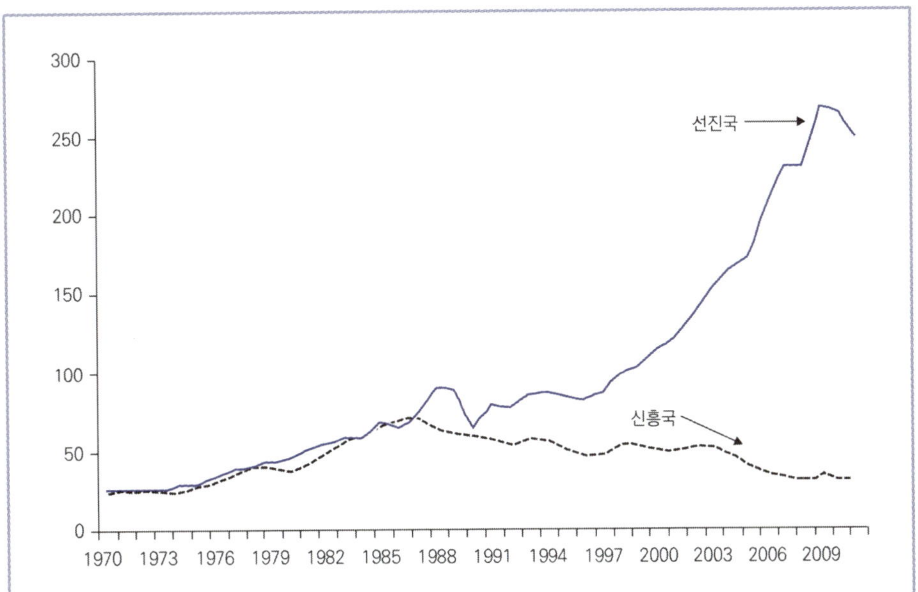

자료: Reinhart & Rogoff(2009).

17) 여기서 국가채무와 민간부채를 합친 이유는 Reinhart & Rogoff(2009)의 연구에서 언급되었듯이 일단 부채위기가 발생하면 민간이 발행한 외채가 정부의 책임으로 전가되는 사례가 종종 있었기 때문이다.

부동산 버블로 인하여 가계의 외채가 급격하게 상승하면서 가계의 부채가 2배 이상 상승하였고 국가경제에 큰 부담으로 작용하게 된다.

나아가 Reinhart, Reinhart & Rogoff(2012)는 다음과 같은 결론을 제시한다. 첫째, 한번 과다한 국가채무가 5년 이상 지속되면, 이러한 높은 재무상황은 10년 이상 지속될 가능성이 높다. 이들 논문에서 분석한 26개 사례 중, GDP 대비 90% 이상 채무비율이 지속된 국가의 평균기간은 23년이었다. 둘째, 과다한 국가채무가 실질이자율 또는 재정위기(financial crisis)로 직접 연결되지 않을 수 있으며, 26개의 사례 중 11개의 사례에서 실질이자율이 크게 높아지지 않았다. 셋째, 과도한 국가채무는 일반적으로 성장률을 낮추며 이러한 상황의 지속은 상당한 경제적 손실로 이어질 수 있다. 마지막으로 금융세계화로 인하여 높은 국가채무를 유지할 수 있는 정책수단이 강구되나 이러한 금융세계화의 과실은 선진국경제에 국한되며, 금융세계화는 오히려 더 큰 변동성과 국채시장에서의 위기 유발요인으로 작용할 수도 있다는 점이다. 특히 20세기 후반 선진국 정부는 기하급수적으로 늘어나는 국가채무비용을 줄이기 위하여 민간의 자본흐름을 제한하고 강력한 금융규제제도를 통하여 재정압박정책(financial repression policy)을 추구하였다고 비판한다.

4 개별 국가채무 추이 분석

4.1 한 국

우리나라의 GDP 대비 국가채무(D1)비율은 아래의 [그림 2-6]과 같이, 1970년부터 1975년까지 꾸준히 증가하여 20% 수준을 일시적으로 넘었다가 1990년대 중반까지 감소 추세를 보인다. 1970년대 초 국가채무 증가는 중화학공업 개발이라는 정부주도형 성장목표를 달성하기 위한 정부의 재정투자 증가와 1차 석유파동의 영향으로 인하여 재정적자가 발생한 것으로 해석된다. 또

그림 2-6 한국 GDP 대비 국가채무(D1)비율

(단위: GDP 대비 %)

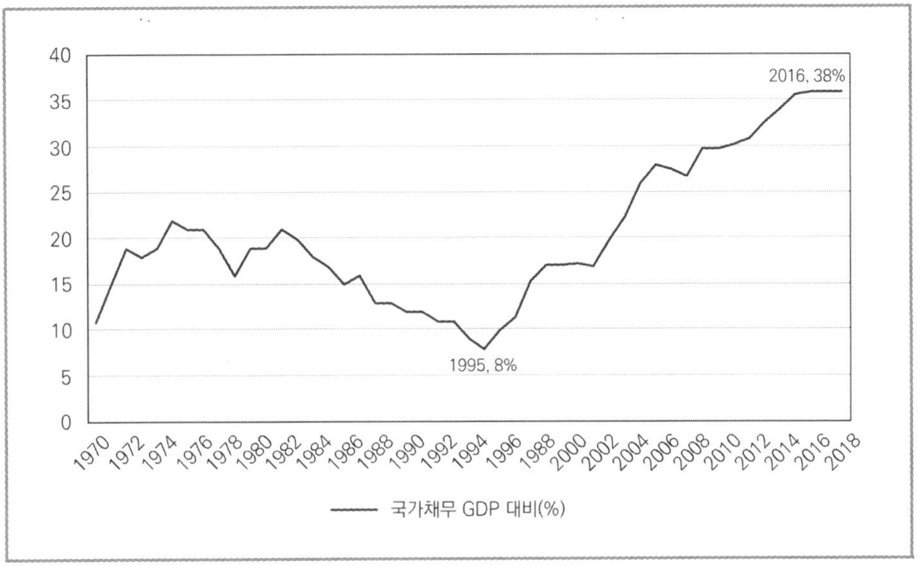

자료: e-나라지표(2020년 1월 20일 접속).

한 베트남 공산화에 따른 국방비 증가도 재정확대의 요인으로 나타난다. 1980년대 초 2차 석유파동은 국내산업이 중공업 중심으로 급속히 성장, 발전하면서 대외의존도가 높았던 당시 한국경제 상황과 맞물려 1차 석유파동에 비하여 더욱 심각한 영향을 미쳤으며, 부마항쟁, 10·26 사건, 12·12 사태 등 국내정치 요인이 복합적으로 작용하여 일시적인 마이너스(−) 성장률을 기록하는 등 경제위기를 겪게 된다. 이러한 위기상황을 극복하기 위한 재정투입은 국가채무비율을 다시 20% 수준으로 상승시키는 요인이 된다. 당시 전두환 정부는 1983년부터 강력한 거시 재정안정화 정책을 추진하여 재정지출을 삭감하고 예산제도 효율화를 위한 재정개혁을 추진함으로써 1995년 국가채무비율은 8% 수준까지 떨어지게 된다.

그러나 1997년 'IMF 외환위기'의 발생으로 국가채무비율이 지속적으로 상승하였는데, 2000년대 초 'IMF 관리체제'가 종료된 후에도 국가채무비율이 꾸준히 상승하는 추세가 나타난다. 이는 외환위기 후 여전히 외환시장 안정을 목적으로 외국환평형기금 채권발행이 증가하고 금융시장 구조조정을 위하여 정부보증채권을 국채로 전환하면서 이에 따른 금융성 채무 증가로 인한 결과로 볼 수 있다. 또한 외환위기 후 경제성장률 저하에 따른 국가재정 수입기반의 약화 및 사회복지시스템의 확충을 위한 재정지출 증대 등으로 인하여 전반적으로 재정수지가 악화되었다.

한편 아래의 [그림 2-7]에서 1980년대 후반부터 2018년 현재 기준 정권별 국가채무(D1) 증가 추이를 살펴보면, 노태우 정부와 김영삼 정부 이후 기준으로 모든 정부가 임기 초 대비 임기 말 GDP 대비 국가채무비율이 증가된 것으로 나타난다. 그중 노무현 정부(9%p)의 증가비율이 가장 높으며, 이 외에도

그림 2-7 정부별 국가채무 추이(1988~2018년)

(단위: 조원, %)

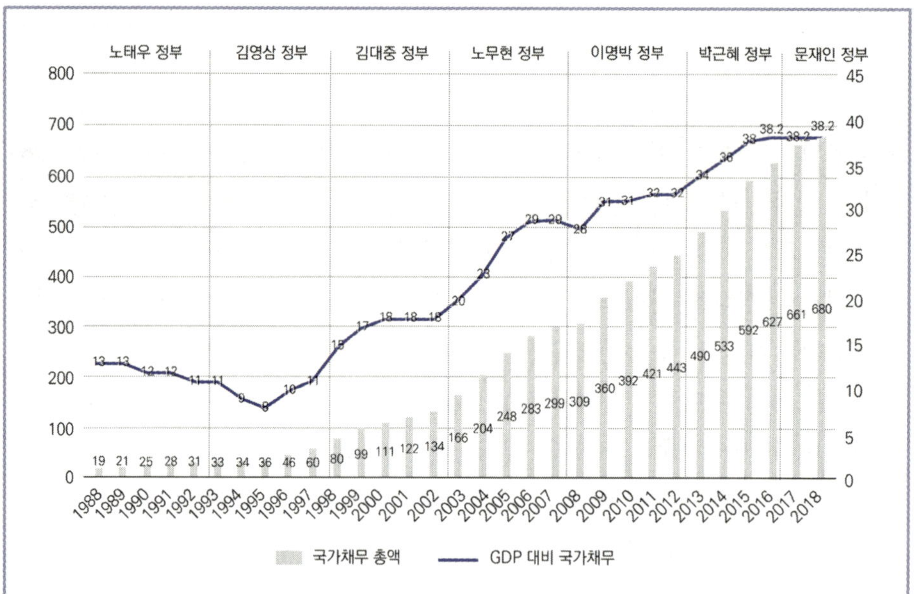

자료: e-나라지표(2020년 1월 20일 접속).[18]

18) e-나라지표의 2009~2016년 자료에 기획재정부의 재정정보공개시스템 자료(2017~2018년)를 추가하였다.

IMF 금융위기(1997~1998) 당시 GDP 대비 채무비율이 4%p 증가하면서 이후 지속적으로 증가세를 보인다. 2007~2009년 글로벌 금융위기를 극복하는 과정에서 60조원 이상 국가채무가 증가하였다. 이처럼 국가채무는 1997년 60.3조원에서 외환위기 이후 급증하여 2011년에 420.5조원을 상회하고 있으며, 2018년에는 680.5조원으로 증가하였다. 특히 GDP 대비 국가채무비율은 1997년 11.9%에서 지속적으로 증가하여 2018년에는 38.2%에 도달하였다. 이 같은 수치는 2011년 이후 국가채무(D1)은 연평균 8.9% 증가, 일반정부 부채(D2)는 2016년 결산기준 717.5조원, 연평균 10.2% 증가, 공공부문 부채(D3)는 2016년 결산기준 1036.6조원, 연평균 7.4% 증가하였다.[19]

4.2 영 국

지난 300년 동안 영국의 국가채무비율 추이를 살펴보면, [그림 2-8]과 같이 1822년과 1945년을 최고점으로 가지는 쌍봉형태를 보이고 있다. 영국은 스페인 왕위계승전쟁(War of the Spanish Succession, 1702~1713) 등에 따른 군비조달을 위하여 대규모 적자지출이 발생하면서 1700년부터 1820년까지 지속적으로 채무비율이 급증하였다. 이후 일시적으로 줄어들기 시작한 국가채무비율은 20세기 초부터 크게 늘어나면서 제2차 세계대전이 종료되는 1945년 무렵 국가채무비율은 GDP의 250%를 상회하였다. 이는 각 시점마다 영국이 수행했던 전쟁 등으로 인하여 국가재정에 대한 수요증가와 전후(戰後) 균형재정으로 돌아가려는 하방압력이 교차하여 나타난 현상으로 볼 수 있다. 다만 1822년을 기점으로 100년 넘게 상승하던 국가채무 추세가 뚜렷한 하락세로 반전된 것은 나폴레옹전쟁 후 제국주의적 확장전쟁이 감소하고 국가채무비율이 200%를 넘으면서 재정관리 압박이 크게 증가된 데 따른 정치적 노력이 반영된 결과로 해석된다.

19) 기획재정부는 2019년 2월 현재, 국가채무와 재무제표상 부채를 2017년 결산기준으로 발표하고 있으나 일반정부 부채와 공공부문 부채는 2016년 결산자료까지만 발표하고 있다. 여기서 연평균 증가율은 2011~2016년 통계를 반영한 것이다.

그림 2-8 영국의 GDP 대비 일반정부 부채비율

(단위: GDP 대비 %)

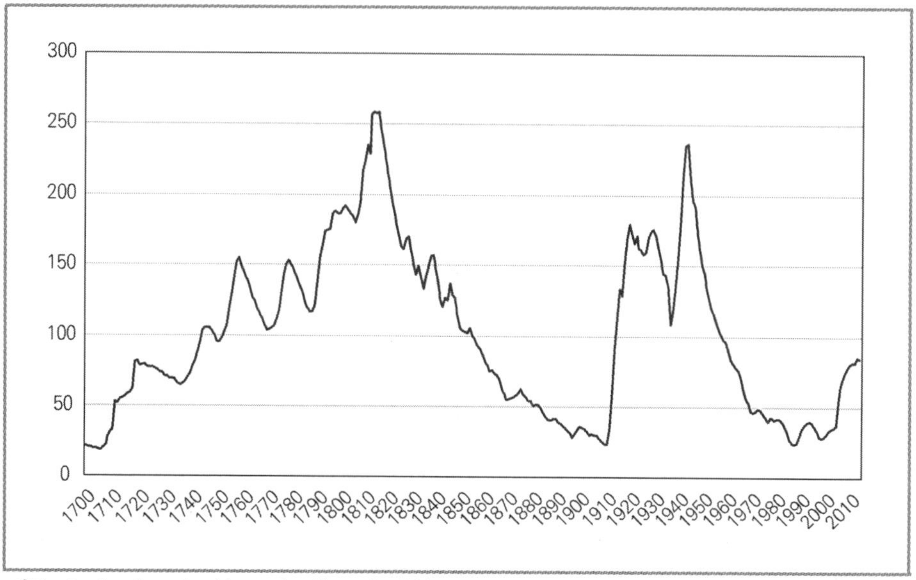

자료: Bank of England(2020년 1월 20일 접속).

이러한 배경에는 지배층의 국가채무에 대한 인식과 역사적 배경도 한몫을 하게 된다. 영국의 군주는 명예혁명이 발생한 1688년까지만 해도 다수의 채무불이행을 선언하면서 시장으로부터 상당한 불신을 받았으며, 매우 높은 이자율을 지불하지 않으면 국채발행 자체가 불가능하였다(Stasavage, 2003). 특히 17세기부터 18세기 초까지 영국을 통치한 스튜어트왕조(House of the Stuart)의 마지막 왕이었던 제임스 2세가 1688년 명예혁명에 의해 폐위되면서 1백만 파운드라는 당시 수준으로는 엄청난 부채를 남기게 된다. 이후 영국의회에 의해 메리 2세와 함께 공동 왕위에 오른 네덜란드 출신의 윌리엄 3세가 당시 상당히 발전된 네덜란드의 재정관리제도를 도입하여 영국이 기초적인 재무행정체계를 갖추는 데 중요한 역할을 하게 된다. 특히 윌리엄 3세는 원활한 국채발행을 위해 국채발행 시기를 조절하고 1694년에는 국가에 대한 일종의 공동차관단(syndicate) 역할을 하는 도시 상공업자들을 중심으로 영란은행(Bank of England)

을 설립한다.[20] 이 외에도 영국의회가 국가재정책임을 지게 되면서 투자가의 신뢰를 일부 회복함으로써 국채이자는 당시 최저 수준인 네덜란드와 비슷하게 유지되었다(Stasavage, 2003). 이는 영란은행의 설립과 이에 따른 국가채무에 대한 체계적인 관리, 조세법 정비 등을 통한 세입기반 확보 등이 중요하게 작용한 것으로 볼 수 있다(Wright, 2008). 다만 North & Weingast(1989)는 이 같은 요인을 명예혁명으로 인하여 제한된 입법군주제(limited monarchy) 확립과 이에 따른 재정책임성 확보에서 찾고 있다. 이에 따르면, 명예혁명 이전에는 1340년 에드워드 3세 등 연쇄적인 국가채무불이행 사태가 발생하였으나, 이후 영국의회에 실질적인 재무관리권한이 부여되고 영란은행이 의회의 위임을 받은 금융감독기관의 역할을 수행하면서 영국정부의 채무원리금 상환을 관리·감독하는 노력을 통하여 영국의 재정상태는 점차 개선되었다고 주장한다(North & Weingast, 1989).

그러나 '스페인 왕위계승전쟁'의 종결에도 불구하고 1713년부터 약 40년간 영국의 국가채무는 줄지 않고 오히려 소폭 상승하게 된다. 왜냐하면 당시 영국에서는 '자코바이트의 난(Jacobite Rebellions, 1715~1716; 1719; 1745~1746)', '4국 동맹전쟁(War of the Quadruple Alliance, 1718~1720)', '젱킨스의 귀 전쟁(War of Jenkins' Ear, 1739~1748)', '오스트리아 왕위계승전쟁(War of the Austrian Succession, 1740~1748)' 등의 전쟁을 수행하면서 많은 재정지출이 발생했기 때문이다. 특히 이 기간 동안 정부예산의 50% 이상이 국방비로 지출되었음에도 불구하고 조세수입은 GDP의 10% 이하 수준에 머물면서 추가적인 재정조달을 위하여 국채발행에 대한 의존도가 증가하였다. 이 과정에서 영란은행이 더 많은 국채를 인수하면서 영국의 군비조달에 지속적인 재정기여를 하게 된다.

더욱이 1757년을 기점으로 영국의 국가채무비율은 다시 급격히 상승하여 1761년 최초로 GDP의 100%를 초과하게 된다. 이는 최초의 세계전쟁이라고 일컬어지는 '7년전쟁(Seven Years' War, 1756~1763)'에 따른 막대한 국방비 지출에

20) 당시 영국의 중앙은행은 주식회사 형태의 민간은행으로 설립되었으나 이는 1844년 독점적인 발권은행으로 전환되었고, 1946년에는 현재의 중앙은행 역할을 수행하는 국가기관으로 지정되었다.

기인한 것으로 나타난다. 이 외에도 영국은 네 차례에 걸친 인도의 '마이소르 전쟁(Anglo-Mysore War, 1766~1769; 1780~1784; 1789~92; 1798~1799)', '미국독립전쟁(1775~1783)', '프랑스혁명전쟁(1793~1802)', '나폴레옹전쟁(1803~1815)' 등을 연속적으로 수행하면서 국채발행은 크게 증가한다. 이처럼 영국의 국가채무는 지속적으로 증가하여 1822년에는 GDP 대비 194%에 이르렀고, 지속적인 전쟁 수행에 따라 영국정부는 이전의 국채의존적 재정전략과 달리, 1800년대를 기점으로 조세부담률을 증가시키는 노력을 시도한다. 프랑스가 나폴레옹전쟁의 막대한 재정소요를 토지에 대한 징발령을 통해 강제적으로 충당할 수밖에 없었던 것처럼 영국 역시 막대한 군비조달을 위해 당대 귀족을 포함한 부유층에 높은 토지세와 소득세를 부과한다. 당시 영국정부가 거둔 관세와 소비세는 1793년 1,350만 파운드에서 1815년 4,480만 파운드로 크게 증가하였으며, 소득세와 재산세도 1799년 167만 파운드에서 1815년에는 1,460만 파운드로 증가하였다(Kennedy, 1987/1997: 187-189, 199-200). 결과적으로 GDP의 200%를 상회하는 높은 국가채무는 영국의 국가경제에 상당한 부담으로 작용하게 된다. 이렇게 높은 채무비율은 남해회사 거품사건(The South Sea Bubble)으로 대표되는 18세기 영국의 일시적 금융위기의 영향으로 상당기간 지속되었으나, 남해회사가 완전히 붕괴한 1850년 이후로는 점진적으로 감소하게 된다.

나폴레옹전쟁 이후 영국은 1688년 명예혁명으로 안정된 국내정치체제와 프랑스와의 전쟁 승리에서 획득한 막대한 식민지 자원, 18세기 중반부터 19세기 초반에 이루어진 산업혁명에 힘입어 한 세기 동안 평화와 번영의 시대를 누리게 된다. 일명 대영제국의 전성기로 일컬어지는 '빅토리아시대(Victorian Era, 1837~1901)'로 접어들면서 영국은 경제호황에 따른 재정흑자를 거두며, 이에 따른 부채상환은 영국의 국가채무비율을 급격히 하락시키는 배경으로 작용하였다. 이처럼 1859년을 기점으로 영국의 국가채무 수준이 GDP 대비 100% 이하로 감소되었고, 제1차 세계대전 목전인 1913년에는 최저점인 28%로 낮아지게 된다(Salsman, 2017: 48). 또한 국가채무 상환에 대한 압박이 점차 해소됨에 따라 조세부담률 또한 이전의 절반 수준인 12%로 낮아지면서 1800년 이전 수준으로 회귀한다.

한편 네덜란드의 영향을 받아 선진 재무행정체계를 비교적 빠르게 구축한 영국의 경우, 18~19세기 고전학파(Classical School)의 영향을 받아 보수적인 재정정책을 운영한 것으로 볼 수 있다. 당대의 학자 흄(David Hume), 스미스(Adam Smith), 리카도(David Ricardo) 등과 같은 고전주의적 경제학자들은 기본적으로 국가와 시장의 관계에 있어 국가개입 및 재정관리정책수단(policy tool)의 활용은 지극히 제한적이어야 한다고 보았다. 따라서 국가재정의 운용은 가계(household)와 마찬가지로 균형재정을 이루는 보수적 기조에 근거, 국가채무를 최소화시키는 것을 중요한 재정과제로 간주하였다(Salsman, 2017: 30).

그러나 영국의 국가채무비율은 제1차 세계대전의 발생 이전인 1913년의 저점인 28%에서 1919년 140%까지 약 5배가량 급증하였는데, 당시 전쟁패권국이자 연합국의 주축인 영국정부가 막대한 국방비 지출을 부담한 결과이다. 이로 인하여 영국은 국가의 재정건전성 확보를 위하여 재차 세금인상을 추진하면서 당시 조세부담률 수준이 전쟁 이전 시기인 GDP 대비 약 11%에서 1921년 당시에는 GDP 대비 33%로 급증한다.

한편 전간기(戰間期)인 1920~1930년대에는 국가채무비율이 150%를 상회하는 상당히 높은 수준에서 유지되었다. 이는 제1차 세계대전 당시 발생한 막대한 국가채무에 대한 이자상환 부담과 국제정세의 악화에 따른 제2차 세계대전 이전 기간 동안 늘어난 군비증가에 의한 것이다. 이와 함께 당시 국가경제와 재정정책에 상당한 지배력을 행사하던 케인스학파의 재정지출과 국가채무이론이 이 같은 국가재정기조에 적극 뒷받침되면서 정부의 적극적인 시장개입과 재정정책은 더욱 강화되었다. 가령 시장에 대한 정부역할론을 강조하며 적극적인 재정정책에 따른 경제성장을 주장한 케인스학파는 다비넌트(Charles Davenant), 스튜어트(James Stewart), 맬서스(Thomas Malthus) 등 재정낙관론자(optimists)들의 전통을 이어 가면서 제1차 세계대전 후 나타난 경기침체와 대규모 실업, 경제대공황에 대한 정부의 대응책으로 국채발행을 통한 정부지출의 증대를 주장하였다.[21)]

21) 1929년 실업자 수가 120만 명에서 1932년 270만 명으로 증가하였으며, 이는 당시 총 노동력의 22% 수준인 것으로 나타난다.

나아가 케인스(John Maynard Keynes)를 비롯하여 한센(Alvin Hansen), 러너(Abba Lerner) 등의 학자들은 고전학파와는 달리 적극적인 재정정책에 따른 국가채무발생을 긍정적으로 해석하며, 당시 주요 선진국의 경제정책에 핵심적인 정책논리를 제공함으로써 현실정치에서도 상당한 영향력을 행사하였다. 특히 케인스는 제1차 세계대전 후 발생한 막대한 국가채무를 감축하려던 정부의 노력이 총수요 감소로 이어져 경기침체를 야기시켰다고 주장하면서 당시 국가균형재정을 위하여 미국의 후버(Hoover) 정부(1929~1933)가 세율상승 조치를 취하자 이로 인하여 경기 '침체'가 '대공황'으로 악화되었다고 지적하였다. 뿐만 아니라 국가경제에서 부족한 총수요를 진작시킬 방법으로 케인스는 적극적인 정부지출과 국채발행을, 한센은 공공지출 증대를 위한 영구적 국채발행을, 러너는 고전적인 균형재정준칙의 폐기를 주장하였다(Salsman, 2017; 135).

이처럼 당대 주류 경제이론으로 확고하게 자리매김한 케인스학파는 1920년대부터 1960년대 후반에 이르기까지 국가채무에 대한 일반대중과 정치권의 인식체계를 긍정적으로 강화시키는 데 일조하였다(Salsman, 2017: 148). 더욱이 정부가 국가경제를 활성화하고 안정화시키는 방안으로 이 같은 국가채무를 전쟁과 같은 특수시기에 필요한 비상재정조달수단으로만 간주한 것이 아니라 일상적인 경기부양책으로 사용하는 전환점이 된다. 실제로 영국은 제1차 세계대전 후 발생한 1920년대 말 경제대공황의 경기침체를 해소하기 위한 대책으로 재정지출을 과감하게 증가시킴으로써 국가채무비율이 1923년 185%를 정점으로 전간기인 1936년 160%를 초과하는 현상이 발생한다. 뿐만 아니라 영국은 제2차 세계대전(1939~1945) 직후인 1946년 259%라는 높은 수준의 국가채무비율을 기록하게 된다.

그러나 종전 후 영국의 국가채무비율은 상당히 급감하면서 1991년에는 23% 수준에 도달하여 저점에 이르게 된다. 이 같은 결과는 국방부문의 재정수요 감소와 지속적으로 높은 세입구조가 유지되었기 때문에 가능하였다. 한편 1차 석유파동과 높은 인플레이션율과 같은 구조적인 문제에 직면하고 있던 영국정부는 파운드화 가치의 폭락을 우려하여 1976년에 IMF의 구제금융을 신청하였다. 그 대가로 IMF는 교육·보건복지 등 영국의 공공부문 지출감축을 요구하였으나, 실제로 1970년대 이후에 나타난 영국의 재정지출에서 사회보장을 비롯하여 복지분야의 지출규모 감소는 관찰되지 않는다(Bognanor, 2016). 당시 집권당인 노동당은 '복지병'으로 진단되는 경제 및 재정정책의 실패로 인하여 대처(Margaret Thatcher)가 이끄는 보수당이 집권에 성공하면서 대처 정부는 민영화를 통한 공공부문의 축소와 케인시언 경제정책의 폐기 등 신자유주의정책을 대대적으로 추진한다. 그럼에도 불구하고 경기침체에 따라 극심한 양극화의 심화 및 빈곤층의 확대로 인하여 절대적인 세출규모의 축소는 시행되지 않았다.

한편 IMF 구제금융과 대처리즘의 종료 후 1991년을 기점으로 영국의 국가채무비율은 다시 반등하는 추세가 나타난다. 특히 글로벌 금융위기(2007~2009)에 대한 대응으로 영국정부는 대규모 양적완화정책을 위하여 재정적자 지출 및 국공채 발행을 확대하였으며, 제로금리로 대표되는 팽창적 통화정책 등을 시도하게 된다. Salsman(2017: 151)은 이 같은 현상에 대하여 케인스주의의 '회생(revival)'이라고 평가하였다.

그림 2-9 영국의 재정수지와 일반정부 채무(D2) 추이(1995~2018년)

(단위: GDP 대비 %)

자료: OECD(2918).

최근 영국의 재정현황을 살펴보면, 2007~2009년 글로벌 금융위기 전까지 국가채무비중이 GDP 대비 50% 중반을 유지하였으나 확장적 재정정책을 추구하면서 2014년 기준 116.8%에 도달하였다. 다만 재정수지 적자는 2009년 GDP 대비 10.8% 적자에서 2014년 5.7% 적자로 개선되었으나 2007년 이전 수준 대비 크게 늘어난 수치이다. 영국정부는 2008~2009년 동안 GDP의 1.6%에 해당하는 경기부양책을 통하여 가계와 기업에 대한 지원 및 자본투자 계획을 시행하였다. 특히 2009년에는 주택경기부양책, 주택 및 에너지산업 등 사회기반시설 확충에 40억 파운드를 투입하였으며, SOC 투자 조기실행 및 부가가치세율 인하(2.5%p) 등 조세감면조치를 동시에 시행하였다.

한편 글로벌 금융위기 후 재정건전화를 위하여 영국정부는 공공부문의 순채무 비중 감소를 내용으로 하는 「2010년 재정책임법(Fiscal Responsibility Act 2010)」을 제정하고 재정수지 개선을 위한 중기 재정계획을 수립하게 된다. 그러나 동법은 「2011년 예산책임 및 감사법(Budget Responsibility and National Audit Act 2011)」으로 대체되면서 영국은 2011~2016년까지 GDP 대비 공공부문 순채무 비율을 전년보다 감축하고 2017~2018 회계연도 내 재정수지 균형달성을 목표로 하고 있다. 한편 영국은 세수확보를 위하여 고소득자 세율 인상, 연료세·주류세·담배세 인상, 조세회피방지책 입법화 등을 추진하고 있다. 뿐만 아니라 재정지출 절감을 위한 공공부문 임금인상 억제 및 연금개혁, 정책우선도가 낮은 지출에 대한 예산삭감, 근로유인강화를 위한 복지제도개혁, 정부자산의 매각 및 관리효율화 등을 위한 제도개선을 시행하고 있다. 특히 2015년 예산안에서 1,210억 파운드 규모의 재정건전화 계획을 발표하였고, 이 중 980억 파운드는 지출효율성 제고 및 공기업지분 매각, 부처별 예산통제 등 정부지출 절감을 통하여 230억 파운드는 세수확대를 통하여 이를 달성할 것이라고 밝힌 바 있다.

4.3 미 국[22)]

미국의 국가채무와 관련한 논쟁은 17세기 말 당시 미국의 최초 헌법인「연합규약(Articles of Confederation)」에서 '독립전쟁(1775~1783)' 수행을 위해 주정부가 발행한 부채를 연방정부가 인수(assumption)하는 과정에서 시작하였다. 미국은 건국 초기부터 해밀턴(Alexander Hamilton)이 이끄는 연방주의자(Federalist)와 제퍼슨(Thomas Jefferson)이 이끄는 반(反)연방주의자(anti-federalist) 사이에서 정부역할에 대한 치열한 논쟁이 있었다. 가령 해밀턴은 국채를 통화에 준하는 대체재로 보면서 제한적 유용성을 인정하는 입장인 반면, 제퍼슨은 국가채무는 현세대에서 다음 세대로 부당하게 비용부담을 전가하는 비도덕적인 정부행태로 인식하였다(Salsman, 2017: 58).

뿐만 아니라 정부역할에 대한 연방주의자와 반연방주의자의 입장 차이는 비교적 재정이 튼튼한 남부(반연방주의 세력기반)와 취약했던 북부(연방주의 세력기반)의 이해관계로 인하여 더욱 심화되었다. 그러나 미국 연방수도를 남부지역인 현재의 워싱턴(Washington, D.C.)에 설치하는 타협안을 통해 주정부가 발행한 채권에 대한 채무불이행(default)을 선언하지 않으면서 모든 부채를 연방정부가 책임지는 동시에 국공채 및 통화발행권한을 부여받게 된다.

이러한 논쟁을 통해 건국 초기 미국은 평시에도 재정적자와 국가채무를

22) Salsman(2017)의 [Figure 1.4](20면)에 게시된 출처 www.usgovernmentspending.com으로부터 GDP, Federal Debt의 원출처를 검색했다. GDP(1800~2012)는 Louis, J., & Saumuel, H. W.(2018). "What Was the U.S. GDP Then?" http://www.measuringworth.org/usgdp/ 등을 참고하였으며, GDP(2013~)는 World Bank(2018). GDP(current US$) of United States. https://data.worldbank.org/indicator/NY.GDP.MKTP.CD?locations=US 등을 참고하였고, 국가채무[Public Debt of Federal Government(1791~1939)]는 Bureau, C.(1989). Historical Statistics of the United States: Colonial Times to 1970. Bernan Assoc. 등을 참고, 그리고 연방정부 부채[Public Debt of Federal Government(1940~)]는 The White House, Office of Management and Budget(2018). Federal Debt At The End Of Year: 1940~2022. https://www.whitehouse.gov/omb/historical-tables/ 등을 참고하였다. 이 외에도 정부지출[Government Spending Breakdown(1790~2015)]은 Galka, Max. "The History of U.S. Government Spending, Revenue, and Debt(1790~2015)." Metrocosm (blog), http://metrocosm.com/history-of-us-taxes/(2019년 2월 16일 접속) 등을 참고하였다.

그림 2-10 미국 GDP 대비 일반정부 부채비율(1800~2015년)

(단위: GDP 대비 %)

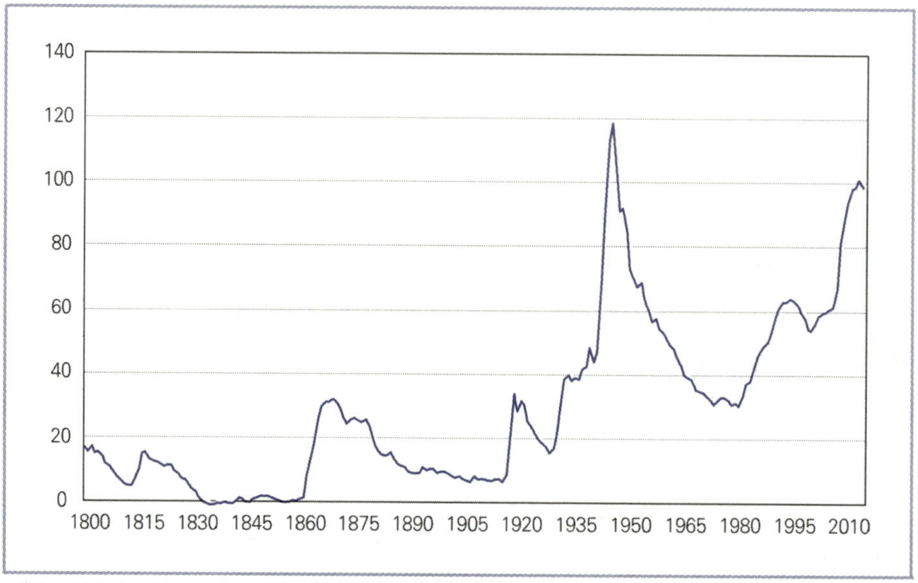

자료: IMF DataMapper(2020년 1월 20일 접속).

적정수준으로 유지하려는 다양한 노력을 시도하였다. 미국독립전쟁에 따른 주정부의 부채를 인수하면서 연방정부는 급격한 채무비율 상승을 경험한 후, 지속적으로 재정적자 감소를 시도하면서 국가채무비율을 개선하였고 1810년 당시 GDP의 0%에 가까운 국가채무비율을 달성한다. 그러나 1812년 시작한 미영전쟁(1812~1815)과 뒤이어 발생한 남북전쟁(1861~1865)은 군비 증가에 따른 대규모의 재정적자를 발생시킴으로써 1867년 국가채무비율은 32%로 상승한다. 그러나 두 차례의 전쟁 후 연방정부는 지속적인 재정적자 감축노력을 통하여 제1차 세계대전 이전까지 GDP 대비 5% 미만의 국가채무비율을 유지하게 된다.

그러나 제1차 세계대전(1914~1918)은 남북전쟁기와 유사한 수준의 채무비율 상승을 발생시킨다. 당시 미국은 국민을 대상으로 자유공채(liberty bond)를 발행하여 국방비 일부를 조달하였다. 다만 영국과 비교하여 세계대전에 따른 급격한 지출수요 증가에도 불구하고 국가채무비율이 상대적으로 소폭 증가에 그친 이유는 미국의 고립주의 외교정책에 의하여 제1차 세계대전 초 미국이 소극적으로 전쟁에 개입한 데 기인한다. 미국은 해당 시기 동안 참전에 의하여 급증한 정부지출수요를 세금인상을 통하여 세입기반을 확충하는 보수적 재정 정책을 운용한 덕분에 재정적자폭을 상당 부분 줄일 수 있었다. 이와 함께 미국은 이 기간 동안 GDP 대비 조세부담률을 6~8% 인상하는 등 균형재정을 이루기 위한 정책노력을 병행하였다.

제1차 세계대전 후 1920년대에는 고전학파의 균형재정원칙에 충실했던 하딩(Warren G. Harding), 쿨리지(John Calvin Coolidge, Jr.), 후버(Herbert C. Hoover) 등 공화당 소속의 대통령들이 적극적으로 재정지출을 축소하여 국가채무비율이 GDP 대비 20% 이하로 축소되는 양상이 나타난다. 그러나 이 같은 정책은 미국의 대공황(1929~1939)을 초래하였거나, 최소한 정부가 경제공황에 적극 대응하지 못한 점에서 케인스학파의 강한 비판에 직면하게 된다.

반면 대공황 극복을 위해 케인스학파의 해법을 수용한 루스벨트(Franklin D. Roosevelt) 대통령은 뉴딜(New Deal)이라는 대규모 재정사업과 동시에 감세정책을 추진한다. 그 결과 1929년 16%에 불과했던 국가채무비율은 1940년 50%까지 상승한다. 특히 정부지출 항목 중 기존에 없던 천연자원(natural resources) 부문의 지출이 크게 늘어나면서 연도별 정부지출의 약 60%까지 차지하게 되는데, 이는 루스벨트의 뉴딜정책이 총수요 증가와 고용창출을 위해 고속도로, 공공시설 건설, 하천유역관리를 위한 댐 공사에 상당한 재정지출을 발생시켰기 때문이다.[23] 이에 따라 루즈벨트 대통령이 재임한 1933년 당시 GDP 대비 5% 미만이었던 정부지출비율은 제2차 세계대전 직전인 1939년까지 10%대로 증가한다. 그러나 이전처럼 경기침체기에 추가적인 세금부담을 국민에 전가하는 것은 정치적으로 불가능하기에 이 시기에 늘어난 정부지출은 주로 국공채에 의해 조달되었다.

한편 제2차 세계대전(1939~1945)에 적극적으로 참전한 미국은 유례없는 국가채무비율 상승을 맞이하게 된다. 이 시기 GDP 대비 정부지출비율은 최고조

23) 그랜드 쿨리 댐(콜롬비아강) 건설, 테네시강 유역관리공사(Tennessee Valley Authority) 설립 등을 포함한다.

(1944년, 44%)에 이르렀으며, 그중 90% 넘게 국방비로 지출되었다. 뿐만 아니라 GDP 대비 조세부담률도 급증하여 1940년 7%(70억 달러)가 1945년 20%(450억 달러)로 급격히 증가하였다. 이처럼 따라 국가채무비율이 크게 상승함으로써 1946년에는 GDP 대비 122%(2,700억 달러)에 이르게 된다.

1940년대 이후부터 등장한 루스벨트(Roosevelt), 트루먼(Truman), 케네디(Kennedy), 존슨(Johnson)으로 이어진 민주당 정권에 힘입어 정부의 경제정책에서 케인스학파의 영향력은 크게 확장되기 시작한다(Salsman, 2017: 148). 특히 존슨 대통령은 1965년 노인의료보험제도인 메디케어(Medicare), 공공의료보험인 메디케이드(Medicaid)를 비롯, 교육제도 개선, 빈민구제 등으로 요약되는 '위대한 사회(Great Society)' 프로그램을 추진하면서 사회보장(social security) 및 의료(healthcare) 부문의 지출을 크게 증대시킨다.

그럼에도 불구하고 1960년 중반부터 국가채무비율은 매우 빠른 속도로 감소하게 된다. 이는 정부의 국방비 지출 감소와 전후 경제호황에 기인하는 것으로 정치인들은 세율인하의 필요성 없이 세입수준을 GDP의 14% 선에서 지속하면서 부채상환을 원활하게 추진한 결과이다.[24] 그로 인하여 1974년 미국의 국가채무비율은 GDP 대비 32%로 크게 감소한다.[25]

한편 1980년대 레이건(Ronald Reagan) 집권기(1981~1989)에는 국가채무비율이 다시 급격한 상승곡선을 보이게 된다. 당시 레이건 정부는 미국이 당면한 스태그플레이션(stagflation)에 대응하여 정부지출의 삭감 등 신자유주의 경제노

---

24) 당시 한국전쟁(1950~1953)과 베트남전쟁(1955~1975)은 당시 일시적인 국방비 증가로 이어졌으나 국채발행보다는 조세수입으로 수행된 전쟁으로 국가채무비율에 큰 영향을 주지 못한 것으로 분석된다.

25) 케인스의 저서 『일반이론』이 출간된 1936년부터 1977년까지 40여 년 동안 미국은 재정적자가 30년간 발생하였으며, 전체 지출 중 적자지출의 비중이 10% 수준이었다. 그럼에도 불구하고 1977년 부채비율은 35% 수준으로 1936년의 40%보다 오히려 하락하게 된다. 반면 케인스의 『일반이론』이 출간되기 40년 전인 1896년부터 출간된 1936년까지 미국은 재정적자를 이 기간 중 20년 동안 발생시켰고, 전체 지출 중 적자지출의 비율이 27%였으며, 부채비율은 1896년 8%에서 1936년 40%로 상승했다. 이는 케인시언 정책이 활발하게 적용된 기간이었던 1976년이 1936년보다 적자지출을 줄었으며(전체 지출 중 10%), 국가채무 부담이 감소했다는 것을 의미한다. 따라서 케인시언 정책의 영향력이 컸다고 보기보다는 당시 시대적 상황을 반영한 것처럼 보인다.

선을 천명하였으나 냉전체제에서 비롯된 소련과의 군비경쟁은 미국의 국방비 지출을 지속적으로 증가시켰다. 이른바 '레이건노믹스(Reaganomics)'로 불리는 공급중시경제학(supply-side economics) 논리에 따라 개인과 기업에 대한 소득세율 인하 및 투자수익에 대한 세율을 대폭적으로 낮춤으로써 경기활성화를 통한 세수기반의 확대를 기대하였으나, 오히려 세수기반이 약화되어 이 같은 결과가 초래되었다.[26] 따라서 당시 미국은 2%가량의 세수가 감소되면서 큰 재정적자가 발생하게 된다. 뿐만 아니라 1992년 부시(George H. Bush) 정권에 이르러 미국의 국가채무비율은 GDP 대비 63%로 증가한다. 이처럼 당시 공화당 정권이 공급중시경제학에 기반하여 작은 정부론을 강조하였음에도 불구하고 지속적인 국가부채 증가가 발생하여 국가재정의 부담이 증가하는 현상에 대하여 당시 공급중시경제학계는 별다른 비판적 입장을 제시하지 않았다. 오히려 이들의 입장은 정부의 세율인하로 인하여 민간경제의 투자와 생산을 유도하며 발생한 국가채무현상은 국가경제에 긍정적인 역할을 한다고 평가함으로써 전통적인 고전학파와도 다른 차이를 보이는 것으로 나타난다(Salsman, 2017: 149-150).

다음으로 등장한 클린턴(Bill Clinton) 행정부(1993~2001)는 정부의 재정지출을 선호하는 민주당 정권임에도 불구하고 당시 국가채무비율이 오히려 줄어들어 2001년 56%로 축소하는 특이한 현상이 발견된다. 이는 냉전구도가 종식되면서 미국의 국방비 지출이 감소되었고, 1990년대 미국의 경제호황과 증세정책에 힘입은 것으로 판단된다. 한편 부시(George W. Bush) 행정부(2001~2009)와 오바마(Barack Obama) 행정부(2009~2017) 기간에는 가파른 국가채무비율의 상승이 이어지면서 2012년에는 미국 국가채무가 GDP 대비 100%를 상회하게 된다. 그 원인은 우선 부시 행정부의 감세정책과 이라크를 포함한 중동지역에서 발생한 전쟁수행에 따른 군사비 지출 증가를 들 수 있으며, 무엇보다도 글로벌 금융위기(2007~2009)에 따른 대응책으로 매우 높은 수준의 재정지출을 추진한

26) 아서 래퍼(Arthur Laffer)는 공급중시경제학을 주창한 대표적인 학자이다. 특히 이 같은 정책은 개인소득에 대한 세율인하는 가처분소득을 증대시켜 근로의욕을 고취시키고, 개인과 기업의 투자수익에 대한 세율인하는 투자의욕을 높여 자본공급의 속도를 증가시킴으로써 전반적인 생산성을 향상시키는 정책목표에서 추진되었다.

그림 2-11 미국의 재정수지와 일반정부 채무(D2) 추이(1995~2018년)

(단위: GDP 대비 %)

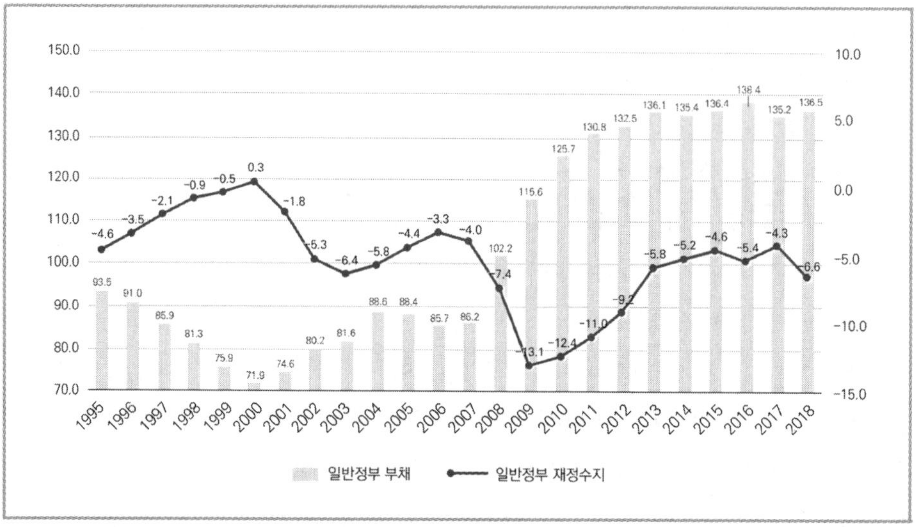

자료: IMF DataMapper(2020년 1월 20일 접속).

것을 주요 원인으로 들 수 있다. 특히 미국은 글로벌 금융위기의 당사국으로서 경기침체에 따른 조세수입의 감소, 정부재정을 통한 구제금융의 실행, 연방준비위원회(FRB)의 강력한 양적완화 정책이 동시에 실행되었다. 이로부터 미국의 국가채무비율은 빠르게 상승하여 2017년 기준, GDP 대비 106%에 도달하였다.

한편 미국의 재정수지는 2009년 GDP 대비 12.8% 적자에서 2014년 5.1% 적자로 개선되었으나 2008년 글로벌 금융위기 이전 수준을 하회하고 있다. 미국 정부는 2008년 글로벌 금융위기에 대응하여 일자리 창출 및 중장기적 성장잠재력 강화를 목적으로 2008~2009년 GDP 대비 7.3% 규모의 경기부양책을 시행하였다. 세부적으로는 2008년 10월 제정된 「경제촉진법(Economic Stimulus Act)」에 의거하여 감세안(2009~2011년 중 1,228억 달러)을 마련한 데 이어, 2009년 2월 「경기부양법(American Recovery and Reinvestment Act」)을 제정하여 총 7,872억 달러 규모(2009~2019)의 경기부양책을 시행하였다. 이 중 재정지출 규모는 5,754억 달러로 일자리 창출, 인프라 투자, 실업대책, 지방정부 지원 등에 투입되었고,

2,118억 달러는 세금감면을 통한 개인소득 지원, 기업세액공제 확대 등에 사용하였다. 또한 미국정부는 재정정책과 병행하여 2008년 11월부터 2014년 10월까지 세 차례에 걸쳐 양적완화 조치를 단행하였다.

미국정부는 재정건전화를 위하여 2010년 2월 PAYGO 원칙을 부활하고 대통령직속 재정위원회를 설치, 세원의 확충 및 정부의 지출삭감을 시행하고 있다. 특히 PAYGO 원칙은 의무지출 증가 또는 세입감소를 내용으로 하는 신규입법 시 이에 대응되는 다른 의무지출 감소나 세입 증가 등 재원조달 방안이 동시에 입법화되도록 의무화한 것이다. 또한 세수확충을 위해 고소득층에 대한 세제혜택 일몰 및 소득세 최고세율 인상, 조세체계 개혁을 통한 탈루방지 강화, 사회보장세율 인상, 환경세인 수퍼 펀드세 등 신규 세원을 발굴 중에 있다. 뿐만 아니라 미국은 재정지출 절감을 위하여 사회보장급여의 부정수급 차단 및 심사 강화, 행정쇄신을 통한 예산낭비 근절, 비(非)안보재량지출의 동결, 비효율적 재정사업 종료 및 삭감 등을 시행하고 있다.

4.4 일 본

1910년대 GDP의 50%를 상회하는 일본의 국가채무비율은 청일전쟁, 러일전쟁, 조선침략과 같은 제국주의적 팽창시도에 기인한 것으로 분석된다(Ito, 2013). 19세기 말부터 20세기 초 메이지 시대의 일본은 한국을 포함한 동아시아 주변국가들에 대한 식민화를 통해 국익을 추구한다는 특유의 제국주의에 몰두하였다. 식민지정책이 정착된 1920년대에는 일시적으로 국가채무비율이 GDP 대비 20% 미만으로 감소하지만 1930년대에는 만주사변과 중일전쟁과 같은 대륙진출 시도로 인해 또다시 증가하였고, 1940년대에는 제2차 세계대전을 수행하면서 급속하게 상승하게 된다. 패전 직전인 1944년 말 일본의 채무비율은 GDP의 204%에 달하였을 만큼 전쟁 당시 일본의 경제는 극단적 군국주의의 전형을 보여 주고 있다.

종전 후 일본은 1947년 「재정법」을 제정하여 국채발행을 원천적으로 차단하고 중앙은행인 일본은행(Bank of Japan)의 국채인수를 금지하는 강력한 균형

그림 2-12 일본의 GDP 대비 일반정부 부채비율

(단위: GDP 대비 %)

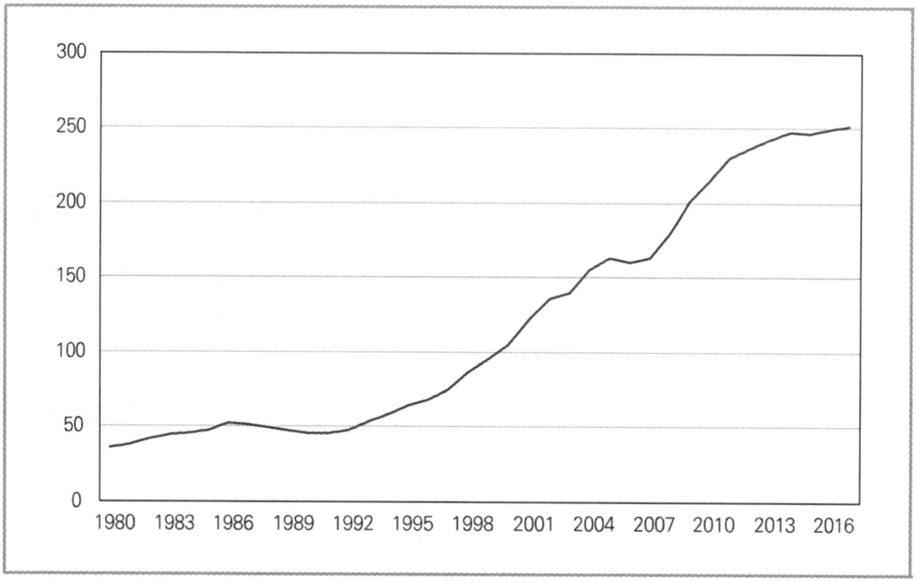

자료: IMF DataMapper(2020년 1월 20일 접속).

재정정책을 실행하게 된다. 또한 높은 인플레이션을 유지하여 통화절하를 통한 암묵적 부채삭감 효과를 추구하면서 1960년대와 1970년대에는 10%를 하회하는 수준의 채무비율을 달성하여 재정건전성을 회복하게 된다.[27] 그러나 1965년 사토 내각의 내수경기대책의 일환으로 감세정책을 추구하면서 이러한 세입부족을 감당하기 위한 특별건설공채와 1975년 특례공채발행이 실질적으로 상시화되면서 균형재정규율은 유명무실화된 경향이 있다. 1970년대 이후 시작되는 일본의 국가채무비율 증가는 이러한 정책변화에서 비롯된 것으로 설명될 수 있다.

한편 1990년대 이후 일본의 국가채무비율은 매우 심각한 속도로 상승하게 되는데, 이는 1989년 이후 발생한 일본의 복합불황에 따른 정부의 재정정책과 연관성이 높다. 주노종·이우형(2017: 155)에 따르면, 불황의 발생 직전 일본의

27) 1974년 당시 인플레이션은 21%를 넘게 된다.

경제상황은 매우 건전하여 GDP 대비 국가채무비율은 1989년 14.4%에 불과하였으며, 저축률은 1985년 기준 24%까지 이르렀다. 경제와 부동산경기가 호황인 상황에서 자기자본 대비 차입비율을 높게 가져가는 레버리지(leverage) 투자가 성행하게 되었으나, 불황과 레버리지 투자가 맞물리면서 일본은 더욱 큰 자산가치의 하락을 경험하게 된다.[28] 또한 1985년도에 엔-달러 강세를 만들어낸 '플라자합의(Plaza Agreement)'와 1989년 소비세 신설, 금리인상과 같은 일본정부의 정책은 자산가치의 급격한 몰락과 소비위축 등 버블경제의 붕괴에 일조하게 된다.

1992년 버블 붕괴 이후 일본은 심각한 자산 디플레이션 위기에 직면하면서 기업은 차입금을 상환하여 부채를 축소하고, 은행은 대출을 축소 및 회수하는 디레버리지(deleverage) 국면으로 접어들게 된다. 이러한 디레버리지는 경제주체 간에 자금을 빌려주지 않는 신용경색과 실질금리 상승에 따른 부채부담을 증가시켜 디플레이션 현상을 발생시켰다(주노종·이우형, 2017). 일본정부는 디레버리지에서 발생하는 신용경색과 차입금 상환을 위한 자산매각, 소비 및 투자 축소 등 민간경제의 위축을 타개하기 위하여 재정 투·융자 등을 통한 경기활성화 노력을 시도하였으며, 그 결과 재정적자가 확대되었다. 특히 금융부문에서는 디레버리지의 경색을 우려한 지속적인 확장통화가, 조세부문에서는 소비세 인상 후 소비절약 심화로 인한 역설적인 조세수입 감소가 적자요인이 되었다(주노종·이우형, 2017). 일본정부는 디레버리지 국면에 대응하면서도 오히려 리스크관리 명목으로 금리인상과 부동산대출 총량규제를 실시하면서 불황국면을 장기화시키게 된다.[29] 이에 따라 1998년과 2006년 사이 일본의 민간부문 부채는 592조 엔에서 493조 엔으로 줄어드는 반면, 정부부문 채무는 133조 엔

28) 1980년대 말까지 일본은 레버리지 효과를 통하여 부동산, 건축, 금융 등에서 호황을 맞았다. 레버리지(leverage)란 자기자본 대비 차입비율로 차입자본이 많을수록 레버리지 수준이 높다. 경기호황 시 상대적으로 낮은 금리로 자금을 차입하여 수익성 높은 곳에 투자하면 조달비용을 갚고도 수익을 챙길 수 있다. 하지만 레버리지 투자법은 금융위기와 복합불황으로 자산가치가 폭락하면 투자손실을 확대시키는 요인이 된다. 일본의 레버리지로 인한 호황은 1989년에 발생한 부동산, 건축, 금융의 복합불황을 맞으면서 막을 내렸다.

29) 금리는 1989년 9월 2.5%에서 1990년 12월 6.0%로 크게 인상되었다.

에서 266조 엔으로 크게 증가한다(주노종·이우형, 2017). 이후 2007~2009년 글로벌 금융위기와 2012년 유럽 재정위기, 2011년 동일본 대지진에 의한 산업시설의 붕괴, 2014년 4월 소비세 인상 후 소비와 투자의 둔화 등에 따른 경제성장률의 하락에 대응하여 일본정부는 2007~2011년 동안 7회에 걸쳐 167.3조 엔(GDP 대비 38.9%) 규모의 경기부양 및 금융대책을, 2011~2014년 동안 4회에 걸쳐 64.4조 엔(GDP 대비 13.5%) 규모의 경기부양책을 시행하였다(정유신, 2015).

한편 2012년 재집권에 성공한 아베 신조는 복합불황에 대한 정책실패로 귀결된 지난 시기를 '잃어버린 20년(1991~2012)'으로 규정하고 2007~2009년 글로벌 금융위기에 강력한 양적완화정책으로 대응한다. 소위 '아베노믹스'로 불리는 이러한 양적완화정책은 과감한 확장적 통화정책을 통해 엔화의 평가절하를 시도하고, 민간부문의 신용경색을 해소하기 위해 시장유동성을 지원하면서 재정적으로 경기부양을 위해 정부투자를 증대시키겠다는 '리레버리지(re-leverage)' 정책을 포함한다. 특히 아베노믹스의 핵심 내용 중 하나가 중앙은행인 일본은행(Bank of Japan)이 국가채무를 떠안아 버리는 것이다. '부채의 화폐화(debt monetization)'로 불리는 이러한 양적완화정책은 중앙은행이 정부로부터 국채를 직접 구입하면서 화폐공급을 늘리는 방식을 의미한다. 통상적으로 이러한 양적완화정책은 이자비용 등 높은 재정비용을 발생시키는데, 이마저도 일본정부는 제로금리정책을 통하여 최소화시키고 있다. 이에 따라 일본은 GDP 대비 국가채무비율은 지속적으로 증가하지만 국채수익률은 역으로 0%에 가까워지고 있다.

이러한 복합불황의 타개책으로 일본의 일반정부 부채(general government gross debt) 비율은 2009년 GDP 대비 201%, 2012년 229%, 2014년 236.1%, 2018년 238%(1,088조 엔)로 증가하였고, IMF(2014)는 2030년까지 채무비율이 280% 수준으로 악화될 수 있다고 전망하면서 일본은 더 이상 지속가능하지 않은 재정적자의 늪에 빠질 가능성이 크다고 경고하였다. 예를 들어 2018년 예산 97.7조 엔(순계기준) 중 국채조달이 35%(33.7조 엔)를 차지하고 있다. 다만 일본의 불황은 총수요 부족 등 디플레이션이 수반되는 점에서 고용률과 성장률만이 문제가 되는 반면, 과감한 정책기조 실현을 위해 국공채 발행 및 적자지출이 적절

그림 2-13 일본의 재정수지와 일반정부 부채(D2) 추이(1995~2017년)

(단위: GDP 대비 %)

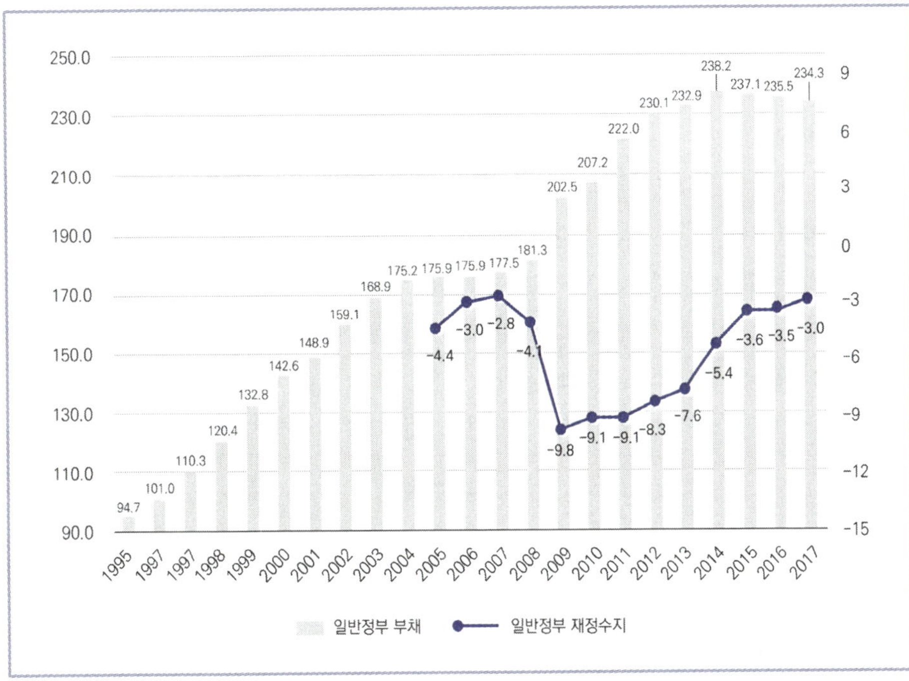

자료: OECD(2018).

한 불황 타개책이라는 정책합의가 형성되어 있어 국가채무비율의 증대는 다소 구조적인 것으로 보인다. 특히 일본은 한국, 미국 등과 달리, 90% 이상의 국가채무를 국내자본이 소유하고 있어 자본이동에 의한 재정위기에 봉착할 위험성은 상당히 낮은 상태이다(Botman 외, 2015). 또한 세계 3위의 거시경제 규모에 기초해 엔화가 SDR 통화바스켓에 포함되는 등 안전자산국가로 분류되고 있다.

한편 일본정부는 재정건전성 확보 차원에서 급증하는 사회보장지출에 대한 재원마련을 위해 소비세율 인상, 공공부문 지출삭감 등을 시행하였다. 그러나 경제성장률 둔화로 향후 재정건전화 목표달성은 불투명한 상황이다. 예를 들어 세수확보를 위해 고소득층의 세금공제 축소, 특별공제항목의 정비, 환경세 등을 인상하였으며, 2014년 4월에는 사회보장재원 확보를 위해 소비세율을 5%에서 8%로 인상하였다. 이로 인해 2014년 2/4~3/4분기에 마이너스 성장률을 기록하면서 2015년 10월에 예정된 추가 인상(8% → 10%) 시기를 2017년에서 2019년 말로 연기한 바 있다. 또한 일본정부는 중앙-지방정부의 기초재정수지 적자를 2015년까지 2010년의 50% 수준으로 축소하고, 2020년까지 흑자로 전환할 것을 목표로 발표하면서 향후 10년간 평균 GDP성장률(실질 2%, 명목 3%) 달성을 계획하였으나 구체적인 방안은 부재한 상태였다. 이에 따라 OECD(2017b)는 일본의 재정건전화를 위해서는 일본정부가 지출감축, 세율인상 등의 정책을 지속적으로 추진해야 한다고 지적하였다. 구체적으로는 건강보험, 장기요양보험, 공적연금 및 기초생활보장제도를 개혁하면서 세입확대 방안으로 소비세 인상, 개인소득세 개혁, 환경 관련 조세기반 확충 등을 제시하였다(OECD, 2017b).

5 소 결

대부분의 선진국 재정은 이미 지속가능하지 않다고 판단되는 GDP의 90% 수준의 국가채무비율을 보이고 있으며, 이러한 재정여건은 고령화 등에 따른 인구통계학적 요인과 저성장 경제구조화(장기불황)에 따라 단기간에는 개선이 어려운 상황이다. 특히 양적완화정책이 종료될 경우 이자율 상승에 따라 이자비용이 크게 증가하면서 국가채무는 지속적으로 증가할 가능성이 높다. 또한 Reinhart, Reinhart, & Rogoff(2012) 등이 주장했듯이, 과도한 국가채무는 민간투자 및 소비에 대한 구축효과를 유발하며, 추가적인 재정부담을 증가시켜 국가경제의 저성장 기조를 고착화시킬 수 있다. 물론 금융기법의 발전과 금융세계화는 현재 높은 수준의 국가채무에 대한 부담을 일시적으로 경감시킬 수 있으나, 향후 장기적으로 저성장에 직면한 대부분의 선진국에게 국가채무는 여전히 중요한 정치경제적 이슈로 작용하고 있다. 이처럼 선진국의 재정상황은 비교적 낮은 국가채무비율을 유지하고 있는 국내 재정정책에도 매우 중요한 시사점을 제공한다.

우선 국가채무는 정부의 과감한 정책기조 실현을 위해 대규모 국공채 발행 및 적자지출을 추진할 경우 단기간 급격하게 증가할 수 있다. 일본은 국가채무비율이 1997년 101.7%에서 2018년에는 238%(+136.3%)로 상승하였고, 미국도 2007년 64.9%에서 2017년 106%(+41.1%)로, 영국도 2007년 49.4%에서 2017년 115.1%(+65.7%)로 크게 증가하였다. 또한 Reinhart & Rogoff(2009)가 지적했듯이, 과잉채무는 한번 발생하면 20년 이상 지속될 가능성이 매우 높은 경향이 있다. 이러한 변화는 일명 '채무환상(부채착시)' 등의 효과를 노린 정부와 정치권의 이해와 맞물려 조세부담률의 큰 변화 없이 추진될 수 있으며, 이 같은 상황은 국가채무 상황을 더욱 악화시킬 수 있다. 최근 일본의 소비세 인상 연기, 미국의 감세정책은 재정건전성을 역행하는 조치로 볼 수 있다. 이는 '재정(조세)정책의 정치화'로 이해할 수 있으며, 현대국가에서 나타나는 높은 수준의 국가채무 문제는 국가재정을 둘러싼 사회구조적 문제임을 보여 준다. 특히 이 같은 과잉채무는 필연적으로 민간소비 및 투자에 악영향을 미칠 가능성이 높고 결과적으로 장기불황으로 이어질 가능성이 높다.

뿐만 아니라 주노종·이우형(2017)이 지적하고 있듯이, 일본의 급격한 국가채무 증가는 국내 현실에도 많은 교훈을 주고 있다. 첫째, 일본은 인구통계학적으로 저출산과 고령화의 문제가 매우 심각하여 생산가능인구의 축소는 내수경제의 취축으로 이어질 뿐만 아니라 세입의 절대적인 감소요인으로 작용한다. 마찬가지로 국내에서도 이 같은 상황에 직면하고 있다.30) 특히 인구고령화는 우리나라의 예산부문 중 두 번째로 높은 복지예산의 증대와 연결된다. 실제로 사회보장을 위한 일본정부의 세출규모는 1961년 예산의 4.9%, 1985년 13.7%에서 2014년 31.8%로 크게 증가하였으며, 노후연금·의료보험 등의 재원고갈에 따른 정부예산의 집중투입이 국가재정부담의 심각한 압박요인으로 작

30) 2011년 기준으로 일반회계 92조 엔 중 세수는 40조 엔에 불과하다. 물론 조세수입 외 부가적 기타수입이 있으나 이들을 모두 합한 수입이 예산보다 작다는 사실에서 미래에도 국가채무는 증가할 수밖에 없는 구조적 문제를 안고 있다고 볼 수 있다.

용하고 있다.[31] 우리나라도 사회보장성 국민연금의 경우, 평균수명이 예상보다 크게 늘어나면서 적립기금의 고갈이 가속화될 것으로 예상되고, 건강보험도 일명 '문재인케어'로 불리는 보장성 강화정책으로 인하여 노령 수급자가 크게 증가하면서 보험적립금의 고갈시기가 앞당겨져 향후 상당한 국가재정보조부담이 요청되는 실정이다. 셋째, 국가재정관리를 위한 정치력 부재현상을 들 수 있는데, 균형재정을 위한 정책조정 방안으로 요구되는 세출입 구조조정 및 증세정책의 추진에 필요한 강력한 정치력을 일본정부가 장기간 발휘하지 못하고 있다는 점이다.[32] 예를 들어 북유럽 복지국가인 스웨덴이 2015년 기준 조

그림 2-14 유형별 GDP 대비 일반정부 부채비율(1910~2015년)

(단위: GDP 대비 %)

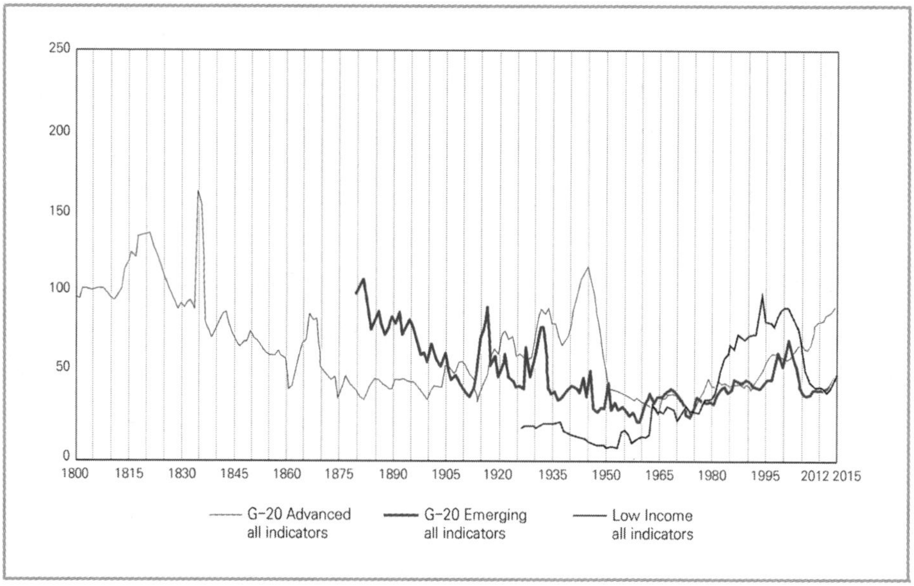

자료: OECD Data(https://data.oecd.org)(2020년 1월 20일 접속).

31) OECD(2017b)도 일본정부의 재정 불균형은 급격한 고령화에 기인한다면서, 일본은 1991년부터 현재까지 복지비 지출이 GDP의 11%에서 23%로 증가했고 이중 연금지출이 OECD에서 두 번째로 높은 수치인 80%를 차지한다고 분석하고 있다.

32) 일본 총리의 수명을 보면, 고이즈미 준이치로가 2001~2006년 동안 집권하였고, 그 외 대부분은 1~2년으로 단명하였다. 다만 현 아베 총리가 장수 총리(2012~)로 자리매김하고 있다.

세부담률이 35%인 것에 비해, 그와 유사한 사회보장지출 부담을 지고 있는 일본은 조세부담률이 18%에 불과한 상태이다. 우리나라도 이처럼 급증하는 재정소요에도 불구하고 조세부담률은 향후 19%에서 유지될 가능성이 농후한바, 조세부담 증가 및 재정지출 감축을 위한 사회적 합의를 이끌어 낼 수 있는 정치적 리더십이 없다면 점차 심각해질 국가채무를 비롯한 재정 문제를 효과적으로 해결할 수 없음을 시사한다.

참고 문헌

국내 문헌

김두얼·이명휘·박기주·박원암·전성인·백웅기(2017). **한국의 경제 위기와 극복**. 대한민국 역사박물관.

나성린(2006). **한국의 국가채무의 현황과 과제**. 서울: 국제무역경영연구원.

박형수(2016. 5. 9). 일본 국가채무, 어떻게 시작되고 얼마나 빨리 증가했나. **매일경제신문**.

e-나라지표[웹사이트]. 국가채무추이. 2019년 12월 20일 접속. http://www.index.go.kr/potal/main/EachDtlPageDetail.do?idx_cd=1106

e-나라지표[웹사이트]. 국내총생산 및 경제성장률 (GDP), 2019년 12월 20일 접속. http://www.index.go.kr/potal/main/EachDtlPageDetail.do?idx_cd=2736

장준경·채수복(2015). **2015 경제발전경험모듈화사업: 1980년대 경제정책 전환기의 재정안정화 정책**. 한국개발연구원.

정유신(2015). **일본경제 장기침체 특성과 대응정책에 관한 연구**. 국회예산정책처.

조은영(2014). **북유럽 국가의 금융·재정위기 극복과 시사점**. 국회예산정책처.

주노종·이우형(2017). 일본 국가채무의 원인과 한국에 주는 시사점 고찰. **제도와 경제, 11**(2): 153-175.

통계청(2019). 국가채무추이, e-나라지표[웹사이트]. 2019년 12월 20일 접속. http://www.index.go.kr/potal/main/EachDtlPageDetail.do?idx_cd=1106

통계청(2019). 국내총생산 및 경제성장률 (GDP), e-나라지표[웹사이트]. 2019년 12월 20일 접속. http://www.index.go.kr/potal/main/EachDtlPageDetail.do?idx_cd=2736

해외 문헌

Abbas, S. A., Belhocine, N., El-Ganainy, A., & Horton, M. (2010). *A Historical Public Debt Database*. (IMF Working Paper No. 10/245). IMF.

Abbas, S. A., Belhocine, N., El-Ganainy, A., & Horton, M. (2011). Historical patterns and dynamics of public debt-evidence from a new database. *IMF Economic Review*, *59*(4), 717-742.

Bank of England[Website]. A Millenium of Macroeconomic Data. Retrieved January 20, 2020 from https://www.bankofengland.co.uk/statistics/research-datasets

Bent, P., & R. Esteves (2016). *Capital Pull Factors at the Turn of the 20th Century: A Sectoral Analysis*. Mimeo.

Bordo, M. D. (2006). *Sudden Stops, Financial Crises, and Original Sin in Emerging Countries: Déjà vu?* (No. 12393). National Bureau of Economic Research.

Botman, D. P., Danninger, M. S., & Schiff, M. J. A. (2015). *Can Abenomics Succeed?: Overcoming the Legacy of Japan's Lost Decades*. Washington, D.C.: International Monetary Fund.

Bureau, C. (1989). *Historical Statistics of the United States: Colonial Times to 1970.*

Burret, H. T., Feld, L. P., & Köhler, E. A. (2013). Sustainability of public debt in Germany-Historical considerations and time series evidence. *Jahrbücher für Nationalökonomie und Statistik, 233*(3), 291-335.

Burret, H. T., Feld, L. P., & Köhler, E. A. (2016). (Un-) sustainability of public finances in German Laender: A panel time series approach. *Economic Modelling, 53*, 254-265.

Cottarelli, C. (2017). *What We Owe: Truths, Myths, and Lies about Public Debt.* Brookings Institute Press.

Eichengreen, B., El-Ganainy, A., Esteves, R., & Mitchener, K. J. (2019). *Public Debt through the Ages* (No. w25494). National Bureau of Economic Research.

Ferguson, N. (2010). **금융의 지배: 세계 금융사 이야기**(김선영 역). 서울: 민음사. (원서출판 2008).

Galka, Max. (2016, Feb 16). The History of U.S. Government Spending, Revenue, and Debt (1790-2015) [Bolg post]. Retrieved January 20, 2020 from http://metrocosm.com/history-of-us-taxes/

Hormats. R. D. (2009). **자유의 대가**(조규정 역). 서울: 미래사. (원서출판 2008).

Ito, A. (2013). *What We Can Learn from the History of Government Debt.* Retrived January 20, 2020 from https://www.rieti.go.jp/en/columns/a01_0379.html

Kennedy, P. (1997). **강대국의 흥망**(이일수·전남석·황건 역). 한국경제신문사. (원서출판 1987).

Kindleberger, C. P., Aliber, R., & Solow, R. (2006). **광기, 패닉, 붕괴, 금융위기의 역사**(김홍식 역). 굿모닝북스. (원서출판 2005).

Krumm, K. (1985). *The External Debt of Sub-Saharan Africa: Origins, Magnitude and Implications for Action.* (World Bank Staff Working Paper No. 741).

Louis, J., & Saumuel, H. W. (2018). What Was the U.S. GDP Then? [Website]. Retrieved January 20, 2020 from http://www.measuringworth.org/usgdp/

Neal, L. (1990). *The Rise of Financial Capitalism. International Capital Markets in the Age of Reason.* Cambridge: Cambridge University Press.

Louis, J., & Saumuel, H. W. (2018). *What Was the U.S. GDP Then?* Retrieved January 20, 2020 from http://www.measuringworth.org/usgdp/

North, D., & Weingast, B. R. (1989). Constitutions and Commitment: the Evolution of Institutions Governing Public Choice in Seventeenth-Century England. *The Journal of Economic History*, 49(4), 803-832.

IMF (2014). *Fiscal Monitor: Public Expenditure Reform-Making Difficult Choices.* Washington, D.C.: International Monetary Fund.

IMF (2017). *Japan 2017 Article IV Consultation.* (IMF Country Report No. 17/242). Washington, D.C.: International Monetary Fund.

IMF (2019). DataMapper. *Historical Public Debt Database.* Retrieved January 20, 2020 fromhttps://www.imf.org/external/datamapper/datasets

Obstfeld, M., & Taylor, A. M. (2004). *Global Capital Markets: Integration, Crisis, and Growth.* Cambridge University Press.

OECD (2017a). *Government at a Glance 2017.* Paris: OECD Publishing.

OECD (2017b). *OECD Economic Surveys: Japan 2017,* Paris: OECD Publishing.

OECD[Website] (2018). General government debt(indicator). Retrieved January 20, 2020 from https://data.oecd.org/gga/general-government-debt.htm

Reinhart, C. M., & Rogoff, K. S. (2009). *This Time Is Different: Eight Centuries of Financial Folly.* Princeton University Press.

Reinhart, C. M., & Rogoff, K. S. (2011). From financial crash to debt crisis. *The American Economic Review,* 101(5), 1676-1706.

Reinhart, C. M., Reinhart, V. R., & Rogoff, K. S. (2012). Public debt overhangs: advanced-economy episodes since 1800. *Journal of Economic Perspectives,* 26(3), 69-86.

Reinhart, C. M.[Website]. (2019). *This Time is Different* Book Related Data. Retrieved January 20, 2020 from http://carmenreinhart.com/data/browse-by-topic/

Salsman, R. M. (2017). *The Political Economy of Public Debt: Three Centuries of Theory and Evidence.* Edward Elgar Publishing.

Stasavage, D. (2003). *Public debt and the Birth of the democratic state: France and Great Britain 1688-1789.* Cambridge University Press.

Stasavage, D. (2011). *States of Credit: Size, Power, and the Development of European Polities.* Princeton: Princeton University Press.

The White House, Office of Management and Budget[Website]. (2018). *Federal debt at the end of year 1940-2022*. Retrieved January 20, 2020 from https://www.whitehouse.gov/omb/historical-tables/

World Bank (2018). GDP (current US$) of United States [Website]. Retrieved January 20, 2020 from https://data.worldbank.org/indicator/NY.GDP.MKTP.CD?locations=US

UKpublicspending.co.uk[Website] (compiled by Christopher Chantrill). (2017a). *Public Revenue Chart for United Kingdom 1700-2016*. Retrieved January 20, 2020 from https://www.ukpublicrevenue.co.uk/revenue_chart_1700_2016UKp_17c1li001mcn_F1t

UKpublicrevenue.co.uk[Website] (compiled by Christopher Chantrill). (2017b). *Government Spending Breakdown for United Kingdom 1700-2016*. Retrieved January 20, 2020 from https://www.ukpublicspending.co.uk/spending_chart_1700_2016UKp_17c9li011lcn_20t70tA0tF1t_Government_Spending_Breakdown

The World Bank[Website]. (2018). GDP of United States. Retrieved Retrieved January 20, 2020 from https://data.worldbank.org/indicator/NY.GDP.MKTP.CD?locations=US

Wittmann, W. (2011). **국가부도: "미친 빚잔치의 끝은 어디인가?"**(류동수 역). 서울: 비전코리아. (원서출판 2010).

Wright, R. E. (2008), *One Nation under Debt: Hamilton, Jefferson and the History of What We Owe*. New York: McGraw-Hill.

03

국가채무에 대한 이론적 논의

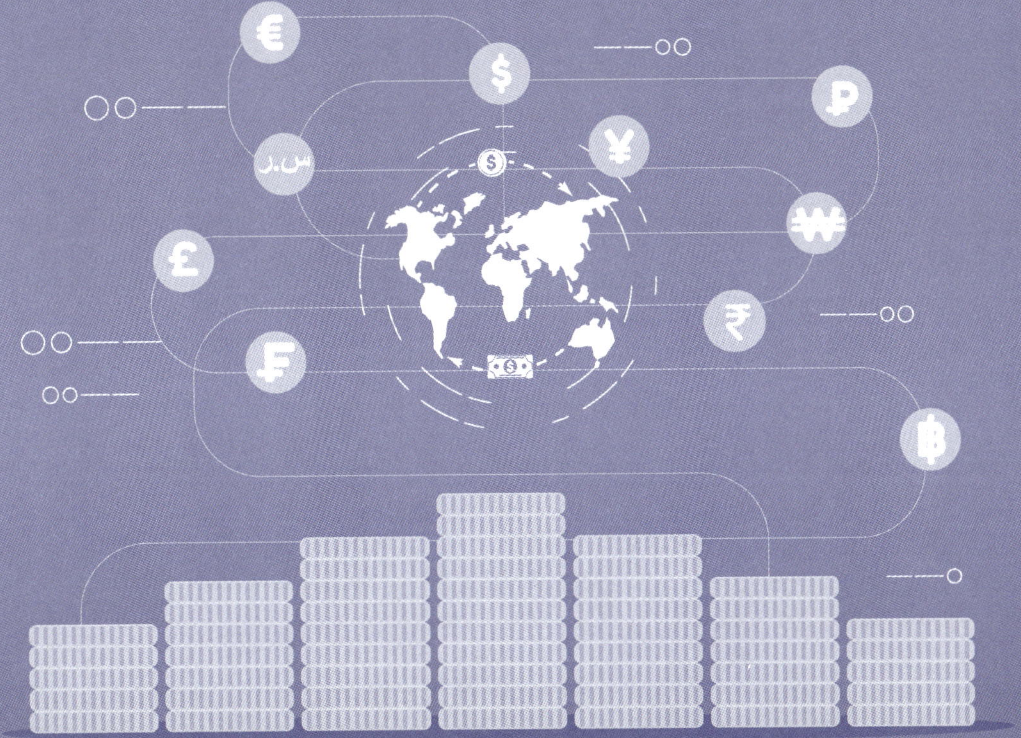

03

국가채무에 대한 이론적 논의

국가채무에 대한 이론적 논의는 필연적으로 정부의 역할과 기능에 대한 논의를 포함한다. 왜냐하면 이 같은 논의는 국가채무의 원인을 시장과 사회에서 발생하는 다양한 문제해결을 위한 정부의 역할에서 찾는 동시에, 전쟁과 자연재해 등 국가위기상황에 대한 정부역할에서 비롯된 것이기 때문이다. 따라서 국가채무는 시장실패에 대한 정부의 보완역할과 사회적 형평성을 제고하기 위한 정책과정에서 발생하며, 국가위기상황에 대응하는 정책결과에서 비롯된 것임을 보여 준다. 따라서 이러한 과정에서 적정한 경제성장을 유지하기 위한 정부의 거시경제 역할에 관한 논의는 중요하며, 정부의 규범적이고 실증적 역할에 대한 다양한 학제 간 연구도 필요하다.

그중에서도 국가채무를 다소 협소하게 분석하는 재정학(public finance)의 관점에서 보면, 이는 정부의 재정지출 규모와 관련된 재정정책 논의와 정부수입에 대한 조세정책과 관련된 이슈가 포함된다. 기본적으로 국가채무란 균형예산을 유지하기 힘든 상황, 즉 국가의 재정지출이 재정수입을 초과하는 현상이기 때문에, 이를 논의하는 데는 이러한 정부지출 및 세입과 관련된 복합적인 정치경제적 요인에 대한 고려가 필요하다. 또한 과거 국가재정과 관련된 정치경제적인 논의는 재정지출과 재정수입이 일치하는 균형예산을 중심으로 전개되었지만, 최근 들어 지속적인 적자지출로 인하여 재정균형점이 형성되지 않는 경우가 더욱 보편화되면서 재정 결정과정에 대한 동태적 분석과 접근이 필요한 상황이다(Salsman, 2017).

이러한 논의의 핵심은 국가채무가 어떠한 경로로 지속적으로 증가해 왔는지를 규명하는 일이다. 특히 과거에 발생하던 국가채무의 원인과 달리, 20세기 후반부터 나타나는 국가채무의 증가는 첫째, 전시(戰時)가 아닌 평시(平時)에도 지속적으로 발생하고 있다는 점, 둘째, 과거의 개도국 중심의 국가채무의 문제가 이제는 일본, 미국, 그리고 상당수의 유럽국가를 포함한 선진국에서도 발생하고 있다는 점이다. Browning(2008)과 Buchanan & Wagner(1977) 등 일부 학자들은 국가채무의 원인을 정치체제와 국가 거버넌스 구조의 변화, 그리고 20세기 중반 이후부터 확산된 복지국가(welfare state)의 조합에서 찾고 있으며, 이러한 현상은 단순한 재정정책의 논의를 넘어서 보다 광범위하고 복합적인 정치·경제·사회·인구통계학적 이슈를 포함하고 있다.

이처럼 국가재원의 동원과 배분을 포괄하는 재정정책을 비롯하여 국가의 부채정책(debt policy)은 필연적으로 정치적 과정을 수반하는데, 이로부터 개인, 집단, 지역, 세대 간 재원의 재분배가 발생하기 때문이다(Alesina & Passalacqua, 2015). 특히 1930년대의 대공황과 1960~1980년대의 복지프로그램 증대, 그리고 최근 글로벌 경제위기(2007~2009)의 여파로 현대국가의 재분배적 역할이 늘어나면서 이러한 정치경제적 갈등은 더욱 증폭되고 있다. 저성장의 경기상황이 고착화되면서 제한된 국가재원의 분배를 둘러싼 첨예한 사회논쟁은 우리나라도 예외가 아니다. 왜냐하면 자원의 재분배를 둘러싼 논쟁은 예산과정의 정치적 성격을 강조한 Wildavsky(1997)의 주장에서 볼 수 있듯이, 특성상 집단 간의 갈등을 발생시킬 수밖에 없고, 특히 국가채무는 필연적으로 채무의 민간투자 및 소비에 대한 구축효과를 유발하며, 이에 대한 비용부담을 둘러싼 세대 간 논쟁을 촉발시키기 때문에 매우 정치적인 성격을 띠게 된다.

이미 여러 선진국에서 국가채무에 대한 논의가 치열하게 전개되는 가운데, 국내에서도 지난 수년 동안 국가채무의 급속한 증가와 함께 이에 대한 사회 각계의 논의가 활발하게 진행되고 있다(김성태, 2018). 따라서 국가채무에 대한 다양한 역사적 전개와 이론적 논의를 살펴보며, 오늘날 전개되는 국가채무의 국내 현실을 직시하고, 향후 전개될 국가재정을 대비하는 사전대응과 준비노력이 매우 중요한 시점이다. 따라서 이 장에서는 국가채무에 대한 다양한 정치경제학 이론들을 알아보고, 이로부터 발견할 수 있는 국가채무에 대한 정책 시사점과 함의를 찾고자 한다. 이를 위해서 지난 수 세기 동안 발전된 국가채무와 관련된 재정학, 경제학, 정치학의 주요 이론의 이념적 토대와 논의를 고찰하며, 관련 내용들을 분야별로 정리하기로 한다. 먼저 국가채무와 관련된 주요 이론을 대표적으로 고전학파(classical school), 케인스학파(keynesian school), 그리고 공공선택론(public choice school)으로 분류하여 각 이론에서 주장하는 국가채무의 발생원인과 배경, 그리고 국가채무의 지속가능성(sustainability)에 대한 입장을 바탕으로 이에 대한 정책 함의를 도출하며, 이들 논의를 정치경제적 관점에서 짚어 보기로 한다. 이를 위해서 각 이론에서 핵심적으로 주장하는 정부의 역할과 재정정책의 주요 목표, 그리고 정책과정에서 나타나는 정부와 관료, 관련 이해집단의 상호작용에 기반한 정치경제적 거버넌스 구조에 관한 논의도 포함하기로 한다.[1)]

1 고전학파와 국가채무

케인스의 확장적 재정정책에 대한 이론적 확산이 시작되기 이전인 20세기 초반까지 국가재정의 역할과 국가채무에 관한 지배적 사고는 고전학파가 주장한 정부의 제한적 역할과 균형예산(balanced budget) 개념에 근간을 두고 있었다. 고전학파의 영향이 강한 18~19세기 영국과 미국에서는 최소한 평시(平時)에는 균형예산이 원칙적으로 지켜져야 한다는 사고가 지배적이었기 때문에 재정의 역할은 매우 제한적이었다(Salsman. 2017). 따라서 국가의 재정역할에 대한 초기의 이론이 정립되는 과정에서 영국을 포함한 유럽에서 허용될 수 있는 국

1) Salsman(2017)은 저서 『The Political Economy of Public Debt: Three Centuries of Theory and Evidence』에서 지난 300년 동안 국가채무와 관련된 다양한 이론적 논의를 요약하고 있다. 이 장에서는 그의 저서 내용의 일부분을 바탕으로 작성하였다.

가채무는 전시(戰時) 군비조달을 위한 필수 불가결한 재정동원이었다. 일부 학자들은 과도한 국가부채는 장기적으로 국가 존립에 치명적 영향을 끼치기 때문에 전시의 자원동원에 필요한 비용을 부채에 의존하는 것보다는 증세를 통해 해결해야 한다고 주장하였다(Ricardo, 1820). 또한 이들은 불가피하게 전시에 부채가 발생하더라도 종전(終戰) 이후에는 신속히 부채를 상환해야 한다고 역설하였다.

국가부채에 대한 학문적 논의는 중세시대를 넘어서 계몽주의 시대에 비로소 전개되었다. 계몽주의 시대는 중세시대에 비하여 법치와 개인의 권리에 대한 사회적 논의가 정립되는 시대였으며, 유럽을 포함한 서구에서는 경제발전이 개인의 삶의 개선과 연계되면서 실질적인 개선이 나타나기 시작했다. 따라서 전반적으로 사회와 경제발전에 대한 사회구성원들의 관심도 높아지던 시기였다. 데이비드 흄(David Hume), 애덤 스미스(Adam Smith), 데이비드 리카도(David Ricardo), 장 바티스트 세이(Jean-Baptiste Say), 그리고 존 스튜어트 밀(John Stuart Mill) 등 당대의 주류 경제학자들은 고전학파로 불리며, 경제발전 과정에서 작은 정부의 역할을 지지하고, 균형재정의 필요성을 주장하면서 국가부채에 대한 매우 부정적 견해를 피력하였다(Salsman, 2017). 특히 고전학파는 국가재정의 운영을 가정(household)의 가계운영에 비유하며, 균형을 이루는 보수적인 재정운용에 기초해야 함과 동시에 부채누적을 피하는 것을 중요한 국가과제로 간주하였다(Salsman, 2017: 30). 따라서 고전학파는 정부의 역할을 국방 및 법치주의 확보, 공교육과 필수 사회간접자본의 구축 등으로 제한하고, 국가의 재정적자는 방만한 재정운용에서 비롯된다고 간주하였다. 특히 고전학파는 적자지출이 민간에서 정부로의 재원이전에 불과하기 때문에 이러한 재정처방은 국가 전체의 부를 증가시키지 못한다고 주장하였다(Ricardo, 1820).

한편 살스먼(Salsman)은 『The Political Economy of Public Debt: Three Centuries of Theory and Evidence』(2017)에서 지난 3세기 동안 영국과 미국을 포함한 세계 주요 국가의 국가채무의 변화를 분석하고 당대 이론가들이 재정정책에 미친 영향에 대하여 다음과 같이 제시하였다. 먼저 18~19세기 당시 '금융 선진국'인 네덜란드의 영향을 받아 재무관리수단과 이에 상응하는 금융 및 재무행정 체계를 비교적 빠르게 구축한 영국이 국가채무에 대한 고전주의적 시각(classical theories of public debt)을 받아들이면서, 다른 국가에도 중대한 영향을 미쳤다고 주장한다. 물론 이러한 고전학파의 영향이 유럽국가들에 동일한 정책처방을 가져온 것은 아니었다. 이 기간 동안에 유럽국가들의 재정정책을 비교해 보면 영국과 네덜란드는 보수적으로 재정운용을 한 반면, 프랑스와 스페인 등은 프랑스혁명과 나폴레옹전쟁 등의 격변을 겪으면서 적극적 재정정책을 운용하였다. 다음에서는 고전학파의 시대별 이론적 발전과정을 설명하기로 한다.

1.1 초기의 고전학파(1650~1750년)

고전학파의 초기 이론을 정립하는 과정에서 중요한 역할을 한 영국의 사상가 찰스 다비넌트(Charles Davenant: 1656~1714)는 국가의 재정조달수단을 크게 세금, 부채, 감채기금(sinking fund)으로 구분하였다(Salsman, 2017).[2] 그는 영국의 명예혁명이 발생한 1668년 이후 국채를 군주가 아닌 정부가 직접 발행하기 시작한 영국의 사례를 연구하면서, 국민 삶의 개선과 무역진흥 등을 위해 발행되는 국가부채는 일시적으로 용인할 수 있지만, 지속적인 적자지출에 따라 발생하는 국가부채는 필연적으로 증세로 이어지며, 산업과 무역성장에 부정적인 효과로 나타난다고 지적하였다(Davenant, 1697).

반면 프랑스의 정치경제학자인 장 프랑수와 멜론(Jean-François Melon, 1675~1738)은 국가부채에 대하여 상대적으로 균형적인 입장을 고수하였다. 그는 국가부채의 증가를 '왼손이 오른손으로부터 빌리는'과 같은 비유적 표현을 통해 재원의 배분이 효율적일 경우, 국가에 부담이 되지 않는다고 주장하였다(Melon, 1738). 그는 국가부채를 무한정 늘리는 것에 대한 문제를 지적하였으나, 국가의 조세수입과 금융시장을 통한 재원조달이 용이할 경우, 부채수준이 지속적으로

2) 감채기금은 국채상환을 위해서 경상수입 중에서 매년 일정액을 적립하여 관리·운영하는 제도이다. 감채기금은 정부로 하여금 재정을 방만하게 운영할 유인을 제공할 수 있다는 점에서 비판의 대상이 되기도 한다.

증가하는 것은 가능하다고 주장하였고 국가부채 수준과 국가신용도는 밀접한 관계가 있다는 결론을 내렸다(Salsman, 2017).[3)]

아일랜드의 철학자이자 성공회 주교였던 조지 버클리(George Berkeley, 1685~1753)는 과하지 않은 수준의 국가부채는 무역증진 및 산업진흥을 목적으로 지출하면 국가경쟁력을 향상시킬 수 있다고 주장하며, 당대의 고전학파보다 진일보한 입장을 취하고 있다. 특히 그는 정부의 국채발행을 통한 자원의 생산적 활용을 예로 들면서 낙관적 견해를 견지하였다. 이러한 시각은 네덜란드 출신 금융가 아이작 드 핀토(Isaac de Pinto, 1715~1787)와 유사한데, 핀토는 국가채무는 국가에 부담이 될 수는 있지만, 생산적 공공투자(public investment)를 위한 유용한 정책도구(policy instrument)라는 입장을 펼친다. 그러나 프랑스의 경제사학자인 니콜라스 듀토(Nicolas Dutot, 1684~1741)는 버클리의 국가부채에 대한 낙관적인 견해에 대하여 반박하면서, 당시 프랑스 왕정의 방만한 재정운영과 국채발행의 도덕적 해이를 지적하고, 국가부채 누적의 위험성을 경고하였다(Salsman, 2017).

같은 시기에 활동한 프랑스의 정치철학자 몽테스키외(Baron de La Brède et de Montesquieu, 1689~1755)는 국가채무는 새로운 국부를 창출하지 못하며, 경제적으로 부수적인 문제를 발생시킬 수 있다고 지적하였다. 먼저 외국인들이 국채를 보유하면서 발생하는 이자지출 등의 국부유출 문제를 제기하였고, 국가채무 부담이 큰 국가는 상대적으로 저(低)환율을 유지하려는 유인이 작동하고 국가채무 상환을 위해 조세부담이 커지면서 노동시장과 산업 전반에 악영향을 끼칠 것이라고 주장하였다(Salsman, 2017). 뿐만 아니라, 몽테스키외는 국가채무가 기본적으로 생산적 투자에서 비생산적 이전지출의 성격을 가지므로 국가신용도를 높이기 위하여 국채상환을 위한 감채기금의 적립을 주장하기도 하였다. 그는 국가신용을 유지하기 위해서는 군주 개인에 의해 권력이 독점되는 왕정 체제보다 법에 의한 지배가 이루어지는 공화정 체제가 더 바람직하다고 주장하면서 부채를 상환하기 위해 증세할 때는 보다 넓은 세원을 확보하는 것이

3) 이러한 주장은 당대 존 로(John Law) 등이 주장한 중상주의(mercantile theory)와 결이 유사하다.

효율적이라고 강조하였다.

18세기 영국에서는 데이비드 흄(David Hume), 윌리엄 블랙스톤(William Blackstone), 제임스 스튜어트(James Steuart) 등의 학자들이 국가부채에 대한 체계적 이론을 정립한다(Salsman, 2017). 먼저, 데이비드 흄(David Hume, 1711~1776)은 1752년 저서 『Political Discourse』에서 공공신용(Of Public Credit)에 대한 논의를 하면서 국가부채에 대한 상당히 부정적 입장을 피력하였다. 그는 국채발행이 유용한 측면도 있지만 그 폐해가 더 크다는 입장이었으며, 대표적으로 국가부채는 현세대를 위해 유용할 수 있으나, 미래세대의 부담으로 이어지는 '세대간 이전'의 문제를 지적하였다. 또한 흄은 국채발행은 필연적으로 증세로 이어지며, 시장의 유동성 증가에 따라 물가상승을 유발하므로 노동자집단과 산업전반에 매우 부정적인 영향을 미친다고 주장한다. 또한 국가부채는 국부유출의 문제를 발생시키며, 자원배분 과정에서 도덕적 해이를 야기할 수 있으므로 평상시 균형예산을 유지하되, 전비(戰費)도 미리 대비하여 준비해야 한다고 주장하였다(Theocarakis, 2014). 한편 흄은 후대의 공공선택론 시각과 같이 독재국가(autocratic state)보다 대중국가(popular state)가 재정운용상 문제의 소지가 더 많이 나타날 수 있음을 주장하였다(Hume, 1741).

영국의 법학자인 윌리엄 블랙스톤(William Blackstone, 1723~1780)은 대체로 국가부채에 대하여 부정적 입장이었다. 그는 국채발행을 통한 경제의 유동성 증가는 일시적으로 경제에 긍정적 효과를 미치지만, 국가부채로 인한 이자부담이 미치는 악영향이 더 크다고 보았다. 또한 그는 외국인의 국채소유에 따른 국부유출의 문제, 국가채무 증가에 따른 인플레이션 발생 가능성 등을 지적하고 있다(Salsman, 2017). 특히 그는 국가부채 발생은 재정지출 증가에 상응하는 증세정책이 정치적으로 부담스럽기 때문에 발생하는 정치경제적 현상으로 해석하였고, 이러한 방만한 재정운영이 전쟁 및 기근 등 적극적 재정정책이 필요한 국가 비상상황에 미치는 악영향에 대해 우려의 목소리를 내고 있다.

한편 1757년 『무역·상업사전(Universal Dictionary of Trade and Commerce)』 편찬에 지대한 역할을 한 중상주의자 멜라치 포슬레스웨트(Malachy Postlethwayt, 1707~1767)는 흄이나 블랙스톤보다 국가채무에 더 부정적 입장이었다. 특히 국가부채의 누적은 필연적으로 증세로 이어져 경제에 악영향이 나타난다는 포슬레스웨트의 견해는 미국 건국 초기 알렉산더 해밀턴(Alexander Hamilton) 등 국가 지도자들의 국가부채 인식에도 상당한 영향을 미치게 된다.

반면 당대의 저명한 중상주의자인 제임스 스튜어트(James Steuart, 1707~1780)는 국가부채에 대하여 낙관적 입장을 가지고 있었다.[4] 그는 1767년 『An Inquiry into the Principles of Political Economy』에서 국가부채 수준이 높더라도 국가가 부채를 체계적으로 관리할 수 있는 역량만 있다면 경제적으로 큰 문제가 없다고 주장하였다. 특히 국채발행은 금융시장의 유동성을 증가시키고, 조세부담을 최소화시켜 경제의 활동성을 높이는 긍정적 효과가 있다고 주장하였다(Salsman, 2017).[5]

스튜어트는 앞서 언급된 학자들과는 달리 국채를 보유한 자산가들을 신중하고 현명한 투자자로 가정하고, 국가가 시장의 신뢰를 확보하기 위해서는 다음의 세 가지 조건을 충족해야 한다고 주장한다. 첫째, 일반시민들이 국채발행에는 필연적으로 이자지급을 위한 증세효과가 존재한다는 것을 인지해야 하며, 둘째, 국채로 확보한 재원은 군주의 이익이 아닌 오로지 국가이익을 위해서만 활용되어야 하며, 셋째, 국가가 부채상환 약속을 지킬 것이라는 신뢰를 시장에서 지속적으로 확보해야 한다고 주장하였다(Salsman, 2017: 45–46). 또한 그는 당시 일부 국가에서 성행했던 고의적인 국가부도의 심각성을 지적하면서 장기적으로 국가채무불이행은 국가의 재원조달과 거시경제에 악영향을 미칠 뿐만 아니라, 자본가집단과 노동자집단에도 부정적 영향을 끼치게 될 것이라고 주장하였다.

마찬가지로 토마스 모티머(Thomas Mortimer, 1730~1810)는 국가부채를 정당하지 않은 방법으로 줄이거나 감채기금을 설립하는 것은 잘못된 정책이라고

4) 중상주의는 세계경제와 무역총량은 불변이라는 가정을 전제로 무역과 자본공급에 의해 국가가 번영을 일으킬 수 있다는 경제이론이다

5) 스튜어트는 일부 현세대가 '공급중시경제학적 시각(supply economics perspective)'을 가지고 있어, 재정지출 증가를 위한 국채발행은 경제성장에 긍정적 영향을 미치며, 이에 따라 세수 증가효과가 발생한다고 주장하였다. 따라서 국가신뢰도에 더욱 긍정적 영향이 나타나면서 보다 낮은 금리로 국채를 발행할 수 있다는 논리를 역설하였다.

주장한다. 그는 당시 영국에서 영란은행(Bank of England)이 100년 이상 존재하며 국채시장 운용에 중요한 역할을 한 점을 들어 적자지출을 정책적으로 유용하게 활용하면 경기를 활성화시켜 총수요를 진작시키며, 필요한 사회간접자본을 구축할 수 있기 때문에 국가부채에 대하여 긍정적 태도를 취하였다. 특히 모티머는 역사적으로 영국정부의 채무는 당시 비관적 예측과는 달리 성공적으로 운용되어 왔다는 점을 부각시키며, 흄이 주장한 국가부채에 대한 '부정적 인식'에 대한 논리적 반박을 시도하였다(Salsman, 2017: 51-52).

한편 당대의 가장 영향력 있던 경제학자 애덤 스미스(Adam Smith, 1723~1790)는 국가부채에 대해 매우 부정적 의견을 가졌는데, 이는 재정지출 자체에 대한 회의적 인식에서 비롯되었다(Salsman, 2017). 그는 『An Inquiry into the Nature and Causes of the Wealth of Nations』(1776)의 마지막 장 'Of Pubic Debt(공공부채)'에서 당시 영국이 직면한 심각한 부채문제를 지적한다. 스미스는 기본적으로 국가가 생산하는 공공재와 공공서비스의 유용성을 높게 평가하지 않았기 때문에 이러한 적자지출이 생산적 활동에 투자되지 않는다고 믿었다. 그는 정부가 국가채무를 '영구적 정책수단(perpetual policy tool)'으로 인식하면서 국가재정운영이 방만해질 뿐만 아니라, 부채를 통한 적자지출은 민간소비와 투자를 감소시키는 구축효과가 발생한다고 주장하였다. 또한 스미스는 부채상환 및 이자부담이 늘어나면서 정부는 증세 등을 통한 정공법으로 문제를 해결하기보다는 상환을 불이행하거나 또는 인플레이션 유발을 통한 통화가치 절하를 추구할 유인이 더 크다고 주장한다(Smith, 1776/1976; Theocarakis, 2014).

뿐만 아니라 스미스는 국가부채의 누적은 경제 전체의 총저축을 감소시켜서 민간투자를 저해하고, 민간소득을 줄인다고 주장하였다(Salsman, 2017).[6] 특히 부채상환 및 이자지급을 위해 필요한 증세정책은 산업에 필요한 투자 감소와 국부 유출의 문제를 발생시킨다고 주장한다(Smith, 1776/1976). 다만 스미스는 조세를 거둘 수 없는 전시상황의 경우, 국채발행은 예외적으로 인정된다고 주장한다.

6) 스미스는 리카도와 맬서스 등과 같이 국가와 가계의 재정운영은 유사한 점이 많으며, 기본적으로 국가는 가계와 같이 균형예산원칙에 따라 재정건전성을 유지하며 운영되어야 한다고 주장하였다.

이 외에도 데이비드 리카도(David Ricardo, 1772~1823)는 『Principles of Political Economy and Taxation』(1817)을 통해 고전학파의 사상체계를 정립시켰다. 그는 시장에 대한 국가개입과 정책수단의 활용은 지극히 제한되어야 한다고 주장하였다. 특히 높은 수준의 국가채무를 유지하기 위해서는 필연적으로 국민의 조세부담이 높아질 수밖에 없으며, 적자지출은 민간의 저축, 투자, 생산성 및 경제성장률에도 매우 부정적인 영향을 끼친다고 보았다. 당시 영국은 프랑스와의 전쟁 등으로 국가재정이 매우 피폐한 상황이었으며, 국가채무는 1819년 GDP의 261% 수준에 이르게 된다. 리카도는 심각한 국가채무를 해결하기 위하여 첫째, 당시 국채 발행가의 30%에 불과한 시장가격으로 이를 전액 상환하며, 둘째, 상환된 원금과 이자소득에 대한 높은 세금부과를 통한 일부 환수를 주장하였다(Ricardo, 1820; Salsman, 2017). 나아가 기본적으로 정부 재정지출의 효율성에 심각한 의문을 가진 리카도는 법적으로 국채발행을 금지하는 방안도 제시하였으며, 채무수준을 획기적으로 줄일 수 있어 당시 활발한 논의가 되고 있던 감채기금(sinking fund)의 조성은 정부의 도덕적 해이를 유발하며, 정치적으로도 악용될 가능성이 높다고 지적하였다(Ricardo, 1820).

리카도는 개인들이 적자지출 재원마련을 위한 증세보다 부채발행을 선호하는 '비합리적인' '재정환상(fiscal illusion)' 문제를 제기하면서 국채발행과 증세가 실제 부담과 다를 바 없음에도 불구하고, 개인들은 단기적 부담이 발생하는 증세보다 장기적으로 비용이 분산되는 국채발행을 선호한다고 지적한다(Ricardo, 1820). 그는 이러한 '재정환상'을 해결하기 위해서는 재정적자가 발생하는 상황에서 국채발행에 의존하기보다는 증세를 통하여 접근해야 한다고 주장한다. 나아가 국가부채 누적은 개인에 대한 '징벌적' 증세를 발생시켜 노동과 자본의 국외유출로 이어질 것이라고 전망하였다(Ricardo, 1817). 이처럼 국가채무에 대한 다양한 논의를 통하여 리카도는 고전학파를 대표하는 학자의 반열에 오르게 된다(Salsman, 2017).

이러한 고전학파의 영향에도 불구하고, 대부분의 유럽국가의 채무는 전쟁과 확장적 재정정책으로 인하여 지속적으로 증가하게 된다. 이러한 현상에 주목하면서 전통적인 고전학파와 다른 대안을 제시하는 학자들의 영향력이 점차 증가하기 시작하였다. 특히 이들 논의보다 국가부채에 대해 현실적이지만, 케인스학파에 비해서는 제한적 국가채무 활용을 선호하는 '중간지대'의 학자들이 늘어났다. 특히 찰스 다비넌트(Charles Davenant), 제임스 스튜어트(James Steuart), 토머스 맬서스(Thomas Malthus) 등은 현실적으로 국가의 재정적자 해소를 위해 강력한 증세정책 또는 통화가치절하(debasement) 정책을 추구하는 것보다 국가채무 증가를 통한 방식이 비교적 효율적 정책이라고 주장한다. 물론 이들의 논리는 국가채무가 적정수준에서 관리되는 경우를 전제하고 있다(Salsman, 2017).

한편 장 바티스트 세이(Jean-Baptiste Say, 1767~1832)는 국채발행이 상대적으로 쉬울수록 시장에서 제한된 재원에 대한 수요가 공급을 초월하여, 민간부문의 '금융피로(financial exhaustion) 현상'이 발생한다고 주장하였다. 그는 국채발행은 금융시장에서 자금수요를 증가시켜 금리인상으로 이어지면서 민간투자에 대한 구축효과(crowding out)로 채권자와 자본가들만 이익을 보게 된다고 주장하였다(Say, 1803/1821). 그럼에도 불구하고 그는 비록 국채발행이 바람직한 정책은 아니지만 국가의 공공재에 대한 투자를 위해서는 일부 필요하며, 국가신용도를 유지하면서 시장으로부터 좋은 조건에 빌릴 수 있는 능력(ability to borrow)을 보유하는 재정기조는 바람직하다고 주장한다.

반면 로버트 맬서스(Robert Malthus, 1776~1834)는 세이의 주장과 상반되게 총수요와 총공급은 항상 일치하지 않는다고 주장하면서, 통상적으로 과잉공급 또는 총수요 부족으로 인하여 디플레이션과 실업과 같은 문제가 발생한다고 주장한다(Salsman, 2017). 맬서스는 국채발행이 증세보다 더 낭비적이라고 주장하는 흄, 스미스, 세이, 리카도 등의 의견에 동의하지만, 정부의 적자지출(deficit spending)은 총수요 부족을 해소할 수 있는 대안이라고 주장한다. 이러한 총수요 진작을 위한 정부의 재정지출의 필요성에 대한 맬서스의 주장은 케인스의 재정정책 논의에 중대한 영향을 미치게 된다.

한편 프랑스의 정치사상가 알렉시스 드 토크빌(Alexis de Tocqueville, 1805~1859)은 국가채무에 대한 구체적인 이론을 제시하지는 않았으나, 국가체제에 따라 부채발생 원인이 다를 수 있다고 주장하였다. 대중적 정책을 추구할 수밖에 없는 민주주의 국가일수록 군주제 국가보다 상대적으로 더 많은 재정지출과 부채를 발생시키며, 민주주의 국가는 재정지출계획을 체계적으로 수립할 수도 없으며, 예측 가능하지도 않기 때문에 낭비적 요소가 많다고 간주하였다(Tocqueville, 1835/1845). 특히 토크빌은 선거를 통해 중산층과 저소득층의 영향력이 증가하고, 이들을 위한 재정지출이 늘어나면서 고소득층에 비용부담이 전가되고, 이는 국가재정에 부정적 영향으로 나타난다고 예견하였다. 다만 그는 경제성장으로 소득수준이 높아지고 주택소유자가 증가할 경우, 그러한 조세부담이 더 많은 개인에게 분산되어 전가되기 때문에 재정지출을 통제하는 요인으로 작용한다고 주장하였다(Salsman, 2017).

이 외에도 영국의 고전주의 사상가 존 스튜어트 밀(John Stuart Mill, 1806~1873)은 불가피한 전쟁비용 마련을 위한 적자지출에는 동의하지만 장기적 국가부채 누적에 대해서 반대하였고, 국가부채가 노동자집단에도 부정적 영향을 끼치며, 국가부채를 체계적으로 관리하기 위한 적정 부채수준을 정하는 정책노력이 필요하다고 주장하였다(Mill, 1848). 그는 19세기 중반 당시 급속하게 증가하는 영국과 프랑스의 채무수준을 분석하면서, 정부의 국채발행이 금융시장에서 민간의 대출수요와 경쟁을 하면서 실질적인 금리상승을 발생시킨다고 보았다. 또한 그는 국가채무 누적에 따라 민간자본의 축적이 둔화되고 생산분야의 고용 감소로 이어지면서, 실업이 증가하고 노동자의 임금 감소가 발생하는 '구축효과'의 문제를 집중적으로 제기하였다(Salsman, 2017).

마지막으로 앞서 언급한 학자들과 다른 경제이념의 선상에 있었던 칼 마르크스(Karl Marx, 1818~1883)와 마르크스주의자(Marxists)들은 국가부채에 대한 문제를 계급사회의 문제로 인식하였다. 특히 자본가집단이 노동자의 희생과 착취로 부를 축적한다고 보고 이들의 생산적 역할을 부정하면서, 국채발행을 또 다른 유형의 노동자계급 착취 수단으로 취급하였다(Marx, 1844). 비록 마르크스는 구체적이고 고유한 국가채무이론을 발전시키지는 못했으나, 자본주의체제에서 자본가들은 노동자를 착취함으로써 잉여이익을 얻게 되며, 국채를 인수하는 자본가계급은 불로소득을 얻는다고 주장하였다.[7] 따라서 그는 국채발

7) 마르크스는 이들을 'rentier class'로 칭하고 있다. 이들은 주로 금리, 배당, 집세 등의 정기수입에 의지하는 자본가집단을 의미한다.

행을 자본가에 의한 국민경제주권 침탈행위로 간주하고 채무불이행을 주장하기도 하였다(Salsman, 2017: 87).

1.2 미국의 연방파와 공화파의 논의(1770~1810년)

미국에서 전개된 정부의 재정정책과 국가채무 논쟁은 알렉산더 해밀턴을 포함한 연방주의자(Federalists)와 토마스 제퍼슨으로 대표되는 공화파(Democratic Republicans), 또는 반(反)연방주의자(Anti-federalists) 사이에서 나타난다. 먼저, 해밀턴과 제퍼슨은 미국 건국 초기 정부역할에 대한 이론적 토대를 제공한 인물들로 현대국가의 재정역할에 대한 논의에서도 중요한 이론적 기반을 제시하였다(Salsman, 2017).

우선 연방주의자를 대표하는 알렉산더 해밀턴(Alexander Hamilton, 1757~1804)은 미국 건국 초대 워싱턴 정부에서 재무장관(Treasury Secretary)을 역임하면서 미국의 재정정책과 부채정책의 기본방향을 정립하였는데,[8] 그의 사상이 가장 잘 나타나는 문서는 1790년 1월 미국 의회에 제출된 「국채에 대한 보고서(Report on Public Credit)」이다.[9] 당시 미국 연방정부는 헌법에 의해 조세부과를 하지 못하는 가운데, 주정부에서 빌린 부채가 지속적으로 증가하면서 주정부들과 함께 재정적으로 어려운 상황에 처해 있었다. 그는 당시 GDP의 41%를 차지하는 7,700만 달러 규모의 주정부 채무를 연방정부가 법 개정을 통하여 인수함으로써 국가부채의 활용을 확대하고 체계적인 부채발행과 관리를 위한 재정제도의 구축을 주장하였다. 해밀턴은 당시 신생국가인 미국이 독립전쟁 등 필요할 때 재원을 확보할 수 있는 유연한 재정제도를 구축하는 것이 중요하므로, 연방정부가 적극적으로 부채를 관리함으로써 국가신용도를 유지해야 한다

8) 그는 미국의 '채무정책의 아버지'로 불리기도 한다. 초기 해밀턴은 포슬레스웨트(Malachy Postlethwayt)의 영향을 받아 과도한 국가부채의 위험성을 견지하였으나 현실정치에서는 국가부채에 대한 현실주의적 입장을 추구하였다(Salsman, 2017: 45).

9) 이 외에도 해밀턴은 「Report on a National Bank」(1790), 「Report on the Establishment of a Mint」(1791), 「Report on Manufactures」(1791)」, 「Report on a Plan for Further Support of Public Credit」(1795) 등의 보고서를 의회에 제출하였다.

고 주장했다(Salsman, 2017).[10]

그 외에도 해밀턴은 다음과 같은 국가부채에 대한 의견을 제시하였다(Salsman, 2017). 첫째, 정부는 국채상환 및 이자지급 등에 대한 철저한 의무를 이행해야 하고, 둘째, 연방정부는 미국의 독립을 위해 발생한 주정부의 부채상환에 대한 공동책임을 달성해야 하며, 셋째, 중앙은행의 설립과 동시에 연방정부가 조세징수를 할 수 있는 헌법개정이 필요하고, 동시에 중앙에서 체계적으로 부채를 관리하고 화폐를 발행해야 하며, 넷째, 연방정부의 부채를 1824년까지 상환하기 위한 충분한 재원을 조세에 부과할 수 있도록 확보해야 하고, 다섯째, 회수불능지폐(irredeemable paper currency)를 제도화할 수 있는 다량의 금과 은을 확보하도록 주장하였다.[11] 이러한 제안은 대부분 정책으로 입안되었으며, 안정적 재정기반을 바탕으로 미국은 지속적인 경제성장을 달성하게 된다(Salsman, 2017).[12]

또한 해밀턴은 당시 신생국가인 미국의 경제성장을 위해서 정부의 적극적 역할이 중요하다고 판단하였고, 합리적 수준의 재정정책과 국채발행은 필수적이라고 보았다. 특히 그는 미국의 연방정부가 재정건전성을 확보하고, 시장의 신뢰를 확보하기 위한 재정과 통화제도 구축에 힘을 써야 한다고 주장하였고, 중앙은행[연방준비제도이사회(FRB: Federal Reserve Board)] 설립 및 화폐발행, 국채의 합리적 운용 등을 중요한 국가과제로 제시하였다(Hamilton, 1795). 이러한 역할을 통하여 해밀턴은 미국 건국 초기 경제 및 재정정책의 기반을 구축하는 데 매우 중요한 역할을 하였다.

한편 미국 초대 워싱턴 정부에서 국무장관(Secretary of State)을 역임하고, 미국 제3대 대통령(1801~1809)을 지낸 토머스 제퍼슨(Thomas Jefferson, 1743~1826)은 해밀턴의 정치적 경쟁자이자, 국가채무뿐만 아니라 정부역할 전반에 다른

10) 해밀턴의 보고서는 의회 내 많은 반대와 정치적 논란에도 불구하고, 제안된 지 6개월 만에 의회의 최종승인을 받게 된다.

11) 일정한 금과 은의 교환가격에 기초한 화폐가치를 지닌 것을 복본위제(bimetallic dollar)라고 한다.

12) 미국은 이러한 정책기조와 높은 경제성장에 따라 1835년에 이르러 국채를 모두 상환하게 된다.

시각을 갖고 있었다(Salsman, 2017). 가령 그는 "국가채무는 선천적으로 악하다(Public debt is inherently evil)"라고 주장하면서, 재정지출의 효용에 대해 근본적인 의문을 제기한다. 그는 해밀턴의 국채발행 및 중앙은행 설립 등의 계획에 반대했으며, 정부가 민간에서 차용할 수 있는 국채규모와 기간에 대해 엄격한 제한을 두어야 한다고 주장하였다. 다만 그는 국방과 국가안보를 위한 재정지출과 국채발행은 예외라고 판단하였다(Jefferson, 1904).[13] 또한 제퍼슨은 기본적으로 건전재정을 확보하기 위해 국채발행 시 원금과 이자를 상환할 수 있는 충분한 재정구조를 갖추어야 한다고 주장하였다.

이 외에도 제퍼슨이 주장한 주요 국가채무와 관련된 정책은 다음과 같다. 첫째, 주은행(state-dominated bank)과 불환지폐(inconvertible paper currency)를 선호하였고, 둘째, 채권자(creditor)보다 채무자(debtor) 위주의 정책을 선호하였으며, 셋째, 이념적으로 금융을 생산적 수단으로 판단하지 않았고, 부(wealth)는 땅으로부터 나온다는 '농민주의'를 실현하고자 하였으며, 넷째, 독립전쟁 때 쓰인 전비를 세금으로 충당하는 것에 반대하였으나, 부채가 국방에 필요하다는 점은 동의하였고, 다섯째, 후대로 국가채무 이전을 반대하였으며, 세대전환이 이루어지는 19년마다 국가채무는 청산되어야 한다고 주장하였다(Salsman, 2017: 73).

이러한 보수적 재정정책 기조에 따라 제퍼슨은 대통령 재임기간(1801~1809) 동안 연방정부의 재정지출을 9% 이상 줄이고, 수입을 57% 늘려 재정흑자를 실현시키면서 부채수준을 취임 초기 수준인 8,300만 달러(1801년)에서 임기 말에는 4,500만 달러(1809년) 규모로 낮추었다(Salsman, 2017: 73). 그러나 이러한 제퍼슨의 노력에도 불구하고, 1803년 프랑스로부터 루이지애나 매입과 1808년 영국과의 무역분쟁에 따른 경제성장 하락, 그리고 1812년 영국과의 독립전쟁 등의 여파로 미국 국가채무는 1812년 5,700만 달러에서 1815년 1억 2,700만 달러로 급증하게 된다(Salsman, 2017).

이처럼 미국은 건국 시절부터 정부의 정책입안에 직접 참여한 해밀턴과 제퍼슨, 나아가 연방주의자와 반(反)연방주의자 간의 매우 현실적이고 균형적

13) 심지어 제퍼슨은 미국 헌법에 국가채무를 제한하는 규정을 포함시키는 개정안을 제안하였다.

표 3-1 해밀턴과 제퍼슨의 사상적 비교

구분	알렉산더 해밀턴	토머스 제퍼슨
배경	• 연방파(Federalist) • 워싱턴 정부 시절 재무부 장관 • 뉴잉글랜드 출신	• 공화파(Democratic Republican) • 워싱턴 정부 시절 국무장관 • 제3대 대통령 • 버지니아 출신
재정정책	• 독립전쟁 때의 부채를 모든 주가 공평하게 나눠 부담할 것을 주장 • 중앙은행 설립 주장 • 수입에 대한 보호관세 주장(걸음마 단계의 제조업 중심 산업 육성 강조) • 생산적 투자를 위한 국가채무 세대 간 이전 가능	• 주의 부채는 주 스스로 부담해야 함(이후 연방수도를 남부로 양도하는 대신 주정부의 부채를 연방정부가 부담하는 것에 동의) • 중앙은행 설립 반대 • 국가채무 세대 간 이전 반대
정치	• 강한 중앙정부 지지 • 귀족 엘리트 주도 정치 표방 • 영국을 정치 모범으로 삼고자 함	• 작은 정부 지지 • 중농민주주의(농민이 민주주의의 기초) • 프랑스를 정치 모범으로 삼고자 함

논의를 통하여 정부의 재정역할과 국가채무에 대한 다양한 논의가 있었다. 반면 유럽은 고전학파의 등장 이후, 세이, 리카도, 밀, 마르크스 등을 포함한 19세기 고전학파의 이론가들이 주류를 이루면서 국가부채에 대한 부정적 견해가 지배적이었다. 특히 유럽은 평시로 접어들면서 영국을 포함한 대부분의 국가에서 채무가 줄어들기 시작하였고 다양한 재정정책수단을 활용할 수 있었음에도 불구하고 고전학파의 영향에서 벗어나지 못하고 있었다(Salsman, 2017).[14]

1.3 신고전학파(1865~현재)

미국은 남북전쟁(1861~1865) 이후 신고전학파(Neo-classical School)가 등장하면서 이들은 고전학파보다 국가채무에 다소 유연한 입장을 취하게 된다. 그 이유는 당시 대부분의 유럽국가의 국가채무 수준이 지속적으로 증가하였음에도 불구하고, 경제성장이 지속적으로 유지되면서 국가부채에 대한 긍정론이 대세

14) 예를 들어 영국의 경우, 1819년 GDP의 261%에 육박한 국가채무는 지속적으로 감소하게 된다.

를 이루었던 시기였기 때문이다(Salsman, 2017: 90). 특히 영국의 역사학자인 토머스 매콜리(Thomas Babington Macaulay, 1800~1859)는 국가부채에 대한 논의에서 시대적 상황에 대한 논의가 중요하다고 주장한다(Macaulay, 1855). 그러나 1870년대부터 제1차 세계대전(1914~1918) 이전까지 대부분의 국가의 부채수준이 심각하지 않았기 때문에 신고전주의학자들은 국가채무에 큰 관심을 갖지 않았던 것이 사실이다. 실제로 영국은 1815년 이후 국가부채가 크게 감소하였으며, 미국도 1865년 이후 부채가 크게 감소하기 시작하였다.

그러던 중 신고전학파는 '중립성 명제'로도 불리는 '리카도 대등정리(Ricardian Equivalence Theorem)'를 발표하였는데,[15] 이는 정부지출의 재원조달 방법이 크게 조세 또는 국채발행으로 구분될 수 있으나, 이 두 가지 방식이 시장에 미치는 실질적인 영향은 차이가 없다는 것이다(Salsman, 2017).[16] 특히 신고전학파는 정부가 국채발행을 통해 재정지출을 늘릴 경우, 가계부문은 국채상환을 위한 미래의 증세를 미리 예견하여 현재 소비를 억제한다고 주장한다. 이는 가계부문이 현재 소득뿐만 아니라 미래에 발생하는 소득과 부담을 반영하여 현재의 소비와 투자에 대한 의사결정을 내리기 때문에, 케인스학파가 주장하는 경기부양을 위하여 국채발행에 의존하는 재정지출의 확대는 효과가 없다는 점을 강조하는 것으로 이해된다(Barro, 1974). 따라서 신고전학파는 국가채무의 증가가 민간자본의 투자를 구축시켜 장기적으로 국민소득을 감소시킨다는 점을 강조한다.

이러한 구축효과의 이론적 근거는 Bernheim(1989)의 신고전학파 모형에서 확인할 수 있다. 당시 신고전학파의 견해는 I=S+(T−G)와 같은 투자(I)와 민간저축(S)의 항등식으로 설명할 수 있다. 이 항등식에서 총저축은 민간저축(S)과 정부저축[정부재정수지=세입(T)−지출(G)]의 합이며, 총저축은 투자(I)를 위해 사용된다. 만약 정부가 재정지출을 변경하지 않은 채 감세정책을 시행하면, 정

15) Buchanan(1976)이 정리하여 발표한 이 개념은 리카도가 부채에 대한 부정적 시각을 갖고 있음에도 불구하고 '대등정리(중립성 명제)'는 그의 이름을 따게 된다. 리카도는 정부의 지출행위 자체가 비효율적이며, 빈번한 부채발행은 국민의 재정건전성에 대한 인식에 부정적 영향을 미칠 수 있기 때문에 국가채무에 대한 부정적 입장을 견지하고 있었다.

16) 두 가지 대안이 차이가 없기 때문에 '중립성(equivalence)'이란 단어를 쓰고 있다.

부저축은 줄면서 국가채무는 증가할 수밖에 없다. 따라서 저축과 투자의 항등식이 보여 주는 것처럼 민간저축이 정부저축을 상쇄할 만큼 증가되지 않는 한 총저축은 감소하고 투자도 감소한다. 즉 정부지출이 고정된 상태에서 감세로 인한 국가채무의 증가가 투자에 미치는 영향의 크기는 정부저축이 민간저축에 미치는 영향의 정도에 달려 있다는 것이다.

실제로 정부저축은 여러 가지 경로를 통해 민간저축에 영향을 미칠 수 있다(한국은행, 2009). 정부가 세금을 감면하면 가계는 감면된 세금의 일부분을 미래 소비를 위해 저축하기 때문에 민간저축은 증가할 수 있다. 또한 합리적 소비자는 감세로 인한 국가채무의 증가로 인하여 미래에 세금이 증가하리라는 것을 예상하고 감면된 세금을 저축할 것이다. 마지막으로 감세로 인한 세수 부족분만큼 정부가 국채발행을 확대하게 되면 금융시장에서 금리가 상승하여 민간저축은 증가한다. 이와 같이 여러 경로를 통해 정부저축의 감소는 민간저축을 증가시키지만, 그 폭은 대체로 정부저축의 감소폭에 미치지 않아 총저축은 감소한다. 즉 국채발행은 민간투자에 구축효과를 발생시키고, 이로 인하여 장기적으로 자본축적이 둔화되고 생산과 소득도 감소한다는 것이다.[17)]

2 케인스학파와 국가채무

케인스학파는 대공황(Great Depression, 1929~1939) 이후 경제불황기에 등장했으며, 고전학파와 달리 경제침체의 원인을 총수요 부족에 따른 것으로 간주하고 이에 대한 정부의 적극적 재정정책을 주장하였다. 이러한 이론적 토대는 1936년 케인스(John Maynard Keynes)가 발표한 「The General Theory of Employment, Interest and Money」라는 논문에 따른 것으로 본 논문의 내용은 당시 서구 유럽사회에 엄청난 반향을 불러일으켰다. 더욱이 미국은 1930년대

17) 이에 대한 실증분석을 시도한 Elmendorf & Mankiw(1998)에 따르면, 균형모형에서 국가채무가 1달러만큼 증가하면, 자본스톡은 1달러 이상 감소한다고 분석하고 있다.

대공황의 여파로 제조업의 가동률이 70%에 불과했으며, 실업률은 20% 수준에 육박하였으나 기업과 개인은 불확실한 경제상황에서 소비와 투자보다는 현금 보유를 선호하였다(Salsman, 2017). 이 같은 상황에서 케인스는 사회에 남아도는 유휴자금과 노동력을 적자지출과 '투자의 사회화(socialization of investment)'를 통하여 동원해야 한다고 주장하며 이에 대한 정부의 적극적 재정부양의 역할을 강조하였다(Keynes, 1936).

이처럼 케인스가 정부의 재정역할에 대한 기본토대를 마련했다면, 앨빈 한센(Alvin Hansen), 아바 러너(Abba Lerner), 시모어 해리스(Seymour Harris), 폴 새뮤얼슨(Paul Samuelson), 리처드 머스그레이브(Richard Musgrave), 폴 크루그먼(Paul Krugman) 등 케인스학파로 불리는 후대 학자들은 총수요 진작을 위한 정부의 적극적 역할과 영구적 적자지출(deficit spending)의 필요성을 더욱 강조하고, 주장하였다(Salsman, 2017: 94).

한편 케인스의 적극적 재정정책과 적자지출에 대한 사고는 제1차 세계대전의 패전국인 독일과의 배상금 협상과정과 대공황을 거치면서 더욱 강화된다(Salsman, 2017: 146). 당시 제1차 세계대전 참전국들은 큰 규모의 적자지출로 인하여 상당한 재정위기를 경험하는 과정에서 독일에 대한 배상금 논의를 통하여 이 같은 문제를 해결하고자 하였다. 이후 발생한 대공황(1929년)은 케인스로 하여금 당시 균형재정에 대한 지배적 사고에서 벗어나 확장적 재정정책과 적자지출의 필요성을 주장하는 계기가 되었고, 특히 적자지출은 경제침체기 세수 감소에 의한 결과물이 아닌 정부의 적극적인 재정정책의 수단으로 간주하였다(Salsman, 2017).

이처럼 케인스의 적자지출과 국가부채 인식은 당시 대공황과 1930년대 영국을 기점으로 제2차 세계대전 후 미국으로 전파되어 1946년 「고용법(the Employment of Act)」 제정, 1948년 새뮤얼슨의 『거시경제학』 교과서 출판, 그리고 1960년대 진보진영의 정치적 지지 확보를 기반으로 주류경제학으로 정착하였다(Salsman, 2017: 148). 나아가 미국은 적자지출과 그로 따른 국가채무 누적을 일종의 총수요 관리를 위한 필수 정책도구로 인식하면서 대표 사례로서 미국의 '위대한 사회(Great Society)' 프로그램인 메디케어(Medicare)와 메디케이드

(Medicaid)을 추진하면서 점차 '복지국가'로 이행하게 되었다.[18] 이러한 진보정책을 가능하게 한 만성적 적자지출은 영국과 미국의 국가채무비율을 지속적으로 상승시킨 '재정혁명(fiscal revolution)'의 주역이었다.

결론적으로 케인스가 당대 가장 기여한 부분으로 일컬어지는 것은 '영국 빅토리아시대'에 공고화된 균형예산에 대한 절대적 인식과 사고의 지배로부터 벗어나 확장적 재정정책과 적자지출, 그리고 영구적 국가채무(permanent government debt) 등의 이론적 토대를 제공한 것이다(Buchanan & Wagner, 1977). 따라서 대공황 이후 케인스학파의 적자지출과 국가부채에 관한 핵심 논지는 이들 유럽국가의 재정정책에 대대적 영향력을 행사하였고, 제2차 세계대전 후 진보정치세력의 입지가 강화되면서 시장에 대한 정부역할론도 상당한 변화를 맞게 되었다. 바로 시장에 대한 정부의 적극적 역할론이 대세로 등장한 것이다.

2.1 초기 케인스학파(1900~1936년)

케인스가 등장하기 전 시기인 19세기 말부터 제1차 세계대전 이전은 산업화의 확산과 경제호황의 시기였으며, 금본위제 채택 등으로 국가채무는 매우 낮은 수준이었다(Salsman, 2017: 98). 당시 고전학파의 영향으로 정부의 재정활동은 지출과 수입의 균형에 기반해야 한다는 지배적 사고가 작동하였다. 다만 일시적으로 발생하는 초과 재정지출은 평시 적정수준의 재정흑자를 발생시킴으로써 해결 가능하다고 보았고, 적자지출(deficit spending)은 민간의 저축 및 투자에 부정적인 구축효과로 인하여 부정적 결과를 우려하였다(Salsman, 2017).

그러나 20세기 초반부터 진보적(progressive) 경제학자들은 이 같은 현상은 완전고용일 때에만 일어나며, 실업은 과도한 저축과 불충분한 민간투자에 의한 것으로, 이들 문제는 적자지출과 공공투자로 해결할 수 있다고 주장하였다

18) 메디케이드는 미국 연방정부가 운영하는 의료보호제도이며, 연방정부와 주정부가 공동으로 소득이 빈곤선의 65% 이하인 경우 의료비 전액을 지원하는 제도이다. 한편 메디케어는 노인을 대상으로 하는 의료보장제도이며, 사회보장세(social security tax)를 20년 이상 납부한 65세 이상 노인과 장애인에게 연방정부가 의료비의 50%를 지원한다.

(Bastable, 1903). 특히 제1차 세계대전이 발발하자 국가채무비율이 급속하게 치솟으면서 대부분의 유럽국가는 증세를 시도하였으나, 재정결손을 보충하면서 총수요를 진작시키는 적절한 정책수단의 부재로 인하여 이를 해결하기 어려운 상황이었다(Salsman, 2017: 94).

이를 기점으로 20세기 초반부터 개인의 자유와 재정건전성을 강조하는 고전학파의 주장과 납세자 부담을 크게 증가시키지 않는 수준에서 정부의 역할 증대를 선호하는 진보학파의 주장이 서로 대립하며, 이들의 주장이 국가의 주요 정책에 반영되기 시작된다. 당시 미국의 진보주의를 대표하는 아담스(H. C. Adams)는 균형예산을 기반으로 매우 한정된 범위에서 부채발행을 선호하는 고전학파의 주장과 일치하였으나, 급속히 확산되는 자본주의의 폐해를 억제하기 위한 정부의 역할, 그리고 민주주의와 선거권의 확대가 필요하다고 주장하였다(Fine 1969; Fried, 2001). 특히 1895년 그의 저서에서 후대 학자들이 개념화시킨 '재정환상(fiscal illusion)' 현상을 제시하면서 국가채무가 납세자들에게 단기간 부담을 주지 않기 때문에, 대부분의 개인들은 향후 발생하는 채무부담을 인식하지 못하고 채무부담을 과소평가하는 '재정환상'에 빠지게 되는 오류를 지적하였다(Adams, 1895: 22). 그는 제약 없는 다수결 원칙이 미국의 헌법주의와 보수적 재정원칙에 어긋난다는 것을 인식하였으나, 정부지출, 과세, 부채를 늘리는 정부의 역할론을 강조하였다(Salsman, 2017: 94).

한편 후생경제학(Welfare Economics)의 기초를 닦은 피구(A. C. Pigou, 1877~1959)는 초기 고전학파와 마찬가지로 그의 저서 『A Study in Public Finance』(1928)에서 전쟁과 같은 국가 비상상황 외에는 균형재정을 유지해야 한다고 주장하였다. 그는 국가재정은 '엄격한 규율(strict rule)'을 항시 적용해야 한다고 주장하였으나 장기적으로 국가재정이 국부창출의 토대를 조성해야 함을 강조하며, 적정 저축과 투자는 자본축적, 생산성 향상, 지속적 경제발전 등을 달성하는데 기여한다고 주장하였다. 다만 과도한 국가부채와 이전지출과 같은 비(非)생산적 지출은 국가경제에 부정적인 영향을 미치므로 지속적인 국가채무 축적은 피해야 한다고 주장하였다. 왜냐하면 계속 늘어나는 국가채무로 인하여 지속적인 증세압력이 발생하기 때문이며, 따라서 불가피한 사유로 발생한 국가채무는 유사 지출수요가 추가로 발생하기 전에 상환되어야 한다고 강조하였다(Salsman, 2017: 99).

그러나 피구는 1950년대 이후를 기점으로 점차 케인스학파와 동조하는 입장을 견지한다. 그는 『A Study in Public Finance』 개정판에서 기존에 주장했던 고전학파 시각과 달리, 실업문제를 해결하기 위한 적자지출과 국가채무 발생은 어느 정도 불가피하다는 의견을 제시한다(Pigou, 1956). 이 같은 입장변화는 대공황과 제2차 세계대전의 여파로 국가의 역할과 정부의 재정정책에 대한 인식이 보다 현실적인 방향으로 바뀐 것으로 추정된다. 실제로 피구는 통상적으로 균형재정 또는 미래의 어려운 상황을 대비하여 일정 수준의 재정흑자를 유지시켜야 한다는 입장을 취하는 동시에 경제적으로 어려운 상황에서는 실업문제 해소를 위한 적자지출이 정당화된다고 주장하였다(Pigou, 1956: 237).

뿐만 아니라 피구는 총수요 진작을 위해 정부의 대규모 적자지출이 필요하고, 지속적인 운영적자가 발생할 수 있는 공공사업도 추진해야 한다고 강조하였는데, 왜냐하면 적자지출은 소비재 구매에 활용되고, 생산자들의 부를 창출하는 효과를 발생시킨다고 보았기 때문이다. 또한 공적자금 투입에 따라 저소득층의 구매력이 증진된다고 주장한다. 실제로 피구는 과거의 주장과 달리, 이전지출과 같은 '비생산적' 목적을 위한 적자지출과 이로 인한 국가채무 발생은 사회발전을 저해하지 않는다는 입장을 취하였는데, 이는 부채부담을 다음 세대로 전가시키지 않고 현세대가 감당하면 된다고 보았기 때문이다(Salsman, 2017: 100).

한편 일각에서는 케인스의 사상은 경험적 산물이라고 평가되고 있다(Salsman, 2017: 104). 케인스는 제1차 세계대전 후 전승국인 연합군이 패전국인 독일과의 협상 당시, 당시 400억 달러나 되는 과도한 배상금을 요구하는 과정의 문제점을 『The Economic Consequence of the Peace』(1920)에서 정리하였다. 그는 세대 간 부담을 전가시키는 부채발생의 문제를 제기하면서 당시 패전국인 독일이 확장적 통화정책으로 높은 인플레이션을 유발시켜 부채문제를 해결하는 방식에 찬성하는 입장을 밝히기도 하였다(Keynes, 1920: 235). 또한 그는 대규모 부채누적에 따른 부채국과 채권국 사이의 문제와 더불어 국제자본시장에 미칠 부정적인 효과를 언급하면서 재정건전성을 확보하기 위한 일시적 부채청산과 자본가집단에 대한 대규모 증세를 통한 부채상환 등에 대해서도 찬성하였다(Keynes, 1920: 280). 이렇듯 케인스는 초기부터 우리가 통상적으로 이해하는 전통적인 케인스학파의 사고를 가진 것은 아니었다.

케인스는 국가채무를 줄일 현실적 대안으로 통화가치절하(currency depreciation)를 묵시적 채무불이행 수단으로 활용할 것을 주장하였다.[19] 케인스는 중앙은행을 통해 간접적으로 국가채무를 시중은행으로부터 인수하거나, 재무부서로부터 직접 국가채무를 사들이는 방법을 통해 화폐의 공급을 늘려 이자율을 떨어뜨릴 수 있다고 주장한다. 케인스는 궁극적으로 총수요 진작이 중요하며, 이를 위해서는 저축을 유도하기보다는 투자를 유인하는 정책이 필요하므로 매우 낮거나 거의 영(zero)에 가까운 이자율을 유지하는 통화정책이 필요하다고 주장하였다. 특히 저(低)이자율정책은 자본가집단에 대한 과도한 지대이전을 방지하기 위한 방안으로서 매우 필요하다고 주장하였다(Salsman, 2017: 109).

이러한 논의에서 볼 수 있듯이, 케인스는 채무자와 채권자의 관계를 기득권에 대한 문제로 인식하고, 국가가 부채를 꼭 상환해야 한다는 의무를 인정하지 않는다(Salsman, 2017). 따라서 케인스는 계약의 성실이행 원칙도 중요하지만, 정부는 재량권을 통해 채권자를 포함한 자본가계급의 기득권을 제한해야 한다고 주장한다(Keynes, 1923: 56).[20] 이러한 케인스의 사고는 1936년에 집필한 저서 『General Theory of Employment, Interest and Money』에서 채권자를 포함한 자본가 집단의 비생산적이고 지대추구적 행태를 비판하면서 이자율을 하락시키는 정책을 옹호하는 점을 통하여 확인할 수 있다.

케인스는 1933년에 『뉴욕타임스』 칼럼을 통해 루스벨트 대통령에게 적자지출정책을 제안한다. 케인스는 당시 정책대안으로 제시된 규제개혁정책이

19) 케인스는 지급거절(repudiation)을 통한 채무불이행과 자본에 대한 과세(capital tax levy)를 통한 증세방안을 언급하고 있으나, 정치적 또는 기술적 이유에서 현실적 대안이 될 수 없다고 주장하였다(Keynes, 1923).

20) Salsman(2017)은 케인스가 부유한 채권자를 포함한 기득권계층에 대해 마르크스 수준의 '적개심'을 가지고 있었다고 분석한다.

오히려 불확실성을 증대시켜 기업투자를 크게 감소시킬 수 있다고 경고하고, 이로부터 민간의 소비지출은 회복할 수 없을 것이라고 언급한다(Salsman, 2017).

또한 케인스는 미국 후버(Herbert Clark Hoover, 1929~1933)정부에서 대공황 때 처방한 균형재정정책이 오히려 총수요를 감소시키는 심각한 문제를 발생시켰다고 지적하면서, 경기부양을 위한 유일한 정책수단은 경기수축기 초반에 통화팽창을 통한 대규모 인플레이션과 연동된 적자지출(inflationary deficit spending)이라고 주장하였다(Salsman, 2017: 113). 또한 케인스는 불황기에 발생하는 실업사태는 경제 총공급이 총수요를 초과하고, 저축이 투자를 초과할 때 발생한다고 판단하고, '투자의 사회화(socialization of investment)' 정책만이 완전고용을 이룰 수 있다고 보았다(Keynes, 1936: 378).[21] 케인스는 노동시장이 유연하게 작동하지 않는 경우 임금(가격)이 충분히 감소하지 않고, 자본시장도 시장실패 요인에 따라 효율적으로 작동하지 않을 경우 이자율도 충분히 감소하지 않는다고 보았다(Salsman, 2017: 115). 따라서 그는 본질적으로 총수요의 진작을 위해서는 사회적 투자가 선행되어야 한다고 인식하였다.

이러한 맥락에서 케인스는 정부의 적자지출에는 두 가지 방법이 있다고 주장하였다(Salsman, 2017: 116). 첫째, 이미 언급한 사회간접자본(SOC) 등 공공투자이며, 둘째, 실업수당 등 이전지출이다. 그러나 케인스는 후자를 비생산적 지출로 인식하면서 정부의 적자지출은 정부가 공공투자의 증가를 통하여 민간의 소비성향(propensity to consume)을 높이는 정책으로 간주하였다(Keynes, 1936: 129). 또한 케인스는 경상지출과 자본지출로 정부 예산구조를 구분할 때, 일반 경상지출은 세수를 기반으로 하되, 자본지출은 공공투자를 통해 국부를 창출하기 때문에 적자지출에 기반해도 된다는 논리를 폈다. 따라서 케인스는 일반적 경기상황에서는 균형재정 또는 적정수준의 흑자재정 유지를 선호하였으나, 경기불황기에는 총수요 증가를 위한 적자성 자본지출이 허용되어야 하며, 공공투자로 장기적으로 사회적 투자효용은 있으나 낮은 투자수익률로 분류되는

21) 이는 공급이 수요를 창출한다는 세이(Say)의 법칙과 상반되는 개념이다. 케인스는 기본적으로 경기침체(stagnation)는 민간의 과도한 저축으로 인해 민간소비와 투자가 위축되면서 발생한다고 보았다(Keynes, 1936).

사업도 허용되어야 한다고 주장하였다(Salsman, 2017: 117).[22)·23)]

따라서 케인스는 확장적 재정정책과 적자지출만이 총수요가 부족한 불경기 상황을 해결할 수 있다고 믿었다. 이처럼 케인스는 대규모 실업사태를 고전학파가 주장한 자유경제체제의 일시적이고 불가피한 불균형 상황이 아닌 오히려 상시적으로 발생할 수 있는 보편적 현상으로 간주하며, 이러한 문제의 해결을 총수요관리에서 찾고 있다. 따라서 케인스는 개인지출을 늘리고, 민간의 저축을 흡수하여 투자를 늘리면서 궁극적으로 총수요를 진작시키기 위해서는 적자지출이 필수적이라고 역설했다. 후대의 케인스학파는 이를 발전시켜 '절약의 역설(paradox of thrift)' 또는 '장기침체(secular stagnation)'라는 개념으로 정립하였다.[24)]

이처럼 지속가능한 재정을 유지하면서 국가경제를 활성화시킨다는 정부의 적자지출에 대한 케인스이론은 제2차 세계대전 이후를 기점으로 상당한 영향력을 가지게 된다(Salsman, 2017: 120). 특히 1920년대와 1930년대의 경제암흑기를 보내고 제2차 세계대전을 겪은 미국과 유럽은 1940년부터 경기상황이 개선되면서 실업도 줄게 된다. 이로부터 이들 국가에서는 케인지언정책에 대한 신뢰가 쌓이면서 1940년대 중반 이후 총수요관리를 위한 적자지출이라는 정책대안이 전 세계적으로 확산되었다. 이에 따라 재정적자가 경기불황의 결과라는 인식보다는 경기회복과 지속가능한 성장을 위한 정책수단이라는 인식이 점차 늘어나기 시작하였다(Salsman, 2017: 120).

---

22) 그러나 예산과정이 정치적 이유에서, 공공투자 결정과정에서, 집합적 이해관계 또는 정치적 이해관계에서 자유롭지 못한 한계는 존재한다. 우리나라도 「국가재정법」에 의거, 총사업비가 500억원 이상, 국가의 재정지원 규모가 300억원 이상인 신규사업 중 건설공사가 포함된 사업, 정보화·국가연구개발 사업, 사회복지·보건·교육·노동·문화·관광·환경보호·농림해양수산·산업·중소기업 분야 사업의 경우, 엄격한 예비타당성조사과정을 거침에도 불구하고 예산낭비로 지적된 무수한 SOC사업들이 존재한다.

23) 케인스는 총자본지출의 66~75% 또는 GDP의 20% 수준의 자본지출을 정부가 집행할 경우, 경기순환적 요인을 통제할 수 있다고 주장한다(Brown-Collier & Colllier, 1995: 342-343).

24) '절약의 역설'은 저축은 개인에게 미래를 위한 합리적 의사결정일 수 있으나, 사회 전체적으로 지나친 절약은 오히려 사회비용을 발생시키는 현상을 의미한다. '구조적 장기침체'는 한센(Hansen)과 섬머스(Summers) 등이 주장한 성숙단계에 도달한 경제가 기업의 투자회피 및 과잉저축으로 인하여 경제의 장기정체를 발생시킨다는 이론이다.

2.2 케인스학파의 전성기(1936~1980년)

케인스가 1936년 『General Theory of Employment, Interest and Money』를 발표한 당시, 엄청난 반향을 일으킨 동시에 많은 경제학자들의 상당한 비판을 불러일으켰다. 그러나 그 후 10년이 지난 1946년 미국정부는 「고용법(Employment Act of 1946)」을 통과시키고, 경제자문회의(Council of Economic Advisors) 설립, 고용증진을 위한 확장적 재정정책 도입을 추진하였다. 이 과정에서 대대적인 케인스의 재정정책 개념이 적용되면서 전 세계적으로도 경기부양과 경제활성화를 위한 정부의 역할이 크게 증가한다. 과거 정부의 재정역할은 매우 한정된 범위에서 국한되었고 정부재정은 균형 또는 소규모의 재정흑자 구조를 원칙으로 이에 대한 매우 엄격한 재정규율이 확립되었으나, 케인스가 1936년 발표한 저서를 기점으로 많은 학자들이 적자지출과 국가채무에 대한 케인시언 사고를 수용하게 된다. 대표적으로 앨빈 한센, 아바 러너, 시모어 해리스, 제임스 미드, 리처드 머스그레이브, 폴 새뮤얼슨, 그리고 폴 크루그먼 등이 있다(Salsman, 2017: 123).

먼저 앨빈 한센(Alvin Hansen, 1887~1975)은 미국의 정치경제학자로서 '미국의 케인스'로 알려진 인물이다. 초기 한센은 케인스가 발표한 1936년 『일반이론』 저서를 "학문적 토대를 쌓는 주춧돌이라기보다는 경제적 경향의 징조(more a symptom of economic trends)에 가깝다"라고 평가절하하였다(Hansen, 1936: 676).[25] 그러나 한센은 과도한 저축으로 인해 경제가 심각한 총수요 부족 및 실업의 문제에 직면할 수 있으며, 적자지출을 통해서만 이를 해결할 수 있다는 케인스의 주장을 지지한다. 이와 함께 한센은 "절약과 보수적 저축정책이 완전고용 균형에 놓인 사회에서는 적절하지만, 재정지출은 실업문제에 직면한 사회에 바람직한 사회적 가치일 수 있다"고 주장한다(Hansen, 1936: 671).[26]

뿐만 아니라 한센은 공적채무자인 국가는 가계와 달리, 세금납부를 강제하

25) 한센의 학문적 업적에 대해서는 Salsman(2017)을 참조하고 있다.

26) 한센은 노동시장의 경직성으로 인하여 가격(임금)의 변동을 통한 수요와 공급의 균형이 이루어지지 않는 문제가 발생한다고 주장한다(Salsman, 2017: 124).

는 조세권이라는 독점적 권한이 있으므로 가계채무(household debt)와 공공채무(public debt)는 근원적으로 다르다고 주장하면서 기존의 고전학파의 주장을 비판한다. 한센은 국가가 인플레이션을 통해 묵시적으로 부채의 가치를 하락시킬 수 있고, 부채를 미래세대에게 전가할 수 있으며, 주권면제(sovereign immunity) 원칙에 따라 법적 처벌을 받지 않기 때문에 채무불이행을 선언할 수도 있다고 주장한다(Salsman, 2017).[27]

따라서 이러한 다양한 정책수단이 존재하기 때문에 국가채무 부담에 대한 우려는 기우(杞憂)에 가깝다고 주장한다. 특히 미래세대는 국가부채 발행을 통해 국가안보를 유지함으로써 정치경제적 자유를 누릴 수 있으며, 사회간접자본 투자를 통해 사회 전반의 생산성이 증가되기 때문에 적자지출의 궁극적 수혜자라고 간주한다. 특히 한센은 국가채무의 단기적 비용에 대한 논의에 치중하기보다 구조적 경기불황을 해소할 수 있는 장기적 효용의 측면에서 논의되어야 한다고 주장하였다. 이를 위한 확장적 재정지출은 국민소득을 증가시키고, 경기를 활성화시키면서 국가의 재정상태도 개선할 수 있다고 인식하였다(Salsman, 2017: 125).

한편 한센은 총수요가 부족한 경제에 대한 정책대안으로 케인스의 네 가지 주장을 지지한다(Hansen, 1936). 첫째, 실질임금을 줄이고 노동수요를 증진시키기 위해 인플레이션을 활용할 것, 둘째, 저축하는 개인으로부터 소비하는 개인에게 재분배할 수 있도록 정부의 역할을 할 것, 셋째, 생산적 역할을 하지 못하는 자본가(rentier)집단에 혜택이 돌아가지 못하도록 중앙은행은 낮은 이율을 유지할 것, 넷째, 정부의 '자본투자의 사회화(socialization)'를 통해 공공투자를 늘릴 것 등이다(Salsman, 2017).

이 외에도 한센은 케인스의 적자지출 주장을 기본적으로 옹호하나, 케인스가 단지 고전학파의 '균형재정 정설(dogma of budget balance)'만을 문제로 인식했다고 보았다. 따라서 한센은 증가하는 국가채무의 함의, 부채관리의 문제와

27) 한센은 인플레이션을 통한 묵시적 부채탕감을 찬성한다. 이는 1946년부터 1958년까지 매년 평균 약 4%의 인플레이션이 발생함에 따라 해당 기간 동안 미국의 부채부담이 1/3가량 감소되었다(Salsman, 2017: 132).

성장하는 경제에서 적정 유동성을 제공하는 수단으로 국가채무의 역할을 연구하면서 케인스학파의 이론적 토대를 강화시켰다는 평가를 받는다. 특히 한센은 지속적 적자지출과 국가채무의 축적을 필요로 하는 현대사회의 기능적 재정론(functional finance)을 발전시킨다. 따라서 한센은 케인스가 제시한 국가채무의 단기적, 순환적(cyclical), 일시적 활용에 대한 논의에서 장기적이며, 영구적으로 국가채무이론을 확장시킨다(Hansen, 1941).

이러한 연구는 1930년대에 대공황의 여파로 지속된 경제성장의 둔화와 높은 실업률을 목격한 한센이 '장기침체론(secular stagnation)'을 발전시킨 연구와 연관된다. 이 과정에서 한센은 일반적으로 경제는 성장패턴, 인구구조, 기술혁신 등을 원인으로 구조적이며, 내재적 성장의 한계에 직면한다고 주장한다. 한센은 "미국에서 완전고용은 연방정부의 막대한 재정력을 동원하여 적정수준의 총수요를 보장하지 않는 이상, 단기적이든 장기적이든 계속 유지되기 어렵다"고 주장한다(Hansen, 1954: 412). 나아가 "정부의 확장적 재정정책은 경기순환적(cyclical) 경기침체에 대응하는 수단일 뿐만 아니라, 장기적 성장잠재력을 제고하는 데 필수적이다"라고 주장한다(Hansen, 1954: 413). 특히 한센은 확장적 재정정책 없이 구조적 경기불황과 만성적 실업률은 더욱 장기적으로 고착될 것이라고 주장하면서 전례 없는 재정투입을 통하여 이를 해결해야 한다고 주장한다(Salsman, 2017).

실제로 장기침체론에 대한 한센의 우려는 1930년대부터 점차 현실로 나타나기 시작한다. 대공황 이후 1931~1937년 미국 연방정부의 지출 중 45%가 외부차입에 의존할 정도로 재정지출을 늘리는 가운데 국가부채가 2배나 증가한다. 그럼에도 불구하고 1938년의 실업률은 전년도의 14%에서 21%로 치솟았으며, 산업생산은 전년 대비 31% 감소하였다. 이러한 상황에서 유럽에서 사회주의와 파시즘이 확산되었고, 일부 학자들은 마르크스가 1848년에 예측한 것처럼 자본주의가 마침내 붕괴되고 있다고 믿었다(Salsman, 2017: 126). 당시의 경기불황은 마치 장기침체론을 확증하는 것처럼 보였다.

한편 한센은 국가채무를 자중손실 부채(deadweight debt), 수동적 부채(passive debt), 적극적 부채(active debt) 등으로 분류하여 논의한다(Hansen, 1954).

적극적 부채(active debt)는 사회간접자본에 대한 투자로 경제생산성에 가장 많이 기여하는 반면, 자중손실 부채는 전시에 발생하는 군비조달과 경제불황 시 실업급여와 같은 이전지출 등을 목적으로 발생하는 부채로서 이는 생산성에 기여하지 않는다. 한편 수동적 부채는 앞서 제시된 두 가지 부채가 혼합된 성격을 가진다. 따라서 한센은 이전지출을 통해 부의 재분배를 목적으로 차입하는 대신, 부의 창출을 촉진하는 사회간접자본에 대한 투자를 위한 적자지출을 적극적으로 추진해야 한다는 케인스의 의견에 동의한다.

한센은 높은 국가채무비율이 시장과 국가 간 자원배분의 불균형을 암시하는 것일 수 있다고 주장하면서 결과적으로 자본가집단이 시장에서 생산적 투자를 하기보다 국채보유를 통해 추가적 부를 축적하는 문제에 대해서도 지적한다(Hansen, 1954, Salsman, 2017: 130). 이는 한센 또한 케인스와 마찬가지로 대부분의 국채를 소유한 자본가집단을 생산적 기능을 하는 노동자집단을 착취하는 부정적 존재로 인식한다는 것을 의미한다. 따라서 한센은 경기불황을 해소하기 위한 적자지출이 자본가집단에 더 많은 부를 축적시키는 모순된 현상을 해소하기 위한 방법이므로 이자율의 상한 설정, 이자지출의 최소화를 골자로 하는 '통제된 차입(controlled borrowing)'의 시행을 주장한다.

뿐만 아니라 한센은 최근 미국과 일본, 그리고 유럽의 중앙은행이 활발하게 추구한 '재정부채의 화폐화(fiscal debt monetization)'를 주장하였는데, 이는 당면한 경제위기 극복을 위해 발행한 국채를 중앙은행이 공개시장(open market)에서 매수함으로써 화폐공급을 늘리고, 나중에 되사주는 방식(buy-back)을 의미한다. 이를 위해서는 재정당국과 중앙은행의 정책공조가 필요하다고 한센은 주장한다(Salsman, 2017: 130). 따라서 케인스학파의 일원인 한센이 국가채무이론에 대한 기여는 총수요에 대한 단기적·안정적 관리 및 유지뿐만 아니라, 장기불황(secular stagnation)을 극복하기 위한 기능적 재정(functional finance)의 역할을 강조한 것이다(Salsman, 2017: 133).[28]

28) 다만 장기침체론에 대한 논의는 1940년대 이후 세계경제의 성장이 지속되면서 발전되지 못하였다. 그러나 1970년대 이후 경기침체와 디플레이션 현상이 동시에 발생하면서 오늘날 신케인스학파 내에서 점차 지지기반을 확보하고 있다(Salsman, 2017: 125).

한편 아바 러너(Abba Lerner, 1903~1982)는 케인스와 한센보다 적자지출과 다른 공공재정수단(public finance device)을 더 적극적으로 활용해야 한다고 주장하였다. 그 역시 국가재정에 대한 고전주의 학파의 균형예산에 대한 원칙을 거부하며, 정부재정은 다음의 세 가지 목표를 추구해야 한다고 주장한다(Salsman, 2017: 134). 첫째, 3% 미만의 실업률을 달성할 수 있는 총수요 유지, 둘째, 낮은 인플레이션, 셋째, 완전고용 확보와 민간투자를 극대화시키는 낮은 이자율 유지이다. 결과적으로 러너는 국가가 전통적이고 보완적 재정의 역할이 아니라, 기능적 재정(functional finance)의 역할을 실천해야 한다고 주장함으로써 정책결정자들이 완전고용을 달성하기 위한 총수요의 진작이라는 궁극적 목적을 달성하는 데 있어 어떠한 재정규칙도 이들을 구속해서는 안 된다고 설파하였다(Lerner, 1944: 46). 이때 국가채무와 이자지출에 대한 최적수준이란 존재하지 않으며, 국가총생산이나 과세능력에 상관없이 국가채무는 사회에 부담을 주지 않는다고 주장한다(Lerner, 1944: 302~303).

그러나 러너는 이자율 인상이나 세율 인상을 통해 재정건전성을 추구할 경우, 시장경제의 안정성과 발전에 해를 미친다고 주장한다(Lerner, 1944: 49). 마찬가지로 세금을 통한 재원조달(tax finance)보다 국채발행을 통한 재정조달(debt finance)을 선호하는 것 또한 경제적 자유와 관련되는데, 이는 강제성 있는 세금과 달리 국채는 금융시장에서 자발적으로 구입하기 때문이라는 것이다. 따라서 러너는 균형재정에 집착하는 자유시장주의자들은 개인의 부를 희생하여 국가재정이라는 공공의 이익을 추구하는 경향이 있다고 주장하였다(Salsman, 2017).

한편 시모어 해리스(Seymour Harris, 1897~1974)는 1947년 저서 『National Debt and the New Economics』를 통해 케인스학파의 국가채무이론 발전에 기여한 바 있다. 해리스는 한센이나 러너에 비해 국가채무에 대해서 보다 균형 잡힌 접근을 취한다(Salsman, 2017: 142). 해리스는 가계부채와 국가채무의 유사성 여부, 부채부담의 주체, 담세력(擔稅力)과 부채수준의 관계, 적자지출과 고용률의 관계, 국가채무가 후대에 미치는 영향에 관한 문제에 대하여 논한다(Salsman, 2017: 138). 초기에 해리스는 영구적 적자지출에 대한 한센의 주장을 비판하며, 통제가 어려운 적자지출 방식과 인플레이션을 유발하는 러너의 기능적 재정

(functional finance)은 문제가 많다고 주장하였다. 기본적으로 해리스는 엄격한 재정규율에 충실한 고전학파와 적자지출을 선호하는 케인스학파 사이의 간격을 메우기 위해 노력하였는데, 가령 '건전재정정설(sound finance orthodoxy)'이 여러 장점에도 불구하고 1930년대 경기침체에 적절히 대응하지 못하고 오히려 증세를 시도함으로써 상황을 악화시켰다는 점에 대해서 케인스의 주장에 동의하였다(Salsman, 2017: 142).

이 외에도 해리스는 일반적으로 과도한 국가채무는 경제발전과 고용에 부정적 영향을 미치지만, 경기침체기에는 적극적 재정의 역할이 필요하다고 주장하였다(Harris, 1947: 78). 해리스는 케인스학파가 주장한 정부의 총수요 안정관리의 필요성과 일시적 적자지출은 용인될 수 있지만, 만성적 적자지출과 그에 따른 지속적 인플레이션은 해결책이 아니라고 주장하였다. 대신 고용창출을 위해서는 정부재정의 투입과 함께 시장의 경쟁적 산업구조로의 개편, 무역증진을 위한 진입장벽의 완화, 유연한 가격체계와 임금체계의 도입 등 상당한 제도적 변화가 뒷받침되어야 한다고 주장하였다(Salsman, 2017: 143).

한편 제임스 미드(James Meade, 1907~1995)는 케인스학파의 경기역행적(counter-cyclical) 재정정책에 대한 이론적 토대를 마련하는 데 중요한 역할을 하였다. 미드는 재정정책이 정부의 채무관리(debt management)를 위한 목적으로 운영되기보다는 정부부문과 민간부문의 저축에 영향을 미쳐 총수요를 관리하는 측면에 초점이 맞추어져야 한다고 주장한다. 그는 초기 케인스의 연구에 지대한 영향을 미치게 되면서 케인스학파의 학문적 체계 확립에 중요한 역할을 하게 된다(Salsman, 2017).

그리고 '현대 재정학의 아버지'라고도 불리는 리처드 머스그레이브(Richard Musgrave, 1910~2007)는 공공재정의 역할을 자원배분의 효율화 기능, 소득분배의 공평화 기능, 거시경제의 안정화 기능으로 구분하여 설명하였다. 머스그레이브는 조세부담의 귀착(tax incidence), 과세의 누진성(tax progressivity), 공공재(public goods), 재정연방주의(fiscal federalism), 조세가 위험부담에 미치는 영향, 그리고 경제안정화를 위한 재정정책의 역할 등에 대한 실증적 연구를 통하여 현대 재정학 연구의 토대를 마련하였다는 평가를 받고 있다. 특히 머스그레이브는 조세정책을 통하여 고용, 인플레이션, 경제성장 등의 목표를 달성해야 한다고 주장하였으며, 특히 국가채무와 관련하여 '화폐화(debt monetization)' 정책을 추구해야 한다고 주장한다(Musgrave, 1959). 그는 정부가 이러한 화폐화 정책을 추구하지 않으면서 비소비적(non-spending)이며 비유동적(illiquidity) 특성을 가진 국가부채의 상환 및 이자비용에 정책의 우선순위를 둘 경우, 민간의 소비와 투자에 부정적인 영향을 미친다고 설명한다. 이러한 맥락에서 머스그레이브는 한센과 의견을 같이하고 있다.

한편 폴 새뮤얼슨(Paul Samuelson, 1915~2009)은 신고전학파의 미시적 시장균형이론과 케인스의 거시경제이론을 접목시켜 '신고전파 종합이론(Neoclassical Synthesis)'을 완성시킨 학자 가운데 하나이다.[29] 새뮤얼슨은 '절약의 역설(paradox of thrift)'에 대한 연구를 통하여 지나친 저축은 경기불황을 초래할 수 있으며, 재정은 자동화 기제(built-in stabilizer)를 통하여 작동되기 때문에 국가채무의 문제를 심각하게 인식하지 않았다(Samuelson, 1948). 새뮤얼슨은 구체적인 채무이론을 정리하지는 않았으나, 경기순환론에서는 가속도원리(acceleration principle)[30]와 승수효과를 종합하여 경기순환이 어떻게 해서 일어나는지를 분석하였다.[31]

29) 신고전파 종합이론은 완전고용을 위해서는 적절한 정부개입이 필요하지만, 일단 완전고용이 달성되면 시장의 역할에 맡겨 경제를 자율적으로 운영해야 한다는 것이다. 따라서 케인스학파의 정부개입적 요소와 고전학파의 시장의 자율적 역할을 접목시키고 있다.

30) 소비재의 수요가 증가하면 그 증가수요는 다른 수요 증가를 파급적으로 유발하여 경기가 가속도적으로 상승한다는 논거이다.

31) 다만 새뮤얼슨은 그의 교과서 마지막 개정판(2009)에서 과다한 정부부채는 장기적으로 성장에 부정적인 영향을 미치며 민간 소비와 투자를 위축시킬 수 있다고 주장한다.

2.3 케인스학파의 위기와 재도약(1980~현재): 공급중시경제학파의 등장과 케인스학파의 부활

케인스학파는 1930년대를 기점으로 전 세계적으로 급속히 확대되며, 주요 국가들의 재정정책에 상당한 영향력을 행사하던 중, 1970년대 두 차례의 석유파동과 스태그플레이션을 맞이하면서 위기에 직면한다. 당시 상황을 살펴보면, 1970년대부터 미국경제는 높은 실업률과 인플레이션, 저성장 등에 따른 심각한 구조적 문제에 당면하였다. 더욱이 그동안 지속적으로 늘어난 과도한 사회복지지출은 국가의 재정적자를 악화시키며, 개인과 기업에 대한 조세부담은 가중되었고, 국가 전반의 생산성 감소를 야기했다. 이 같은 상황에서 정부의 총수요관리정책은 별다른 문제해결이 되지 못하였고, 두 차례에 걸친 석유파동과 스태그플레이션에도 적절히 대처하지 못하였다. 결과적으로 미국과 영국을 비롯한 주요 국가들은 공통적으로 1970년대 인플레이션율과 실업률이 동시에 상승하는 경험을 겪었고, 1980년대는 디플레이션과 실업의 문제를 동시에 마주하게 되었다(Salsman, 2017: 144).

이 같은 상황은 케인스학파의 관점에서는 발생 불가능한 조합이므로 이에 대한 해석조차 불가한 가운데, 로버트 루카스(Robert Lucas)와 로버트 먼델(Robert Mundall)을 중심으로 케인스학파의 이론적 한계를 비판하는 학문적 기류가 전면에 등장하게 되었다. 실제로 이들은 케인스학파가 강력하게 신봉해 온 케인스의 일반이론이 모든 상황에 적용 가능한 일반이론(general theory)이 아닌, 경기불황에만 적용할 수 있는 특정이론(specific theory)이라고 지적하며, 이들의 한계를 비판하였다(Salsman, 2017: 151). 이 같은 상황은 당시 당면한 상황변수를 총수요를 진작시키는 정책결정의 요소로 보지 않고, 경제의 공급능력을 강화시키는 정책을 강조하는 공급중시경제학이 등장하는 배경으로 작용하였다(Salsman, 2017: 150).

공급중시경제학(supply-side economics)은 이 같은 시대변화를 거치면서 기존에 총수요관리에 초점을 맞추던 케인스학파를 밀어내고 시장 중심의 공급측면을 활성화하는 경제운용 방식으로 정책현장에서 적극 수용되면서 입지를 다지게 된다(Bartlett, 2007). 특히 공급중시경제학파는 조세체제의 중요성을 강조하면서 불합리한 과세는 근로, 저축 및 투자에 영향을 미침으로써 생산성 향상을 둔화시키고 자본형성을 저하시키므로 생산요소에 대한 조세유인의 중요성을 주장하였다. 더욱이 소득세의 감세는 개인의 실질소득을 증가시킴으로써 근로의욕을 고취시키고, 기업에 대한 법인세 감세나 R&D 세액공제 등을 통하여 기업의 투자를 촉진함으로써 생산성을 향상시키고 고용 증가를 가져온다고 주장하였다(박은태, 2011). 또한 공급중시경제학은 정부역할의 확대를 반대하며, 이로부터 민간 소비와 투자에 대한 구축효과가 유발된다고 비판한 점에서 고전학파의 주장과 일맥상통한다(Salsman, 2017: 149).

그러나 공급중시경제학파의 기조에 입각한 정책추진은 역설적으로 국가채무의 급격한 증가로 귀결된다. 경제의 공급능력을 강화시키는 정부정책은 필연적으로 정책시차의 특성상 단기적으로는 재정적자가 발생할 수밖에 없으며, 실제로 1980년대 레이건 행정부에서 시도한 공급중시정책은 국가채무비율을 급격히 증가시켰다. 특히 조세감면정책은 장기적으로 생산 증가를 유발함으로써 세입 증가를 달성할 수 있지만, 단기적으로는 재정적자와 국가부채의 발생이 불가피하다(Salsman, 2017: 150). 하지만 1980~1990년대 말까지 추진된 공급중시경제학에 기반한 정책들은 오히려 미국의 생산성과 경제성장에 긍정적으로 작용하며 실업률과 인플레이션율의 하락을 주도하였고, 불안정한 경기순환구조를 진정시키는 가운데 재정수지도 개선시키며 낮은 국가채무비율을 달성한 것으로 평가된다(Salsman, 2017).

이처럼 1990년대 이후 케인스학파의 입지는 점차 좁아지는 듯 보였다. 그러나 케인스학파는 일시적 침체기를 겪은 후, 2007~2009년 금융위기로 인하여 부활의 조짐을 드러낸다. 당시 글로벌 위기대응으로 팽창적 재정지출과 유연한 통화정책을 주장한 폴 크루그먼(Paul Krugman, 1953~) 등이 케인시언 처방을 가지고 정책의 장(場)에 다시 등장했기 때문이다. 크루그먼은 당시 심각한 경기불황을 타개하기 위해 무제한적 적자지출, 통화량 증대를 통한 양적완화, 영(zero) 또는 마이너스 이자율정책 등 급진적 정책수단이 필요하다고 주장한 것이다(Salsman, 2017: 144). 이 과정에서 중앙은행이 국채 공개시장(open market)

에 개입하여 국채매수를 통해 화폐의 공급을 늘리는 '국가채무의 화폐화(debt monetization)'가 주된 정책수단으로 활용된다.[32] 국가채무를 화폐화(monetize)하는 방식으로 막대한 규모의 부채인수가 가능해지면서 대규모의 국가채무 발행이 가능해졌으며, 2007~2009년 글로벌 금융위기를 기점으로 '양적완화정책(quantitative easing)'에 의하여 훨씬 더 큰 규모로 확대되기 시작한다.

또 다른 저명한 케인스학파로서 다소 사회주의적 성향을 보이는 토머스 피케티(Thomas Piketty, 1971~)는 2014년 저서 『Capital in the Twenty-First Century』의 마지막 장 'The Question of Public Debt'에서 자본시장에서 채권자의 생산적 역할을 부정하면서 보편적 이익(general interest)의 관점에서 국채발행을 통해 부유층에게 재원을 빌리는 것보다 그들에게 과세하는 것이 더 적합하다고 주장하였다(Salsman, 2017: 145). 피케티는 국가채무의 문제가 부의 분배에 관한 문제인 만큼 1980년대부터 금융부문이 확장되고 국가의 총수입에서 자본수입의 비율이 증가하는 금융화(financialization) 현상을 비판하면서, 이러한 현상이 경제에 부정적 영향을 미침으로써 자본주의의 소멸을 재촉해 왔다고 주장한다(Piketty, 2014).

피케티는 재정의 지속가능성을 위해서 국가채무를 단기간에 줄이는 노력이 필요하며, 이러한 재정건전성 확보를 위한 수단으로 자본가집단에 대한 증세정책을 선호하였다. 특히 피케티는 케인스와 마찬가지로 높은 수준의 국가채무는 국채를 보유한 자본가집단에 대한 이자지급을 위한 일반납세자의 '혈세' 지출로 이어지는 잘못된 부의 재분배로 인식하고 부유층에 대한 몰수적 징세(confiscatory taxation)와 이자소득 등에 대한 과세를 주장한다. 더욱이 부채의 문제가 심각할 경우, 국채의 가치절하를 유도하기 위해 인위적으로 인플레이션을 발생시키거나 정부의 채무불이행까지 제안한다(Salsman, 2017).

이처럼 케인스학파는 1970년대 이후 일시적 공백기가 있었음에도 불구하고, 지난 90년간 지속되어 온 총수요관리를 위한 정부의 재정역할을 이론화시켰으며, 정책입안가들에게 지대한 영향력을 행사해 왔다(Salsman, 2017: 151). 다

32) '국가채무의 화폐화'는 1971년 브레턴우즈체제에서 금본위제를 포기한 후 확산되기 시작한다.

만 1930년대 케인스가 주장한 국가재정과 국가채무에 대한 논의는 2007~2009년 당시 미국 등 서구 유럽에서 추진된 양적완화 및 총수요증진정책과 비교하였을 때 매우 보수적인 것으로 평가된다. 케인스는 당시 지배적 재정이념인 고전학파의 균형예산과 소극적 부채정책, 그리고 그가 선호했던 적극적 재정정책의 간극을 좁히기 위한 노력을 시도했기 때문으로 평가된다. 실제로 지난 반세기 동안 전개된 케인스학파의 명성은 가장 활성화되던 시기(1940~1960년대)와 일시적 침체기(1970~1990년대)를 거쳐 최근(2007년 이후) 다시 부활하기까지 오늘날 정책현장에서 적극 활용되는 이론적 논거라는 점에서 케인스학파의 공고한 입지를 확인할 수 있다.

3 공공선택론과 국가채무

공공선택론(Public Choice Theory)은 정치과정을 경제학의 원리와 방법으로 분석한 이론적 논의로서 시장에 생산자와 소비자, 고용자와 피고용자가 존재하듯, 공공부문에도 정치가, 관료, 이익집단, 유권자가 존재한다고 가정하고, 이들의 행위와 상호작용을 경제학의 관점에서 분석한다.[33] 공공선택론은 정치와 경제 영역 간 차이는 미미하며, 주요 행위자인 정치인과 관료가 공공선을 추구하는 선한 개인이 아닌 사익과 권력을 추구하는 합리적 행위자라는 가정에서 비롯된다. 따라서 공공선택론은 시장실패(market failure)를 교정하는 정부와 국가의 역할을 수행하기보다는 사익을 추구하는 관련 행위자들의 행태로 인하여 오히려 이 과정에서 더욱 해결하기 어려운 '정부실패(government failure)'의 문제를 제기한다(Wolf, 1988).[34] 이로부터 공공선택론은 거시경제적

33) Wikipedia의 정의이다.

34) 이때 공공선택론에서 의미하는 정부실패란 국가가 재산권 보호에 실패하고, 사회구성원의 지대추구적 또는 비용전가적 행태를 조장하며, 재정낭비를 발생시키는 것을 말한다(Salsman, 2017: 153).

측면에서 국가부채의 효용을 주장한 케인스학파의 주장을 반박하며, 정부의 재원확보를 위한 정책수단으로 국가부채를 적극 활용하려는 정치권의 사익추구적 행위와 정치적 유인을 제어하기 위한 제도(institution)의 필요성을 강조한다.[35)]

3.1 초기 공공선택론(1880~1950년)

이탈리아의 경제학자 안토니오 드 마르코(Antonio De Viti De Marco, 1858~1943)는 공공선택론의 이론적 토대를 마련한 뷰캐넌의 시각에 많은 영향을 준 것으로 알려졌다(Salsman, 2017). 그는 1888년에 완성한 저서 『First Principles of Public Finance』에서 자본소득을 포함하여 모든 소득이 시민의 자유로운 선택에 따라 발생하므로 국가는 이를 공평하게 대우해야 한다고 주장한다(Salsman, 2017: 155).[36)] 그는 고전적 의미의 자유주의자로서 개인의 자유를 존중하며 평등한 대우를 고수하는 자유주의 국가를 협력적 국가(cooperative state)라고 본 반면, 가부장적인 관점에서 시장개입 위주의 정책을 수행하는 국가를 독점적 국가(monopolistic state)라고 규정한다. 특히 재분배를 목적으로 공공재정을 운영하는 것은 정책 편견과 주관성을 개입시키는 매우 위험한 접근이라고 주장한다(De Marco, 1936).

드 마르코는 강압적인 사회주의 또는 전체주의 국가보다 민주주의 국가를 선호하는 맥락에서 국가의 국채발행과 인수는 개인의 자유로운 의사결정에 따른 선택에 기반하고 이들의 행태변화를 유발하지 않는 반면, 세금은 강제성을 가지고 납세자의 행태변화를 유발하기 때문에 국채발행을 세금보다 정치적으

35) 케인스학파가 경기부양을 위한 적자지출을 강조할수록 재정적자를 기꺼이 감수하려는 정치적 유인이 강화된다는 사실을 비판하며, 정치인, 관료, 이익집단의 사익추구적 행태를 지적하고 있다. 따라서 제임스 뷰캐넌(James M. Buchanan), 리처드 머스그레이브(Richard Musgrave), 제프리 브레넌(Geoffrey Brennan) 등을 포함한 공공선택론자들은 정부실패를 방지하기 위해서 정부의 형태와 규모에 대한 헌법상의 제한이 필요하다고 주장한다(Buchanan & Wagner, 1977).

36) 1888년 이탈리아로 처음 출간하였고, 1936년에 영어로 번역되었다. 그는 민주주의와 자유의 신봉자였으며, 1931년 파시스트 정권에 항의하여 교수직을 사퇴한 바 있다.

로 우월한 수단으로 간주하였다.37) 이와 함께 드 마르코는 재정지출을 특성에 따라 경상지출과 임시지출로 구분하며, 지출특성에 따라 국가재정의 조달방식이 달라져야 한다고 주장한다(De Marco, 1936). 가령 경상지출은 세금을 통한 조달이 유리한 반면, 자본지출과 같은 임시지출의 경우 국채발행이 경제적으로 유리하다고 보았다. 왜냐하면 첫째, 국채발행은 외국인에게까지 문호가 개방되므로 임시지출에 대한 부담이 분산될 수 있으며, 둘째, 임시지출을 위해 세금을 걷는다면 개인의 가처분소득 감소라는 부정적 효과가 존재하기 때문이다(Salsman, 2017: 156).38)

이와 함께 드 마르코는 '리카도 대등정리(Ricardian Equivalence Theorem)'의 개념을 지지하였는데, 증세를 통한 재정지출은 납세자들의 현재 가처분소득을 낮추지만, 부채발행을 통한 재정지출은 미래의 가처분소득을 낮추므로 이 같은 재원조달의 방식은 부담의 시차적 선택에 불과하므로 국가채무는 결국 이연된(deferred) 세금으로 나타난다고 보았다(De Marco, 1936: 390). 특히 적자지출의 한계효용이 추후 부채감축에 의한 한계비용의 수준을 넘을 수 없기 때문에 재정지출의 생산적 활용을 통해 현재와 미래의 소득을 증가시킬 수 있다는 케인스학파의 주장을 비판하였다. 더욱이 국가부채가 일부 자본가집단에 의해 집중 소유되면 이자에 대한 부담이 다른 납세자집단에게 전가될 가능성이 크기 때문에 불공정한 재분배구조가 발생할 수 있으므로 국가부채가 다양한 사회구성원에 의해 소유되어야 비용부담이 분산되며, 그 혜택도 사회 전반에 고루 귀속된다고 보았다(Salsman, 2017: 159).39)

뿐만 아니라 국가의 재정신용도 유지가 매우 중요하므로 인플레이션을 통한 암묵적 통화가치의 절하 및 채무불이행 등을 반대한다. 왜냐하면 이러한 조치는 국가의 신용도를 크게 저해시키게 되므로 미래의 국가 재정조달에 부정

37) 드 마르코는 민주주의 체제가 국가의 재정운용과정에서 사회구성원들의 참여가 허용되므로 그에 따른 장점이 있다고 보았다.

38) 다만 드 마르코는 국공채의 이자율은 시장금리 또는 그 이하로 결정되어야만 하는데, 그 이상에 도달할 경우 민간부문의 투자를 정부가 구축하는 결과로 이어질 수 있기 때문이다.

39) 대부분의 경우 국채는 자본가집단에 의해 소유되어 그들에게 이자소득으로 귀속되지만, 세금 역시 상당 부분 자본가집단에게 부가된다고 보았다.

적 영향이 미친다고 보았기 때문이다(De Marco, 1936: 394). 나아가 국가부채규모는 국가의 재정관리 능력 또는 신용관리 능력의 범위 안에 있어야 한다고 주장한다.[40] 왜냐하면 국가가 부담하는 채무에 대한 '담보'는 국민의 소득과 정부의 담세력(擔稅力)에 기반을 두기 때문에 이 같은 정부의 재정건전성을 유지·관리하는 것이 매우 중요하기 때문이다(Salsman, 2017: 160). 마찬가지로 국가채무는 이자부담과 채무상환을 법적으로 강제할 수 있는 수단이 없으므로 민간채무와는 다른 접근방식이 요구되는데, 따라서 국가신용도는 국가채무관리에서 매우 중요한 개념이며, 이로부터 국가채무는 더욱 신중하고 체계적으로 관리되어야 한다고 보았다.

한편 할리 루츠(Harley Lutz, 1882~1975), 해롤드 몰튼(Harold Moulton, 1883~1965), 루트비히 폰 미제스(Ludwig von Mises, 1881~1973) 등 당대의 공공선택론자들은 시장개입에 대한 국가의 기본동기를 의심하면서 이에 대한 비판적 입장을 견지해 왔다(Salsman, 2017: 162). 우선 루츠는 1947년 저서 『Public Finance』에서 두 번의 세계대전과 대공황 이후 급격히 증가한 미국의 국가채무 현상을 지적하면서 국채발행을 통한 적자지출을 경기부양책으로 제시하는 케인지언 경제학은 중상주의 시기부터 지속된 국가통제주의(statism)의 부활에 불과하며, 전혀 '새롭지' 않은 기존 경제학의 연장으로서 모든 시민의 재산과 자유가 정부의 전횡에 타격을 받을 것이라고 비판한다(Salsman, 2017).

무엇보다도 루츠가 공공선택론의 선구자로서 일컬어지는 이유는 그가 정치경제학적 관점에서 민주주의 국가 특유의 재정편향을 짚어 내고 있기 때문이다(Salsman, 2017: 164). 즉 민주주의 국가는 정부지출의 조달과정에서 증세 또는 공공서비스 요금인상과 같은 방법보다 정치적으로 수월한 국채발행에 의존한다는 것이다. 대중에 의해 선출되는 정치인들은 선거를 인식하여 유권자들에게 직접 부담을 주는 세금인상을 기피하는 대신, 대중적이고 단기적인 요법

40) 여기서 국가신용(public credit)은 국가의 자금 동원능력을 의미하고, 부채는 그러한 신용을 이용한 금액을 의미하며, 이는 현재 국가채무의 논의에서 채무액보다는 GDP 대비 국가채무비율을 사용하는 것과 일맥상통한다. 즉 채무비율이 과도한 수준에 도달하면 관리하기 위험하듯, 국가의 재정관리 능력을 넘는 부채발행규모는 재정상 위험하다고 지적한다.

으로 부채발행을 선호한다는 것이다(Lutz, 1947: 609). 따라서 선거를 통해 선출되는 민주주의 정권일수록 증세보다 국채발행에 의존하는 '느슨한' 재정정책을 추구할 가능성이 높기 때문에 국가의 재정건전성이 악화되는 문제가 발생할 수 있다고 우려하였다(Lutz, 1945: 114).[41)]

그러므로 입헌적 제한정부(constitutionally limited government)가 전제정과 민주정의 연장선상에서 하나의 대안으로 볼 수 있는데, 이는 국가의 재정건전성을 확보하는 데 가장 적합한 정부형태라고 주장한다(Lutz, 1947: 696). 왜냐하면 민주정은 앞서 언급한 적자지출을 선호하는 재정편향이 발생하므로 부적절한 반면, 전제정은 국채를 상환하려는 신뢰할 만한 제도장치가 부재하므로 국가신용을 확보할 수 없는 한계를 가진다. 반면 '입헌적 제한정부'는 국가신용을 체계적으로 관리·유지함으로써 보다 손쉽게 차입할 수 있는 한편, 만성적 적자지출은 헌법상 제한 가능하므로 과도한 부채발행을 방지할 수 있다고 본다(Salsman, 2017: 164).

실제로 루츠는 1930년대 미국의 대공황처럼 국가위기상황에 직면했을 때 정치과정에서 '다수의 전횡'에 의하며 국가의 재정규율이 약화되면서 재정책임성도 약화되는 문제점을 지적한다. 가령 정부는 경제위기상황에서 경기부양과 실업을 포함한 복지재원을 적자지출을 통해 마련하는데, 이를 통제할 수 있는 '정치적' 방안이 없다는 문제가 나타난다. 따라서 국가재정운용에 대한 규율을 헌법 등으로 엄격하게 제한하지 않는 민주주의 국가는 부채발행을 통해 정부지출 확대를 시도할 근본적 '적자편향'을 가진다고 보았다. 이러한 루츠의 주장은 이후 공공선택론자들이 언급한 '재정환상' 현상과 일맥상통하며, 정치집단이 손쉽게 재정편익을 향유하려는 대중의 선호와 일치하여 정부의 재정지출 확대비용을 은폐하는 수단으로 국가채무가 활용된다는 논리와 연결된다. 따라서 증세보다 부채발행을 통한 적자지출을 선호하는 유권자들의 '비합리적' 행태가 지속되는 한 민주주의 국가에서 정부규모는 지속적으로 확대될 가능성이 높다고 볼 수 있다(Salsman, 2017: 165).

그러므로 루츠는 국가의 재정조달을 위하여 국채발행은 세금의 보조수단

41) 루츠는 "공짜 점심은 없다"는 표현을 통해 케인스학파의 적자지출을 통한 승수효과와 경기부양효과에 대하여 비판하고 있다(Lutz, 1947: v).

으로 제한해야 한다고 주장한다(Salsman, 2017: 167). 다만 예외적 경우로서 국채 발행은 첫째, 전쟁과 같이 일시적이고 즉각적인 지출수요가 발생하여 세금인상을 통한 재원조달이 적절하지 않은 경우, 둘째, 생산적이고 장기간 지속되는 공공자본재에 대한 투자를 위해 사용되는 사업에 한하여 이를 제한적으로 활용해야 한다고 보았다. 특히 후자의 경우, 케인스학파가 주장하는 적자지출 자체가 사회의 새로운 부를 형성하는 효과를 가진다는 논리에 대해서는 동의하지 않으나, 민간으로부터 부를 이전하여 생산적 공공재의 산출에 기여할 수도 있다고 인정함으로써 루츠의 인식은 고전학파의 기본입장과도 차이를 보인다(Salsman, 2017: 166).

나아가 루츠는 실업문제는 정부개입이 아닌 노동시장에서의 임금 하락과 조정을 통해 해결되어야 한다고 주장한다(Lutz, 1947: 697).[42] 가령 케인스학파는 경제위기상황에서 실업문제의 해결과 시장에서의 유동성 강화라는 두 가지 측면에서 정부의 적자지출을 정당화하며 이를 강조하였으나(Salsman, 2017: 169), 루츠는 1930년대 대공황 당시 낮은 설비가동률과 높은 실업률은 확장적 재정정책이 아닌 균형재정에 기반한 제한적 재정정책과 노동시장의 임금 하락을 통한 시장적 접근방식으로 해결되어야 했다고 주장하였다(Lutz, 1947: 686).

더욱이 루츠는 경제위기상황에서 시장유동성을 강화하기 위한 금융기관에 대한 대규모 재정지원은 오히려 국가채무를 급격히 증가시키며 금융시장에서 '구축효과'를 유발함으로 인하여 다른 유동자산의 가격을 심각하게 왜곡시킬 수 있다고 지적한다. 특히 국가채무의 규모가 크게 늘어날수록 시장은 정부의 통화가치 평가절하 가능성을 예견하면서 막대한 시장혼란이 야기될 수 있다고 우려한다. 따라서 루츠는 시장을 왜곡시킬 수 있는 대규모 재정지출과 국가부채를 가중시키는 재정정책보다 균형예산원칙에 기반하여 적절하게 재정운용을 적용하는 것이 결과적으로 국가경제에 긍정적으로 작용한다고 주장하였다(Salsman, 2017: 168).[43]

42) 자연실업률보다 낮은 수준의 실업률을 유지하기 위해서는 민간의 기대수준을 초과하는 지속적 인플레이션을 유발해야 하기 때문인 것으로 사료된다.

43) 가령 소득세를 인상할 경우, 1932년 미국 소비세 인상(Revenue Act of 1932)에서 발생한 효

실제로 루츠는 1945년 저서 『Guideposts to a Free Economy』에서 케인스학파가 주장하는 '기능적 재정(functional finance)'에 의해 미국의 국가재정은 근본적으로 손상되었다고 주장한다.44) 이때 루츠가 지적한 재정정책의 핵심 문제는 정부지출 그 자체로서 재정의 조달방식은 중요하지 않다는 점을 강조한다(Lutz, 1938). 그는 1930년대 당시 미국정부에서 추구한 '일시적' 적자지출의 패턴은 경로의존성으로 인하여 향후 재정지출에 영구적 '흔적'을 남겨 과대하게 늘어난 재정구조를 형성하게 되었다고 주장한다(Salsman, 2017). 이는 Peacock & Wiseman(1961)이 주장한바, 중앙재정통제로 인한 일시적 지출 증가의 '집중화 과정(concentration process)'과 지출 증가가 본래의 목적을 달성한 후에도 다른 목적으로 재정지출이 지속되는 '대체효과(displacement effect)'와 마찬가지인 것으로 볼 수 있다. 따라서 국채의 무제한 발행과 팽창적 통화정책은 지속가능하지 않으며 기본적으로 경제주체의 자유를 침해하는 위험한 정책이라 비판한다.

이러한 맥락에서 루츠는 1947년 저서 『Public Finance』에서 '부채나선(debt spiral)'의 문제를 제기한다. 즉, 과도한 재정지출이 지속적인 적자지출을 발생시킬 뿐만 아니라, 오히려 과도한 재정지출을 촉진한다는 것이다. 따라서 적자지출을 따라 발생한 비용을 감추는 수단으로 국채발행을 활용하게 되면서 정부는 점진적으로 재정활동에 따른 비용을 중요하게 인식하지 않는 문제가 발생되고, 결과적으로 정부의 재정지출에 대한 통제 상실로 이어지면서 과도한 재정지출이 지속된다는 것이다(Salsman, 2017: 167). 이처럼 루츠가 주장한 정치권과 정부에서 과도한 적자지출을 지속적으로 유발시키며, 정부의 재정지출 통제와 예산절감에 대한 유인 없는 정책운용에 대한 문제 제기는 추후 공공선택론의 핵심논의로 발전하게 된다.

이 같은 배경에서 루츠는 과도한 부채를 진 국가의 경우가 중앙은행에 국

과와 같이 추가적인 경제침체와 감당하기 어려운 생활수준의 하락이 우려된다고 보았다. 심지어 경기불황기에도 균형재정의 정책운영을 지지하였다. 그러나 경기불황기에 공공지출을 감축하는 것이 현실적으로 불가능하다는 점을 인지하고 소비세 인상을 통한 세입 증가를 주문하고 있다.

44) 이러한 개념은 러너가 정립하였으며, 팽창적 재정정책을 통한 정부의 가부장적인 역할을 강조하고 있다.

가채무를 '화폐화(debt monetization)'시키려는 유혹이 존재한다고 설명한다. 이러한 주장은 정부의 지출 증가로 인한 재정적자를 보전하기 위하여 정부가 중앙은행에 국채를 매각하는 조치를 의미하며, 양적완화를 추구하는 통화정책은 통화량 증대로 인한 인플레이션 발생과 부채규모 확대에 의한 기대 인플레이션 상승 등의 심각한 문제를 발생시킨다고 지적한다. 더욱이 루츠가 더 우려하는 부분은 이러한 조치가 중앙은행의 정치적 독립성을 극단적으로 훼손시킬 것이라는 점이다. 가령 미국 재무부와 연방준비제도이사회(FRB)가 '긴밀히 협력하는' 관계를 맺는다는 것은 재정당국과 통화당국이 서로에 대한 '견제와 균형'의 기능을 원활하게 수행하지 못함을 의미한다. 이 같은 지적은 정부의 재정정책과 시장에 대한 신용정책(credit policy)에서 중앙은행의 견제작용이 약화되는 것을 의미하므로, 오늘날 재정정책의 운용과정에 있어 매우 중요한 함의를 제공하고 있다(Salsman, 2017: 179).[45)]

나아가 루츠는 인플레이션 유발은 암묵적 디폴트임을 강조한다. 특히 루츠는 케인스학파가 이러한 정책에 찬성하는 이유가 바로 인플레이션이 '숨겨진 조세(hidden tax)'로 작동하기 때문이라고 비판했는데, 이는 인플레이션과 이에 따른 통화가치의 하락은 정부의 부채상환을 상대적으로 쉽게 만들어 주는 반면, 민간의 구매력 하락과 채권가치의 하락을 야기함으로써 실제로는 조세에 해당한다고 보았기 때문이다. 따라서 루츠는 공공선택론의 관점에서 '인플레이션 조세'는 명시적 세금과 달리, 조세저항에 직면하지 않기 때문에 과도한 국가채무의 부담을 덜어내는 데 유용한 정책수단으로 왜곡될 우려가 있다고 지적한다(Lutz, 1947: 531).

이로부터 루츠는 인플레이션과 과잉채무의 '역(逆)의 인과관계'를 짚어 내고 있다(Lutz, 1947: 628). 이는 인플레이션이 과도한 국가채무를 부분적으로나마 해소할 뿐만 아니라, 과도한 국가채무의 누적 자체가 인플레이션의 유발요인

45) 이러한 상황은 미국의 트럼프 행정부에서 연방준비제도이사회(FRB)의 통화정책 결정과정에 압력을 행사하며 경기부양을 시도하는 현상에서 나타나듯이, 2007~2009년 글로벌 경제위기 이후 전 세계적으로 통화당국에 대한 행정부의 영향력 행사가 더욱 강력하게 시도되는 것이 발견된다.

으로 작용할 수 있다는 주장으로서 정부가 상당한 규모의 차입을 하였다는 것은 결과적으로 민간에 그에 상응하는 통화량의 상승과 신용확장을 발생시킬 수 있다는 점에서 이 같은 조치가 인플레이션의 원인으로 작용할 수 있다는 것이다(Salsman, 2017: 180).

따라서 루츠는 재정적자를 줄이며 국가부채운용의 지속가능성을 확보하기 위하여 법적 지출제한과 증세정책을 주장한다. 특히 증세정책을 추진하게 되면, 시민들이 선택하는 정부의 재정지출이 자신들에게 어떠한 비용부담을 발생시키는지 그에 대한 인식을 환기시키게 되고 이로부터 정부의 무분별한 추가지출은 방지하고, 추가세입으로 부채감축을 달성할 수 있다는 장점이 나타난다. 더욱이 무분별한 국채발행과 그에 따른 암묵적 또는 명시적 채무불이행의 방식은 오직 일부 채권자들에게만 비용이 집중되지만, 세금은 부담범위가 보다 넓게 분포하며, 사회의 다양한 계층에게 골고루 분배되므로 비용과 편익의 일치를 통한 보다 효율적인 재원운용을 달성할 수 있다.

한편 해롤드 몰튼(Harold G. Moulton)은 전통적인 고전학파의 재정건전성 원칙과 케인스학파의 진보적 구상을 비교하면서 케인스학파의 문제점을 다음과 같이 지적한다. 케인스학파는 대규모 국채발행이 경제번영과 완전고용을 위한 국가자산의 증가라고 주장하면서 낙관적 견해에 기반하여 공공재정의 운영을 느슨하게 만들고, 이들의 내부문제를 은폐시킨다고 비판하였다(Moulton, 1943: 1). 다만 몰튼이 적자지출 자체를 반대한 것은 아니지만, 잠재적 세입기반(revenue possibilities)을 넘어선 과도한 적자지출을 반대하면서 케인스학파가 자본가집단에 대한 공공연한 적대감을 가지고 팽창적 재정정책을 통하여 반(反)자본주의적 정책운영을 도모한다고 이를 경계하였다(Moulton, 1943: 66; Salsman, 2017: 182).

뿐만 아니라 국가채무의 누적으로 인하여 발생하는 인플레이션을 방지하기 위하여 정부가 부분적 채무불이행과 디폴트 등 전제주의(專制主義) 국가체제의 정책을 추진하게 될 것이라고 비판하였다. 이처럼 몰튼은 강력한 국가통제보다는 자유국가를 선호하는 가운데, 제도상 제한받지 않는 민주주의 정치체제는 결과적으로 느슨한 공공재정의 관리·운영을 도모하게 됨으로써 비효율적이고 무책임한 재정관리 양상과 그에 따른 부채문제를 지적하고 있다(Moulton, 1943: 13).

한편 자유주의 시장체제를 선호하는 오스트리아 경제학자 루트비히 폰 미제스(Ludwig von Mises, 1881~1973)는 장기간 지속되는 국가채무를 시장경제를 교란하는 요인으로 간주하고, 국채발행은 부의 재분배 또는 세대 간 비용전가 문제를 유발하며, 민간투자와 소비, 저축 등에 인위적 변화를 발생시키고, 시장왜곡의 효과를 발생시키는 점을 우려한다(Mises, 1949). 가령 정부는 국채발행을 통하여 투자자로 하여금 경기변동성이 높은 시장경제의 위험을 부담하면서 수익을 창출하지 않더라도 '안전하고 안정적' 수익을 낼 수 있는 대안으로 이를 활용하는 경우가 나타난다. 그러나 민간의 투자손실은 그에 대한 위험부담을 감수하며 비용을 지불하는 대신, 정부는 이러한 시장원리에서 벗어나 재정지출을 늘릴 수 있어 공공부문의 비효율성은 별다른 비용부담 없이 이를 지속적으로 발생시키는 특성이 있다. 따라서 정부는 금융시장에서 국채발생을 통하여 자신의 비효율적 자원배분의 비용부담을 민간부문에 전가시키며, 이들의 시장유인을 왜곡시킴으로써 자원배분의 비효율성과 책임문제를 심화시킨다(Salsman, 2017: 184).

이같은 문제를 개선하기 위하여 미제스는 과도한 국가채무를 감축하기 위한 방안으로 신속한 부채상환을 강조한다. 그러나 과잉부채를 발생시킨 정부가 국채에 대한 이자비용을 과연 성실하게 부담할지, 증세 또는 지출삭감을 통해 국채를 신속히 상환할 것인지에 대해서는 낙관적 기대를 가지기 어렵다고 보았다. 왜냐하면 국가는 비효율적으로 운영될 수밖에 없기 때문에 국채의 원금 및 이자상환을 위한 재정수지 흑자를 낼 수 있는 역량이 부족하다고 보았다. 오히려 정부는 케인스학파가 제시하는 인플레이션에 의한 암묵적 채무불이행 또는 자본과세(capital levy)를 통하여 재원확보를 추구할 가능성이 높기 때문에 이러한 정책은 경제질서를 파괴하는 행위와 같다고 비판한다(Salsman, 2017).

이와 같은 비판의 배경에는 미제스가 다른 공공선택론자들과 마찬가지로 민주주의 정치에서 나타나는 국민들의 정치적 단견과 자본가(채권자)집단에 대한 정치혐오에서 비롯되고 있다. 그리고 국가부채는 정치인과 관료들의 정치수단으로 활용되는 가운데, 상당한 부채를 진 정부가 오히려 자본가집단에 대한 대중의 편견과 혐오를 악용하여 국채발행의 비용을 이들에게 전가시킬 수 있는 기회주의적 유인이 작용할 수 있음을 심각하게 우려한다. 나아가 미제스는 케인스학파처럼 이른바 '거짓된 경제학적 이념'들이 민주주의 정치과정을 통하여 대중들에게 지나친 정부의 역할 증대를 정당화시키며, 국가부채의 문제를 심화시키는 데 기여하였다고 비판하면서 오늘날 현대국가가 당면한 국가부채의 상황이 더욱 심각해질 것을 경계하였다(Salsman, 2017: 188).

3.2 공공선택론의 전성기: 뷰캐넌의 등장(1958~현재)

제임스 뷰캐넌(James M. Buchanan, 1919~2013)은 공공선택론을 체계적으로 정리하고 확산시킨 대표학자로서 국가채무에 대한 관심이 매우 높았다(Salsman, 2017). 국가채무에 대한 뷰캐넌의 접근방식은 국가채무의 규범적 측면이 아닌 실증분석에 중심을 두었으며, 부채의 발생결과보다는 원인규명에 초점을 맞추고 이를 분석대상으로 논의하였다. 특히 뷰캐넌은 케인스학파의 부채 논리가 경제적으로 비효율적일 뿐만 아니라 채권자-채무자 관계에도 악영향을 미치며, 인플레이션이라는 왜곡된 의사결정구조를 야기한다고 주장하면서(Buchanan, 1987), 케인스학파가 주장한 국가채무의 주요 명제 세 가지를 다음과 같이 비판하였다(Buchanan, 1958: 15). 첫째, 케인스학파는 지출의 출처 여부를 불문하고 적자지출의 발생시점을 기준으로 현세대만이 이에 대한 비용을 부담한다고 주장하면서 부채부담을 아직 태어나지 않은 미래세대에 전가시키는 것은 자산의 이전 없이는 불가능하다고 보았다. 그러나 뷰캐넌은 부채는 이자비용 등을 통해 미래세대에게도 부담이 전가된다고 주장하며, 국가채무를 '이연된 조세'로 간주하였다. 특히 이 같은 결정은 아직 출생하지 않은 미래세대들은 의사발언권이 없기 때문에 이들의 권리와 주장을 반영하지 않고 일방적으로 비용부담을 전가하는 행위라고 지적하였다(Buchanan, 1958: 26-27).

둘째, 케인스학파는 국가채무는 낮은 비용을 영구적으로 늘릴 수 있다고 주장하였으나, 국가채무는 본질적으로 가계부채와 전혀 성격이 다르므로 이 같은 주장은 잘못된 것이라고 비판하였다. 가령 가계부채의 경우, 이자비용 등 실질부담이 발생하므로 채무자는 반드시 소비나 저축을 줄여야 되기 때문에 실질구매력이 채권자로 이동한다. 그러나 국내에서 발생된 국가채무의 경우, 부채에 대한 권리를 주장하는 채권자와 이자부담을 지는 납세자가 기본적으로 같은 사회의 구성원이기 때문에 국가채무의 규모가 늘어날수록 이들 모두 이자비용을 부담해야 하는 상황이 나타난다(Salsman, 2017: 194).[46)]

나아가 완전고용 상황에서 국내발생 국가채무는 민간 소비와 투자를 구축하는 문제가 나타날 수 있다(Buchanan, 1958: 38-57). 왜냐하면 민간에서 국채를 구매하면서 이들의 가용자원이 줄어들기 때문에 민간에서 정부부문으로 자원의 이전이 발생하지만 부의 총량은 달라지지 않기 때문이다. 따라서 국공채 역시 민간에서 발행된 채권과 마찬가지로 채무자에서 채권자로 부의 이전은 있을 뿐, 부의 총량은 변하지 않기 때문에 부채발생으로 반드시 부가 창출된다고 기대하기는 어렵다.[47)]

셋째, 케인스학파는 국가채무를 내국인 또는 외국인이 소유하는지에 따라 중요한 차이점이 존재한다고 주장하면서 국내부채는 단순한 국가 내부구성원의 거래로 상정하였다. 다만 외국인들이 국채를 소유할 경우, 거래의 대상이 외부에 존재하기 때문에 '국부유출'이 발생하는 점을 지적하면서 이자지출에 따른 '국부유출'로 인하여 미래세대의 자원이 줄어드는 효과가 있기 때문에 외채는 재정적으로 위험하며 가능한 피해야 하는 정책방안으로 간주하였다(Salsman, 2017: 199). 그러나 뷰캐넌은 이같은 주장 또한 문제가 있다고 지적하면서 이들의 오류를 가장 강력하게 비판하였다. 왜냐하면 뷰캐넌은 근본적으로 내국채와 외국채 간 차이가 크게 없다고 보았기 때문이다(Buchanan, 1958: 9-10). 실제로 외국채는 국외로 이자지출이 발생하면서 부의 감소를 가져오지만 내국채

46) 다만 뷰캐넌은 법률적 측면에서 민간과 공공이 같지 않다는 점을 간과했다(Salsman, 2017: 198). 민간채무자와 달리 정부는 세금을 부과할 수 있고, 화폐발권을 할 수도 있기 때문에 다양한 부채상환 도구를 활용할 수 있다는 것이다.

47) 이전에 언급하였듯이 뷰캐넌도 국가채무가 '생산적으로' 활용되지 않을 것으로 가정하고 적자지출을 통한 새로운 부의 창출을 기대하지 않고 있다.

또한 민간의 투자와 소비기회를 제약함으로써 이들의 구축효과에 따른 자원 감소의 문제를 제기하였다. 다만 부채의 국내 또는 국외 소유는 이자율 등 소유권 외의 다른 중요한 차이를 고려하고, 종합적 시각에서 이를 비교·분석해야 한다고 주장하였다(Buchanan, 1958: 60~61).

이처럼 뷰캐넌은 앞의 케인스학파의 주요 명제 세 가지를 반박하면서 당시 널리 확산된 케인스학파의 이론적 한계를 지적하고, 국가채무에 대한 대중의 인식전환을 유도하고자 노력하였다. 특히 뷰캐넌은 정부가 세금이 아닌 부채발행을 통해 재정지출을 늘려 나가면서 관련 비용을 과소평가하는 '공공부채 착시'(public debt illusion) 현상과 이를 조장하는 정치적 유인체계를 지적하며, 이를 강력히 비판하였다. '공공부채 착시' 현상은 '재정환상'처럼 시차에 의한 예산제약(inter-temporal budget constraint)을 인지하지 못하는 유권자의 착각에서 비롯된 현상으로 현재의 지출에 따른 편익을 과대평가하는 반면, 미래에 발생하는 증세 등의 비용을 과소평가하는 현상을 의미한다(Salsman, 2017: 202).

이로부터 뷰캐넌의 '공공부채 착시' 현상에 대한 지적은 공공선택론에서 상당한 반향을 일으키며(Salsman, 2017: 203), 규범적 연구보다는 실증연구를 지향하는 논의로 발전하였다. 특히 케인스학파 등에서 가정한 정부와 관료의 이타적이고 공익지향적 행태와 인간에 대한 기본전제가 비현실적임을 지적하고, 정치권과 관료들 또한 사익추구적 행위자로 상정함으로써, 현실적이고 합리적인 연구명제를 발표하게 된다. 따라서 이 같은 '부채에 대한 착시현상', 즉 '환상'을 인식하지 못했다면 정부의 규모팽창과 부채의 과도한 누적은 오로지 유권자의 선택에 의한 결과로 볼 수 있겠으나, 공공선택론은 부채발생과 누적의 역학을 의사결정과정을 둘러싼 정치인과 관료, 유권자들의 이해와 관련 정치제도를 비롯한 행위자와 제도의 동태적 상호작용으로 분석하고, 이들의 원인과 결과를 규명하고자 시도하였다(Salsman, 2017: 203).

실제로 많은 공저를 남긴 뷰캐넌과 리처드 와그너(Richard E. Wagner, 1941~)는 그들의 저서 『Democracy in Deficit』을 통하여 케인스학파가 정부의 재정팽창을 합리화했다는 점을 비판하면서(Buchanan & Wagner, 1977) 케인스학파가 경기불황에 대응하기 위해 처방한 적자지출과 감세정책이 경기호황으로 이어지고, 다시 균형재정을 이루기 위해 지출감축과 부채축소로 연결되는 정치적 고리는 불확실하며, 오히려 부채감축을 추진하는 동력은 약하다고 주장하였다. 반면 이 과정에서 균형재정 등 국가주의의 확산을 견제할 수 있는 제도가 사라지기 시작했으며, 대표적으로 금본위제가 1914년부터 점진적으로 축소된 후 1971년 폐지된 데는 케인스주의자들의 영향력이 있었을 것이라고 주장하였다.[48] 왜냐하면 금본위제 폐지에 따라 중앙은행이 상대적으로 쉽게 화폐를 발행할 수 있게 되면서 이에 따른 인플레이션이 화폐의 실질가치를 절하시킴으로써 국가채무의 부담도 줄일 수 있다고 보았기 때문이다.[49]

실제로 뷰캐넌과 와그너는 이러한 현상을 미국의 사례를 제시하며 다음과 같이 설명하였다(Buchanan & Wagner, 1977). 먼저 1897년과 1936년 사이 발생한 인플레이션은 116% 상승한 반면, 케인스의 『일반이론(The General Theory)』이 발간된 1936년과 뷰캐넌과 와그너의 저서가 발간된 1977년 사이 인플레이션은 345% 발생되면서 이전 기간 대비 3배가량 높은 증가율을 보이고 있다(Salsman, 2017). 반면 명목GDP는 1936~1977년 사이 24배 증가한 반면, 이전 40년 전인 1897~1936년 동안은 5배 증가하였고, 명목 국가채무는 1936~1977년 사이 21배 증가하였으나 인플레이션의 효과로 명목GDP 대비 국가채무비율은 오히려 하락한 것처럼 보여질 수 있다고 설명한다. 그러므로 인플레이션이 명목GDP성장률보다 높을 경우, 실질적으로 부채가 증가하더라도 GDP 대비 국가채무비율은 오히려 감소하는 '눈속임' 효과가 발생한다는 것이다(Buchanan & Wagner, 1977).

이처럼 뷰캐넌과 와그너는 채무자인 정부가 부채의 가치하락을 발생시키는 인플레이션 정책을 추구하는 잘못된 유인구조를 지적하면서 이를 '이해충돌'의 문제로 규정짓고 있다(Salsman, 2017: 207). 뷰캐넌과 와그너는 정부가 무책임한 적자지출과 무분별한 부채누적을 발생시키면서 이를 해소하기 위해 인플

48) 금본위제는 화폐단위의 가치와 금의 일정량의 가치가 등가관계를 유지하는 제도이다. 일반적으로 경제적으로 편리한 화폐를 유통시키고, 금은 중앙은행에서 보유한다.

49) 특히 인플레이션은 국가채무를 실제보다 적게 보이게 하는 반면, 부채의 비용부담은 널리 분산되기 때문에 간접적인 채무불이행이 발생한다고 보았다.

레이션을 유발시키는 가운데 정작 그 책임을 다른 곳으로 전가시키며, 선거에서 이에 대한 정치적 책임도 피해 갈 수 있는 왜곡된 정치구조가 존재한다고 지적한다(Salsman, 2017: 207). 또한 뷰캐넌과 와그너는 인플레이션을 통한 암묵적 채무불이행을 경제문제만이 아닌 도덕적이며 윤리적 문제로 인식한다(Buchanan, 1987). 가령 뷰캐넌과 와그너는 다른 경제학자들이 국가채무와 정부의 재정운용 행태를 관련 행위자들의 도덕적이고 윤리적 요소를 경시하며 정부의 적자지출을 선호한다고 비판하였는데, 대표적으로 뷰캐넌은 재정적자의 급격한 증가는 그 사회의 도덕적 해이가 심각해지고 있다는 것을 보여 준다고 지적한다. 이처럼 '합리적 사익'을 추구하는 관료들이 근시안적이며 기회주의적 행태를 일삼고, 국가재정의 건전성을 훼손하며 무책임하게 재정지출을 늘리는 것은 국가재정과 자원관리의 정치경제적 책임뿐만 아니라, 이에 대한 도덕적·윤리적 태도와 관련된 것이라고 주장하며, 이 같은 현상을 강력하게 비판한다(Buchanan, 1985).

뷰캐넌의 가장 큰 학문적 기여는 바로 국가운용주체이자 의사결정자들을 이상적 존재가 아닌 '경제적 인간'으로 인식하며, 이들의 사익추구적이고 권력지향적 행태를 현실과 부합시켜 실제적으로 논의함으로써 강력한 학문적·이론적 논거와 설명력을 제공하며, 정치경제학의 새로운 지평을 열었다는 것이다(Buchanan, 1987). 이 같은 맥락에서 뷰캐넌은 국가채무를 집중적으로 거론하며, 채무발생이 단순히 경제성장과 발전에 기여하는지 여부를 넘어 세대 간 비용부담과 책임에 대한 도덕적·윤리적 가치를 제기하며, 이에 대한 실증적 논의를 불러일으킨 점 또한 상당히 주목할 대목이다. 또한 뷰캐넌은 재정제도와 재정규율이 국가채무에 미치는 영향과 그 역할을 논의함으로써, '제도선택론(institutional choice approach)'의 발전에도 많은 업적을 남겼다(Buchanan, 1987: 256).[50]

50) 실제로 뷰캐넌은 역사적으로 민주주의 정부는 재정운용의 측면에서 높은 점수를 줄 수 없다고 하면서, 국가부채와 재정운영에 관한 강력하고 실질적인 제도의 역할과 기능이 뒷받침되지 않는다면 정책실패가 반복될 가능성이 크다고 주장하며, 재정관리제도의 중요성을 강조한다(Salsman, 2017: 209).

한편 제프리 브레넌(Geoffrey Brennan, 1944~)은 국가채무는 궁극적으로 증세로 연결될 수밖에 없다고 주장하면서, 공공선택론의 관점에서 인구분포의 변화는 국가채무의 수준을 결정하는 중요 요인이라고 강조하였다(Brennan, 2012). 특히 늘어나는 중장년층은 상대적으로 소득이 높기 때문에 세금을 올리는 것을 반대하며, 세금 대신 국가부채의 발행을 선호하는 반면 청년층은 소득이 낮기 때문에 국가부채보다 세금인상을 선호한다고 주장하였다(Salsman, 2017). 이와 함께 브레넌은 중장년층이 크게 증가하는 고령화로 인하여 국가채무도 늘어나는 현상을 지적하였는데, 이는 와그너가 '재정공유지의 비극(tragedy of the fiscal commons)'으로 비유한바, 아직 태어나지 않은 미래세대가 공유지를 미리 소비해 버린 현세대에게 부채를 이전받는 불공평한 현상과도 일맥상통하는 것으로 설명된다(Wagner, 2012).[51)]

요약하면 공공선택론은 기본적으로 국가채무를 왜곡된 정치경제적 구조에서 발생한 '이연된(deferred) 조세'로 인식한다. 따라서 민주주의 사회에서 정치적 지지를 얻기 위해 정치가들이 조세부담을 최소화하는 대신 국가채무를 늘리면서 수혜자인 현세대가 발언권을 갖지 못한 미래세대로 비용부담을 전가시키는 행태를 강력하게 비판한다. 특히 공공선택론은 '부채귀착(debt incidence)'과 '부채착시(debt illusion)' 현상을 지적하며, 이들의 의사결정과정에서 나타나는 비합리적이고 사익추구적 행태를 제어하는 제도의 역할을 강조한다. 이때 '부채귀착'은 국가채무로 인하여 그에 대한 비용부담은 결과적으로 '이연된 조세'의 성격을 가진다는 점을 지적하며, 이후 세대에게 그 비용부담이 전가될 것을 우려한다. 또한 '부채착시'는 현세대가 증세보다는 부채에 기반한 적자지출을 통하여 상대적으로 낮은 세금으로 그보다 많은 공공재의 소비혜택을 누리면서 그에 대한 비용부담을 상대적으로 낮게 인식하는 현상을 지칭한다.

따라서 이 같은 정책결정에 따른 국가채무의 발생은 결과적으로 국가재원의 배분과정에서 비용과 혜택의 절연에 따른 과소비를 유발하며, 비효율적 재원배분을 야기할 뿐만 아니라 사회 내, 세대 간 형평성의 문제를 내재한다

51) 이 같은 문제는 근본적으로 정부권력이 제대로 통제되지 않는 정치제도의 한계에서 비롯된다고 본다(Salsman, 2017: 211).

(Salsman, 2017: 214). 특히 공공선택론은 '재정공유지(fiscal commons)' 딜레마를 통하여 지속적인 적자지출에 따른 세대 간 비용전가 문제를 지적하면서 이를 제도적으로 해결하지 못한다면 현대국가의 재정이 피폐화될 것을 우려하며, 국가재정운용에 대한 보다 신중하고 현실적 논지를 제공한다. 따라서 공공선택론자들은 헌법개정을 통한 균형재정의 규율, 금본위제로의 복귀, 그리고 선거제도를 비롯한 정치구조 및 제도개선이라는 전통적이면서도 제도적인 해결방안을 제시한다(Salsman, 2017: 215).

3.3 공공선택론과 실증연구(1980~현재)

공공선택론의 다른 한편에서는 예산과 재정정책의 결정과정을 선거전략의 관점에서 정치인의 당선 가능성을 높이기 위한 투표극대화(vote maximization) 논리로 설명한다. 또한 포획이론(capture theory)은 정치인과 관료를 비롯한 정책결정자들이 특정 이익집단에 의하여 정치경제적으로 포획되는 현상을 설명함으로써 유권자와 관련 이해관계자의 이익과 이데올로기 성향에 영향을 받으며, 정치상황에 보다 유리한 재정정책과 정책수단이 결정되는 과정을 분석함으로써 정부지출에 영향을 미치는 요인들을 규명한다(Kalt & Zupan, 1984). 이 같은 논의에서 정부의 재정지출 또한 정치적 의사결정의 결과물이지만, 관련 행위자들에게 영향을 미치는 제도에 관한 논의는 학자들에 따라 다양한 관점이 제기된다.[52)]

이와 함께 1980~1990년대에 접어들면서 서구 민주주의 국가들에서 급격한 재정지출의 증가가 나타나면서 이를 실증적으로 분석하려는 공공선택론의 논의들이 활발하게 등장하기 시작한다(McCormick & Tollison, 1981; Meltzer & Richard, 1978; Mueller & Murrell, 1986). 이 가운데 공통적으로 나타나는 연구결과는 바로 예산결정과정에 참여하는 이익집단의 수가 늘어날수록 정부의 재정지

52) 가령 North(1990)의 "제도가 중요하다(Institutions matter)"는 논의부터 Becker(1983)는 "제도는 결과와 무관할 수 있다는" 입장, 그리고 Peltzman(1984)과 같이 "제도는 관련성이 있으나 제도는 이해관계에 의해 결정된다"고 하는 주장에 이르기까지 다양한 의견이 존재한다.

출도 늘어난다는 점이다. 가령 Grossman & Helpman(1996)은 이익집단의 규모와 구성원의 결집력에 비례하여 정치적 영향력이 상대적으로 클 경우, 투표극대화를 추구하는 정치인은 이들의 이익을 대변하는 방향으로 예산배분을 선택한다고 주장한다. 왜냐하면 목표함수가 다른 이해관계자들의 참여가 늘어나면서 이들의 정치전략과 대응에 따른 예산배분의 결과로서 관련 예산의 규모 또한 늘어나는 결과가 나타나며, 경기순응적 재정정책과 재정정책의 맥락에서 이들의 논지도 더욱 효과적으로 활용될 수 있기 때문이다(최승문, 2014). 또한 정당정치의 특성과 마찬가지로 관련 이익집단이 가지는 목적함수의 차이가 클수록 정책조정비용 또한 높아지므로 재정정책의 결정과 대응이 지연되면서 이에 따른 정책시차가 커짐으로써 재정의 구조조정 속도 또한 느려질 가능성이 커진다. 결과적으로 정부지출의 구조조정이 어려워지면서 국가채무도 개선되기보다는 오히려 악화되는 효과가 나타난다.

한편 Potters & Sloof(1996)는 이익집단정치와 정책과정의 효과성을 분석하면서 다음의 일곱 가지 요인들이 이익집단정치의 효과를 높인다고 주장한다. 첫째, 선거자금과 로비는 정치인의 행태를 변화시키고, 특히 분야가 협소하고 대중적 가시성이 낮은 법안이 정치적 목적을 달성하는 데 더 효과적이며, 둘째, 이념적 성향이 큰 집단일수록 유사한 성향을 가진 정치인을 정치적으로 집중 지원할 유인이 높고, 셋째, 조직화되고 회원 수가 많은 이익집단일수록 이들의 정치적 영향력은 크며, 넷째, 공공정책 변화에 따라 발생하는 이익과 정치적 활동의 수준은 정(+)의 관계이고, 다섯째, 정책결정과정의 잠재적 참여자 수, 집중화의 정도와 정책과정에서 이에 따른 영향력은 다소 모호하고, 오히려 무임승차자의 문제가 더욱 깊이 나타나며, 여섯째, 해당 집단과 대립하는 그룹의 존재와 정치적 활동은 해당 그룹 정책 분야의 영향력에 부(−)의 영향을 미치고, 일곱째, 정치에 대한 유권자의 모니터링과 관심은 이익집단정치에 부정적 영향을 미친다고 주장한다. 이러한 결과는 재정정책 분야에서도 적용될 수 있으며, 지역예산정치(pork barrel)에 관한 논문에서도 제시되고 있다(Alvarez & Saving, 1997).

그중에서도 재정정책과 정치제도의 관계를 연구한 페르손(Persson)과 타벨

리니(Tabellini)를 필두로 이에 대한 다양한 분석기법을 통하여 정치체제가 재정정책과 국가채무에 미치는 영향을 분석한 연구들이 점차 늘어났다. 예를 들면 Persson, Roland, & Tabellini(2000)는 의회정치(parliamentary regime)와 비교하여 대통령제(presidential regime)는 상대적으로 입법적 응집력(legislative cohesion)은 작지만, 행정부가 입법부와의 '견제와 균형' 관계를 통하여 정부지출의 규모와 구성에 영향을 미친다고 주장한다. 따라서 의회정치의 권력구조는 연합정치구도에 따라 다수를 위한 자원배분을 추구하고, 적정수준의 공공재를 제공함과 동시에 정치인들에게는 지대를 제공한다고 보고 있다. 반면 대통령제 권력구조는 정치적 영향력을 보유한 일부 소수의 이익집단을 위한 재정지출과 낮은 수준의 공공재를 공급하며, 정치인들에게 보다 높은 지대를 재분배한다고 주장한다.

따라서 Persson, Roland, & Tabellini(2000)는 대통령제보다 의회정치의 정부규모가 더 크다고 주장하였으며, 실증분석에서도 그와 같은 연구결과가 나타난다고 제시하였다. 실제로 이들 연구에 따르면, 54개 국가의 재정통계를 분석한 결과, 의회정치형은 평균적으로 대통령제보다 GDP의 17~18% 수준이나 높은 재정지출을 하는 것으로 나타난다.[53] 물론 정치체제와 무관한 다른 경제적·사회적 변수로 인하여 재정지출이 증가할 수 있기 때문에 Persson, Roland, & Tabellini(2000)는 소득, 경제 개방성, 인구통계학적 변수를 통제하여 정치제도와 재정정책의 관계를 분석하였고, 이러한 결과에서도 대통령제가 의회정치보다 재정지출의 수준이 GDP의 10%가량 낮은 것으로 나타났다.[54]

나아가 Persson & Tabellini(2003)는 대통령제가 정부와 의회의 견제와 균형 관계로 인하여 '예산 나눠 먹기'가 쉽사리 이루어지기 어려운 정치체제라고 주장한다. 왜냐하면 대통령제가 가지는 정치적 불안정성으로 인하여 의원내각제보다 신속하고 원활한 예산심의와 확정이 어렵고, 의회에서 여소야대의 구도가 형성되면 정부가 재정정책 결정과정에서 조세수입의 확대로 인한 지대를

53) 본 연구대상인 54개 국가 중 30개 국가는 의회정치체제이고, 24개 국가는 대통령제 국가이다.

54) 이는 중앙정부지출이 아닌 일반정부지출 통계자료와 통제변수를 달리하여 분석을 시도한 Persson & Tabellini(1999b)의 결과와도 유사한 것이다.

추구하기 어렵기 때문이다(김정훈, 2017). 따라서 대통령제는 조세수입의 확대를 제한할 가능성이 높기 때문에 복지지출의 증가와 인구구조의 변화 등 사회변동에 적극적으로 대응하지 못할 가능성이 높다고 분석한다.[55] 이러한 결과는 Persson(2003)의 의원내각제의 경제적 성과가 대통령제 또는 비(非)민주주의 정치제도보다 우월하다는 연구결과와도 일치한다.

한편 Alesina & Tabellini(1992)는 많은 국가에서 발생하고 있는 국가채무의 문제는 민주주의 제도상의 문제가 아니라, 민주주의적 합의절차의 부재에서 비롯된다고 주장한다.[56] 민주주의 국가에서 적자편향성(deficit bias)과 부채누적의 문제가 지속적으로 발생하는 이유는 시민들의 단견(myopia) 때문이 아니라, 국가의 역할을 포함한 재정정책의 방향성에 대한 의견불일치(disagreement)에서 비롯된다고 주장한다. 실제로 Alesina & Tabellini(1992)는 많은 선진국에서 적자편향성이 발생되는 요인을 분석하면서 다음과 같은 세 가지 특성이 나타날수록 재정적자와 국가채무는 더욱 높게 나타난다고 전망하였다. 이를 살펴보면, 첫째, 정권교체에 따른 정치적·정책적 편차가 클수록, 둘째, 현 정권의 재임 가능성이 낮을수록, 셋째, 공공소비의 하락세가 더욱 강하고 급격하게 나타날수록 재정적자와 국가채무의 규모가 더욱 크게 나타난다는 것이다.

이 같은 주장은 정치인들은 공공지출을 감축하지 않거나 그 증가세를 줄일 수 없으며, 선거를 통한 정권교체 가능성이 높을수록, 그리고 정당 간 정치적 경쟁이 심할수록 국가채무의 문제는 더욱 심각해질 수 있다는 것을 의미한다. 실제로 이러한 논의는 부의 재분배를 위한 대중의 요구로 인하여 국가채무가 발생한다고 주장하는 Cukierman & Meltzer(1989)의 분석과도 같은 선상에 있다. 재정정책의 대중적 편향성은 동일세대 간의 문제일 뿐만 아니라 세대 간의 문제로도 이어지는데, 특히 국가채무는 정부의 공공서비스 증대를 선호하되 세금을 통한 증세를 선호하지 않는 현세대가 무임승차를 하면서 이에 대한

55) 다만 이들은 대통령제 고유의 문제라기보다는 정치제도가 체계적으로 구축되지 못한 환경에서 나타나는 제도운영상의 문제일 수 있다고 지적한다.

56) 이탈리아의 대표적인 재정학자 알레시나(Alberto Alesina)는 여러 공저자들과 함께 국가채무에 대한 유용한 실증적인 연구를 진행하고 있다.

비용을 후대에 전가하는 형태로 나타난다는 것이다.

그러므로 Cukierman & Meltzer(1989)는 확장적 재정정책을 통한 적자지출을 선호하는 현재 유권자들의 행동은 미래세대에게 부담을 이연시키는 결과로서 현세대가 발생시킨 국가채무를 미래세대에게 상환시키게 하는 것과 같다고 주장하였다. 특히 현세대의 부의 축적이 적어 미래세대에 물려줄 자산(bequest asset)이 적으면 적을수록 적자지출을 선호한다고 보았으며, 이 같은 국가채무의 증가는 당파적 차이를 보이지 않으며, 특히 미국에서 대규모 국가채무가 축적된 시기는 역설적으로 재정보수주의(fiscal conservatism)를 표방한 공화당의 집권시기인 1981~1989년(레이건 정부)과 2002~2009년(부시 정부)이었음을 강조하고 있다(Cukierman & Meltzer, 1989: 730-731).

그렇다면 '왜 미국의 레이건(Ronald Reagan) 정부와 부시(George W. Bush) 정부와 같은 보수정권이 오히려 심각한 국가채무의 문제를 발생시켰는가?'라는 질문이 제기되는데, Persson & Svensson(1989)은 보수적 정부는 비록 표면적으로는 낮은 수준의 재정지출을 선호하지만, 정치적 전략 차원에서 공공지출의 확대를 추구한다고 주장한다. 특히 보수적 이념의 정부가 낮은 공공지출 수준을 고집할 경우, 다음 선거에서 높은 공공지출을 공약하는 다른 정당에 의해 교체될 가능성이 크기 때문에, 실제로는 정치공학적인 계산을 하지 않는 보수정부의 지출수준과 그러한 정부를 교체하기 위해 대안을 제시하는 다른 진보정당의 높은 지출수준 사이의 중간 정도의 정부 지출규모를 추구한다는 것이다.

한편 Alesina & Tabellini(1990)는 국가채무는 시간이 경과되면서 세대 간 소득재분배 수단으로 작용하며, 조세에 의한 자중손실(the deadweight losses of taxation)을 최소화하는 수단으로 기능한다고 주장한다. 이들은 뷰캐넌이 주도적 역할을 한 공공선택론의 영향을 받아 재정정책의 목표는 소비자의 후생극대화를 추구하는 공익지향적 정책집단이 아닌 정권획득을 위하여 경쟁하는 사익추구적 정치집단에 의해 결정된다고 가정한다. 다만 Alesina & Tabellini(1990)는 공공선택론이 내세운 '예산적자의 정치경제학(the political economy of budget deficits)'에서 주장하는 핵심 내용, 즉 재정환상(fiscal illusion)과 유권자들의 비합리성(voters' irrationality) 개념에 의존하지 않는 대신, 의사결정과정에서 시장정보와 미래예측의 활용을 극대화한다는 합리적 기대론(rational expectation theory)에 관한 신고전주의적 논의와 사익추구적인 정치인의 행태에 관한 공공선택론의 가정을 조화시켜 새로운 국가채무이론을 발전시키게 된다.

그중에서도 Alesina & Tabellini(1990)의 대표 명제는 현 집권세력이 다음 선거에 영향을 미치기 위하여 전략적으로 국가채무를 활용할 가능성이 크다는 것이다. 이렇게 재정정책이 선거공학의 정책수단으로 활용될 경우, 국가채무의 균형점은 사회의 최적수준보다 높게 책정되며, 지속적인 적자편향성이 발생하게 된다. 실제로 Alesina & Perotti(1995)는 OECD 회원국가들이 1970년부터 밝혀진 1990년 동안 높은 부채를 축적한 원인을 규명하는 연구를 진행하였다. 이로부터 흥미로운 사실은 일부 고소득 민주주의 국가가 다른 유형의 정치체제와 비교하여 국가채무비율의 수준이 2배가량 높다는 연구결과를 제시한 것이다.[57)]

특히 Alesina & Tabellini(1990)가 주목하는 연구결과는 정당 또는 사회단체간 정치적 갈등수준이 높아 정치실패 현상이 높은 국가일수록 국가채무비율이 높다는 것이다. 그리고 이들은 비례대표제(proportional representation)의 연립정부(coalition government)와 같은 발전된 형태의 민주주의 정치체제가 오히려 정부의 지출구조조정을 지연시키고, 높은 국가채무비율을 발생시킨다고 주장한다. 이로부터 Alesina & Tabellini(1990)는 균형예산이란 오직 완벽에 가까운 정치적 협상과 협의가 가능할 때만 도달 가능하다는 함의를 도출하고 있다.

뿐만 아니라 Alesina & Perotti(1996)는 정부예산제도를 위계적(hierarchical) 제도와 합의적(collegial) 제도로 구분하여 이러한 제도가 재정건전성에 미치는 영향을 분석하고 있다. 이들은 위계적 예산제도를 집권화된 예산제도로 합의적 예산제도를 분권화된 예산제도로 개념화시키면서, 전자의 경우 예산과정에서 지출부처에 비해 예산부처(중앙예산기관)의 권한이 상대적으로 강하고, 예산심의 및 집행과정에서 행정부가 의회에 비해 주도적 역할을 할 때에는 효과적

57) Alesina & Tabellini(1990)는 본 연구에서 정치·제도적 요인 중 선거제도, 정당구조, 정부 분권화, 예산 관련법 등 재정통제권의 존재 여부와 정치적 대립인 당파성(polarization) 수준이 국가의 높은 부채비율을 설명하는 중요 변수임을 제시하였다.

인 재정통제권의 행사가 가능한 것으로 간주한다. 반면 합의적 예산제도는 예산과정에서 다양한 이해집단의 주장이 반영되어 결과적으로 지출 증가로 이어질 가능성이 매우 높다는 점에서 예산심의과정에서 의회의 수정권한이 크면 클수록 적자지출 및 부채발생 가능성은 높다고 분석한다.

한편 Alesina & Perotti(1999)는 1970년대 이후 급속하게 증가한 OECD 국가의 국가채무비율의 원인을 정부지출(outlays) 구성의 급속한 변화에서 찾고 있다. 이들은 계약 및 서비스 구매와 같은 정부소비(government consumption)보다 이전지출사업(transfer programs)의 비중이 급증하면서 하방경직성이 강한 의무지출이 전체 예산에서 차지하는 비중에서 점차 증가하면서 적자지출의 편향성을 강화시키고 지출구조조정(fiscal adjustment)을 더 어렵게 만든다고 주장한다.

나아가 Persson & Tabellini(2000)의 연구도 이러한 공공선택론의 정치경제학적 측면을 강조한다. 이들은 이익집단정치를 분석하는 시차경제모형(two-period economic model)에서 현재와 미래의 세금수입 배분에 대한 경계가 명확하지 않을수록 현세대는 단기간에 재정지출을 늘리는 유인을 갖는다는 연구결과를 제시하면서, 이를 '공유지의 문제(a common pool problem)' 또는 현세대가 미래세대의 재정을 '재정공유지(fiscal commons)'로 간주하는 현상으로 설명한다. 특히 조세수입 인상에 관한 결정권한은 정치적으로 집중되어 있으나 재정지출 결정은 분권화되어 있는 비례대표제가 가미된 의원내각제(parliamentary systems)에서는 과다한 재정지출과 과다한 국가채무가 발생하는 경향이 크다고 주장한다.

이처럼 재정자원을 공유자원에 비유한 것은 공공선택론의 주요 특징으로서 von Hagen & Harden(1996) 등의 연구에서도 정부의 재정적자와 국가채무가 발생하는 원인을 이 같은 예산의 성격에서 찾고 있다. 먼저 공유자원의 특징은 제한된 자원, 많은 사용자, 과다소비에 의한 자원고갈 등을 들 수 있는데, 하연섭(2014: 131)은 이러한 공유재의 특징인 비경합성과 비배제성이 예산에도 동일하게 나타난다고 주장한다. 왜냐하면 예산은 재정총량이 제한되며, 예산을 확보하기 위한 부처 간 경쟁이 발생하기 때문이다. 마찬가지로 예산도 공유자원과 같이 소비적 특징을 갖고 있기 때문에 자신의 이익을 극대화하려는 합리적 개인과 이익집단은 가능한 빨리 이를 소비하려는 유인을 가진다.[58] 따라서 하연섭(2012: 19)은 정부 차원에서는 재정건전성을 유지하는 것이 중요하지만, "개별 부처의 입장에서는 가능한 많은 예산을 확보하는 것이 합리적이다"라고 주장하면서 합리적 개인의 자기이익(self interest) 추구가 집합적 차원의 공통된 이익으로 연결되지 않기 때문에 결과적으로 재정적자와 부채 증가와 같은 국가재정을 둘러싼 '공유지의 비극(tragedy of the commons)'이 발생한다는 것이다.

실제로 von Hagen(2007: 28)은 공유지의 비극은 대의민주주의에서 비용 부담자와 편익 수혜자가 일치하지 않기 때문에 더 심화된다고 주장한다. 민주주의 체제는 국민이 정부지출과 조세결정권한을 선출직 정치인에게 위임하는데, 정치인들의 목표가 통상적으로 '재선(reelection)'이기 때문에 일반국민들로부터 세금을 걷어 자신을 지지하는 특정한 소수집단을 위해 편익을 제공할 유인이 존재한다는 것이다(신가희 외, 2017). 뿐만 아니라 Velasco(2000)는 국가채무는 이익집단의 선호추구를 위해 활용될 수 있는 공유자산으로 인식되면서 발생하는 문제로 논의하였다. 왜냐하면 이러한 이익집단정치로 인하여 예산과 이전지출은 이상적 정부가 선택하는 수준보다 더 높게 나타나며, 장기적으로 국가채무는 과도하게 높아지는 경향이 있다고 보았기 때문이다(Salsman, 2017).[59]

한편 Roubini & Sachs(1989)는 1970년대 이후로 주요 선진국들의 국가채무가 급격히 증가하였으나 1980년대 들어서면서 국가채무가 감소하는 현상을 설명하는 제도적 변수로서 정부의 정치성향, 임금의 물가연동 수준(임금지수), 그리고 정치제도의 안전성을 들고 있다. 특히 이들은 연구에서 다당제의 정치체제에서 경직된 임금체계가 존재할 경우, 불안정한 정치제도로 인하여 외부 충격에 대응하기 위한 재정지출의 구조조정이 더욱 어렵다고 주장한다. 결과적

58) 물론 집합적 차원에서 공유자원의 사용을 통제하는 것이 바람직하지만, 개인 또는 이해집단은 가능한 한 많은 공유자원을 소비하려는 유인이 보다 합리적이기 때문에 이 같은 현상이 나타나는 것이다.

59) 이러한 벨라스코(Velasco)의 주장은 정부의 예산관리자들이 이타적이지 않으며, 중앙집권적이고 사회화된 시스템은 재산권을 명확히 설정하지 못하는 관계로 공유재가 방만하게 낭비될 수 있다는 것을 의미한다(Salsman, 2017).

으로 Roubini & Sachs(1989)는 이러한 정치구조를 가진 국가들은 다른 정치구조를 가진 국가들에 비해 국가채무비율이 훨씬 더 빠르게 증가하는 경향이 있음을 제시하였다.

이 외에도 Franzese(2000)는 제2차 세계대전 이후 OECD 21개 국가를 대상으로 한 실증연구에서 1990년대 초반 북유럽국가들을 비롯한 많은 국가들에서 나타난 부채위기 현상을 다음과 같이 분석하였다. 그는 Barro(1979)의 '조세평준화 학설(Tax-smoothing Thesis)'이 과거 전쟁과 대공황과 같은 예외적 상황에서 나타나는 적자지출만을 설명할 뿐, 근래 발생하는 현대국가의 영구적 부채발생을 설명하지 못한다고 주장한다.60)

나아가 Franzese(2000)는 높은 수준의 국가채무가 발생하는 정치경제적 요인으로 다음의 아홉 가지 요인을 제시하였는데, 이들로는 ① 정부조직의 분화에 따른 재정통제, ② 정치이념의 양극화(당파성), ③ 부와 인구통계학적 분포의 변화, ④ 선거예산 주기, ⑤ 상대 정당의 정권계승을 제약하기 위한 전략적 부채 축적, ⑥ 분배정치(pork barrel)와 선거구제, ⑦ 세법의 복잡성, ⑧ 재정환상(fiscal illusion), ⑨ 중앙은행의 독립성 부재를 포함하며, 이로부터 국가채무가 과잉 발생할 가능성이 높다고 지적하였다.

Franzese(2002)는 이에 관한 실증분석을 통하여 ① 정부조직의 분화, ② 정치이념의 양극화(당파성), ④ 선거예산 주기, ⑦ 세법의 복잡성, ⑧ 재정환상 등이 부채누적에 통계적으로 유의미한 영향을 미치는 것을 검증하였다. 반면 ③ 부와 인구통계학적 분포의 변화에 따라 미래세대에게 비용을 전가하는 방식으로 국가채무를 발생시킨다는 주장과 ⑤ 현 정권에서 차후 상대정당이 집권하는 데 정치적 부담을 지우기 위하여 의도적으로 부채를 발생시킨다는 주

60) Barro(1979)는 일정한 세율을 유지하는 정책이 경기상황에 따라 세율을 자주 변경시키는 정책보다 효율적이라고 주장하면서, 일정 수준의 세율을 유지하면 경기순환에 따라 재정적자와 재정흑자를 경험하면서 국가채무는 대략적으로 상쇄되는 효과가 발생한다고 주장하였다. 특히 경기대응적 세제정책은 경기가 불황일 때는 지출확대를 위해 세율을 올리고, 반대로 경기가 호황일 경우 지출을 낮추면서 감세를 추구하는 다소 복잡한 정치·행정적 과정이 수반되므로 정책시차를 정확하게 맞추는 것도 어렵고 조세부담에 따른 경제적 비효율성도 크다고 주장하였다(최승문, 2014).

장은 증명되지 않았다. 결론적으로 Franzese(2002)는 국가채무를 증가시키는 원인을 이전지출의 증가를 발생시키는 다양한 정치경제적 요인에서 비롯된 것으로 규명하며, 이러한 요인이 동태적으로 작용하면서 정부의 적자지출은 심화되고 국가채무는 늘어 간다고 주장하였다.

이처럼 공공선택론은 다양한 형태의 이론적·실증적 연구를 통하여 '재정정책의 정치경제학적' 측면에 대한 심층적 논의를 지속적으로 발전시켜 왔다. 다음에서 이들 논의와 관련된 주요 이론으로서 정치적 경기순환론, 경기순응이론(pro-cyclical theory)으로서 경기순응적 재정정책, 중위투표자이론, 그리고 지역예산정치이론을 차례로 소개한다.

3.3.1 정치적 경기순환론(PBC: Politically Induced Business Cycle)

정치적 경기순환론은 선거 승리를 위한 정치집단의 전략적 재정정책 활용에 대해 논의하고 있다. 유권자들이 현재 경제상황을 기준으로 정치집단의 역량(competence)을 평가하는 성향이 존재하기 때문에 정치집단은 선거 직전에는 실업률의 감소 및 가처분소득의 증가 등을 위해 재정확장정책을 펴는 반면, 선거를 통한 집권 이후에는 확장적 재정정책에 의해 발생되는 재정수지 악화 등의 당면과제를 수습하기 위해 긴축정책을 실시하게 되는 행태의 반복으로 경기가 변동한다는 것이다(Nordhaus, 1975).[61] Rogoff & Sibert(1988)도 실증적 분석을 통해 집권정당은 선거 승리의 목적으로 선거 전에 재정확장정책을 펼치다가 선거 후에는 물가안정을 위해 긴축재정정책을 펼치는 경기순환적 과정을 겪는다고 주장하고 있다. 더욱이 현재 집권한 정치세력은 재선(再選) 가능성을 높이기 위하여 재정을 자신들에게 보다 유리하게 활용하고자 시차적·구조적으로 조작할 유인이 높으며, 이러한 정치적 요인으로 인하여 재정적자가 발생하고 국가채무가 늘어날 수밖에 없다고 주장하고 있다.

61) 정치적 경기순환론은 유권자들이 현재의 경기상황만을 고려하여 정치집단의 역량을 판단한다고 가정한다. 이는 앞서 제시한 '재정환상'이 유권자들의 비합리성과 무지로 인하여 정부의 증세와 부채발행에 대한 유권자들의 기대인식과 선호가 달라지는 것과 마찬가지로 볼 수 있다.

이보다 최근 발전된 이론은 재정정책이 선거주기에 영향을 미치는 요인을 설명하는 데 있어 유권자와 정치집단 사이에 존재하는 정보의 비대칭성의 문제를 제기하고 있다(Rogoff & Sibert, 1988; Persson & Tabellini 2002). 즉 정보의 비대칭성으로 인하여 유권자들이 정치적 의도가 있는 정책과 그렇지 않은 정책을 구분할 수 없기 때문에, 정치인의 기회주의적인 행동과 정치적 경기순환이론에 근거한 확장적 재정정책을 추구할 가능성이 커진다는 것이다(Klomp & de Haan, 2013).

한편 Brender & Drazen(2004)은 재정정책의 전략적 활용을 통해 집권정당의 재선 가능성을 높일 수 있는 세 가지 이유를 제시하고 있다. 첫째, 확장적 재정정책은 일시적 경제성장을 촉진할 수 있고, 이러한 경제성장은 유권자들로 하여금 집권정당의 정책역량에 대한 긍정적 시그널을 줄 수 있어 재선 가능성이 더 높아진다. 둘째, 특정 대상집단을 위한 재정지출은 공고한 지지기반을 구축시켜 집권세력의 재선 가능성을 높일 수 있다. 셋째, 일반적으로 유권자들은 기본적으로 높은 재정지출과 낮은 세율을 선호하기 때문에 이러한 정책을 추진하는 정치집단을 보상할 가능성이 크다고 주장한다.[62)]

물론 이러한 이론의 한계는 선거에 따른 재정확장정책이 물가를 상승시키고, 재정수지를 악화시켜 국가채무를 증대시키는 등 미래의 재정지출에 제약을 가해 선거 후에 경기가 악화될 가능성이 높은 점을 유권자들이 충분히 인식하지 못하고 있다고 가정하고 있다. 또한 이러한 논의에서 유권자들이 이성적일지라도 정치인들의 '역량'을 평가할 만한 충분한 정보를 가지지 못한다고 가정하고 있다(Rogoff, 1990). 따라서 유능한 정치인과 그렇지 못한 정치인에 대한 판단기준이 모호하거나 정치인들의 역량을 평가할 수 있는 정보가 부재할 경우, 지역구를 위한 예산확보는 유권자들의 매우 중요한 판단기준으로 작동할 수 있으며, 따라서 경기순환적 요인과 무관하게 선거주기에 따라 비효율적인 재정확장정책이 발생할 수 있다.

따라서 정치적 경기순환론이 현실에서 존재하는지 여부는 여러 정치·경

62) 다만 이들의 연구결과에 따르면 유권자는 정권 임기 동안 발생한 재정적자를 긍정적으로 평가하기보다는 부정적으로 인식하는 것이 강하다고 주장한다.

제·사회적 요인에 달려 있다. 최근의 연구에 의하면 경제개발의 수준과 정치제도 및 예산제도의 투명성 등이 정치적 경기순환이론의 적용에 있어 중요한 요인으로 작동한다고 한다(최승문, 2014). 이미 지적하였듯이, Persson, Roland, & Tabellini(2000)는 경기순환적 요인은 정치제도(political institution)로부터 강한 영향을 받으며, 비례대표제(proportional representation system)보다 다수결제도(majoritarian system)하에서 덜 발생한다고 주장한다. 한편 Brender & Drazen(2005)은 정치적 경기순환은 정치제도에 영향을 받기보다는 학습효과의 존재 여부, 즉 성숙한 민주주의 국가보다는 학습효과가 적은 신생국가에서 주로 나타난다는 연구결과를 제시하고 있다. 이는 Shi & Svensson(2006)의 선진국과 개발도상국의 비교연구에서 나타난 결과와도 유사한 것이다. 그리고 Schuknecht(1996)도 1975년부터 1992년까지 35개 개발도상국에 대한 연구에서 정치적 순환이 존재하는 실증적 결과를 제시하고 있으며, 같은 맥락에서 Block(2002)은 44개 아프리카 국가들의 예산적자가 선거기간 동안 1.2% 증가한 결과를 보고하고 있다.

한편 Brender & Drazen(2008)은 민주주의적 정치제도 도입이 오래된 선진국일수록 재정지출 증가에 따른 재정적자는 현직 정치인의 재선 확률을 낮추는 것으로 결론짓고 있다. 특히 재정제도의 투명성을 전반적으로 향상시키는 정치제도의 발전과 유권자의 재정정보에 대한 접근성이 향상되면, 이러한 정치적 경기순환이 발생할 가능성이 줄어들 수 있다는 것이다. 또한 Alesina, Carloni & Lecce(2012)는 지출감축 또는 재정의 구조조정을 시도한 정권의 재선 가능성이 특별하게 낮아지지 않는다는 연구결과를 제시하고 있고, 오히려 재정에 대한 통제가 부족한 정부일수록 재선의 가능성이 낮아진다고 주장하고 있다.[63)]

3.3.2 경기순응적 재정정책(Pro-cyclical Fiscal Policy)

재정학의 관점에서 경기대응적(counter-cyclical) 재정정책, 즉 경기불황 시

63) 다만 이러한 연구의 한계는 이미 대중의 지지를 받는 정부는 재정적 상황에도 불구하고 재선 가능성이 높아 역의 인과관계의 문제가 있다는 것이다.

경기부양을 위해 정부가 재정지출을 늘리거나 세금을 줄이고, 반대로 호황 시 정부는 지출을 줄이거나 세금을 늘리는 정책이 권장되는 것과 달리, 현실에서는 그와 반대인 경기순응적(pro-cyclical) 재정정책이 더욱 일반적으로 나타나는 경향이 있다(최승문, 2014).[64] 이때 경기순응적 재정정책은 경기호황 시 오히려 재정지출이 늘어나는 반면, 불황일 때 재정지출이 줄어드는 정책방향을 의미하며, 일부 학자들은 재정지출의 비용 측면에서 이를 설명한다. 즉 경기가 좋을 때는 조세수입의 증가 등으로 정부의 신용도가 좋아져 저(底)비용으로 자금을 차입할 수 있어 재정지출이 늘어날 가능성이 높은 반면, 불황 시에는 세입 축소로 인하여 정부의 신용도가 하락하면서 차입비용이 증가하면 오히려 정부지출은 감소할 가능성이 높다는 것이다.[65]

그러나 정부가 다양한 선진 제도를 활용하여 사전에 경기상황에 대비할 수 있음에도 불구하고 이러한 경기순응적 재정정책이 더욱 빈번하게 나타나는 이유는 정부의 차입비용 등을 포함한 경제적 요인보다는 정치경제적 배경에서 비롯되는 측면이 강하다. 대표적으로 Alesina와 Tabellini(2005)는 개발도상국에서 경기순응적 재정정책이 더욱 강하게 나타나는데, 이는 정치적 왜곡과 지대(rent) 배분문제에서 비롯되기 때문이라고 주장하였다.[66] 즉 유권자들이 경기 호황

---

64) 다만 최승문(2017)은 경기대응적 재정정책이 경기변동의 폭을 줄여 주는 바람직한 재정정책이라고 설명하고 있다. 특히 경기호황일때 재정 여력을 쌓지 못하고 방만하게 재정을 운용할 경우, 향후 경기불황기에 접어들 때 재정 여력이 떨어지면서 적극적으로 대처하지 못할 가능성이 크다고 진단하고 있다. 그리고 OECD 35개 회원국의 2001~2015년 경기대응성을 추정한 결과, 우리나라는 전반적으로 재정정책의 경기대응성이 OECD 평균보다 높은 것으로 나타났다.

65) 실제로 우리나라도 이러한 징후가 포착된다. 2018년 8월 16일 국가재정포럼에서 김동연 당시 경제부총리는 향후 5년간 60조원의 초과세수가 기대되기 때문에 적극적 재정정책이 필요하다고 주장하였다. 또한 최근 기획재정부가 발표한 「2018~2022년 국가재정운용계획」에 따르면, "반도체 업종의 호황 등에 따른 법인 영업실적 개선, 탈루소득 과세강화 등 세입확충의 노력으로 양호한 경기흐름을 전망"하고 있으며, "세입기반 확충 등을 통한 재정의 지속가능성"을 제고할 수 있는 상황으로 판단하고 "구조적 문제해결을 위해 적기에 충분한 투자가 이루어지도록 재정을 당초 계획 대비 확장적으로 운용"하는 방향으로 설정한다고 밝히고 있다(기획재정부, 2018: 4).

66) Alesina & Tabellini(2005)는 개발도상국에서 이러한 경기순응적 재정정책이 나타나는 경향이 큰 이유로 금융시장의 유동성을 들고 있다.

시 높은 지출과 낮은 세율을 선호하는데, 이는 공공노조 등과 같이 부패한 정부가 선호하는 (정치)집단이 늘어난 세수에서 발생한 지대를 취하기 전에 재정자원을 먼저 소비하기 위한 유인이 크기 때문에 나타난다는 것이다. Manasse(2006)도 경기호황 시 대부분의 국가에서 이러한 경기순응적 재정정책이 나타난다고 보았으며, 다만 선진국의 경우 불황 시에 경기대응적(counter-cyclical) 정책이 주로 발생한다고 주장하였다. 더욱이 엄격한 재정규율을 포함한 재정제도가 존재하더라도 이러한 '적자편향'의 효과는 제어하지 못한다고 지적하였다.

마찬가지로 Tornell & Lane(1999)은 경기순응적 재정정책은 '폭식효과(voracity effect)'에서 비롯되는데, 이는 재정정책에 관여하는 집단의 수가 많을수록 경기가 호황일 때 늘어난 세수를 차지하려는 정치적 경쟁이 심해진다는 것이다. 즉 경기호황기가 되면 이전에 경기가 좋지 않아 추진하지 못한 사업들을 관련 이해당사자들이 치열한 정치 로비(lobby)를 통하여 정부의 지출사업에 포함시키려는 전략적 행위가 경쟁적으로 나타나면서 정부의 재정지출은 더욱 늘어난다는 것이다. 따라서 국가재정을 위한 정치제도와 법적 장치가 미비한 국가일수록 이 같은 정책결정자와 이해관계자의 정치적 행위에 의하여 경기가 호황일수록 본래 자연증가율보다 높은 재정지출의 증가가 나타날 가능성이 높다고 지적하였다. 특히 공공재원의 배분과정에서 특정 이익집단에게 정치적 권한이 편중될수록 이 같은 '폭식효과'는 더욱 심화되면서 경제성장을 저해하고, 국가채무의 문제로 악화될 가능성이 높다고 주장하였다.

한편 Talvi & Vegh(2005)는 경기변동이 심한 개발도상국은 경기순응적 재정정책이 최선의 정책일 수 있다고 주장하였는데, 이는 경기호황으로 국가의 재정자원이 증가할수록 자원배분을 둘러싼 이익집단 간 경쟁이 심해져 오히려 사회적 비용과 비효율성이 발생하기 때문이다. 이 같은 상황에서 정부는 세금을 낮추는 합리적 선택을 통하여 이익집단 정치의 문제를 해결할 수 있는데, 이익집단들이 재정지출을 놓고 경쟁하는 것이 아니라, 이들에게 세율인하로 혜택을 고루 부여함으로써 이들 간 이해충돌을 줄일 수 있기 때문이다. 그러나 모두가 만족할 만한 세율인하는 그 규모가 상당 수준에 이르러야 하므로 오히려 경제적 비효율성이 발생할 수 있는 문제가 존재한다(최승문, 2014).

그러므로 정부는 경제적 왜곡의 문제와 정부의 지출변화에 따른 정치적 비효율성을 동시에 감안하여 재정지출은 늘리고 세금은 인하하는 적정 균형점을 찾아야 한다. 즉 경제가 좋아질 때 정부지출은 늘리고 세금은 낮추는 경기순응적 재정정책과 조세정책이 병행될 필요가 있다는 것이다. 다만 이러한 확장재정정책과 감세정책의 조합은 이들 정책이 별개로 집행되는 것보다 그 효과가 각기 낮아질 가능성은 높지만, 경기순응의 측면에서는 확연한 상승효과를 기대할 수 있다는 것이다.

3.3.3 중위투표자이론(Median Voter Theory)

공공선택론에서 중위투표자이론은 매우 중요한 시사점을 던지고 있다. 중위투표자이론은 유권자의 정책 선택 또는 선거에 있어 영향을 미치는 특정 성향을 기준으로 유권자를 일렬로 나열했을 경우, 중간에 위치한 투표자가 선택하는 대안이 통상적으로 과반수를 얻게 되어 채택된다고 주장하고 있다. 중위투표자이론에서 가장 많이 논의된 유권자의 성향은 소득(불평등)과 나이와 같은 인구통계학적 요인이다(최승문, 2014).

먼저 소득이 재정지출에 미치는 영향을 보면, 통상적으로 소득이 낮은 계층은 높은 세율과 높은 수준의 재분배를 원하고, 반대로 소득이 높은 계층은 낮은 세율과 낮은 수준의 재분배를 원하게 된다. 그리고 이러한 조세와 재분배에 관한 정책결정은 정치과정을 거쳐 합의에 도달하게 된다. Meltzer & Richard(1981)는 이러한 정책결정과정에서 중위투표자가 선호하는 이상적 세율과 재분배 수준이 중요하다고 보았으며, 특히 이 과정에서 단순다수결에 따라 정책이 결정되는 민주주의 국가는 소득불평등 문제가 심각할수록 조세와 재분배를 위한 정부의 역할이 증가하므로 높은 세율과 높은 수준의 재정지출을 초래한다고 주장한다.

이에 대하여 Meltzer & Richard(1981)는 조세와 재정지출의 결정과정을 다음과 같이 설명한다. 가령 투표자 5명을 소득수준에 따라 A에서 E까지 나열하고, 이들이 소득수준에 따라 선호하는 세율을 10%, 15%, 20%, 25%, 30%라고 가정하자. 통상적으로 이들이 선호하는 세율을 일렬로 나열하면 중위투표자인

C의 선호 세율은 20%이다.[67] 이때 이보다 낮은 세율인 17%와 비교하면 중위투표자는 당연히 20% 세율을 선호할 것이며, 중위투표자보다 높은 세율을 선호하는 D(25%)와 E(30%)도 17%보다는 20%를 선호할 것이다. 따라서 다수결의 원칙에 따라 3명(C, D, E)이 선호하는 20% 세율로 결정될 것이다. 같은 논리로 20%보다 높은 22% 세율이 대안으로 제시될 때, 이 경우에도 중위투표자는 자신이 선호하는 20%를 선택할 것이고, 선호세율이 20%보다 낮은 A(10%)와 B(15%)도 22%보다 낮은 20%를 선택할 것이다.

이로부터 Meltzer & Richard(1981)는 중위투표자가 선호하는 세율수준은 중요하며, 사회의 소득불평등 수준에 따라서 적정 세율의 결정이 달라질 수 있음을 주장한다. 특히 소득의 양극화가 심화될수록 불평등에 대한 사회인식이 부정적으로 전개되면서 사회에 부과되는 세율은 인상되고, 정부지출도 늘어나는

그림 3-1 중위투표자의 소득분포와 소득불평등 수준[68]

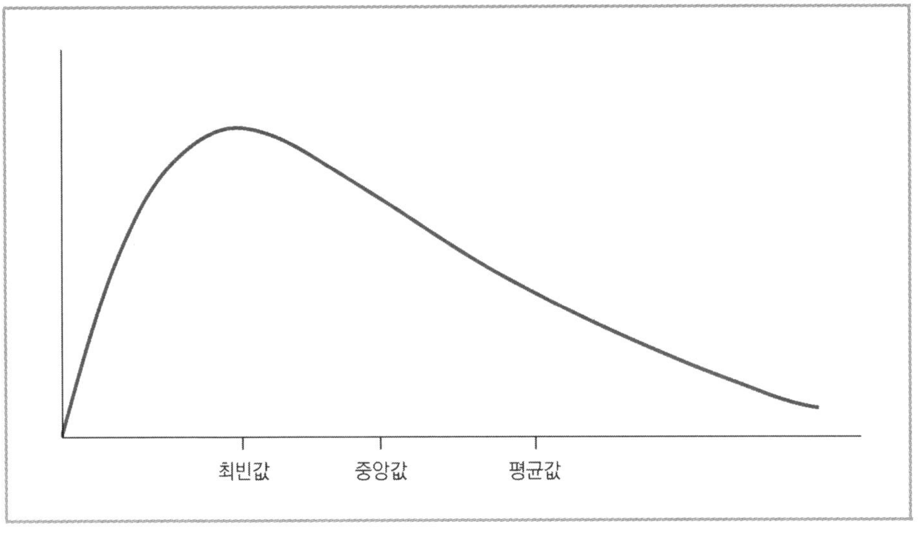

67) 이때 게임의 규칙은 ① 투표자의 세금과 재분배와 관련된 의사결정은 소득분표상의 위치에 따라 결정되며, ② 단봉구조(single-peaked)이며, ③ 모든 개인들이 투표를 한다고 전제하고 있다.

68) 그림에서 X축은 소득수준이며, Y축은 (소득수준에 따른) 인구수이다.

경향이 있다고 강조한다. [그림 3-1]은 저소득층이 상대적으로 많고 고소득층의 수는 적어지면서 사회 내 소득편차는 늘어나고, 일부 고소득자들에게 사회 전체의 부가 편중되는 소득양극화가 나타나는 것을 보여 준다. 특히 소득불평등 수준이 높아질수록 소득분포도의 오른편 꼬리가 길어지는 양상을 확인할 수 있다.

이 같은 특징은 오늘날 현대국가에서 나타나는 전형적인 소득불평등 상황을 잘 설명하고 있다. 왜냐하면 [그림 3-1]은 통계적으로 소득분포의 평균값(mean)이 중앙값(median)보다 큰 것을 보여 주는데, 중위투표자의 소득수준이 사회 평균소득수준도보다 낮다는 것은 일부 고소득자에게 부의 집중이 높게 나타나는 것을 의미한다. 따라서 중위투표자는 이 같은 소득불평등이 심화된 상황에서 자신이 부담하게 될 조세부담보다 상대적으로 높은 세율로 인하여 자신이 얻게 될 편익이 더 높기 때문에 고(高)세율과 강력한 재분배정책을 선호한다는 것이다. 특히 다수결을 통한 정책결정과정을 거치는 민주주의 국가는 이처럼 중위투표자가 가지는 소득분포의 위치가 결과적으로 사회의 소득불평등 수준을 보여 주며, 이로부터 사회가 선호하는 적정 세율과 재분배정책의 양상이 달라질 수 있음을 보여 준다.

따라서 Meltzer & Richard(1981)는 선거를 통한 정치과정에서 유권자들의 정책선호도를 가늠할 수 있는 중요 지표로서 사회 내 소득평균과 중위투표자의 소득수준을 주목하며, 이들의 소득수준이 평균소득과 격차가 커지는 소득불평등이 심화될수록 정부의 재정지출도 늘어난다고 주장한다. 특히 누진적 조세제도는 더 높은 세율과 재분배를 선호하는 대표사례로 볼 수 있는데, 이 같은 조세제도는 일부 고소득자에 대한 과중한 세금부담을 통하여 사회 다수에게 더 많은 사회적 편익을 제공하는 원리이기 때문에, 중위투표자 역시 이를 통하여 자신의 비용부담보다 높은 사회적 혜택(재분배의 편익-세금부담)을 제공받기 때문이다.

소득불평등과 재분배에 관한 연구들은 소득불평등과 경제성장에 관한 실증연구에서 비롯되었다(Perotti, 1992; Persson & Tabellini, 1994; Alesina & Rodrik, 1994). 특히 Perotti(1996: 151)는 소득불평등과 재정정책에 관한 이론적 문헌을 검토하면서 경제성장, 소득분배 및 정치제도의 관계를 다음과 같이 제시한다. 첫째, 소득불평등이 클수록 재분배정책이 강화되면서 사회에 부과되는 세금이 늘어나는 정치 메커니즘이 존재하며, 둘째, 왜곡된 과세가 경제성장을 감소시키는 경제 메커니즘으로 작동하면서 결과적으로 소득불평등 수준이 심화할수록 시장에 대한 정부의 개입이 늘어나면서 경제성장이 둔화되는 관계가 나타난다는 것이다.

실제로 Milanovic(2000)은 24개 민주주의 국가의 가계소득을 대상으로 실증분석을 수행한 결과, 소득불평등이 심한 나라에서 공공재정을 통하여 경제적 빈곤층에 대한 재분배정책이 더 많이 나타난다는 결론을 제시하였으며, Persson & Tabellini(1996)와 Alesina & Rodrik(1994) 등도 이와 유사한 연구결과를 주장하였다.[69] 이들 연구에 따르면, 정치제도와 사회여건에 따라서 저소득층을 비롯한 사회적 선호를 반영하지 않을 수 있는 권위주의적 정부보다 민주주의 선거에 의존하여 정책결정과 국정운영을 수행하는 민주주의 정부에서 이 같은 사회의 소득불평등과 재분배정책 간 관계가 더욱 뚜렷하게 나타난다고 설명한다.

이 외에도 인구통계학적 요인에 의한 정부지출구조의 변화를 설명하는 연구들이 존재한다. 가령 Preston(1984)은 1960년과 1980년 사이 미국 사회의 고령화 현상에 따라 중위투표자의 연령대가 높아지면서 세대 간 재정지원을 둘러싼 정치적 경쟁이 더 높은 인구비중을 차지하는 고령자집단을 위한 재정지출의 증대와 영유아세대를 위한 공공투자의 감소로 이어졌다고 분석한다. 마찬가지로 Bane 외(1984)도 공교육에 대한 예산비율의 감소와 사회 고령화에 따른 사회복지 및 의료비 증가로 인하여 정부의 예산구조도 상당한 변화가 발생했다고 주장한다. 이처럼 사회 내 소득불평등 수준이 심화될수록 유권자의 소득분포도 변화되듯이, 저출산·고령화로 인한 인구통계학적 분포의 변화는 연령별 유권자의 인구분포에 영향을 미치면서 그에 따른 재정정책과 조세정책의

69) 그러나 Milanovic(2000)은 중위투표자이론이 주장하는 집단결정체제(collective-choice mechanism)로 실제로 이어지는지에 대해서 의문을 제기한다. 특히 소득불평등 수준이 심각한 상황에서 중위투표자들은 재분배를 통하여 얻는 순편익이 더 크지만, 이들의 연금소득을 제외할 경우 그 차이가 그리 크지 않을 수도 있기 때문이다.

그림 3-2 65세 이상 인구비율과 정부지출

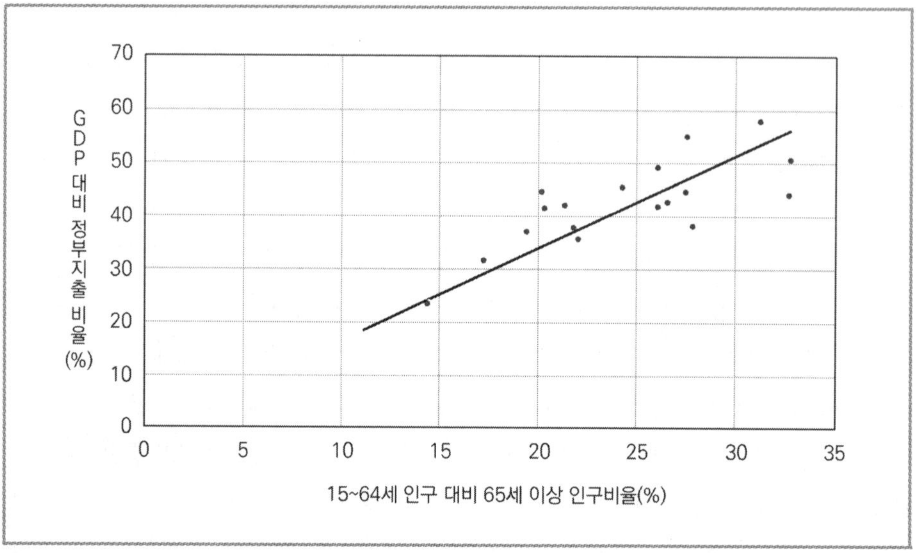

출처: OECD(2014).

양상이 달라질 수 있음을 [그림 3-2]가 보여 주고 있다.

이 같은 결과는 현대국가에서 나타나는 저출산·고령화 현상은 높은 비중의 유권자집단을 차지하는 고령자집단에게 더 많은 편익과 혜택을 제공하는 정책결정이 이루어질 가능성이 높은 만큼 이들 집단을 위한 정부지출의 변화가 초래될 수 있음을 의미한다. 더욱이 민주주의 정치제도를 가진 대다수의 국가에서 이 같은 인구변화에 따른 정부지출의 변화는 대규모 재정지출의 확대로 전개될 가능성은 높은 반면, 재정수입을 충당할 수 있는 경제적 여건은 제약되는 문제가 나타난다. 특히 국가재정수입의 근간이 되는 젊은 세대들의 비용부담은 더욱 가중될 가능성 또한 높다. 이처럼 인구구조의 변화와 민주주의 정치특성이 심화되면서 지속적인 정부지출의 증가는 국가채무의 발생 가능성을 한층 높이게 된다. 특히 현세대가 선호하는 국가부채의 발행이 늘어날수록 이후 세대에게 비용을 전가하려는 정치권의 도덕적 해이를 유발하며, 이는 정부의 재정지출을 확대시키는 가운데 향후 국가재정을 국가채무의 늪에 빠지게

할 가능성이 크므로 경계할 필요가 있다.

3.3.4 지역예산정치이론(Pork Barrel Politics Theory)

지역예산정치(Pork Barrel Politics)의 어원은 정치인들이 지역유권자들의 선호를 반영하기 위해 지역구의 선심사업을 유치하고자 정부예산을 확보하는 행태를 비유한 것으로 미국 의회정치의 구태를 설명하는 용어로 자주 언급된다(홍형선, 2018). 뿐만 아니라 예산과정의 정치성을 강조하는 개념으로서 예산결정과정에 영향을 미치는 모든 공식적·비공식적 정치행위를 의미하는 용어로 활용되기도 한다(이종수, 2009). 지역예산정치에 관한 연구는 대체로 주어진 예산을 둘러싼 정치적 경쟁과정과 그 결과를 논의한 것이며, 대표적으로 지역예산정치에 관한 개념연구, 지역예산정치와 정치인 재선의 관계를 규명하는 실증연구, 그리고 지역예산정치에 따른 예산배분의 비효율성에 관한 연구로 전개된다. 이 과정에서 지역예산정치를 국가채무와 직접 연계한 연구는 그리 많지 않은데, 이는 지역예산정치가 주는 예산과정의 정치성을 국가채무에 영향을 미치는 부차적 요인으로 인식하는 경우가 많기 때문이다. 따라서 다음에서는 국가채무의 발생원인을 이해하기 위한 배경으로 지역예산정치의 주요 논의를 제시하기로 한다.

먼저 지역예산정치에 관한 대부분의 연구는 정치공학적 측면에서 예산배분을 둘러싼 정치과정에 치중하고 있다. 가령 Dixit & Londregan(1998)은 예산배분과정에서 결정권자인 정치인은 자신이 선거에서 얻는 한계적 편익이 상대적으로 높은 지역에 더 많은 예산을 배정한다고 주장한다. 마찬가지로 Dahlberg & Johansson(2002)과 Johansson(2003) 등의 연구도 투표극대화 관점에서 선거구 내 예산배분 행태를 분석한다.[70] 또한 Maskin & Tirole(2014)도 정치인들이 재선 가능성을 높이기 위해 특정 이익집단에 대한 지출을 늘리는 지역예산정치는 정부의 재정지출을 전반적으로 증가시키는 효과가 나타나는 결과를 제시한다.[71] 따

70) 물론 지역예산정치가 재선 가능성과 긍정적인 인과관계가 있음을 가정하고 있으나, 다른 연구에서는 이러한 선심성 예산과 재선과의 관계에 인과성이 없다고 보고 있다(Stein & Bickers, 1994).

라서 Maskin & Tirole(2014)은 이러한 재정지출의 책임성을 강화하기 위해서는 정부회계의 투명성을 높이는 등의 제도개선이 중요하다고 주장한다. 이 외에도 Grossman(1994)은 미국 연방정부와 주정부의 보조금을 분석하면서 이익집단(관료집단 및 공공노조)의 규모와 결집력이 증가하면 이들이 미치는 입법부에 대한 영향력 또한 늘어난다고 주장하였다.

한편 국내 연구 중 지역예산정치에 관한 기존 논의를 체계적으로 정리한 홍형선(2018)은 2010년 예산안 이후 'SOC예산 쪼개기' 현상이 심화되어, 수정한 지역사업이 2010년 302건에서 2015년 629건으로 2배 이상 증가하였다고 분석하고 있다. 그리고 허원제·김영신(2017)은 2005년과 2012년 동안 전국 15개 광역자치단체별 특별교부세 배분과정에서 정치적 요인의 영향 여부를 실증분석하여 지방자치단체장의 소속 정당과 재선 여부에 따라서 특별교부세의 배분결과가 달라지는 양상을 제시하였다. 또한 이종연(2014)은 선거과정에서 정치인들이 자신에게 유리하게 하고자 사회 최적수준을 초과하는 재정자원을 지역예산으로 배정하려는 유인을 가지며, 지역주민이 원하는 최적의 공급수준을 상회하는 지역예산을 지출하는 결과를 제시하였다.

뿐만 아니라 홍순규(2011)는 지방재정을 대상으로 특정 지역구사업의 예산반영 행태, 예비타당성조사 결과에서 경제적 타당성이 낮은 사업의 예산반영 행태, 특정 민원해결을 위한 예산반영 행태를 분석한 결과, 지방재정에 영향을 미치는 정치적 요인으로 정치인, 정부(행정부와 지방자치단체), 유권자의 효용극대화 요인을 규명하였다.[72] 특히 예산배분과정에서 이해관계자들의 동태적 상호작용은 정부의 재정지출을 늘릴 가능성이 높으며, 정치인들은 예산주창자로서 국회예산심의과정 중 예산을 삭감하기보다는 증액하려 시도한다고 설명하였

71) Maskin & Tirole(2014)에 따르면, 유권자들은 정치인들의 예산배분을 가치지향적으로 인식하고 투표할 가능성이 높다고 설명한다. 예를 들어 균형예산 또는 재정적자에 대한 재정준칙이 존재할 경우, 정치인들은 재정건전성을 추구하는 모습을 보이는 것이 중요하기 때문에 본예산에서 지역예산정치를 위한 재정자원을 확보하기보다는 기금과 예산외 제도 등 협소한 범주에 포함되지 않는 정부재정을 찾아 이들의 예산을 확보할 가능성이 높으므로 결과적으로 정부의 재정지출이 늘어난다고 설명한다.

72) 홍순규(2011)는 이를 직역하여 '돼지여물통정치'라 칭하고 있다.

다. 나아가 홍순규(2011)는 예산관리자의 지위에 있는 중앙예산기관이 점증주의와 예산 옹호자 성향의 사업부서 관료집단의 힘에 밀려 정부예산안도 확대재정의 경향성이 나타나며, 유권자들은 합리적 무지 속에서 본인들이 지지하는 정당의 이익을 극대화하는 역할을 수행한다고 분석하였다.

이 외에도 장문선·윤성식(2002)은 1972년부터 1998년에 걸쳐 27년간 시계열 자료를 대상으로 국회 예산결산특별위원회(예결위)에서의 예산 증감결정의 영향요인을 계량적으로 분석한 결과, 예결위 여당의원 비율만이 유의미하고 상임위의 예비심사와 예결위 종합심사는 별다른 상관관계가 나타나지 않는 것으로 제시하였다. 또한 예산심의액 결정의 영향요인을 기능별 분류에 따라 분석한 결과, 단편적 요인에 의해 예산 배분과 심사가 이루어지는 것이 아니라, 정치, 경제, 행위자의 활동, 심의기간 등의 영향요인이 광범위하게 영향을 미치는 가운데, 경직성 혹은 비경직성 예산이라는 예산의 성격에 따라 이들 영향요인이 서로 다르게 작용할 수 있음을 주장하였다.

4 소 결

국가채무에 대한 이론적 논의는 고전학파, 케인스학파 그리고 공공선택론학파 간 치열한 논쟁을 통하여 발전하였다. 학파별로 국가부채의 발생원인과 함의, 그리고 부채의 적정수준과 지속가능성(sustainability) 등에 대한 논의는 국가채무에 관한 이론이 정립되는 데 중요한 역할을 한다. 특히 중세와 20세기 초반까지 유럽은 제한된 정부의 역할과 적자지출의 한계를 주장하는 고전학파의 영향으로 인하여 부채발행에 대한 보수적 입장을 견지하였다. 그럼에도 불구하고 대부분의 유럽국가는 대규모 전쟁과 적극적 재정정책으로 인하여 국가채무가 지속적으로 증가하였고, 이 과정에서 고전학파의 관점 등을 보완하는 대안적 논의가 대거 증가하였다. 이들의 인식은 전통적 고전학파보다는 국가부채에 대해 현실적이지만, 케인스학파에 비하여 제한적 국가채무의 활용을 선호하는 현실주의적 입장으로서, 보수적이지만 실용적 견지에서 고전학파의 인식을 대체하는 관점으로 등장하였다.

반면 1930년대 대공황과 세계대전의 여파로 등장한 케인스학파는 지난 90년간 지속되어 온 총수요관리를 위한 정부의 재정역할을 체계적으로 이론화시켰으며, 정부규모의 증가를 이론적으로 뒷받침하는 주요 토대를 제공해 왔다.[73] 케인스학파가 이를 기점으로 대대적 유행과 확고한 정책입지를 확보하였으나 1970년대 두 차례의 석유파동과 스태그플레이션을 맞으며 일시적 몰락을 겪은 후, 2007년 글로벌 금융위기를 기점으로 다시 부활하는 과정을 보면서 변화하는 시대에서 굳건히 살아남은 케인스학파의 학문적 유용성과 입지를 재차 확인할 수 있다(Salsman, 2017: 151).

한편 공공선택론은 정부의 재원조달에 있어 과세보다 부채발행을 선호하는 경향이 존재하고, 이러한 정책선호는 왜곡된 유인체제에 직면한 정치인과 관료 등 정책결정자들의 사익추구적 행태에서 비롯되는 것임을 비판한다. 특히 공공선택론자들은 케인스학파의 적자지출에 의존하는 국가채무이론에 대해 심각한 한계를 지적하고 있는데, 정부의 적자지출에 의한 재정부담이 존재하지 않는다는 주장과 적자지출만이 국가경제의 실업과 총수요 부족 문제를 해결한다는 논거가 부적합하다고 반박한다. 나아가 공공선택론자들은 신고전학파가 주장한 국가채무이론의 한계도 지적하면서 국가채무가 국부를 늘리지도 않을 뿐만 아니라, 경기를 부양하지도 않고 부를 축적하지도 않기 때문에 중립적이라는 이들의 주장을 인정하지 않는다. 다만 공공선택론자들은 국가채무가 전쟁과 경기불황과 같은 비상상황에 대응하고, 미래세대까지 이어지는 이익을 증진시키려는 사회간접시설 투자 등을 위해서는 예외적으로 필요할 수 있다고 주장한다(Salsman, 2017: 213).

73) 다만 1930년대 케인스가 주장한 국가재정과 국가채무에 대한 논의는 최근 들어 확산되고 있는 대규모 양적완화 및 총수요 증진정책으로 대표되는 '기능적 재정(functional finance)'과는 사뭇 다른 것으로 평가된다.

참고 문헌

국내 문헌

김성태(2018). 중장기적 시계에서 한국 재정정책의 방향. **한국경제포럼, 10**(4), 1-31.

김정훈(2017). 중장기 재정전망 및 국민부담. **재정학연구, 10**(1), 1-53.

박은태(2011). **경제학사전**. 서울: 경연사.

신가희·김영록·하연섭(2016). 국회 예산심의과정에서 예비타당성조사제도의 정치화에 관한 연구: 국토교통위원회와 교육문화체육관광위원회의 비교를 중심으로. **현대사회와 행정, 26**, 141-167.

이종수(2019). **행정학사전**. 서울: 대영문화사.

이종연(2014). 공공인프라 투자의 지역안배와 포크배럴. (KDI 정책연구시리즈 2014-1). 한국개발연구원.

장문선·윤성식(2002). 국회 예산심의액 증감의 영향요인에 관한 실증적 분석-예산결산특별위원회를 중심으로. **한국정책학회보, 11**(2), 99-121.

최승문(2014). 재정정책에 영향을 미치는 정치요인. **재정포럼** 2014년 7월호, 6-21. 한국조세재정연구원.

최승문(2017). 경제협력개발기구(OECD) 국가별 재정정책의 경기대응성 추정 및 영향 분석. **재정포럼** 4월호, 27-45. 한국조세재정연구원.

하연섭(2012). 재정규율의 확보 방안. 한국행정학회 재무행정연구회(편), **재정규율과 재정책임의 이론과 실제**(pp. 17-40). 경기: 대영문화사.

하연섭(2014). **정부예산과 재무행정**. 서울: 다산출판사.

하연섭(2016). 재정건전화의 정치경제: 비교제도분석. **한국정책학회보, 25**(1), 237-267.

허원제·김영신(2017). 포크배럴식 예산배분의 정치경제학적 분석: 특별교부세를 중심으로. **재정학연구, 10**(1), 151-185.

홍순규(2011). 돼지여물통정치(pork barrel politics)에 관한 실증적 연구: 지방재정에 대한 정치적 영향을 중심으로. **공공행정연구, 12**(2), 77-100.

홍형선(2018). **국회의 지역예산정치에 대한 연구**. 박사학위논문, 연세대학교 사회과학대학 행정학과, 서울.

해외 문헌

Aaskoven, L., & Lassen, D. D. (2017). Political budget cycles. *Oxford Research Encyclopedia of Politics*.

Adams, H. C. (1895). *Public Debts: An Essay in the Science of Finance*. New York: D. Appleton and Company.

Akhmedov, A., & Zhuravskaya, E. (2004). Opportunistic political cycles: test in a young democracy setting. *The quarterly journal of economics, 119*(4), 1301-1338.

Alesina, A., & Tabellini, G. (1990). A positive theory of fiscal deficits and government debt. *The Review of Economic Studies*, 57(3), 403-414.

Alesina, A., & Tabellini, G. (1992). Positive and normative theories of public debt and inflation in historical perspective. *European Economic Review*, 36(2-3), 337-344.

Alesina, A., & Rodrik, D. (1994). Distributive politics and economic growth. *The Quarterly Journal of Economics*, 109(2), 465-490.

Alesina, A., & Perotti, R. (1995). Fiscal expansions and adjustments in OECD countries. *Economic policy*, 10(21), 205-248.

Alesina, A., & Perotti, R. (1996). Fiscal discipline and the budget process. *The American Economic Review*, 86(2), 401-407.

Alesina, A., & Tabellini, G. (2005). *Why is fiscal policy often procyclical?*. (NBER Working Paper No. 11600).

Alesina, A., Carloni, D., & Lecce, G. (2012). *The Electoral Consequences of Large Fiscal Adjustments. Fiscal Policy after the Financial Crisis*. National Bureau of Economic Research, Inc.

Alesina, A., & Passalacqua, A. (2015). *The Political Economy of Government Debt*. (NBER Working Paper No. 21821).

Alesina, A., & Passalacqua, A. (2016). The political economy of government debt. In *Handbook of macroeconomics. Vol. 2* (pp. 2599-2651). Elsevier.

Alt, J. E., & Lassen, D. D. (2006). Transparency, political polarization, and political budget cycles in OECD countries. *American Journal of Political Science, 50*(3), 530-550.

Alvarez, R. M., & Saving, J. L. (1997). Deficits, democrats, and distributive benefits: congressional elections and the pork barrel in the 1980s. *Political Research Quarterly, 50*(4), 809-831.

Barro, R. J. (1974). Are government bonds net wealth?. *Journal of Political Economy, 82*(6), 1095-1117.

Barro, R. J. (1979). On the Determination of Public Debt, *Journal of Political*

Economy, 87(5, Part1), 940-971.

Bartlett, B. (2007, April 6). How supply-side economics trickled down. *The New York Times.*

Bastable, Charles F. (1903). Public Finance. (3rd edition). London: Macmillan.

Bernheim, B. D. (1989). A neoclassical perspective on budget deficits. *Journal of Economic Perspectives, 3*(2), 55-72.

Block, S. A. (2002). Political business cycles, democratization, and economic reform: the case of Africa. *Journal of Development Economics, 67*(1), 205-228.

Brender, A., & Drazen, A. (2004). P*olitical budget cycles in new versus established democracies.* (NBER Working Paper No. 10539).

Brender, A., & Drazen, A. (2005). Political budget cycles in new versus established democracies. *Journal of Monetary Economics, 52*(7), 1271-1295.

Brender, A., & Drazen, A. (2008). How do budget deficits and economic growth affect reelection prospects? Evidence from a large panel of countries. *The American Economic Review, 98*(5), 2203-2220.

Brennan, G. (2012). The political economy of public debt. *Constitutional Political Economy, 23*(3), 182-198.

Brown-Collier, E.K. and B.E. Collier. (1995). What Kenynes really said about deficit spending. *Journal of Post-Keynesian Economics, 17*(3), 341-355.

Browning, E. K. (2008). *Stealing from Each Other: How the Welfare State Robs Americans of Money and Spirit.* Greenwood Publishing Group.

Buchanan, J. M. (1958). *Public Principles of Public Debt: A Defense and Restatement.* Homewood, Illinois: Richard D. Irwin.

Buchanan, J. M. (1976). Barro on the Ricardian equivalence theorem. *Journal of political economy, 84(*2), 337-342.

Buchanan, J. M., & Wagner, R. E. (1977). *Democracy in Deficit: The Political Legacy of Lord Keynes.* Indianapolis, Indiana: Liberty Fund.

Cukierman, A., & Meltzer, A. H. (1989). A political theory of government debt and deficits in a neo-Ricardian framework. *The American Economic Review,* 713-732.

Dahlberg, M., & Johansson, E. (2002). On the vote-purchasing behavior of incumbent governments. *American political Science review, 96*(1), 27-40.

Davenant, C. (1697). *Discourses on the Publick Revenues and on the Trade of England.* London: James Knapton.

De Marco, A. D. V. (1936). *First Principles of Public Finance*. London: Jonathan Cape.

de Tocqueville, A. (1945). *Democracy in America. Vol.1-2.* (F. Bowen, & P. Bradley, Eds.; H, Reeve, trans.). New York : A.A. Knopf. (Original work published 1835).

Dixit, A., & Londregan, J. (1998). Fiscal federalism and redistributive politics. *Journal of Public Economics, 68*(2), 153-180.

Ferguson, N. (2008). *The Ascent of Money: A Financial History of the World*. New York: Penguin Press.

Fine, S. (1969). *Laissez Faire and the General-Welfare State: A Study of Conflict in American Thought, 1865~1901*. Ann Arbor, Michigan: University of Michigan Press.

Franzese, R. J., Jr. (2000). Electoral and partisan manipulation of public debt in developed democracies, 1956-1990. In R. A. Strauch, & J. von Hagen(Eds.), *Institutions, Politics and Fiscal Policy*. Boston: Kluwer Academic.

Fried, B. H. (2001). *The Progressive Assault on Laissez-Faire*. Harvard University Press.

Gonzalez, M. D. L. A. (2002). Do changes in democracy affect the political budget cycle? Evidence from Mexico. *Review of Development Economics, 6*(2), 204-224.

Graeber, D. (2011). *Debt: The First 5,000 Years*. New York: Melville House.

Grossman, P. J. (1994). A political theory of intergovernmental grants. *Public Choice, 78*(3-4), 295-303.

Grossman, G. M., & Helpman, E. (1996). Electoral competition and special interest politics. *The Review of Economic Studies, 63*(2), 265-286.

Hamilton, A. (1795). Defence of the Funding System. *The Works of Alexander Hamilton, 8*, 52-53.

Hansen, A. H. (1936). Mr. Keynes on underemployment equilibrium. *Journal of Political Economy, 44*(5), 667-686.

Hansen, A. H. (1941). Defense financing and inflation potentialities. *The Review of Economics and Statistics, 23*(1), 1-7.

Hansen, A. H. (1954). Growth or stagnation in the American economy. *The Review of Economics and Statistics*, 409-414.

Hume, D. (1741). *Essays, Moral and Political*. (No. 10). R. Fleming and A. Alison.

Jefferson, T. (1904). In A. A. Lipscomb, & A. E. Bergh (Eds.), *The Writings of Thomas Jefferson*. (Memorial Edition). Washington D.C.: The Thomas Jefferson Memorial Association of the United States.

Johansson, E. (2003). Intergovernmental grants as a tactical instrument: empirical evidence from Swedish municipalities. *Journal of Public Economics*, 87(5-6), 883-915.

Kalt, J., & Zupan, M. A. (1984). Capture and ideology in the economic theory of politics. *The American Economic Review*. *74*(3), 279-300.

Keynes, J. M. (1920). *The Economic Consequences of the Peace*. New York: Harcourt, Brace and Howe.

Keynes, J. M. (1923). Public finance and changes in the value of money. Chapter 2 in *A Tract on Monetary Reform*. London: Macmillan.

Keynes, J. M. (1933.12.31). An open letter to President Roosevelt. *The New York Times*. 16.

Keynes, J. M. (1936). *The General Theory of Employment, Interest and Money*. London: Macmillan.

Klomp, J., & De Haan, J. (2013). Political budget cycles and election outcomes. *Public Choice*, *157*(1-2), 245-267.

Lerner, A. P. (1944). *Economics of Control: Principles of Welfare Economics*. New York: Macmillan and Co.

Lindert, P. H. and Morton, P. J. (1989). How sovereign debt has worked. *In Developing Country Debt and Economic Performance, Vol 1: The International Financial System* (pp. 39-106). University of Chicago Press.

Lutz, H. L. (1938). Federal depression financing and its consequences. *Harvard Business Review*, *16*(2), 129-140.

Lutz, H. L. (1945). *Guideposts to a Free economy: A Series of Essays on Enterprise and Government Finance*. McGraw-Hill Book Company, Inc.

Lutz, H. L. (1947). *Public Finance*. (4th edition), London: Appleton-Century.

Macaulay, T. B. (1855) Origin of the National Debt. Chapter XIX In *the History of England from the Accession of James the Second*, Vol. VI. New York: Hurd & Houghton.

MacDonald, J. (2006). *A Free Nation Deep in Debt: The Financial Roots of Democracy*. Princeton University Press.

Manasse, P. (2006). *Procyclical fiscal policy: shocks, rules, and institutions: a view from Mars.* (No. 6-27). Washington, D.C.: International Monetary Fund.

Mankiw, N. G., & Elmendorf, D. (1998). *Government debt.* (No. 1998-09). Board of Governors of the Federal Reserve System (US).

Marx, K. (1844). Comments on James Mill's Elements of Political Economy in *Economic and Philosophic Manuscripts.*

Maskin, E., & Tirole, J. (2014). *Pandering and pork-barrel politics.* (Harvard University OpenScholar Working Paper 194631).

McCormick, R. E., & Tollison, R. D. (1981). *Politicians, legislation, and the economy: An inquiry into the interest-group theory of government.* Boston: M. Nijhoff.

Melon, J. F. (1738). *A Political Essay Upon Commerce* (p. 175). P. Crampton.

Meltzer, A. H., & Richard, S. F. (1978). Why government grows (and grows) in a democracy. *Public Interest, 52*(1), 111-118.

Meltzer, A. H., & Richard, S. F. (1981). A rational theory of the size of government. *Journal of political Economy, 89*(5), 914-927.

Meltzer, A. H., & Richard, S. F. (1983). Tests of a rational theory of the size of government. *Public Choice, 41*(3), 403-418.

Milanovic, B. (2000). The median-voter hypothesis, income inequality, and income redistribution: an empirical test with the required data. *European Journal of Political Economy, 16*(3), 367-410.

Mill, J. S. (1848). *Principles of political economy.* London, England: John W. Parker.

Mises, L. von. (1949). *Human Action: A Treatise on Economics.* Yale University Press.

Moulton, H. G. (1943). *The New Philosophy of Public Debt.* Brookings Institution.

Mueller, D. C., & Murrell, P. (1986). Interest groups and the size of government. *Public Choice, 48*(2), 125-145.

Musgrave, R. A. (1959). *Theory of Public Finance; A Study in Public Economy.* New York: McGraw-Hill.

Nordhaus, W. D. (1975). The political business cycle. *The Review of Economic Studies, 42*(2), 169-190.

North, D. (1990). Institutions and their consequences for economic performance. *The limits of rationality*, 383-401.

Peacock, A. T., & Wiseman, J. (1961). *The Growth of Government Expenditures in the United Kingdom.* Princeton University Press.

Peltzman, S. (1984). Constituent interest and congressional voting. *The Journal of*

Law and Economics, 27(1), 181-210.

Perotti, R. (1992). Income distribution, politics, and growth. *The American Economic Review, 82*(2), 311-316.

Perotti, R. (1996). Fiscal consolidation in Europe: Composition matters. *The American Economic Review*, 86(2), 105-110.

Persson, T., & Svensson, L. E. (1989). Why a stubborn conservative would run a deficit: Policy with time-inconsistent preferences. *The Quarterly Journal of Economics, 104*(2), 325-345.

Persson, T., & Tabellini, G. (1994). Does centralization increase the size of government?. *European Economic Review, 38*(3-4), 765-773.

Persson, T., & Tabellini, G. (1996). Federal fiscal constitutions: risk sharing and redistribution. *Journal of political Economy, 104*(5), 979-1009.

Persson, T., & Tabellini, G. (1999a). Political economics and macroeconomic policy. *Handbook of macroeconomics, 1*, 1397-1482.

Persson, T., & Tabellini, G. (1999b). The size and scope of government: Comparative politics with rational politicians. *European Economic Review*, 43(4-6), 699-735.

Persson, T., Roland, G., & Tabellini, G. (2000). Comparative politics and public finance. *Journal of political Economy, 108(*6), 1121-1161.

Persson, T., & Tabellini, G. (2002). Do constitutions cause large governments? Quasi-experimental evidence. *European Economic Review, 46*(4-5), 908-918.

Persson, T., Tabellini, G., & Trebbi, F. (2003). Electoral rules and corruption. *Journal of the European Economic Association, 1*(4), 958-989.

Pigou, Arthur C. (1928). *A Study in Public Finance.* (1st Edition). London: Macmillan & Co.

Pigou, Arthur C. (1956). *A Study in Public Finance.* (3rd Edition). London: Macmillan & Co.

Piketty, T. (2014). *Capital in the 21st Century.* Cambridge, Massachusetts: Havard University Press.

Potters, J., & Sloof, R. (1996). Interest groups: A survey of empirical models that try to assess their influence. *European Journal of Political Economy, 12*(3), 403-442.

Preston, S. H. (1984). Children and the elderly in the US. *Scientific American, 251*(6), 44-49.

Purcell, J. F. and Kaufman, J. A. (1993). *The Risks of Sovereign Lending: Lessons from History*. New York: Salomon Brothers.

Reinhart, C. M., Rogoff, K. S., & Savastano, M. A. (2003). *Debt Intolerance*. National Bureau of Economic Research.

Ricardo, D. (1817), *On the Principles of Political Economy and Taxation*. (1st edition). London: John Murray.

Ricardo, D. (1820). *The Works and Correspondence of David Ricardo*, Vol. 5. (P. Sraffa, & M. H. Dobb, Eds.). Cambridge: Cambridge University Press.

Rogoff, K. S., & Sibert, A. (1988). Elections and macroeconomic policy cycles. *The Review of Economic Studies*, 55(1), 1-16.

Rogoff, K. (1990). Equilibrium Political Budget Cycles. *The American Economic Review*, 80, 21-36.

Roubini, N., & Sachs, J. (1989). Government spending and budget deficits in the industrial countries. *Economic policy, 4*(8), 99-132.

Salsman, R. M. (2017). *The Political Economy of Public Debt: Three Centuries of Theory and Evidence*. Edward Elgar Publishing.

Samuelson, P. A. (1948). *Economics: An Introductory Analysis*. (1st edition). McGraw-Hill.

Samuelson, P. A. (2009). *Economics: An Introductory Analysis*. (19th edition). McGraw-Hill.

Say, J. B. (1821). Of National Debt. In *Book III of A Treatise on Political Economy*. (1st American Edition). (C. R. Prinsep, trans.). Philadelphia: Claxton, Remsen and Haffelfinger. (Original work published 1803).

Schuknecht, L. (1996). Political business cycles and fiscal policies in developing countries. *kyklos, 49*(2), 155-170.

Shi, M., & Svensson, J. (2006). Political budget cycles: Do they differ across countries and why?. *Journal of Public Economics, 90*(8-9), 1367-1389.

Smith, A. (1976). An Inquiry Into the Nature and Causes of the Wealth of Nations. In R. H. Campbell, & A. S. Skinner(Eds.), *vol. II of the Glasgow Edition of the Works and Correspondence of Adam Smith*. Oxford: Oxford University Press. (Original work published 1776).

Stein, R. M., & Bickers, K. N. (1994). Congressional elections and the pork barrel. *The Journal of Politics, 56*(2), 377-399.

Steuart, J. (1767). A*n inquiry into the principles of political economy*, Vol. 2.

Suter, C. (2019). *Debt Cycles In The World-economy: Foreign Loans, Financial Crises, And Debt Settlement, 1820-1990*. Routledge.

Talvi, E., & Vegh, C. A. (2005). Tax base variability and procyclical fiscal policy in developing countries. *Journal of Development Economics*, *78*(1), 156-190.

Theocarakis, N. J. (2014). The history of the political economy of public debt. In *4th ESHET Latin America Conference, Belo Horizonte-Brazil* (pp. 19-21).

Tornell, A., & Lane, P. R. (1999). The voracity effect. The *American Economic Review*, 89(1), 22-46.

Velasco, A. (2000). Debts and deficits with fragmented fiscal policy making. *Journal of Public Economics*, *76*(1), 105-125.

Von Hagen, J., & Harden, I. (1996). Budget processes and commitment to fiscal discipline. *European Economic Review*, *39*(3-4), 771-779.

Wagner, R. E. (2012). *Deficits, Debt, and Democracy: Wrestling with Tragedy on the Fiscal Commons*. Edward Elgar Publishing.

Wildavsky, A. B. (1997). *The New Politics of the Budgetary Process*. Addison Wesley Publishing.

Wolf, C. Jr. (1988). *Markets or Governments: Choosing Between Imperfect Alternatives*. MIT Press. Cambridge, Massachusetts.

04

재정지출과 복지지출

❶ 일반정부 지출
❷ 중앙정부 재정규모
❸ 복지지출과 재정건전성
❹ OECD 국가별 사회지출(SOCX) 규모
❺ 소 결

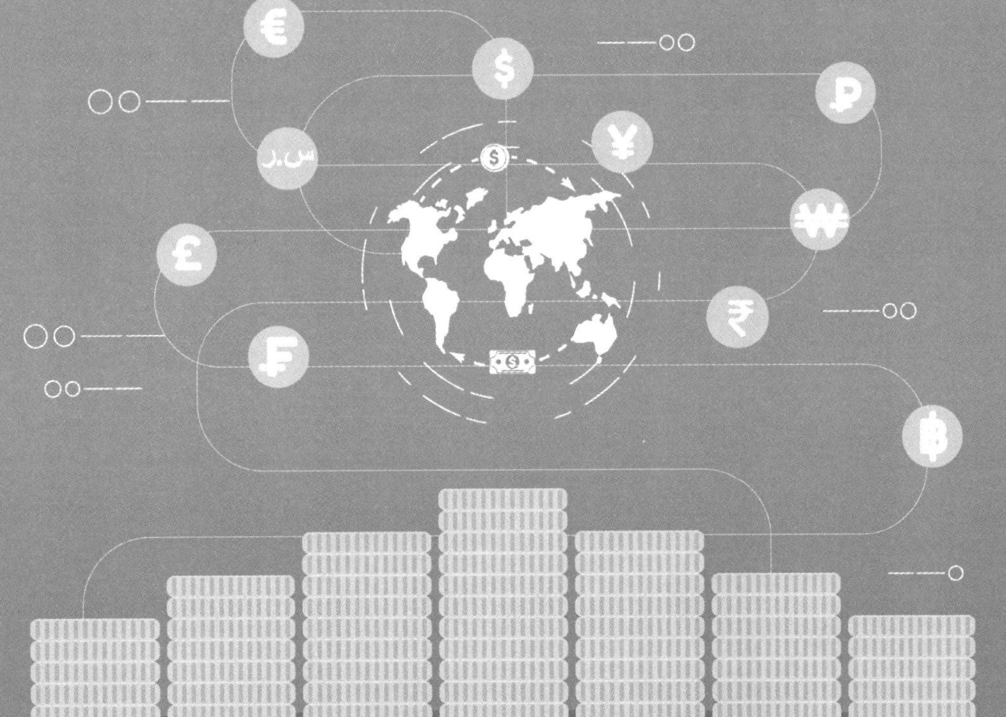

04 재정지출과 복지지출

1 일반정부 지출

정부의 재정규모를 파악하기 위해서는 먼저 정부를 구성하는 주체들의 재정상황을 살펴볼 필요가 있다. 우리나라에서 공공부문을 총칭하는 정부의 범위는 중앙정부, 지방정부, 공공기관 등을 포함하며, 기획재정부는 객관적이고 신뢰성 높은 재정통계를 작성하고자 국제 비교가 가능한 IMF의 「정부재정통계편람(GFSM: Government Finance Statistics Manual)」에 근거하여 일반정부 재정통계를 작성하고 있다. GFSM은 1974년 처음 작성된 후 총 세 번 개정되었는데, 처음 작성된 통계는 정부기능(function) 중심으로 현금주의에 근거한 변화를 포함한 「GFSM 1986」이며, 이후 발생주의를 적용한 「GFSM 2001」, 그리고 「2008 SNA(System of National Account, 국민계정체계)」를 반영한 「GFSM 2014」이다(국회예산정책처, 2019a). 이 중 「GFSM 2001」에 근거하여 작성된 2017회계연도 일반정부의 포괄범위와 구성은 중앙정부의 일반회계(1개), 특별회계(19개), 기금(67개), 비영리공공기관(217개), 그리고 지방정부의 일반회계(243개), 특별회계(2,097개), 기금(2,371개), 비영리공공기관(97개) 등이다. 특히 「GFSM 2001」은 「GFS 1986」과 달리, 중앙정부의 8개 금융성 기금과 외국환평형기금, 중앙정부 및 지방정부의

비영리공공기관 등을 포함하고 있다.1)

이러한 재정통계 작성기준에 따른 2017회계연도 일반정부의 규모는 수입 610.2조원, 지출 562.8조원, 재정수지 47.5조원 흑자이다. 구체적으로 살펴보면, 수입 중 조세수입은 348.3조원으로 전체 수입의 57.1%를 차지하며, 중앙정부와 지방정부 세입은 각각 266.1조원과 82.2조원이다. 한편 지방정부의 주요 수입은 출연(142.2조원)으로 중앙정부가 지방자치단체에 지원하는 보조금과 교부금

표 4-1 2017년도 일반정부 수입·지출 및 재정수지

(단위: 조원)

구분	중앙정부	지방정부				내부거래	일반정부
		지방재정	지방교육재정	내부거래	합계		
1. 수입 (GDP 대비, %)	484.8 (28.0)	223.9 (12.9)	67.5 (3.9)	△14.9 (△0.9)	276.5 (16.0)	△151.0 (△8.7)	610.2 (35.3)
1.1 조세	266.1	82.2	–	–	82.2	–	348.3
1.2 사회보험료	125.0	–	–	–	–	–	125.0
1.3 출연	4.1	93.8	63.3	△14.9	142.2	△146.3	0.0
1.4 기타수익	89.6	47.9	4.3	–	52.2	△4.8	136.9
2. 지출 (GDP 대비, %)	450.1 (26.0)	213.2 (12.3)	65.4 (3.8)	△14.9 (△0.9)	263.7 (15.2)	△151.1 (△8.7)	562.8 (32.5)
2.1 비용	439.9	181.3	61.7	△14.9	228.1	△151.1	516.9
2.1.1 피용자보수	45.3	29.1	30.9	–	60.0	–	105.3
2.1.2 재화와 용역	61.1	51.3	3.0	–	54.3	△4.7	110.7
2.1.3 이자	19.4	0.8	0.5	–	1.3	△0.0	20.7
2.1.4 보조	17.2	51.1	8.7	–	59.8	–	77.0
2.1.5 출연	142.3	16.7	2.3	△14.9	4.1	△146.3	0.1
2.1.6 사회급여	119.0	0.0	–	–	0.0	–	119.0
2.1.7 기타	35.6	32.2	16.2	–	48.5	–	84.0
2.2 비금융자산 순취득	10.2	32.0	3.7	–	35.7	–	45.9
2.2 재정수지(1–2) (GDP 대비, %)	34.7 (2.0)	10.6 (0.6)	2.2 (0.1)	–	12.8 (0.7)	–	47.5 (2.7)

자료: 국회예산정책처(2019a).

1) 한편 제도부문은 2008년 국민계정체계에 근거하여 작성되었다.

등을 포함한다. 다만 이러한 국가보조금은 내부거래에 해당하기 때문에 일반정부 수입에는 포함되지 않는다. 〈표 4-1〉에서 볼 수 있듯이, 재정지출 중 가장 큰 비중을 차지하는 것은 사회급여(119.0조원)이며, 재화와 용역(110.7조원), 피용자보수(105.3조원) 등의 순이다(국회예산정책처, 2019a).

한편 GDP 대비 일반정부의 재정규모는 1970년 19.76%에서 글로벌 금융위기 직후인 2009년에는 34.9%로 증가하였으며, 2017년 현재 32.5% 수준이다. [그림 4-1]에서 볼 수 있듯이, 우리나라 일반정부의 재정지출은 확연한 증가 추세이며, 최근에도 증가속도가 유지되는 것을 확인할 수 있다. [그림 4-2]에서 볼 수 있듯이, 국제비교가 가능한 2016년 자료를 살펴보면 영국, 미국, 일본의 일반정부 재정규모는 40.9%, 38.2%, 39.2%로 우리나라의 32.3%는 이보다 낮은 수준이며, OECD 국가 중에서도 칠레 25.4%와 아일랜드 26% 다음으로 낮다.[2] 다만 이들 OECD 국가의 재정규모는 2009년을 정점으로 점차 감소하는

그림 4-1 우리나라 일반정부의 GDP 대비 지출규모(1970~2017년)

(단위: %)

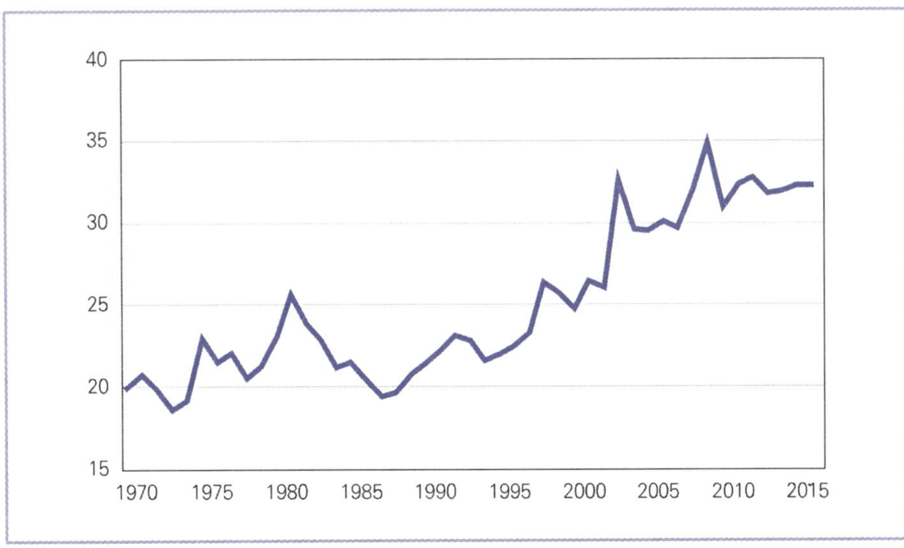

자료: OECD Data(2019년 12월 8일 접속).

2) OECD 데이터베이스(https://data.oecd.org/gga/general-government-spending.htm) 분석이

그림 4-2 영국, 미국, 일본 및 한국의 GDP 대비 일반정부 지출 비중

(단위: GDP 대비 %)

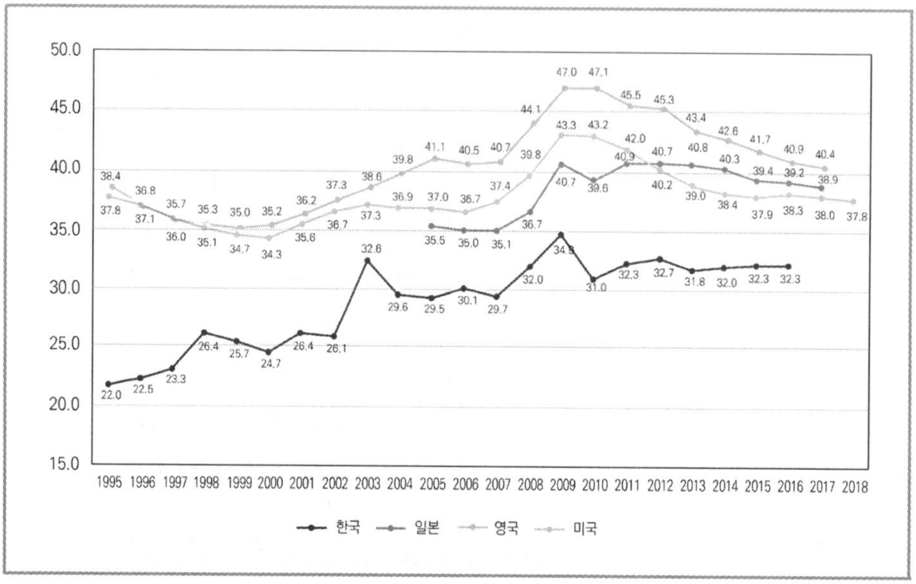

자료: OECD Data(2019년 12월 8일 접속).

추세이다. 가령 영국, 미국, 일본은 [그림 4-2]에서 볼 수 있듯이, 2009년부터 2016년까지 재정규모가 각각 6.10%p, 5.1%p, 1.5%p가량 축소되었다.

우리나라는 세계경기 둔화에 따른 수출부진, 설비투자와 제조업 분야의 고용률 감소, 최저임금의 여파로 인한 자영업 분야의 침체 등으로 인하여 경제성장률이 전반적으로 2~3%대를 유지하는 상황에서 민간부문의 경제성장률에 대한 기여도는 점차 하락하는 반면, 국가재정의 기여도는 상대적으로 커진 것으로 나타난다. 한국은행(2019) 통계에 따르면, 경제성장률에 대한 재정기여도는 〈표 4-2〉에서 보듯이, 2011년 0%p를 기준으로 2017년 0.8%p, 2018년 0.9%p로 지속적인 증가 추세가 나타난다. 따라서 정부는 민간부문의 기여도가 낮아지는 상황에서 정부의 재정확대를 통한 경제성장률의 제고라는 정책기조를 강력하게 고수하려는 유인을 가진다.

다. 이 중 재정규모가 가장 큰 국가는 프랑스(56.4%)이다(2019년 12월 8일 접속).

표 4-2 경제성장률에 대한 재정기여도(2011~2018년)

(단위: %, %p)

구분	2011	2012	2013	2014	2015	2016	2017	2018
경제성장률	3.7	2.3	2.9	3.3	2.8	2.9	3.1	2.7
재정기여도	0.0	0.4	0.6	0.3	0.6	0.9	0.8	0.9
• 정부소비	0.3	0.5	0.5	0.5	0.5	0.7	0.5	0.7
• 정부투자	△0.3	△0.1	0.1	△0.2	0.2	0.3	0.2	0.2

자료: 한국은행 경제통계시스템(http://ecos.bok.or.kr/)(2019년 12월 8일 접속).

2 중앙정부 재정규모

2.1 총수입 및 총지출3)

우리나라 중앙정부의 재정은 일반회계(1개), 특별회계(19개) 및 기금(67개)으로 구성되어 있다. 우리나라 중앙정부의 총수입(추경 포함)은 447.7조원으로 GDP 대비 24.6%이며, 이는 국세 268.1조원, 세외수입 27.2조원, 기금수입 152.4조원으로 이루어져 있다. 한편 2018년 중앙정부의 총지출(추경 포함)은 432.7조원으로 GDP 대비 23.8%이며, 2008년부터 2018년까지 GDP 대비 총지출은 글로벌 금융위기 시점인 2009년 당시, 확장적 예산편성으로 인하여 26.2%로 증가한 것을 제외하면 [그림 4-3]과 같이 대체로 23~24% 수준에서 유지되고 있다. 구체적으로는 총지출 규모가 2008년 262.8조원에서 2018년 432.7조원으로 증가하였고, 연평균 증가율은 GDP성장률과 같은 5.4%이며, 2018년 기준 총지출은 일반회계 250.2조원, 특별회계 47.8조원, 기금 134.7조원으로 구성된다.

3) 총지출은 총계(일반회계+특별회계+기금)에서 내부거래와 보전지출을 제외한 금액을 말한다.

그림 4-3 우리나라 중앙정부의 총지출 규모 및 GDP 대비 비중

(단위: 조원, %)

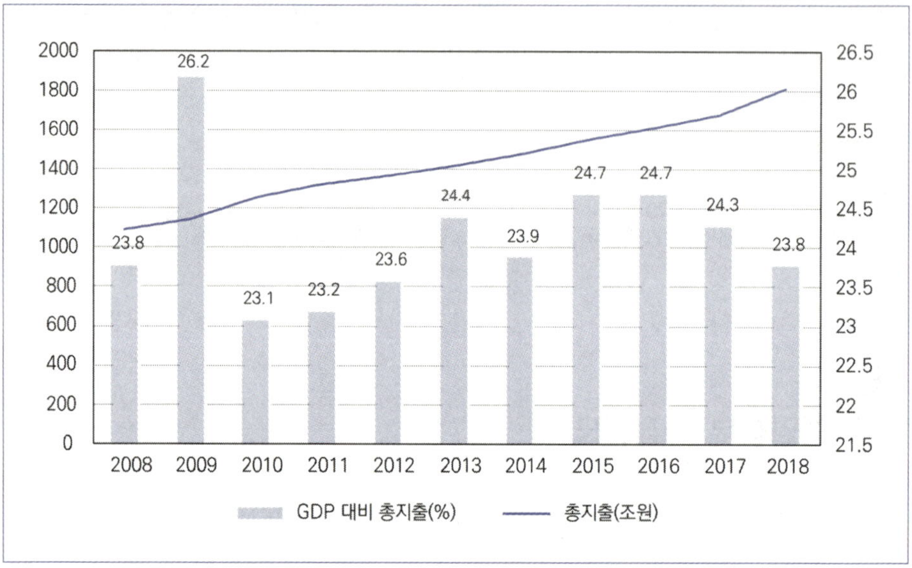

주: 총지출은 예산(추경 포함) 기준임.
자료: 국회예산정책처(2019a).

2.2 분야별 재정지출4)

우리나라는 국가재정을 12대 분야와 16대 분야로 분류하여 활용하고 있다. 먼저 12대 분야는 「국가재정운용계획」상 주요 분야별 재원배분 방향을 설명하기 위한 것으로 UN의 세출예산분류체계(COFOG), IMF의 정부재정통계편람(GFS: Government Finance Statistics Manual) 등을 참고하여 2005년부터 작성하였으

4) 본서에서 인용한 분야별 재정지출 자료는 「국가재정운용계획」상 12대 분야를 기준으로 작성되었다. 「국가재정운용계획」은 주요정책 분야별로 중앙정부 예산을 12개 분야(R&D, 산업·중소기업·에너지, SOC, 농림·수산·식품, 보건·복지·노동, 교육, 문화·체육·관광, 환경, 국방, 외교·통일, 공공질서·안전, 일반·지방행정)로 분류하고 있다. 다만 정부는 2019년도 예산안 편성과정에서 12대 분야를 구성하는 체계로 대폭 개편하였다. 이는 2007년 프로그램 예산제도 도입 후, 국가정책의 방향 전환 및 조직변동에도 불구하고 당초의 예산사업 분류체계를 유지하면서 정책목적과 무관한 분류체계 및 조직-예산과목 간 불일치가 누적되었다는 문제 제기에서 비롯된 것이다. 이로부터 12대 분야 66개 부문에서 12대 분야 71개 부문으로 개편되었다(국회예산정책처, 2019b).

며, 2006년도 예산안부터 국회에 제출되었다. 한편 16대 분야는 프로그램 예산 체계가 도입된 후 기존의 장-관-항에서 분야-부문-프로그램으로 전환된 예산기본체계로 적용되면서 정부의 디지털예산회계시스템(dBrain)에서 활용되고 있다(국회예산정책처, 2019b).[5)]

구체적으로 살펴보면, 2008년에서 2018년까지 총지출은 262.8조원에서 432.7조원 증가하였으며, 이 기간 동안 증가율은 120.7%이다. 12개 분야를 기준으로 총지출 증가율을 넘어서는 분야는 보건·복지·고용 216.5%, 문화·체육·관광 142.4%, 교육 136%인 반면, SOC △10.7%, 산업·중소·에너지 60.30%, 환경 53.3% 등은 총지출 증가율보다 현저히 낮은 것으로 나타난다. 2018회계

그림 4-4 우리나라 12대 분야별 재원배분 추이

(단위: 조원, %)

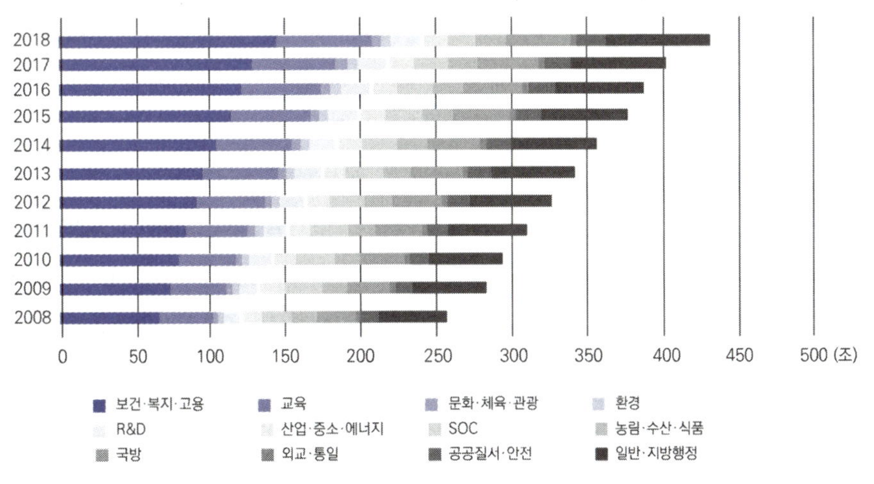

주: 추경예산 포함.
자료: 대한민국 정부, 각 연도별 「국가재정운용계획」.

5) 우리나라 중앙정부 예산의 기능별 분류는 공식적으로 예산서 작성기준으로 16개 분야(일반·공공행정, 공공질서·안전, 외교·통일, 국방, 교육, 문화·관광, 환경, 사회복지, 보건, 농림·수산, 산업·중소기업·에너지, 교통물류, 통신, 국토·지역개발, 과학기술, 예비비) 및 하위 69개 부문이 있다.

연도 기준 총지출 대비 분야별 지출은 보건·복지·고용 31.9%, 일반·지방행정 15.4%, 교육 13.8%, 국방 10.0%, 농림·수산·식품 4.6%, R&D 4.6% 순으로 나타난다.

총지출 대비 분야별 지출비중을 살펴보면, 2008년부터 2012년, 2016년, 2018년 기준으로 보건·복지·고용은 크게 증가한 반면, 일반·지방재정, SOC, 농림·수산·식품은 감소하는 추세이다. 실제로 보건·복지·고용은 26.3% → 28.5% → 31.9% → 37.8%로 증가하고 있으나, 일반·지방행정은 17.8% → 16.9% → 15.4% → 16.6%로, SOC는 7.6% → 7.1% → 6.1% → 3.1%로, 농림·수산·식품은 6.2% → 5.6% → 5.0% → 3.5%로 감소하였다. 한편 교육 14.8%, 국방 9.8%, 환경 1.2%, 외교·통일 1.1%로 이들 분야의 지출비중은 별다른 변화가 없었으며, SOC 예산은 해당 기간 중 유일하게 마이너스 연평균 증가율(△0.8%)을 기록하였다.

한편 가장 최근에 발표된 「2019~2023 국가재정운용계획」에 따르면, 향후 5년간 연평균 재정지출 증가율을 6.5%로 예상하고 있다. 분야별 연평균 증가율을 보면, 산업·중소·에너지(12.4%), R&D(10.8%), 환경(9.3%), 외교·통일(6.9%), 보건·복지·고용(9.2%), 일반·지방행정(8.0%), 교육(3.8%) 등의 분야가 크게 늘어나는 반면, 문화·체육·관광(5.4%), 국방(6.2%), 공공질서·안전(4.0%), SOC(4.6%), 농림·수산·식품(2.6%) 등은 총지출 증가율보다 다소 하회하는 것으로 전망된다. 이에 따라 보건·복지·고용 분야의 예산은 2008년 67.7조원, 2014년 106조원, 2018년 146.2조원, 그리고 2023년에는 229.1조원으로 증가하여 중앙정부 재정지출의 37.9%까지 확대될 것으로 전망되고, SOC예산은 「2018~2022 국가재정운용계획」상으로는 연평균 2.0% 감소 계획이었으나, 「2019~2023 국가재정운용계획」에서는 연평균 4.6% 증가 계획으로 수정하였다.[6)]

6) 이는 2019년 1월에 발표된 대부분의 예비타당성조사 면제사업이 SOC 관련 사업이기 때문에 발생한 현상으로 볼 수 있으며, 정부의 '생활 SOC예산' 증액방침과 연계되어 있다.

표 4-3 우리나라 12대 분야별 지출현황(2008~2018년)

(단위: 조원, %)

구분	2008	2010	2012	2014	2016	2018	2020	2022	연평균 증가율
보건·복지·고용	67.7 (26.3)	81.2 (27.7)	92.6 (28.5)	106 (29.9)	123 (31.9)	146.2 (34.1)	179.0 (35.5)	214.3 (37.8)	8.6
교육	35.6 (13.8)	38.3 (13.1)	45.5 (14.0)	50.7 (14.2)	53.2 (13.8)	64.1 (14.9)	76 (15.1)	84.0 (14.8)	6.3
문화·체육·관광	3.3 (1.3)	3.9 (1.3)	4.6 (1.4)	5.4 (1.5)	6.6 (1.7)	6.3 (1.5)	7.4 (1.5)	8.0 (1.4)	6.5
환경	4.5 (1.7)	5.4 (1.8)	6 (1.8)	6.5 (1.8)	6.9 (1.8)	6.8 (1.6)	7.1 (1.4)	6.9 (1.2)	3.1
R&D	11.1 (4.3)	13.7 (4.7)	16 (4.9)	17.8 (5.0)	19.1 (4.9)	19.6 (4.6)	21.4 (4.2)	24.0 (4.2)	5.7
산업·중소·에너지	12.6 (4.9)	15.1 (5.2)	15.1 (4.6)	15.4 (4.3)	16.3 (4.2)	15.9 (3.7)	19.4 (3.8)	20.2 (3.6)	3.4
SOC	19.6 (7.6)	25.1 (8.6)	23.1 (7.1)	23.7 (6.7)	23.7 (6.1)	17.7 (4.1)	18.0 (3.6)	17.5 (3.1)	△0.8
농림·수산·식품	16 (6.2)	17.3 (5.9)	18.1 (5.6)	18.7 (5.3)	19.4 (5.0)	19.6 (4.6)	19.8 (3.9)	19.6 (3.5)	1.5
국방	26.6 (10.3)	29.6 (10.1)	33 (10.1)	35.7 (10.0)	38.8 (10.0)	43.1 (10.0)	49.9 (9.9)	55.0 (9.7)	5.3
외교·통일	2.8 (1.1)	3.3 (1.1)	3.9 (1.2)	4.2 (1.2)	4.7 (1.2)	4.8 (1.1)	5.4 (1.1)	6.0 (1.1)	5.6
공공질서·안전	11.7 (4.5)	12.9 (4.4)	14.5 (4.5)	15.8 (4.4)	17.5 (4.5)	18.9 (4.4)	20.9 (4.1)	22.6 (4)	4.8
일반·지방행정	45.9 (17.8)	48.7 (16.6)	55.1 (16.9)	57.2 (16.1)	59.5 (15.4)	69.6 (16.2)	84.1 (16.7)	94.0 (16.6)	5.3
총지출	257.2	292.8	325.4	355.8	386.4	429.0	504.6	567.6	5.8
명목GDP	1,104	1,265	1,377	1,486	1,616	1,815	–	–	–
GDP 대비 총지출	23.3	23.1	23.6	24.0	24.0	23.6	–	–	–

주: 지출규모는 국회의 확정예산(본예산) 기준이며, (　)은 총지출 대비 지출비중임. 2020년과 2022년 자료는 「2018~2022년 국가재정운용계획」의 전망치임.
자료: 대한민국 정부, 각 연도별 「국가재정운용계획」.

아래 [그림 4-5]는 우리나라 12대 분야별 재원배분 비중의 변화(2008~2018)를 보여 주고 있다. 지난 10년간 확연한 변화는 보건·복지·고용 분야의 급격한 증가와 SOC, 농림·수산·식품 분야의 감소 추세이다. 구체적으로 살펴보면, 보건·복지·고용 예산은 재정지출 대비 비중이 2008년 26.3%에서 2018년 34.1%, 2023년 37.9%로 확대될 전망이고, SOC 예산은 2008년 7.6%에서 2018년 4.1%, 2023년 3.9%로 감소할 전망이다.

한편 2016년 기준으로 우리나라와 OECD 국가의 분야별 지출을 비교한 결과, OECD 국가 평균에 비해 우리나라의 GDP 대비 지출규모는 국방, 경제, 환

그림 4-5 우리나라 12대 분야별 재원배분 비중(2008~2018년)

(단위: %)

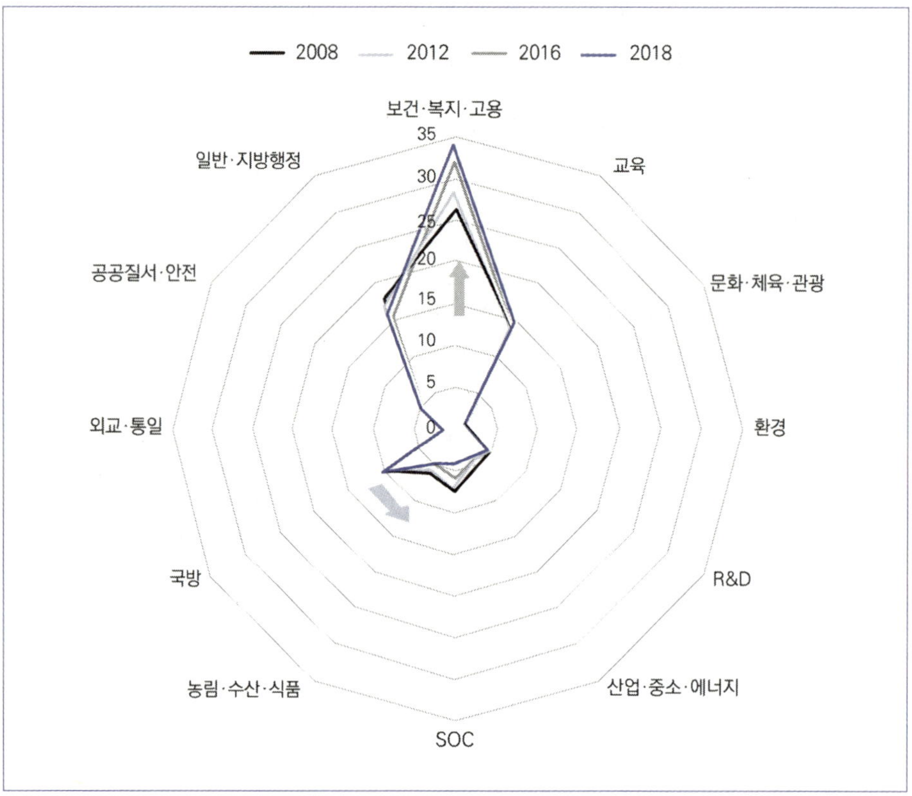

주: 총지출 대비 분야별 지출비중이며, 〈표 4-3〉을 바탕으로 작성함.

경보호, 주택 및 지역개발 분야를 제외하면 모두 낮은 것으로 나타난다. OECD 국가 평균보다 낮은 분야는 사회복지(△10.0%p), 보건(△3.64%p), 공공질서·안전(△0.32%p), 일반공공행정(△0.3%p) 등으로 나타나고, OECD 국가 평균보다 높은 분야는 경제(1.5%p), 국방(0.5%p), 주택·지역개발(0.2%p) 등이다. 이러한 결과는 우리나라 정부의 GDP 대비 재정지출 규모가 OECD 국가 평균보다 11.4%p 이상 낮은 수준에서 나타난 분야별 재원배분을 보여 주며, 총지출 대비 분야별 지출비중으로 살펴보면, OECD 국가 평균보다 사회복지(△18.7%p)와 보건(△5.1%p) 분야가 크게 낮은 반면, OECD 국가 평균보다 높은 분야는 경제(8.3%p), 교육(5.1%p), 일반공공행정(4.4%p), 국방(3.3%p) 등으로 나타났다.

표 4-4 주요국의 GDP 대비 분야별 재정지출(2016년)

(단위: %)

국가	총지출	일반 공공 행정	국방	공공 질서·안전	경제	환경 보호	주택·지역 개발	보건	오락·문화·종교	교육	사회 보장·복지
프랑스	56.38	6.12	1.82	1.65	5.60	0.95	1.09	8.09	1.25	5.40	24.42
독일	43.95	5.80	1.03	1.58	3.06	0.61	0.38	7.13	1.00	4.19	19.16
일본	39.05	3.98	0.88	1.24	3.66	1.18	0.68	7.56	0.38	3.35	16.15
영국	41.36	4.55	1.97	1.81	3.00	0.73	0.71	7.56	0.64	4.64	15.75
미국	37.65	5.36	3.20	2.03	3.30	0.00	0.50	9.19	0.26	6.07	7.75
OECD 국가 평균[1)]	43.68	5.16	1.78	1.66	3.72	0.69	0.67	7.91	0.71	4.73	16.65
한국	32.26	5.22	2.45	1.34	4.90	0.77	0.77	4.27	0.75	5.18	6.61
차이[2)]	−11.42	0.06	0.67	−0.32	1.22	0.08	0.1	−3.64	0.04	0.45	−10.0

주: 1) OECD 국가 평균은 해당 국가들(프랑스, 독일, 일본, 영국, 미국)의 단순평균임.
2) 차이=우리나라−OECD 국가 평균.
자료: OECD Data(https://data.oecd.org)(2019년 12월 8일 접속).

2.3 의무지출

통상적으로 의무지출은 법령 등에 의해 국가의 지출의무가 명시된 지출로서 「국가재정법」 제7조 제2항 제4호의2는 의무지출을 재정지출 중 재정수반법률에 따라 지출의무가 발생하고 법령에 따라 지출규모가 결정되는 법정지출과 이자지출로 규정한다. 따라서 의무지출사업은 지방이전재원, 복지분야 법정지출, 이자지출, 기타 의무지출 등 네 가지 유형으로 구분된다. 지방이전재원은 지방교부세, 지방교육재정교부금, 유아교육비 보육료 지원 등을 포함하며, 복지분야 법정지출은 기초생활보장, 4대 공적연금, 기초연금, 장애인연금 등이며, 이자지출은 공공자금관리기금, 주택도시기금의 국공채이자상환 등으로 구성된다. 한편 기타 의무지출은 쌀소득보전직불금, 유엔 PKO예산 분담금 등을 포함한다(국회예산정책처, 2019b: 195). 반면 재량지출은 법률상 지출의무가 없는 지출로서 재정지출에서 의무지출을 제외한 지출로 정의된다.[7)]

아래 〈표 4-5〉는 2015년부터 2019년까지 총지출 및 의무지출 예산의 추이를 보여 준다. 이 기간 동안 의무지출은 연평균 8.5% 증가하였으며, 총지출(5.8%)과 재량지출의 연평균 증가율(3.2%)보다 높은 수치이다. 이에 따라 총지출에서 의무지출이 차지하는 비중은 2017년까지는 재량지출보다 낮았으나, 2018년부터는 상회하기 시작하였다. 의무지출의 분야별 지출현황을 살펴보면, 2019년 예산기준으로 지방이전재원 분야가 차지하는 비중은 49.9%로 가장 크며, 2015년부터 2019년까지의 연평균 증가율도 지방이전재원 분야가 10.7%로 같은 기간 복지(8.3%), 기타(4.9%), 이자지출(△0.9%) 등 다른 분야의 의무지출 연평균 증가율보다 높게 나타난다. 2018년 예산 대비 2019년 유형별 예산안 증가율도 지방이전재원이 가장 높은 12.9%였으며, 복지분야 법정지출 12.0%보다 높다. 2019년 의무지출 예산안의 유형별 비중은 지방이전재원이 2018년 45.8%에서 2019년 46.4%로 0.6%p 증가하였고, 복지분야 법정지출은 2018년 44.1%에서 2019년 44.4%로 0.3%p 증가한 반면, 이자지출이 2018년 7.4%에서 2019년

7) 「국가재정법」 제7조 제2항 제4호의3은 재정지출에 대하여 정의하고 있다.

표 4-5 총지출 및 의무지출 예산 현황(2015~2019년)

(단위: 조원, %)

구 분	2015	2016	2017	2018	2019	연평균 증가율
총지출(A+D)	375.4	386.4	400.5	469.5	470.5	5.8
의무지출(A=B+C)	172.5	182.6	197.0	239.3	241.7	8.5
(비중)	(46.0)	(47.3)	(49.2)	(50.6)	(51)	–
법정지출(B)	156.0	165.5	180.9	200.9	223.4	9.4
• 지방이전	74.3	77.4	87.6	99.4	111.5	10.7
• 복지	77.5	83.4	87.2	95.7	106.7	8.3
• 기타	4.3	5.2	6.0	5.8	5.2	4.9
이자지출(C)	16.5	16.6	16.1	16.0	15.9	−0.9
재량지출(D)	202.9 (54.0)	203.8 (52.7)	203.5 (50.8)	230.3 (49.4)	228.8 (49)	3.2

주: 본예산 기준. 비중은 총지출에서 각각이 차지하고 있는 비중을 의미함.
자료: 국회예산정책처(2019b: 99).

7.0%로, 기타 의무지출이 2.7%에서 2.2%로 각각 0.4%p, 0.5%p가량 감소하였다(국회예산정책처, 2019b: 196).

일반적으로 의무지출은 법률 등에 의해 지출대상 및 규모가 결정되기 때문에 지출규모의 조정이 어려워 전체 재정지출에서 의무지출의 비중이 높아질수록 재정운용이 경직된다. 이러한 특성은 경기변동에 대응하거나 신규사업 추진에 필요한 재원조달을 어렵게 함과 동시에 경제여건 변화에 따라 지출규모를 탄력적으로 조정하기 어렵기 때문에 중·장기 국가재정운용에 부담을 초래할 수 있으며, 재정의 경기대응력도 약화시킬 수 있다(김태일, 2012). 특히 경기가 하강국면에 진입하면 세입은 감소하지만 기초생활보장급여, 실업급여의 수혜자가 증가하면서 복지 관련 의무지출규모는 크게 확대되고, 재정수지가 악화되는 동시에 추가적인 국채발행에 따른 재정건전성 악화로 이어질 수 있다(박인화·이덕만, 2008). 더욱이 최근 경기상황이 2~3%대의 낮은 경제성장률로 고착되면서 세입여건이 불투명한 가운데 이 같은 의무지출에 대한 엄격한 관리의 필요성이 점차 제기되고 있다.

국회예산정책처(2019b)는 2016년부터 「국가재정운용계획」상의 의무지출 향후 5년 전망치도 지속적으로 상향조정되어, 「2016~2020년 국가재정운용계획」은 향후 5년간 의무지출의 연평균 증가율이 5.5%, 「2017~2021년 국가재정운용계획」은 7.2%, 「2018~2022년 국가재정운용계획」은 7.8%, 「2019~2023년 국가재정운용계획」은 6.1%로 증가하면서 재정지출 구조가 점차 경직되는 것으로 분석하였다. 특히 「2019~2023년 국가재정운용계획」의 유형별 의무지출 예산전망에 따르면, 복지분야 법정지출은 연평균 8.9% 증가하여 2023년에는 전체 의무지출의 49.6%를 차지함으로써 분야별로 볼 때 가장 큰 비중을 차지할 것으로 전망된다. 구체적으로 살펴보면, 국회예산정책처(2019b: 204-215)는 향후 의무지출 비중에서 복지분야는 첫째, 고령화에 따른 인구구조의 변화로 장기노인요양보험과 의료급여경상보조 등의 관련 지출의 증가, 둘째, 기초생활보장제도 부양의무자 기준완화를 통한 복지사각지대 해소 및 국가치매책임제 등 복지제도의 보장성 강화에 따른 비용 증가, 셋째, 아동수당 지급(2018. 9.~)의 부담 증가, 넷째, 기초연금 인상 등 복지지출의 정책적 확대기조에 따른 재정지출 급증을 나타낼 것으로 예상하고 있다. 뿐만 아니라 지방이전재원의 경우,

표 4-6 유형별 의무지출 예산 전망(2018~2022년)

(단위: 조원, %)

구 분	2018	2019	2020	2021	2022	연평균 증가율
지방이전재원	99.4 (45.8)	112.3 (46.4)	115.2 (44.9)	120 (43.9)	125.4 (42.8)	6.0 –
복지분야 법정지출	95.7 (44.1)	107.3 (44.4)	117.5 (45.8)	129.3 (47.3)	141.6 (48.3)	10.3 –
이자지출	16 (7.4)	16.8 (6.9)	18.1 (7.1)	18.8 (6.9)	20.2 (6.9)	6.0 –
기타 의무지출	5.8 (2.7)	5.4 (2.2)	5.6 (2.2)	5.5 (2.0)	5.7 (1.9)	△0.3 –
합계	217.0	241.7	256.4	273.6	292.9	7.8

주: 1. 유형별 비중은 연도별 의무지출 예산안에서 유형별 의무지출이 차지하는 비중임.
2. 2018년은 국회에서 확정된 본예산 기준임.

자료: 국회예산정책처(2019b: 199).

내국세의 일정 비율을 지원하는 행정안전부의 지방교부세와 교육부의 지방교육재정교부금 등도 세율인상으로 인하여 재정규모가 확대될 것으로 예상된다.[8)]

따라서 국회예산정책처(2019b)는 지출규모의 통제가능성, 재정건전성 등의 측면에서 의무지출과 재량지출을 구분하여 이 같은 지출내용의 증가 추이를 면밀히 검토, 관리할 필요가 있다고 주장한다. 실제로 국회예산정책처(2019b)는 첫째, 복지지출 확대, 고령화 대응 등에 따른 의무지출 증가 추세를 관리해야 하고, 둘째, 의무지출 증가에 따른 지방비 부담을 고려하며, 셋째, 2019년도 의무지출사업 예산안 적정규모 편성노력, 넷째, 관련 법률개정 등과 연계하여 의무지출 예산안 심사가 필요하다는 등의 의견을 제시하고 있다.

2.4 보건·복지·고용 지출

복지국가(welfare state)로 지칭되는 현대정부가 가지는 부의 재분배 역할 증대는 1920년대 후반 대공황에서 비롯되어 선진국은 1960년부터 1980년대까지 정부의 재정지출이 크게 늘어났다. 실제로 OECD 국가의 사회복지지출 규모는 1960년대 GDP의 10% 미만에서 2018년 20.1%로 크게 증가하였다(OECD, 2019).[9)] 우리나라도 1961년 생활보호제도 도입 이후 1999년 「국민기초생활 보장법」 제정을 통하여 빈곤층 지원을 위한 기초생활보장제도가 시행되었고, 장애인과 노인 등 사회적 약자를 대상으로 하는 장애인연금과 기초연금이 각각 2010년과 2014년에 도입되면서 주요 공공부조(public assistance)로 자리매김하였다(국회예산정책처, 2019d).[10)] 앞서 보았듯이 우리나라의 보건·복지·고용 분야의

8) 정부는 지방이전재원을 확충하기 위해 지방교부세율을 1995년 13.27%에서 2006년 19.24%로, 지방교육재정교부금률은 1995년 11.8%에서 2019년 20.46%로 상향조정하였다.

9) 호주, 오스트리아, 벨기에, 캐나다, 덴마크, 핀란드, 프랑스, 독일, 아일랜드, 이탈리아, 일본, 네덜란드, 노르웨이, 포르투갈, 스페인, 스웨덴, 영국, 미국 등 15개 국가만 포함할 경우 2018년 26% 수준이다. 이 중 프랑스(31.2%), 오스트리아(28.9%), 핀란드(28.7%), 이탈리아(27.9%)가 높은 수준에 속한다.

10) 국회예산정책처(2019d)에 의하면, 공공부조는 국가가 조세를 재원으로 저소득층에 지원하는 공적 제도로 정의하고, 국민기초생활보장, 기초연금, 장애인연금, 장애수당, 아동수당 등

예산은 지속적으로 늘고 있으며, 향후 저출산·고령화로 인한 인구구조의 변화와 국민들의 복지수요 증가에 따라 복지관련 지출 증가는 향후 상당한 재정부담으로 작용될 것으로 전망된다.[11]

우리나라 중앙정부의 사회복지지출 예산은 보건·복지·고용 분야에 해당하는 예산이며, 이는 다시 기초생활보장 등 12개 사회보장 분야와 3개 보건 분야로 구분된다.[12] 보건·복지·고용 분야 예산은 2004년 44.1조원에서 2018년(추경 포함) 145.8조원으로 증가하였다. 보건·복지·고용 분야 예산은 총지출 대비 2004년 23.7%, 2008년 26.3%, 2012년 28.5%, 2016년 31.9%, 2018년 33.7%로 증가하였다. 추경을 포함한 예산기준으로 2004~2018년 중앙정부 총수입(5.4%)과 총지출(5.4%)의 연평균 증가율은 명목GDP 증가율(5.4%)과 비슷한 반면, 사회복지지출은 〈표 4-7〉과 같이 이보다 높은 8.9%의 증가율을 보이고 있다. 실제로 OECD(2019)에 의하면, 우리나라의 사회복지지출은 1990년 GDP 대비 2.7%에서 2018년 11.1%로 증가한 것으로 나타난다. 이는 지속적인 사회복지제도의 도입과 확대에 따른 현상이며, 정부는 2007년 기초노령연금, 2008년 노인장기요양보험, 2008년 근로장려세제, 2010년 장애인연금의 도입, 영유아 보육료 지원의 확대 및 양육수당의 지급, (2010년 이후) 취약계층에 대한 일자리 사업 확대 등을 추진하였다. 한편 국민연금 수급자는 2004년 45.8만 명(65세 이상 인구의 11.0%)에서 2018년에 312만 명(40.8%)으로 약 7배 증가하였다.

또한 정부는 2016년 합계출산율이 1.17명에서 2017년에는 1.05명, 2018년에는 0.98명으로, 줄어들었고 출산율 감소에 따른 정책대응으로 2006년 이후

이 포함된다. 반면 다른 사회보장(social security)의 형태인 사회보험(social insurance)은 모든 국민을 대상으로 가입자와 사용자가 납부하는 보험료를 주요 재원으로 하며, 국민연금, 고용·산재보험, 건강·노인장기요양보험, 공무원·군인연금, 사학연금 등이 포함된다. 그리고 사회서비스는 중앙과 지방정부, 민간부문이 도움이 필요한 모든 국민을 대상으로 인간다운 생활을 보장하기 위하여 상담, 재활, 돌봄 정보를 제공하는 제도를 의미하며, 아동·청소년·노인·장애인복지서비스, 한부모가족지원 등을 포함한다.

11) 박승준·윤용중(2013)에 의하면, 사회보장, 의료부문에 대한 지출은 소득재분배 효과가 높은 것으로 조사되고 있다.

12) 보건·복지·고용 분야는 기초생활보장, 취약계층지원, 아동·보육, 노인, 여성·가족·청소년, 고용, 노동, 고용노동일반, 공적연금, 보훈, 주택, 사회복지일반 등 12개 사회보장부문과 보건의료, 건강보험, 식품의약안전 등의 보건부문으로 구분할 수 있다.

표 4-7 중앙정부 재정현황과 복지지출(2004~2018년)

(단위: 조원, %)

구분		2004	2006	2008	2010	2012	2014	2016	2018	연평균 증가율
총수입		213.1	235.3	274.2	290.8	343.5	369.3	391.2	447.7	5.4
(GDP 대비 %)		(24.4)	(24.4)	(24.8)	(23.0)	(25.0)	(24.9)	(24.3)	(24.7)	–
• 국세수입		27.0	135.3	165.6	170.5	205.8	216.5	222.9	268.1	5.5
(GDP 대비 %)		14.5)	(14.0)	15.0)	(13.5)	(15.0)	(14.6)	(13.8)	(14.8)	–
총지출		207.5	224.1	262.8	292.8	325.4	355.8	386.4	432.7	5.4
(GDP 대비 %)		(23.7)	(23.2)	(23.8)	(23.1)	(23.6)	(24.0)	(24.0)	(23.8)	–
• 복지예산		44.1	56.0	68.8	81.2	92.6	106.4	126.9	144.7	8.9
(GDP 대비 %)		(5.0)	(5.8)	(6.2)	(6.4)	(6.7)	(7.2)	(7.8)	(8.0)	–
(총지출 대비 %)		(21.3)	(25.0)	(25.7)	(27.7)	(28.5)	(29.9)	(32.9)	(33.4)	–
GDP 증가율	명목	8.0	5.0	5.9	9.9	3.4	4.0	5.0	3.7	5.4
	실질	4.9	5.2	2.8	6.5	2.3	3.3	2.9	2.7	4.2

주: 1. 결산기준으로 2009~2015년까지 가용한 관계로 예산(추경)기준으로 작성.
2. 2016년 GDP 증가율은 국회예산정책처 전망치임.
자료: 대한민국 정부, 각 연도별 「국가재정운용계획」.

5년 단위로 세 차례에 걸쳐 「저출산·고령사회 기본계획」을 시행해 오고 있다. 「저출산·고령사회 기본계획」 중 저출산 관련 재정투입은 제1차 기본계획(2006~2010)에는 19.7조원, 제2차 기본계획(2011~2015)에는 60.5조원을 투입하였으며, 제3차 기본계획(2016~2020)에서는 108.4조원의 예산배정이 예상된다. 국회예산정책처(2018a)는 일·가정 양립을 위한 근로시간 축소, 보육 인프라의 확충 및 개선, 여성 고용률 증대 등 중·장기적 출산율 제고를 위한 정책대응이 필요하다고 제언하고 있으며, 이는 향후 상당 규모의 재정투입을 의미하고 있다.

연도별 「국가재정운용계획」을 살펴보면, 「2014~2018년 계획」은 보건·복지·고용 분야에 대한 5년간 예산증가율을 평균 6.7%(총지출 증가율 4.5%), 「2015~2019년 계획」은 5.0%(2.6%), 「2016~2020년 계획」에서는 4.6%(5%)로 전망했으나, 「2017~2021년 계획」부터 증가율이 크게 상승하기 시작하여 9.8%(5.5%), 「2018~2022년 계획」에서는 연평균 10.3%(7.3%), 「2019~2023년 계획」에서는 연평균

9.2%(6.5%) 증가를 전망하는 등 총지출 상승률을 상회하는 재정투입계획으로 변경되었다. 이에 따라 「2019~2023년 국가재정운용계획」이 끝나는 2023년에는 총지출 대비 37.9%로 크게 증가하게 된다. 특히 정부는 「2018~2022년 국가재정운용계획」에서 '국민이 체감하는 삶의 질 개선을 위한 적극적인 재정운용'이라는 기본방향을 설정한 후, 「2019~2023년 국가재정운용계획」에서는 '혁신적 포용국가 구현을 뒷받침하기 위해 재정의 역할을 더욱 강화할 계획'을 발표함으로써 당분간 이러한 증가 추이는 지속될 가능성이 크다. 특히 사회고용안전망 확충 및 소득분배 개선 등 '포용국가의 기반'을 더욱 공고히 할 계획이므로 향후 재정지출 증가율이 재정수입 증가율보다 매우 높게 유지될 가능성이 크며, 이에 따라 재정수지 적자 및 국가채무가 큰 규모로 발생할 것으로 전망된다.

2.5 사회복지지출의 장기 재정전망

사회보장위원회(2019)는 「2018~2060년 중장기 사회보장 재정추계」를 작성하기 위하여 현행 사회복지제도가 유지된다는 가정하에 향후 고령화를 포함한 사회·경제여건의 변화를 반영하여 2018년부터 2060년까지 사회복지지출의 규모를 추정하였다. 비록 본 연구가 향후 사회복지제도의 발전을 반영하지 못한 한계는 있으나 고령화에 따른 사회복지지출 규모의 변화를 가늠할 수 있다는 점에서 의의가 있다. 이에 따르면, 「2018~2060년 중장기 사회보장 재정추계」에서 GDP 대비 공공사회복지지출이 2018년 현재 11.1% 수준에서 2020년 12.1%, 2030년 16.3%, 2040년 20.8%, 2050년 25.3%, 2060년에는 28.6%로 증가한다고 추정하였다. 또한 정책기조에 따라 우리나라가 다른 국가보다 높은 사회복지지출 증가율을 유지하면서 2030년대 후반에는 OECD 평균(2018년 20.1%)에 도달할 것으로 전망하고 있다. 실제로 사회보장위원회(2019)는 2050년까지 우리나라의 GDP 대비 사회복지지출이 25.3%로 EU 28개국의 평균인 26.9%에 미달할 것이나, 2060년에는 28.6%에 도달하여 EU 28개국 평균인 26.8%를 초과할 것으로 전망하였다. 이는 위원회에서 2016년 발간한 「2015~ 2060년 중장기

사회보장 재정추계」 결과보다 상당히 이른 시기에 이 같은 결과가 나타날 것으로 분석되었다. 가령 2016년도 보고서는 2060년 GDP 대비 공공사회복지지출을 25.8%로 전망하였고, 2040년 중반에 OECD 평균에 도달할 것으로 전망하였다. 따라서 2019년 보고서 대비 2060년 전망수치가 3.2% 증가한 수치이고, OECD 평균에 도달하는 시점도 5년 이상 앞당기는 것으로 나타나며, 2016년과 2019년 사이 발생한 정책변화에 따른 재정투입이 이전 전망보다 크게 증가한 것으로 해석된다.

그러나 사회보장위원회의 재정추계 보고서 결과는 재정추계모형과 가정변수의 정확성에 대한 반론의 여지가 있다. 가령 최근 작성된 「2018~2060년 중장기 사회보장 재정추계」의 인구변수는 2016년 통계청 「장래인구추계」의 2018년 합계출산율 1.22, 2020년 1.24, 2030년 1.32, 2040~2060년 1.38 등 중위가정을 활용하였다. 그러나 2018년 실제 출산율은 0.98로 보고서의 가정보다 매우 낮은 수치이다. 뿐만 아니라 아래 〈표 4-8〉과 같이 2019년에 활용된 2016년 통계청 합계출산율 중위가정치는 2019년 통계청의 「장래인구특별추계: 2017~2067」의 전망치와 큰 차이가 있어 재정전망에서 적지 않은 오차가 발생한 것으로 판단된다.

표 4-8 중위 합계출산율 가정치(2018~2067년)

구분	2018	2020	2030	2040	2050	2060
2016 추계	1.22	1.24	1.32		1.38	
2019 추계	0.98	0.9	1.14		1.27	

자료: 사회보장위원회(2016, 2019).

뿐만 아니라 거시경제변수는 2018년 한국개발연구원(KDI)의 전망자료를 사용했으나, 2018~2060년을 전망한 명목GDP 연평균 성장률 3.1%와 같은 기간 연평균 실질경제성장률 1.5%는 과대추정되었을 가능성이 크다.[13] 이미 잠재성

13) 2018~2020년의 연평균 실질경제성장률 3.0% 전망은 실현 가능성이 매우 낮은 것으로 판단된다.

장률이 2%대로 내려온 상황에서 이를 상회하는 실질성장률이 발생할 가능성이 매우 적기 때문이다.[14] 따라서 이러한 전망에 기초하면 실제로 분자인 사회복지지출은 전망치보다 높고, 분모인 GDP는 실제 수치보다 낮아 GDP 대비 사회복지지출은 더욱 급격하게 상승할 가능성이 크다.

한편 국회예산정책처(2016c)의 「2016~2060년 장기 재정전망」에 따르면 의무지출의 연평균 증가율은 5.0%로, 2007~2015년간 의무지출 연평균 증가율(7.9%)보다 낮은 수준으로 전망하고 있는데, 이는 같은 기간 총지출 증가율 4.4%를 상회한다. 이 중 복지분야의 의무지출은 건강보험과 고용보험의 보장성 강화로 인한 가입자 지원금 증가, 국민연금의 지속적인 연금수급자 수 증가로 인한 연금급여액 증가, 기초연금의 기준연금액 인상 등으로 인하여 2016~2060년 연평균 증가율은 5.5%에 달하고, 의무지출 대비 비율도 2016년 45.6%에서 2060년 56.3%로 상승하는 것으로 전망된다. 지출항목별 연평균 증가율은 국민·공무원·사학·군인·기초연금으로 구성된 연금이 가장 높은 6.1%로 예측된다. 이는 연금지출에서 차지하는 비율이 큰 국민연금(7.2%)과 기초연금(6.8%)이 인구고령화에 따른 노인인구 수 증가에 따라 급속하게 증가하기 때문인 것으로 파악된다. 지출규모 측면에서도 2060년 연금의 지출규모는 2016년에 비해 12.7배 증가하는 것으로 예상된다.

반면 국회예산정책처(2018c)의 「2019~2050년 장기 재정전망」 보고서에서는 의무지출은 2019년 240.4조원(GDP 대비 12.8%)에서 2050년 614.2조원(GDP 대비 18.4%)으로 연평균 3.1% 증가할 것으로 전망하고 있어, 2016년 보고서의 증가율인 5.0%를 크게 하회하고 있다. 이 중 복지분야의 의무지출은 연평균 3.9% 증가하는 것으로 전망되며, 2016년 보고서의 연평균 증가율인 5.5%보다 1.6%나 낮은 수치이다.[15] 다만 지난 3년간 정부가 연도별 「국가재정운용계획」

14) 국회예산정책처(2018b)는 2018~2022년 동안 잠재성장률을 2.7%로 전망한다. 한국은행은 2019년 성장률을 2.0%로 가정한 바 있고, 2012~2019년간 동안 평균 실질GDP성장률은 2.7%이다.

15) 물론 두 보고서의 기준선 전망가정이 상이하고, 장기 전망기간이 다르기 때문에 직접 비교는 적절하지 않을 수 있으나, 불과 2년 만에 의무지출 및 복지분야 의무지출 연평균 증가율이 크게 수정된 점과 최근 복지예산 증가 추세를 적절하게 반영하지 못한 것은 본 분석결과

에서 발표한 향후 5년간 복지지출 증가율이 각각 5.5%(2016~2020), 7.2%(2017~2021), 7.8%(2018~2022)로 증가하는 것을 감안하면 국회예산정책처(2018)의 전망은 다소 과소추정되었을 가능성이 높다.

한편 공공부조사업에 대한 10년(2019~2028) 장기전망을 시도한 국회예산정책처(2019d)에 의하면, 현재 논의가 진행 중인 사업의 지원대상과 규모를 확대하는 경우 재정지출의 급증이 예상되고 있다. 이에 대한 근거로서 첫째, 생계급여와 기초연금의 중복지급이 가능하도록 생계급여 산정기준의 소득범위에서 기초연금을 제외하는 방안에 대한 논의가 이어지고 있으며, 가령 기초연금 수급액 전부를 중복지급 시 재정소요로 연평균 7.4조원이 추계되었다. 둘째, 국민기초생활보장제도의 주요 수급요건인 부양의무자 기준을 점차 완화시키고 있으며, 부양의무자 기준이 전면 폐지될 경우 비용추계에서 부양의무자 기준 폐지 시 향후 10년간 생계급여 재정소요로 연평균 10.5조원이 추계되었고, 의료급여 재정소요로 연평균 17.7조원이 추계되었다. 셋째, 2018년 이후 기초연금과 장애인연금 수급권자에게 지급되는 최대 금액인 기준연금액과 기초급여액이 큰 폭으로 인상되고 있다. 정부는 2021년까지 지속적으로 기준연금액과 기초급여액을 인상하고 적용기간을 변경하는 방안을 계획하고 있어, 추계에서는 연금을 인상하고 적용기간을 변경하는 것으로 가정 시 향후 10년간 기초연금 재정소요로 연평균 22.9조원이 추계되었고, 장애인연금 재정소요로 연평균 1.2조원이 추계되었다. 마지막으로, 장애인연금의 수급대상을 전체 중증장애인까지 확대하되, 전액지급 가정 시 향후 10년간 재정소요로 연평균 1.9조원이 추계되었다. 따라서 최근 논의 중인 정책현안이 실제로 추진될 경우, 향후 예상되는 재정소요는 2019~2028년 10년간 연평균 61.6조원으로 추계되었다. 이는 현행 정책이 유지된다는 가정하에서의 예측치보다 연평균 15.7조원 증액된 수치이다.

한편 김성태·김명규(2015)는 2015년의 우리나라의 적정 GDP 대비 사회복지지출 수준을 17.9%로 추정하였고, 이는 2013년의 9.7%를 크게 상회하고 있

의 정확성에 다소 문제가 있는 것으로 판단된다.

다. 따라서 현재 사회복지지출은 적정수준을 상회하고 있어 사회복지지출을 지속적으로 증가시킬 필요가 있다는 것이 입증되었다고 주장한다. 또한 이들은 사회의 고령화 속도를 고려한 결과, 사회복지지출 규모는 2020년 20.9%에서 2060년 24%로 증가하는 것으로 전망하고 있어 기존 연구보다 낮은 수준으로 나타났다. 이들은 우리나라 연금제도가 재정의 지속가능성을 담보하지 않으므로 제도개편이 필요하다고 언급했으며, 지속가능한 복지를 위해서는 재정의 지속가능성을 사전에 고려해야 한다고 주장하였다. 한편 송호신·허준영(2017)은 2016년 기준 정부지출 중 31.8%를 차지하는 복지분야 지출이 2065년에는 70%를 넘어설 것이라고 전망하였다. 2016년 현재 130조원 정도인 복지지출이 매년 평균 5.6조원씩 늘어나 2065년에는 500조원을 넘어서게 된다는 것이다.

이영(2014)의 연구에서는 복지지출의 규모와 구성이 국가의 규모, 경제발전 단계, 고령화에 따라 어떻게 다른가를 34개 OECD 국가들의 1980~2011년 데이터를 이용하여 분석하였다.[16)·17)] 또한 향후 고령화, 경제성장, 인구증가 예측과 회귀식의 추정계수들을 이용하여 미래의 '적정' 사회복지지출의 규모와 구성을 계산하였다. 고령화와 인구증가는 통계청에서 발표한 인구수를 사용하였고, 경제성장률을 2030년까지 3%, 이후 2% 성장하는 것으로 가정하였다. 이에 따라 우리나라의 GDP 대비 사회복지지출은 2020년 13.1%, 2030년 20.4%, 2040년 27.1%, 2050년 31.4%, 2060년 33.7%로 추정되었다. 이러한 추정치는 우

16) 먼저 단순한 상관관계를 분석하고, 추가적으로 회귀분석을 이용하여 OECD 국가들의 평균 성향을 이용하여 적정 복지 규모와 구성을 추정하였다. 복지 규모와 구성의 결정요인으로 국가규모, 경제발전 단계, 고령화의 세 변수만을 사용하였다. 인구수로 대리된 국가규모, 1인당 GDP로 대리된 경제발전 단계, 65세 이상 노인인구 비중의 변수들은 사회·경제 상황을 나타내 주는 주요 변수로서 복지에 영향을 받았다기보다는 복지에 영향을 줄 수 있는 보다 외생적인 변수라고 할 수 있기 때문에 사용하였다.

17) 사회복지지출은 고령화와는 양(+)의 상관관계를, 국가의 규모와는 음(−)의 상관관계를 가지고 있는 것으로 추정되었다. 현금복지는 소득과는 음(−)의 상관관계, 국가규모와는 음의 상관관계, 고령화와는 양(+)의 상관관계가 있는 것으로 나타났다. 현물복지는 소득과 양(+)의 상관관계, 국가규모와는 음(−)의 상관관계, 고령화와는 양(+)의 상관관계가 있는 것으로 나타났다. 이러한 두 가지 결과를 함께 해석하면 소득이 증가함에 따라 현금복지는 감소하는 반면, 현물복지는 증가하고 고령화에 따라 현금복지와 현물복지는 모두 증가하는데 현금복지가 보다 빠르게 증가하는 것으로 볼 수 있다.

리나라가 고령화, 인구규모, 소득을 이용하여 OECD 국가들의 평균 성향으로 추정한 수치의 60%만 달성한다는 매우 보수적인 수치로 실제 복지지출 규모는 이보다 클 가능성이 있다. 이러한 전망은 1990년대 초반부터 현재까지 관찰되는 고령화와 복지지출의 변화를 살펴본 김정훈(2017)의 연구결과와 일치하고 있다. 이에 의하면, 양자 간에 거의 1 : 1의 관계가 있으며, 향후 한국의 고령화 비율이 현재의 13%에서 24%가 되는 2030년까지 복지지출의 수요가 GDP 대비 약 10%p 증가할 가능성이 있다는 것을 보여 준다.[18)]

따라서 이영(2014)의 연구결과는 사회보장위원회의 추정치보다 높다. 2020년의 경우 두 연구의 추정치의 차이가 1% 수준이나, 2030년에는 그 격차가 4.1%, 2040년 6.3%, 2050년 6.1%, 2060년에는 5.1%로 추정된다.[19)] 이러한 차이는 사회보장위원회의 추정방식이 관련 제도의 변화를 반영하지 않고, 현행 제도가 유지된다는 가정하에서 사회복지 주요 항목에 대한 추계치를 합산한 반면, 이영(2014)은 소득, 고령화, 인구수 변수를 이용하여 OECD 국가들의 평균 성향이 우리나라에도 적용된다는 가정을 바탕으로 추정한 결과이므로 미래에 발생할 가능성이 있는 정책변화를 포함하고 있다.

표 4-9 사회복지지출 GDP 대비 비중(2020~2060년)

(단위: GDP 대비 %)

구분	2020	2030	2040	2050	2060
이영(2014)	13.1	20.4	27.1	31.4	33.7
사회보장위원회(2019)	12.1	16.3	20.8	25.3	28.6

출처: 통계청(2016, 2019).

18) 그는 같은 기간 동안 고령화 비율이 약 8%p 증가하면서 복지세출의 GDP 비중이 약 7.5%p 증가한 점과 일본의 경우에도 1990년대 초반부터 2013년까지 고령화 비율이 13%p 증가하면서 복지세출의 GDP 비중이 약 12%p 증가한 점에 주목하고 있다.

19) 복지지출과 상관관계를 가지는 요소들을 포함하는 단순 회귀분석은 OECD 국가들에서 관찰되는 복지재정의 보편적 추이를 제시할 수 있다는 점에서 적절한 참고자료로 활용될 수 있으나, 여러 제약점이 존재한다. 복지국가 발전의 경로의존성, 자본주의 국가 발전의 다양성, 생산체제와 복지모형의 상호관계, 노동시장의 제도적 차별성, 사회의 의사결정체제 등이 추가적으로 고려되어야 하기 때문이다.

③ 복지지출과 재정건전성

사회 다방면의 여러 요인에 의하여 증가될 가능성이 높은 사회복지지출 분야에서 나타나는 주요 현안은 이러한 복지지출의 증가 추세에서 과연 국가의 재정건전성은 중장기적 관점에서 지속될 수 있는가 하는 의문이다. 우리나라는 사회 전반에서 사회복지지출 증대에 대한 요구가 강하게 나타나며, 향후 저출산·고령화에 따른 복지지출의 팽창을 고려하면 재정건전성 확보는 매우 시급한 국가적 과제이다. 그러나 다음의 두 가지의 측면에서 최근 복지지출 확대 추세는 매우 신중히 논의할 필요가 있다.

이미 언급하였듯이 향후 복지제도 및 정책변화 요인을 반영한 이영(2014)의 연구에 따르면, 점차 사회복지지출 규모가 정부의 예상수준보다 크게 확대되어 2030년대 초반에는 OECD 평균 수준을 상회할 가능성이 높은 것으로 제시된다.[20] 조경엽(2017)도 이러한 추세가 유지된다면 우리나라의 복지지출은 2020년대 후반에 영미형 국가를 추월하고, 2030년대 초반에 OECD 평균을 능가한다고 전망하고 있다. 그러나 현 정부의 '포용국가의 기반확대'에 따라 복지제도 확충이라는 정책기조와 급속한 저출산·고령화 현상에 기초한 인구통계학적 변화를 반영한다면 사회복지지출은 이들 연구결과보다 더욱 빠른 속도로 증가할 가능성이 높다. 특히 2001~2015년 우리나라의 공공사회복지지출 증가율(11.1%)은 OECD 국가 중 가장 높았으며, 「2019~2023년 국가재정운용계획」의 보건·복지·고용 분야에 대한 5년간 연평균 증가율도 9.2%로 전망되기 때문에 이러한 추세가 지속될 경우 재정적으로 심각한 결과가 초래될 수 있다.

---

20) 이영(2014)의 연구는 1980~2011년 사이의 데이터를 이용하여 복지지출을 추정하고 있으며, 복지지출에 영향을 주는 변수로는 고령화, 경제성장, 인구증가 등을 고려하고 있다. 이 연구결과는 우리나라가 OECD 국가들의 평균인 60%만 달성한다는 가정하에 추정한 것이기 때문에 매우 보수적인 전망이라 할 수 있다. 반면 선진국의 GDP 대비 복지지출 비중은 1990년 이후 안정적인 수준으로 유지되고 있고 향후에도 큰 변화가 없을 것으로 전망되고 있다(조경엽, 2017).

더욱이 경제·사회 여건의 변화에 따라 세입 증가율이 낮게 전망되는 상황임에도 불구하고 향후 정부의 확장적 정책기조에 따라 총지출 증가율은 높게 나타나며, 특히 사회복지지출이 이 같은 추세를 주도하고 있어 향후 국가의 재정건전성은 매우 급격하게 악화될 가능성이 높다.

국회예산정책처(2014)는 과거 국민연금, 사학연금, 산재보험, 고용보험 등의 수지가 대규모 흑자이기 때문에 이러한 4대 사회보장성기금수지를 관리재정수지에 더한 통합재정수지가 건실할 수 있었다고 분석하였다.[21] 그러나 급속한 인구구조 변화가 진행되는 과정에서 이 같은 재정여건이 더이상 유지할 수 없게 되면서 향후 국가의 재정건전성은 크게 악화될 수 있다. 국회예산정책처(2018c)의 「장기 재정전망」에 의하면, 사회보장성기금수지는 2019년부터 흑자폭이 점차 감소하다 2036년에 적자로 전환되어 2040년에는 22.5조원 적자, 2050년에는 88조원 적자를 기록할 것으로 예상하고 있다.[22] 이는 사회보장성기금지출의 높은 증가율에 기인한 것으로 급격한 고령화에 따른 국민연금 수급자 수의 증가로 인하여 급여지출 증가율이 6.4%에 이르게 된 것이다. 그러므로 향후 사회보장성기금 적자가 발생할 경우, 이들 항목이 의무지출이기 때문에 정부는 반드시 이같은 사회복지지출의 증가를 수용해야 하지만 동시에 지속적으로 재정건전성을 유지하기는 어렵다는 것을 의미한다.

따라서 국회예산정책처(2014)는 공공사회복지지출의 증가속도에 맞추어 조세부담을 합리적으로 조정하는 방안을 적극 모색할 필요가 있다고 주장한다. 특히 잠재성장률의 하락 및 우리나라 조세체계의 특징으로 인해 조세부담률은 현행 수준보다 소폭 낮아질 것으로 예상되고 있어 세입과 세출의 차이는 더욱 확대되어 재정수지 적자는 지속적으로 확대될 가능성이 크다. 따라서 국회예산정책처(2014)는 향후 공공사회복지지출을 안정적으로 뒷받침할 수 있는 조세부담 확대를 검토할 필요가 있으며, 우리나라가 처한 여러 재정여건을 고려하

21) 「2019~2023년 재정운영계획」에 따르면, 2019년 4대 사회보장성기금수지는 43.3조원, 2020년은 40.5조원, 2021년은 40.5조원, 2022년은 39.5조원, 2023년에는 40.6조원 흑자로 전망하고 있다.

22) 사회보장성기금은 국민연금기금, 사립학교교직원연금기금, 고용보험기금, 산업재해보험 및 예방기금을 포함하고 있다.

여 합리적인 조세부담률 수준을 도출할 수 있는 심층적 논의가 전개되어야 한다. 그러므로 적정 조세부담률에 대한 사회적 합의와 공감대 형성을 위한 학계와 정책현장의 노력이 매우 중요한 시점이다.

4 OECD 국가별 사회지출(SOCX) 규모

통상적으로 사회복지지출의 국제비교를 위해 사용되는 기준은 OECD의 사회지출데이터(SOCX: Social Expenditure Database)와 UN의 정부기능분류(COFOG: Classification Of the Function of Government) 등이 있다. 아래 〈표 4-10〉과 같이 OECD의 SOCX는 건강보험, 노인장기요양 등 급여비 전체에서 국고 및 지방비 부담, 민간부담까지 포함하며, COFOG은 국가예산서에 나타난 복지지출 규모, 특히 국고부담분만을 포함한다(김현아, 2013). OECD의 SOCX는 우리나라의 보건·복지·고용 분야의 공공지출과 다른 개념이며, 사회적으로 위험한 환경에 처해 있는 개인을 대상으로 제공되는 공적 제도에 의한 사회적 급여나 재정지원에 관한 자료이다(OECD, 2014). SOCX는 '공공사회복지지출'과 '민간사회복지지출'을 포괄하는 개념이고, 전자는 사회보험과 사회부조를 통해 일반정부가 부담하는 사회지출이며, 후자는 법정민간사회지출과 자발적인 민간사회복지지출을 모두 포함하는 개념이다(국회예산정책처, 2015: 6-7). 또한 OECD의 SOCX 자료는 정부가 국민에게 제공하는 대상별(노인, 장애인, 아동가족 등) 및 영역별(보건, 적극적 노동시장, 실업, 주거 등) 사회복지급여와 서비스로 인한 지출을 포함한다.[23)]

23) OECD의 SOCX 자료는 사회복지지출 자료를 포괄범위에 따라 '공공사회복지지출', '민간사회복지지출', '사회복지지출', '총사회복지지출', '순사회복지지출' 등 5개 범주로 분류하여 제공하고 있다. 여기서 공공사회복지지출(public social expenditure)과 민간사회복지지출(private social expenditure)은 복지 관련 재정주체에 따라 구분된다. 이 중 공공사회복지지출은 사회보험과 사회부조를 통해 일반정부가 부담하는 사회지출이고, 민간사회복지지출은 법정민간사회지출과 자발적인 민간사회복지지출을 모두 포함하는 개념이다(국회예산정책처, 2015).

표 4-10 OECD 공공사회복지지출과 국가예산상 복지지출 항목 비교

부문	OECD 공공사회복지지출(SOCX)	국가예산상 복지지출(COFOG)
건강보험	급여비 전체	국고부담분만 포함
노인장기요양	급여비 전체	국고부담분만 포함
주택	공공임대주택건설비	주택부문 전액
노동	실업급여와 산재보험급여, 적극적 노동시장정책 관련	실업급여와 산재보험급여, 고용노동부 소관 세출예산과 기금지출액
지방재정복지지출	포함	제외

자료: 김현아(2013).

따라서 보다 포괄적인 개념인 OECD의 SOCX 자료를 활용하여 최근 10여 년간 우리나라를 포함한 OECD 국가의 GDP 대비 SOCX 및 공공사회복지지출 변화를 살펴보기로 한다.

우선 OECD(2019)에 의하면, 2015년 현재 우리나라의 SOCX는 GDP의 13.04%로 조사대상 34개국 중 멕시코(7.7%)와 터키(11.2%) 다음으로 낮은 수준이며, OECD 평균 21.27%보다 8% 이상 낮은 수준이다. 공공사회복지지출(gross public social expenditure)은 GDP의 10.2%이며, 민간사회복지지출(net private social expenditure)은 2.8% 수준이다. 공공사회복지지출은 34개국 중 멕시코(7.7%) 다음으로 낮은 수준이며, 민간사회복지지출은 중하위권 수준이다.

아래 〈표 4-11〉과 같이 우리나라의 GDP 대비 공공사회복지지출은 분석기간(2005~2018) 동안 OECD 국가와 비교하여 가장 낮은 수준이다. 2018년 기준 독일의 25.1%, 프랑스의 31.2%, 영국의 20.6%, 미국의 18.7%, 스웨덴의 26.1%, OECD 국가 평균 20.1%에 비해 우리나라의 공공복지지출은 11.1%로 상당히 낮은 수준이다. 국회예산정책처(2015)도 국가별 사회·경제여건의 차이를 감안하더라도 우리나라의 공공사회복지지출 수준은 전반적으로 OECD 국가들에 비해 낮은 수준으로 분석하였다. 이는 선진국에 비해 낮은 65세 이상 노인인구 비중(12.7%)과 1인당 GDP(34,396 US$ PPP) 대비 낮은 의료비 지출(1,384 US$ PPP), 짧은 공적연금제도 도입기간에 따른 낮은 연금수급률(38.7%)과 소득대체율

표 4-11 OECD 국가별 GDP 대비 공공사회복지지출 현황

(단위: %)

구분	2005	2007	2009	2011	2013	2015	2017	2018
프랑스	28.7	28.1	31.0	30.8	31.9	32.0	31.8	31.2
독일	26.2	24.1	26.6	24.7	24.7	24.9	25.1	25.1
일본	17.2	17.7	20.9	22.3	22.2	21.9	–	–
한국	6.1	7.1	8.4	8.1	9.3	10.2	10.6	11.1
스웨덴	27.3	25.5	27.6	25.6	27.2	26.3	26.1	26.1
영국	18.3	18.8	22.2	22.2	22.5	21.6	20.8	20.6
미국	15.6	15.9	18.6	19.1	18.8	18.8	18.9	18.7
OECD 평균	18.2	17.7	20.7	20.2	20.4	19.0	20.2	20.1
OECD－한국 차이	12.1	10.6	12.3	12.0	11.2	8.8	9.6	8.9

자료: OECD Social Expenditure Database(SOCX)(2019년 1월 30일 접속).

(39.3%) 등에 기인한다고 볼 수 있다.[24)]

다만 〈표 4-12〉와 같이 그 격차는 빠른 속도로 줄어들고 있다. 우리나라의 GDP 대비 공공사회복지지출 비율은 2005년 6.1%에서 2018년 11.1%로 증가하여, OECD 평균과 우리나라의 격차가 2005년 12.1%에서 2013년 11.2%, 그리고 2018년에는 8.9%로 줄어들었다.[25)] 이는 우리나라의 공공사회복지지출 증가율이 OECD 평균보다 2배나 높기 때문이다. OECD(2019)는 OECD 회원국 70% 이상이 2009년 이후 GDP 대비 공공사회복지지출을 줄인 반면, 한국, 핀란드, 노르웨이만이 비율을 2% 이상 증가시켰다고 분석하고 있다.

실제로 OECD 국가들은 2018년 현재 공공사회복지지출로 GDP의 20% 이상을 지출하고 있으며, 이 중 현금급여로 평균 GDP 대비 12%를 지출하고 있으며, 의료 및 복지서비스(현물)는 GDP 대비 8%를 지출하는 것으로 분석된다(OECD, 2019). 이처럼 현금급여 대(對) 의료 및 보건복지서비스(현물) 비중은

24) 이러한 격차는 국민들의 선호체계, 정부의 정책우선순위 등 국가별 고유여건의 차이에서 발생한다(국회예산정책처, 2014).

25) 1990년 대비 2018년의 GDP 대비 공공사회복지지출은 무려 3배 이상 증가한 것으로 분석된다(OECD, 2019).

OECD 회원국 평균은 6 : 4 비중인 반면, 우리나라는 4 : 6의 비중이다. 또한 OECD 국가 평균 GDP 대비 공적연금지출은 8%를 차지하는 데 비해 우리나라는 3%로 낮은 수준이며, 서비스 분야에서 가장 높은 비중을 차지하는 의료서비스의 경우, OECD 평균(5.7%)과 우리나라(4.3%)의 격차가 점차 줄어들고 있다고 분석된다. 분야별 복지지출은 OECD 평균을 기준으로 GDP 대비(지출기준으로) 고령(7.4%), 보건(6.2%), 가족(2.2%), 근로무능력자(2.2%) 등의 순으로 높은 반면, 우리나라는 보건(4.0%), 고령(2.1%), 가족(0.9%), 기타(0.6%) 등의 순으로 나타난다.

한편 OECD 국가의 총정부지출 대비 공공사회복지지출 비중을 살펴보면 2015년 기준 OECD 국가 평균은 43.1%이며, 아래 〈표 4-12〉에서 언급된 OECD 국가 평균은 50%를 넘고 있다. 반면 우리나라는 높은 증가율에도 불구하고 31.6% 수준이다. 다만 대부분의 OECD 국가들은 2007~2009년 글로벌금융위기 후 크게 증가한 공공사회복지지출을 줄이면서 2009년 당시 정부 총지출의 45%를 넘는 수준에서 2015년에는 이를 43%로 줄인 반면, 우리나라는 같은 기

표 4-12 OECD 국가별 총지출 대비 공공사회복지지출 비중

(단위: %)

구분	2005	2006	2007	2008	2009	2010	2011	2012	2013	2014	2015
프랑스	54.1	53.6	53.5	53.2	54.3	54.7	54.8	54.9	55.6	56.2	56.2
독일	56.8	56.0	56.2	55.5	56.0	54.8	55.2	55.4	55.3	56.0	56.9
일본	48.5	49.4	50.2	50.4	51.7	53.2	54.9	54.7	54.5	54.8	55.8
한국	20.8	23.2	23.9	23.7	24.2	26.5	25.2	26.6	29.2	30.2	31.6
스웨덴	52.2	52.1	51.7	51.0	52.4	51.7	50.9	51.6	52.3	52.4	53.1
영국	44.5	44.6	44.9	44.4	46.7	47.3	48.0	48.8	51.1	50.9	51.2
미국	43.0	43.4	43.1	42.5	44.2	45.1	45.3	46.5	48.2	49.1	50.0
OECD 평균	44.5	44.3	44.5	44.2	45.3	45.0	45.3	45.9	46.1	46.8	43.1
OECD－한국 차이	23.8	21.2	20.6	20.4	21.0	18.5	20.1	19.3	16.9	16.6	11.5

출처: OECD Social Expenditure Database(SOCX)(2019년 1월 30일 접속).

간 총지출의 24.2%에서 31.5%로 늘어난 후 지속적으로 증가하는 추세이다.

5 소 결

국회예산정책처(2014: 63)는 과거 공적연금의 성숙도, 국가의 재정건전성에 대한 사회적 선호, 균형재정에 대한 정부의 정책의지 등과 같은 우리나라의 고유한 특성이 재정건전성 관리에 매우 긍정적으로 작용했다고 분석하였다. 그러나 정부의 정책기조 변화, 저출산·고령화 등을 비롯한 사회경제적 여건의 변화와 지속적인 복지지출의 확대로 인하여 더 이상 과거와 같은 재정건전성 확보가 손쉽게 달성되기 어려운 상황으로 전개되고 있다. 특히 사회복지지출 확대의 필요성에 대한 사회적 합의가 부족하고, 사회복지지출의 확대가 재정건전성에 미치는 영향에 대해서도 상당한 견해차가 존재한다.

국회예산정책처(2018c)의 「장기 재정전망」에 따르면, 향후 공공사회복지지출 확대로 재정수요가 지속적으로 증가하는 반면, 잠재성장률의 하락 및 우리나라 조세체계의 특징으로 인해 조세부담률은 현재보다 소폭 낮아질 것으로 예상된다. 이로 인해 세입과 세출의 격차가 지속적으로 확대되면서 통합재정수지는 크게 악화되는 것으로 전망된다. 그러므로 큰 폭의 증가가 예상되는 사회복지지출재정을 안정적으로 확보하기 위해서는 이에 대한 국민부담의 확대를 적극적으로 검토할 필요가 있다. 다만 국민부담의 확대는 사회적 합의를 전제로 하는 만큼 우리나라가 처한 사회경제적 여건을 고려하여 합리적 부담수준에 대한 국민들의 인식과 수용을 바탕으로 재정전문가들이 심층적 논의를 전개할 필요가 있다.

아래의 [그림 4-6]과 같이 우리나라의 저출산·고령화 속도는 OECD 국가 평균에 비해 상당히 급격하게 전개되면서 가까운 기일 내 큰 폭의 복지지출 증가가 예상된다. 실제로 일부 연구에서는 인구구조 변화에 따른 의무지출의 급속한 확대가 예상되고 있는 우리나라의 상황을 향후 사회복지지출에 반영할

그림 4-6 OECD 국가의 공공사회복지지출(SOCX)과 국민부담률(2013년 기준)

(단위: GDP 대비 %)

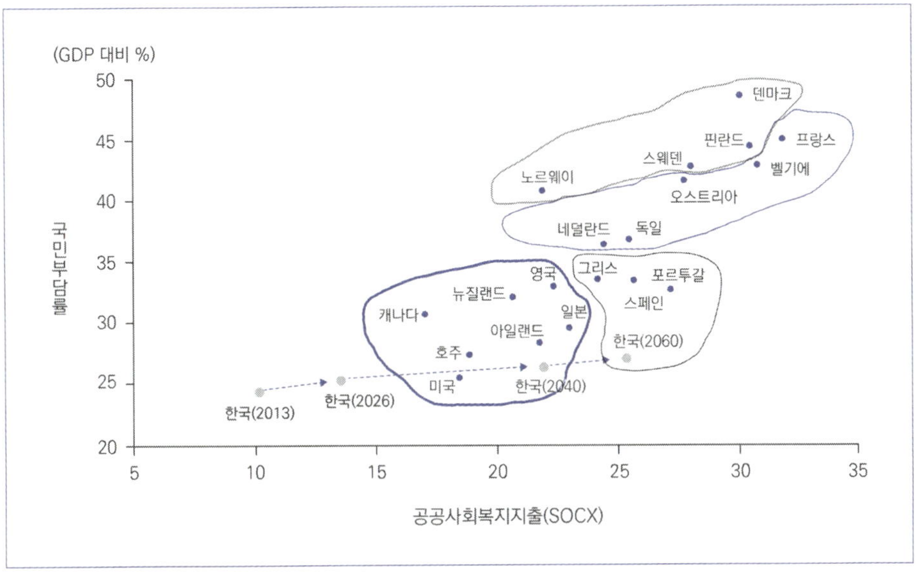

주: 우리나라의 국민부담률과 공공사회복지지출은 「국회예산정책처(2014)」에서 산출함.
자료: 국회예산정책처(2014).

경우, 2030년대에는 다른 OECD 국가의 지출수준에 근접할 가능성이 높다고 전망하고 있다. 가령 우리나라의 GDP 대비 복지지출과 국민부담률을 OECD 국가와 비교하면 2013년 25% 수준의 국민부담률과 10% 수준의 SOCX 재정투입이 2040년에는 영미형 국가, 2060년에는 남유럽형 국가와 유사할 것으로 전망되고 있다(국회예산정책처, 2014). 이는 상대적으로 낮은 국민부담률에 비하여 복지지출의 수준은 높은 구조적 특성에 기인하며, 따라서 우리나라는 시간이 지날수록 이에 따른 재정부담이 지속적으로 가중됨으로써 적정수준의 세입을 확보하지 못하면 국가의 재정건전성을 위협하는 심각한 요인으로 작용할 것으로 예상된다.

뿐만 아니라 우리나라의 복지지출은 현금급여의 비중이 높아지는 특징이 있다. 사회보장위원회(2019)에 따르면, 현물·현금급여의 비중은 2018년 53.9% : 46.1%에서 2060년에는 53.2% : 46.8%로 큰 차이가 없을 것으로 전망하였으나,

최근 들어 현금성 복지가 급증하고 있다(김동섭, 2019). 2019년 현재 전국 17개 광역자치단체와 226개 기초자치단체의 현금성 복지사업은 1,672개에 달하며, 지자체의 현금성 복지사업이 2017년 1,419개에서 2019년 1,672개로 250개 이상 늘어났다. 또한 현금급여 규모도 크게 늘어나 2019년에는 2018년 대비 12조원이나 늘어난 41조원에 달한다.[26] 실제로 2018년에 국회 가결 법률에 따른 복지분야의 의무지출 추가재정소요는 연평균 7.2조원이며, 이 중 현금급여가 97% 이상인 것으로 분석되고 있다(국회예산정책처, 2019c).[27] 특히 복지지출은 지출 성격상 한번 늘어나면 좀처럼 줄이기 어려운 특성이 있는데, 그중에서도 현금급여는 한번 시행되면 회수하거나 이를 철회하기가 매우 어렵기 때문에 현금급여 방식의 복지지출은 매우 신중하게 이루어질 필요가 있다.

이처럼 우리나라의 복지지출은 상당 부분 법정지출의 성격을 가지고, 경기상황에 대응하며 이에 대한 지출규모를 조정할 수 있는 여력이 제한되기 때문에 의무지출의 증가는 법률제정부터 집행관리에 이르기까지 매우 면밀하고 체계적인 관리가 요청된다. 특히 정부는 전반적인 의무지출 예산규모를 용의주도하게 '관리'하는 노력이 필요하다. 이를 위하여 정부는 먼저 복지지출을 포함한 장기 재정전망치를 정확하게 예측·관리하는 방안을 확보해야 한다. 왜냐하면 이는 정부의 지속가능한 재정관리운영에 대한 최소한의 능력과 의도를 보

26) 김동섭(2019)은 현금성 복지확대는 정부가 당초 시행목표보다 서둘러 금액을 올리고 대상자를 넓힌 결과로 분석하고 있다. 실제로 65세 이상 고령층 가운데 소득 하위 70%에 지급하는 기초연금이 2018년에 비해 2019년은 2.9조원으로 늘었으며, 이는 월 20만원에서 30만원으로 인상키로 계획하면서 시행시기를 크게 앞당겼기 때문이다. 2018년부터 최대 월 25만원을 지급해 오고 있으며, 올 4월부터는 전체 대상자 539만 명 가운데 134만 명(소득 하위 20%)에게는 월 30만원씩 지급하고 있다. 월 10만원씩 주는 아동수당도 2018년보다 무려 3배(9500억원 → 2.96조억원) 늘었다. 0~6세 미만 아동의 90%에 지급하던 것을 2019년부터 모든 아동에게 지급하고, 9월부터는 6~7세 아동에게도 지급하기로 확대했기 때문이다. 추가적으로 기초생활보장의 생계·주거급여는 부양의무자 조건을 완화·폐지해 2.1조원 늘었다. 이에 따라 현금을 받아 쥔 국민도 크게 늘어났다. 기초연금이 539만 명으로 가장 많았고, 기초생활보장의 생계급여 126만 명, 아동수당 230만 명, 근로장려금 등 305만 명을 포함해도 1,200만 명에 달한다. 또한 2019년 근로·자녀장려금은 올 지급액이 5.5조원으로 2018년 1.8조원보다 무려 3.6조원이나 늘었다.

27) 기초연금 확대에 따라 3.2조원, 아동수당 확대에 따라 연평균 3.3조원이 추가로 증가할 전망이다(국회예산정책처, 2019c: 36-37).

여 주는 대목으로서 정부가 사회로부터 이에 대한 신뢰를 확보할 수 있기 때문이다. 이미 지적하였듯이 사회보장위원회 등을 비롯한 복지재정추계에 있어 예측모형의 정확성과 신뢰성 제고가 필요하며, 인구구조 및 경제변수, 사회복지제도 변화에 대한 합리적 가정 설정 또한 중요하다.

나아가 국회는 거시적 총량관리가 체계적으로 되지 않는 상황에서 예산안 심사제도 개선을 비롯한 효과적인 재정통제권 강화방안이 필요하다(국회예산정책처, 2019b: 214). 또한 의무지출사업은 지출대상과 지출금액이 법령에서 확정되는 사업인 만큼 기초연금, 장애인연금, 구직급여 등은 지급대상 및 단가 등의 변경사항을 법령에서 규정하고, 무분별한 수혜자 확대와 단가변경을 합리적이고 명확한 기준과 원칙에 근거하여 이를 수용, 준수할 수 있는 제도적 장치와 규정이 필요하다. 이로부터 의무지출사업의 신규 또는 변경 시 관련 법률 개정 논의와 그 결과를 고려하여 예산안 심사와 연계함으로써 해당 사업의 타당성과 실행 가능성을 면밀하게 검토한 후 이를 결정할 필요가 있다(국회예산정책처, 2019b: 214).

마지막으로 현행 복지정책의 운영방식에 대한 근본적인 재고(再考)가 필요하다. 특히 현금급여방식의 복지정책은 재정건전성뿐만 아니라 향후 국가재정의 지속가능성 측면에서도 가까운 시일 내 한계에 직면할 가능성이 높다. 우리 사회가 저출산·고령화 시대로 접어드는 현 상황에서 평균수명 증가에 따른 고령층을 비롯하여 일자리 확보와 유지에 어려움을 겪고 있는 청년들과 여성들의 일자리 창출과 안정적 근로여건을 마련함으로써 정부는 사회 각 계층의 일할 수 있는 권리와 기회를 폭넓게 보장하며, 국민들이 자신의 삶을 스스로 결정하고 책임질 수 있는 복지 패러다임으로 변화시킬 필요가 있다. 실제로 복지정책의 수혜자인 이들 계층에게 사회적 차별과 근로여건의 제약에서 벗어나 일할 수 있는 권리와 자유를 보장하며, 이들의 경제적 독립을 지원하는 복지정책을 통하여 정부는 일회적이고 소비적인 선심성 복지정책에서 전환할 필요가 있다. 이를 위하여 정부는 지속가능한 일자리 확보와 근로기회의 확충을 통하여 경제발전과 사회발전을 도모하는 선순환 구조로 복지정책을 노동정책과 연계시키는 근본적인 변화를 전개해야 한다.

참고 문헌

국내 문헌

국회예산정책처(2014). **우리나라 사회복지지출 수준의 국제비교평가**(사업평가 14-12).

국회예산정책처(2015). **부문별 사회복지지출 수준 국제비교평가**(사업평가 15-02).

국회예산정책처(2016a). **복지사업 확대에 따른 지방재정 현안과 개선과제**(사업평가현안분석 제58호).

국회예산정책처(2016b). **아동 관련 복지분야의 조세지출과 재정지출 지원 현황 및 시사점.**

국회예산정책처(2016c). **2016~2060년 NABO 장기 재정전망.**

국회예산정책처(2018a). **우리나라 저출산의 원인과 경제적 영향**(경제현안분석 제94호).

국회예산정책처(2018b). **2019년 및 중기경제전망.**

국회예산정책처(2018c). **2019~2050년 NABO 장기 재정전망.**

국회예산정책처(2019a). **2019년 대한민국 재정.**

국회예산정책처(2019b). **2019년도 예산안 총괄 분석 I.**

국회예산정책처(2019c). **2018년 가결 법률의 재정소요점검.**

국회예산정책처(2019d). **공공부조제도의 현안 및 재정소요 추계.**

김동섭(2019. 10. 25). 28조 → 41조 … 유례없이 뿌린 '돈다발 복지'. **조선일보**. A3.

김성태 · 김명규(2015). 우리나라 적정 사회복지지출 수준의 모색. **응용경제**, 17(3), 5-32. 한국응용경제학회.

김정훈(2017). **삶의 질과 성장잠재력 향상을 위한 재정정책의 운용방향.**

김태일(2012). 복지지출과 국가부채의 관계: OECD 국가 분석과 한국에의 시사점. **비판사회정책**, 35, 7-46.

김현아(2013). 사회복지지출(SOCX) 추계에 관한 소고. 한국조세연구원, **재정포럼**, 제200호: 49.

대한민국 정부(2015). **2015~2019년 국가재정운용계획.**

대한민국 정부(2016). **2016~2020년 국가재정운용계획.**

대한민국 정부(2017). **2017~2021년 국가재정운용계획.**

대한민국 정부(2018). **2018~2022년 국가재정운용계획.**

대한민국 정부(2019). **2019~2023년 국가재정운용계획.**

박승준 · 윤용중(2013). 분야별 재정지출의 경제성장 및 소득재분배 효과. **예산정책연구**, 2(1), 71-95.

박인화 · 이덕만(2008). 복지재정의 효율성 제고를 위한 정책과제. **사회보장연구**, 24(4),

33-63.
사회보장위원회(2016). **2015~2060년 중장기 사회보장 재정추계.**
사회보장위원회(2019). **2018~2060년 중장기 사회보장 재정추계.**
송호신·허준영(2017). 인구구조 변화와 재정. **BOK 경제연구. 2017**(29), 1-31.
이 영(2014). 지속가능한 복지를 위한 복지재정 규모와 구성. 김성태·박진(편), **재정건전성의 평가 및 정책과제**(pp. 239-267). 한국개발연구원.
조경엽(2017). 한국의 복지지출과 재원조달의 우선순위에 관한 고찰. KERI Brief 17-18. 한국경제연구원.
통계청(2016). **장래인구특별추계: 2017~2067년.**
통계청(2018). **2018 고령자통계.**
통계청(2019). **장래인구특별추계: 2017~2067년.**
한국은행 경제통계시스템[웹사이트]. 2019년 12월 8일 접속. URL: http://ecos.bok.or.kr/

해외 문헌

OECD(2014). *Social expenditure. In OECD Factbook 2014: Economic, Environmental and Social Statistics.* Paris: OECD Publishing.
OECD(2018). *Revenue Statistics.*
OECD Data[Website]. Retrived December 8, 2019, from https://data.oecd.org/
OECD. OECD Social Expenditure Database[Website]. Retrived January 30, 2019 from http://stats.oecd.org/
OECD (2019). Social Expenditure Update 2019, *Public social spending is high in many OECD countries.*

05

재정정책과 재정제도

❶ 국가재정운용계획

❷ 예비타당성조사제도

❸ 소 결

05

재정정책과 재정제도

재정정책(fiscal policy)은 정부가 가계와 기업으로부터 거두어들인 조세수입 등을 기반으로 공공재와 공공서비스 등을 제공하는 지출활동을 의미한다. 통상적으로 재정의 기능은 효율적 자원배분, 공평한 소득분배, 경제의 안정화 등으로 구분할 수 있다(Musgrave, 1959). 우선 자원배분 기능은 정부가 공공재를 공급하거나, 보조금 지원 등을 통해 자원을 효율적으로 배분하는 것이고, 소득분배는 누진적 조세와 사회복지 지출 등을 통하여 사회적 형평성을 제고하는 기능을 뜻한다. 마지막으로 경제 안정화 기능은 거시경제정책수단을 활용하여 물가안정과 고용확대, 그리고 성장동력 확충 등을 수행하는 것이다(국회예산정책처, 2019a). 현대국가에서 이러한 세 가지 재정의 기능은 증가 추세이며, 이미 제1장에서 확인하였듯이 재정지출이 재정수입을 초과하면서 국가채무의 증가로도 이어지고 있다.

이러한 재정의 역할과 재정활동의 성과에 대한 논의는 정치경제적인 측면, 즉 집권을 위한 정치집단 간의 경쟁과정에서도 매우 중요하다. 재정활동은 주로 보편적 공공서비스 제공에 따른 사회적 효율성 제고, 소득분배에 따른 형평성 제고, 재원배분에 따른 경제성장률 증가 등의 성과로 이어지면서, 이에 대한 정치집단 간의 다양한 논쟁을 발생시킨다. 주로 철학적 또는 이데올로기적 차이에서 발생하는 정부의 역할에 대한 논쟁의 핵심은 이러한 재정활동의 범위를 어떻게 설정할 것인지에 대한 논의이고, 이를 수행하기 위해 재원동원을 어떤 방식으로 할지에 대한 모색이다. 따라서 재정정책은 정부지출의 규모와 구성, 재정수지 그리고 국가채무와 관련된 의사결정을 통하여 개인, 집단, 지역, 세대 간에 자원을 분배 또는 재분배하는 과정으로 이해되며, 조세제도라는 국가의 강제적인 수단을 통하여 재원을 동원하는 과정이 수반된다(Alesina & Passalacqua, 2015).

이러한 재정정책에 대한 논의에 있어 우선 재정제도와 재정규율이 재정수지 및 국가채무를 포함한 정부 재정운영의 성과에 어떠한 동태적인 변화를 미쳤는지 알아보는 것이 중요하다. 먼저 Buchanan(1987: 256)은 '제도적 선택론(institutional choice approach)'을 주장하였으며, 여기서의 제도는 우선 행정부 내부의 예산과정 및 재정정책 운영 전반에 미치는 제도적 틀(institutional framework)은 물론, 행정부와 입법부 간의 정책결정과정에서 발생하는 상호작용에 대한 부분까지 포함하고 있다. 특히 저성장이 고착화되면서 세입 증가는 한계에 직면하고 있는 반면, 재정적 수요는 사회·경제·정치적 요인들에 의하여 크게 늘고 있는 상황에서 이와 같은 재정지출과 관련된 주요 제도의 실효성을 살펴보는 것은 매우 중요하다.

한편 우리나라는 재정활동의 성과를 높이기 위해 다양한 제도를 도입하여 운영하고 있다. 특히 노무현 정부(2003~2008)는 4대 재정개혁과제로 「국가재정운용계획」, 총액배분자율편성제도(top-down 제도), 성과관리제도 및 디지털예산회계시스템(d-Brain) 등을 도입하였다. 「국가재정운용계획」은 중장기적 시계에서 재정운용 전략과 재원배분 방향을 제시하기 위해 매년 수립하는 5년 단위의 세입 및 지출계획이며, 총액배분자율편성제도는 기획재정부가 예산의 총액한도를 결정하면, 각 부처가 자율적으로 예산을 편성하는 제도이다. 한편 성과관리제도는 재정사업의 목표와 성과지표를 설정하고, 이러한 지표에 의한 평가결과를 재정운영 등에 반영하는 제도이다. 마지막으로 디지털예산회계시스템은 세입, 예산편성, 집행·결산·평가 등 일련의 재정활동에 대한 모든 정보를 실시간으로 분석하여 제공할 수 있는 통합재정정보시스템으로 2007년부터 도입하였다.

이러한 맥락에서 이 장에서는 우리나라가 2004년부터 도입하여 2019년까지 16번 작성된 중기 재정계획인 「국가재정운용계획」상의 정부세입 및 지출계획의 전반적인 추세를 살펴보고, 이러한 계획의 수립과 운영상의 문제를 비판적인 관점에서 검토하기로 한다. 구체적으로 국가재정 5개년 계획인 「국가재정운용계획」에 포함된 경제성장률, 세입, 세출, 재정수지 및 국가채무 등에 대한 전망의 정확성과 구조적 편의(structural bias) 존재 여부에 대하여 분석하고, 제도적 개선방안을 찾기로 한다. 또한 예산편성과 관련된 중요한 재정제도 중 하나인 예비타당성조사에 대한 다양한 이슈를 점검한다.

1 국가재정운용계획

「국가재정운용계획」은 효과적인 국가재정 운영을 위해 중장기적 시계에서 국가정책적 목표를 반영하기 위하여 2004년 「국가재정법」 제정에 따라 도입되었으며, 5개년도 단위로 매년 수정해 가는 연동계획을 수립하여 2007년부터 국회에 제출하고 있다(대한민국 정부, 2017). 「국가재정운용계획」은 정부가 예측한 거시경제 및 재정여건 전망을 바탕으로 재정운용의 목표를 사전에 설정하고, 전략적인 재원배분 방향을 제시하는 중요한 정부계획서이다. 동 계획은 통합재정수지의 전망, 근거 및 관리계획을 제시하고 있으며, 중장기 기금재정관리계획, 국가채무관리계획, 전년도 계획 대비 변동사항 등에 대한 평가·분석 보고서를 첨부하여 국회에 제출하고 있다. 따라서 「국가재정운용계획」은 중장기적인 관점에서 재정정책의 방향과 분야별 세부 추진계획을 담은 중요한 재정운용계획이라 볼 수 있다(대한민국 정부, 2018).[1)]

「국가재정운용계획」은 중기지출계획(MTEF: Medium Term Expenditure Framework)의 형태를 띠고 있어 단년도 예산제도의 단기적 시계를 극복하면서, 중장기적

1) 전두환 정권 시기였던 1982년 제5차 경제개발계획이 수립되면서 처음으로 우리나라에서 「중기 재정운용계획」이 작성되었다. 경제개발 5개년 계획이 중단된 이후에도 「중기 재정운용계획」 수립은 지속되었으나, 정기적으로 작성되지 않을 뿐만 아니라 외부로 공개하지 않고 예산당국의 참고자료로만 활용되었다(국회예산정책처, 2015a). 그 이후 김대중 정부에서는 IMF 위기 이후 재정건전성을 제고하기 위한 노력의 일환으로 「1999~2002 중기 재정운용계획」을 작성한 바 있다.

관점에서 정책우선순위를 감안한 전략적 재원배분을 추구할 수 있다. 그리고 주요한 정책운용 방향에 대한 미래예측 가능성을 높일 수 있으며, 인구통계학적인 변화 등을 포함한 재정 위험요인에 대한 사전적이고 중장기적인 추계를 통한 체계적인 대응을 가능하게 하는 장점도 있다. 특히 정권별 국정과제에 걸맞은 재정지출사업을 중기 재정계획에 포함시키면서 "중장기적 시계에서 재정운용 전략과 재원배분의 방향을 제시할 수 있는" 장점도 존재한다(국경복, 2015: 627-8). 또한 이러한 계획은 12대 분야별 재원배분계획(거시예산)과 재정사업별 예산(미시예산) 간의 연계성을 높여 재원배분의 효과성을 증가시키고, 재정총량 관리 등을 통하여 재정건전성을 높일 수 있다.

「국가재정운용계획」 수립과정을 살펴보면, 기획재정부는 전년도 말에 동 계획의 수립지침을 마련하여 각 부처에 통보하고, 1월에 각 부처는 중기사업계획을 기획재정부에 제출하게 된다. 기획재정부는 2월부터 「국가재정운용계획」 수립을 위한 작업반을 구성하여 운영하며, 관련 부처와 전문가가 참여하는 국가재정전략회의와 재정정책자문회의 등의 의견수렴 절차를 거쳐, 매년 9월 3일까지 당해 연도 예산안과 함께 「국가재정운용계획」을 국회에 제출하게 된다(대한민국 정부, 2017).

1.1 경제성장률 전망

경제성장률 전망은 5년 동안 「국가재정운용계획」의 세입과 재정수지 전망에 기본적인 가정을 제공하기 때문에 정확성을 확보하는 것이 매우 중요하다. 경제성장률 전망과 실적의 차이가 클수록 세입 및 재정수지의 전망오차가 커지게 되며, 국가채무관리계획에도 큰 영향을 미칠 수밖에 없기 때문이다. 2004년부터 2019년까지 작성된 「국가재정운용계획」의 연도별 경상경제성장률 예측치를 살펴보면, 성장동력 감소로 인하여 2004년 8%대에서 2011년은 6%대, 그리고 2016년부터는 4%대로, 2018년은 3%대로 크게 하락하였다.[2] 특히 최근

2) 기획재정부는 2004년부터 2014년까지는 경상성장률과 실질성장률을 모두 발표하였으나, 최근 들어서는 경상성장률만 발표하고 있다. 다만 2011년과 2012년은 실질성장률만 발표하였다.

실질성장률이 잠재성장률에 못 미치고 있으며, 실질성장률은 2016년 이후 2%대로 하락하여 유지되고 있다. 가장 최근에 발표된 「2019~2023년 국가재정운용계획」에 따르면, 2019년 경상경제성장률을 3.0%, 2020년 3.8%, 2021~2023년 동안 연평균 4.1%로 전망하고 있다.[3)]

「국가재정운용계획」의 경제성장률 전망치와 실적치를 비교하면,[4)] 총 16번의 경제전망 중 2007~2009년 글로벌 경제위기로 인한 기저효과가 나타난 2009년, 2010년, 그리고 2016년과 2017년 등을 제외한 11번에 걸쳐 실적치가 전망치를 하회하고 있다.[5)] 이는 전반적으로 재정당국의 낙관적인 경제전망이 반복되는 경향이 있었다는 것을 의미한다.[6)] 국회예산정책처(2017a)는 최근 정부가 발표한 우리나라의 성장률 전망의 오차범위가 확대되고 있으며, 장기전망으로 갈수록 오차범위가 더욱 확대되고 있는 것에 대해 문제를 지적하고 있다. 특히 국회예산정책처(2017a)는 2011년과 2015년 사이 경상성장률 전망에 대해 일관되게 상향적이고, 낙관적인 편의(upward bias)를 보이고 있다고 지적하고 있다. 2012년의 경우, 경상성장률 전망치와 실적치 간의 오차가 4.6%p에 달하며, 실질성장률 오차율도 2.5%p로 파악되어 문제의 심각성을 드러내고 있다.

보다 구체적으로 살펴보면, 5년 단위로 작성되는 「국가재정운용계획」상 4~5년차의 하반기 성장률 전망치가 1~3년차 전반기 전망치 대비 유사하거나, 대부분 좋아지는 낙관적 편의가 발생하고 있다. 이러한 현상은 2004년부터 2019년까지 16번의 계획 중 2015년 계획을 제외한 나머지 15번의 계획에서 나타나고 있다. 예를 들어 2018년의 계획에 따르면, 2018년과 2019년 전망치는 각각 4.0%와 4.4%로 제시되고 있는 것에 비해, 특별한 이유 없이 2020년부터

3) 반면 국회예산정책처(2019a)는 2019년 경상경제성장률을 2.1%, 2020년 3.5%, 2021년 3.7%, 2022~2023년 동안 연평균 3.6%로 전망하고 있는 등 기획재정부보다 낮게 전망하고 있다.

4) 여기서는 「국가재정운용계획」상의 첫해 전망치와 실적치를 비교하였다.

5) 정부의 2019년 전망은 3.0%이지만, 한국은행은 수정 전망을 통하여 성장률을 2.0%로 전망하고 있다. 또한 한국은행은 2020년은 2.3%, 2021년은 2.4%로 전망하고 있다.

6) 다만 2005년과 2006년은 경상성장률이 실적치가 예측치보다 하회하지만, 실질성장률은 반대이다.

7) 2019년 실적치는 2020년에 상반기에 발표되나 한국은행의 최근 전망치(2%)로 반영하였다.

그림 5-1 경상성장률 전망 및 실적 비교(2011~2019년)

(단위: %)

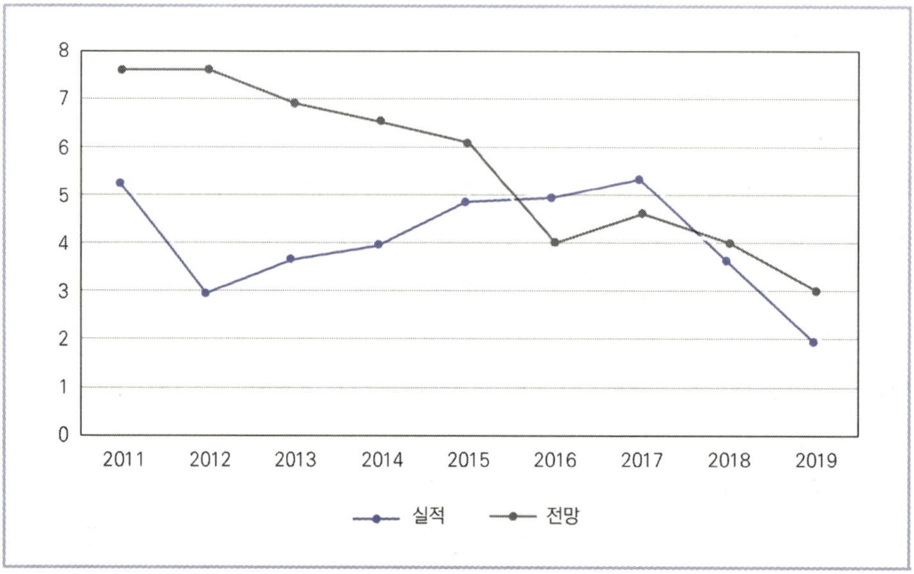

자료: 국회예산정책처(2016a)의 자료 수정.7)

2022년까지 4.7%와 4.8%, 4.8%로 증가되고 있어 정부의 낙관적 편의를 확인할 수 있다. 국회예산정책처(2018c)를 포함한 대부분의 중장기재정연구에서 저출산·고령화 등의 인구통계적인 요인 및 산업구조적인 요인에 의하여 경제성장률이 지속적으로 하락될 것으로 예측하고 있으나, 「국가재정운용계획」에서만 낙관적인 성장전망을 하고 있다는 것은 정부 재정계획의 신뢰성에 문제가 있음을 의미한다.8) 경제성장률 전망치와 실적치 간의 차이가 클수록 세입전망의 오차가 커지며, 이는 다시 재정수지와 부채관리에 문제를 발생시키면서 전반적으로 「국가재정운영계획」의 실효성을 떨어뜨리게 된다. 따라서 정부는 거시경제전망의 현실성을 제고할 필요가 있으며, 이를 위해 '정책의지'보다는 '경제현실'을 반영하여 거시경제전망치를 제시하는 것이 바람직하다(김대철·박승준, 2015).

8) 자세한 장기 재정전망에 있어 경제성장률 전망은 제7장을 참고할 수 있다.

국회예산정책처(2017a)는 이러한 전망 오차를 축소하기 위하여 성장률 전망이 신뢰할 만한 방법론과 가정을 바탕으로 객관적인 기관에 의해 수행되어야 할 것을 권고하고 있다. 이와 함께 캐나다 재무부가 매년 2월(예산안)과 11월(Economic and Fiscal Update)에 거시경제지표에 대한 전망을 발표하면서 20여 개의 민간 경제자문기관 전망치를 산술평균한 수치를 사용하는 사례와 오스트리아 및 네덜란드, 벨기에에서 독립재정기관이 재정당국을 대신하여 재정전망을 실시하는 사례, 독일에서 정부, 의회, 국내·외 전문가가 협의하여 세입수준을 결정하는 협의체 방식을 운영하는 사례 등을 대안으로 제시하고 있다. 향후 거시경제지표 전망에 있어 한국은행 및 국회예산정책처 등을 포함한 국내·외 유수 연구기관의 다양한 전망치를 적극 활용하는 방안에 대해 긍정적으로 검토할 필요가 있다.

표 5-1 「국가재정운용계획」의 연도별 경제성장률 비교

(단위: %)

구분		2004	2005	2006	2007	2008	2009	2010	2011	2012	2013	2014	2015	2016	2017	2018	2019	2020	2021	2022	2023
2004 계획	경상	8 수준	8 수준	8 수준	8 수준	8 수준															
	실질	5대	5대	5대	5대	5대															
2005 계획	경상		4.8	7.5	7.4	7.4	7.3														
	실질		3.8	5.0	4.9	4.9	4.8														
2006 계획	경상			5.3	6.7	7.4	7.3	7.3													
	실질			5.0	4.6	4.9	4.8	4.8													
2007 계획	경상				6.5	7.3	7.1	7.1	7.1												
	실질				4.6	5.0	4.8	4.8	4.8												
2008 계획	경상					6.8	7.2~7.6	7.6~8.0	8.1~8.5	8.8~9.2											
	실질					4.7	4.8~5.2	5.2~5.6	5.8~6.2	6.6~7.0											
2009 계획	경상						1.1	6.6	7.6 내외	7.6 내외	7.6 내외										
	실질						−1.5	4.0	5 내외	5 내외	5 내외										

2010 계획	경상								7.6 내외	7.6 내외	7.6 내외	7.6 내외									
	실질							5.8i	5 외	5 내외	5 내외	5 내외									
2011 계획	경상																				
	실질								4 중반	4 중반	4 중반	4 중반	4 중반								
2012 계획	경상																				
	실질										4초 중반	4초 중반	4초 중반	4초 중반							
2013 계획	경상										4.2	6.5	6.6	6.6	6.6						
	실질										2.3	3.9	4.0	4.0	4.0						
2014 계획	경상											5.3	6.1	6.1	6.1	6.1					
	실질											3.7	4 수준	4 수준	4 수준	4 수준					
2015 계획	경상												6.1	4.2	5.0	5.3	5.5				
	실질																				
2016 계획	경상													4.0	4.1	4.7	5.1	5.1			
	실질																				
2017 계획	경상														4.6	4.5	4.9	4.9	4.9		
	실질																				
2018 계획	경상															4.0	4.4	4.7	4.8	4.8	
	실질																				
2019 계획	경상																3.0	3.8	4.1	4.1	4.1
	실질																				
실적 (결산)	경상	7.8	4.6	5.0	7.3	5.34	3.8	10.2	5.3	3.0	3.7	4.0	4.9	5.0	5.4	3.7					
	실질	4.6	4.0	5.2	5.1	2.3	0.3	6.3	3.7	2.0	3.0	3.3	2.6	2.9	3.1	2.7					

주: 2004~2012년 경제성장률 실적치는 구(舊)계열(2005년) 기준이며, 2013~2018년은 신(新)계열 기준.

자료: 대한민국 정부, 각 연도별 「국가재정운용계획」; 한국은행 경제통계시스템. 2015~2018년 실적치는 국회예산정책처(2019a)를 참고.

1.2 재정수입 전망

통상적으로 경상성장률과 총세입 증가율 간에는 높은 상관관계가 있다. [그림 5-2]에서 볼 수 있듯이, 다소의 시차가 있기는 하지만 높은 경제성장률은 유사한 수준의 세입 증가로 이어지고 있다. 이는 경제성장률 전망의 정확도가 높을수록 총세입도 정확하게 예측할 수 있다는 것을 의미한다. 그러나 이미 지적하였듯이, 정부 경제성장률 전망에 낙관적 편의가 발생하다 보니 세입에 있어서도 실적치가 전망치를 하회하는 등의 문제가 자주 발생하고 있다. 그리고 총지출 증가율은 총수입 증가율과 상당 부분 연동되어 이러한 거시경제지표에 대한 낙관적 편의는 지출 증가율을 높게 예측하면서 「국가채무관리계획」의 재정수지 및 국가채무 등의 전망에도 부정적인 영향을 미치게 되며, 전반적으로 「국가재정운용계획」의 실효성을 떨어뜨리는 결과가 발생하고 있다.

그림 5-2 경상성장률과 총수입 증가율 간의 상관관계

(단위: %)

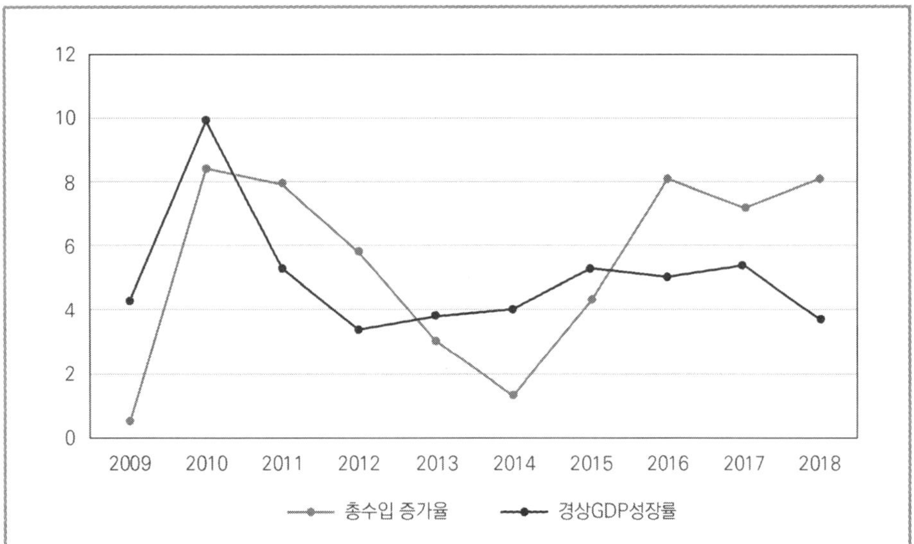

자료: 국회예산정책처(2018a) 자료에 2018년 자료 추가.

특히 「국가재정운용계획」에서 총수입은 전망치 대비 실적치가 연속적으로 낮다가 높아지는 현상이 반복적으로 발생하고 있다. 〈표 5-2〉에서 볼 수 있듯이, 2006~2007년은 총수입의 계획치보다 실적치가 높다가 2009~2010년은 낮

표 5-2 총수입 규모의 변화(2004~2023년)

(단위: 조원)

구분	2004	2005	2006	2007	2008	2009	2010	2011	2012	2013	2014	2015	2016	2017	2018	2019	2020	2021	2022	2023
2004 계획	213	256	245	263	284															
2005 계획		222	236	254	273	293														
2006 계획			235	252	270	289	309													
2007 계획				251	274	292	312	334												
2008 계획					274	295	315	339	367											
2009 계획						280	288	310	338	362										
2010 계획							291	315	343	365	391									
2011 계획								314	344	376	396	415								
2012 계획									344	373	369	415	439							
2013 계획										361	371	392	413	438						
2014 계획											369	383	405	428	451					
2015 계획												378	392	407	427	447				
2016 계획													401*	415	436	456	476			
2017 계획														423*	447	471	492	514		
2018 계획															448*	481	504	525	548	
2019 계획																482*	482	506	529	556
실적치 (결산)	188	191	210	244	251	276	300	323	342	352	356	372	402	431	465					

주: *는 추경을 포함.
자료: 대한민국 정부, 각 연도별 「국가재정운용계획」; 국회예산정책처, 각 연도별 「회계연도 결산 분석 종합」.

고, 2011~2014년은 다시 높다가 2015~2017년은 낮아지는 현상이 나타나고 있다. 이로 인한 각 연도별 「국가재정운용계획」의 평균오차를 살펴보면, 「2006년 계획」, 「2007년 계획」, 「2008년 계획」, 「2011년 계획」, 「2012년 계획」, 「2013년 계획」 및 「2014년 계획」의 평균오차는 각각 △9.6조원, △11.6조원, △18.9조원, △5.8조원, △11.5조원, △8.9조원, △6.02조원이며, 「2009년 계획」, 「2010년 계획」, 「2015년 계획」, 「2016년 계획」, 「2017년 계획」의 평균오차는 각각 4.9조원, 0.7조원, 9.4조원, 8.45조원, 7.5조원으로 파악된다. 주로 2014년 이전까지 「국가재정운용계획」에서 총수입의 평균오차는 주로 음수값을 보이고 있는데, 이는 총수입 실적치가 대체로 계획치 대비 낮은 것을 의미한다. 그러나 2015년 이후의 「국가재정운용계획」에서는 대체로 총수입의 평균오차가 양수값을 보이고 있다. 이러한 현상이 반복된다면 향후의 「국가재정운용계획」에서는 2014년 이전과 동일하게 총수입의 계획치가 실적치보다 낮은 경향을 보일 가능성이 높다. 이러한 현상은 추계오차에 대한 정치적 책임성 추구에 따라 낙관적 편의와 비관적 편의가 순차적으로 발생하는 현상으로 이해할 수 있다.

물론 단년도 세입예산 편성과 관련하여 전제가 되는 거시경기의 변동성과 세수추계모형상의 한계로 인하여 일정 수준의 세수오차가 발생하는 것은 불가피하다고도 볼 수 있다. 그러나 우리나라의 예산편성과정상 세입예산은 일부 구조적인 문제가 있는 것으로 판단된다.[9] 예를 들어 예산편성 시점에서 정부의 국세수입 전망에 대한 결산 대비 오차율의 절대값을 살펴보면, 1990년대에는 3.5%였던 것에 비해, 2000년대에는 3.1%로 축소되었다(국회예산정책처, 2016a). 그러나 2010년대 전반기에 들어 낙관적인 성장률 전망에 기초하여 낙관적인 세입예산을 편성한 결과, 세입결손에 따른 오차율의 확대가 나타나고 있다. 특히 2013년 예산편성 시 정부가 가정한 경상GDP성장률 6.9%는 실적치 3.7%에 비해 매우 높았으며, 이러한 오차의 대부분은 GDP 디플레이터의 전망(2.0%)과 실적(0.7%) 차이에서 발생한 것으로 분석되고 있다(국회예산정책처, 2014b).[10]

9) 본예산 편성 시 작성된 세입전망치를 의미하며, 이는 전년도 9월 국회에 제출된다. 따라서 「국가재정운용계획」상의 전망치와는 다르다.

10) 이와 같은 이유로 정부는 세출 및 세입추경을 실시하였고, 추경예산에서의 4.3% 전망치마

그러나 더 큰 문제는 정부가 예산편성 시 경제의 성장잠재력을 과대평가할 경우, 낙관적인 세입전망으로 이어져 결국 재정적자와 국가채무 증가를 초래할 가능성이 크다는 것이다.

반면 2015년 이후에는 이전과 달리 과도하게 보수적으로 예산을 편성하여 초과세수가 발생하였다.[11] 2015년에는 본예산 대비 △1.5%(△3.3조원)인 215.7조원이 징수되었으나, 5.4조원의 감액경정을 통하여 추가경정예산 대비 1.0%(2.2조원)의 오차율을 나타낸 반면, 2016년에는 본예산 대비 19.6조원이 초과된 242.6조원이 징수되어 본예산 대비 8.1%의 오차율을 보였다. 이후 2017년의 오차율은 9.0%, 2018년의 오차율은 8.7%로 지속적으로 높은 수준을 유지하고 있다. 국회예산정책처(2017a)는 예상하지 못한 초과세수가 발생할 경우 초과세수를 기반으로 추경을 편성하거나, 다음 해 재정지출이 확대하는 경향성이 있어 주의가 필요하다고 권고하고 있다.[12] 또한 초과세수가 재정지출의 확대로 이어질 경우, 재정지출이 경기순응적(pro-cyclical)으로 운영되는 결과가 초래될 가능성이 커서 재정의 경기대응성이 낮아지는 결과가 발생할 수 있다고 분석하고 있다.

따라서 큰 규모의 세수오차는 정부정책에 대한 신뢰하락뿐만 아니라 재정운용상 여러 부작용을 초래할 수 있다. 국회예산정책처의 전망결과를 비교하면, 2010~2011년은 정부보다 다소 높은 오차율을 보였으나, 2012년부터는 적극적인 노력을 통해 지속적으로 정부보다 낮은 오차율을 달성하였다. 정부도 경제 및 세수 예측력에 대한 신뢰를 제고하기 위해 보다 적극적인 노력이 필요하다. 이를 위해서는 추계의 정밀성이 높은 신고샘플 자료를 활용한 미시적 세수추계방식을 개발하고, 특히 변동성이 높은 법인세와 자산 관련 세제모형을 개선할 필요가 있다. 추가적으로 세수오차 원인에 대한 사후분석을 위해 세

저 실적치를 하회하였다.

11) 거시경제전망과 세수전망 간의 비일관성 문제는 국회예산정책처(2012), "2013년 세입예산안 분석 및 중기 총수입 전망" 보고서 중 'Ⅳ장 6. 국세수입 전망과 경제성장 전망과의 비일관성'을 참고하였다.

12) 국회예산정책처(2017a)는 세수오차율과 다음 연도 재정지출 간에 유의한 양(+)의 상관관계가 있음을 주장하고 있다.

표 5-3 총수입 규모의 오차(2006~2018년)

(단위: 조원)

구분	2010 실적	2011 실적	2012 실적	2013 실적	2014 실적	2015 실적	2016 실적	2017 실적	2018 실적
2006 계획	△9.6								
2007 계획	△12.2	△10.9							
2008 계획	△15.2	△16.2	△25.2						
2009 계획	11.7	13.5	4.2	△9.8					
2010 계획	8.7	8.4	△1.1	△13.2	△34.5				
2011 계획		8.6	△2.3	△23.8	△39.4	△43.5			
2012 계획			ㅍ1.7	△21.2	△12.7	△43.4	△37.3		
2013 계획				△8.9	△14.3	△20.3	△11.4	△7.7	
2014 계획					△12.9	△10.9	△2.8	2.5	14.5
2015 계획						△5.9	10.3	23.8	38.7
2016 계획							0.8	16.1	29.3
2017 계획								7.5	18.2
2018 계획									18.1

주: 오차=각 연도 실적치－각 연도 계획치.
자료: 대한민국 정부, 각 연도별 「국가재정운용계획」.

수추계에 전제된 거시경제 가정 및 세수추계 방법론의 공개 역시 요구되는 부분이다(국회예산정책처, 2017a).

표 5-4 최근 국세수입 오차율 비교(예산편성 시점)

(단위: 조원, %)

구분	2010	2011	2012	2013	2014	2015	2016	2017	2018
결산(A)	177.7	192.4	203.0	201.9	205.5	217.9	242.6	265.4	293.6
본예산(B)	170.5	187.6	205.8	216.4	216.5	221.1	222.9	241.8	268.1
NABO 전망(C)	167.5	186.2	205.5	214.1	212.0	217.8	224.2	244.2	289.9
행정부 오차 (A−B)	7.3	4.7	△2.8	△14.5	△10.9	△3.2	19.6	23.6	25.5
NABO 오차 (A−C)	10.2	6.2	△2.5	△12.2	△6.5	0.1	18.4	19.	3.7
행정부 오차율 (A−B)/A	4.1	2.5	△1.4	△7.2	△5.3	△1.5	8.1	8.9	8.7
NABO 오차율 (A−C)/A	5.8	3.2	△1.2	△6.0	△3.2	0.0	7.6	8.0	1.3

주: 예산편성 시점은 통상적으로 전년도 9월이다. 오차율은 예산과 국세수입 실적의 격차를 백분율로 표현하고 있음.

자료: 기획재정부, 각 연도별 「총세입부·총세출부」; 국회예산정책처, 각 연도별 「세입예산안 분석 및 중기 총수입 전망」.

표 5-5 총수입과 총지출 결산 추이

(단위: 조원, %)

구분	2010	2011	2012	2013	2014	2015	2016	2017	2018	연평균 증가율
총수입	299.5	323	341.8	351.9	356.4	371.8	401.8	430.6	465.3	5.7
(전년 대비 증가율)	−	7.8	5.8	3	1.3	4.3	8.1	7.2	8.1	
총지출	282.8	304.4	323.3	337.7	347.9	372	384.9	406.6	434.1	5.5
(전년 대비 증가율)	−	7.6	6.2	4.5	3.0	6.9	3.5	5.6	6.8	−

자료: 국회예산정책처, 각 연도별 「회계연도 결산 분석 종합」.

1.3 재정지출 전망

이미 제2장에서 언급했듯이, 최근 들어 정부는 중장기적으로 재정지출을 늘리는 방향으로 재정운용의 기본적인 틀을 전환하고 있다. 이러한 정책기조의 전환은 최근 발표된 「2017~2021년 국가재정운용계획」에서 확인할 수 있으며, 이에 따라 대한민국 정부(2017: 19)는 "새 정부의 국정과제 이행 및 사람중심 지속성장 경제구현을 위한 재정의 적극적 역할을 고려하여 재정지출을 확대한 것으로 총지출 증가율을 경상성장률보다 높게 유지할 계획"이라고 설명하고 있다. 통상적으로 재정건전성 확보를 위해 총지출 증가율을 재정수입 증가율보다 낮게 책정하는 과거 재정규범에서 벗어난 것으로 평가되며, 향후 정부가 중장기적으로 재정정책을 어떠한 방향으로 추구할지에 대해 많은 시사점을 던지고 있다.[13)]

이러한 재정지출의 정책변화를 살펴보면, 「2016~2020년 국가재정운용계획」의 향후 5년간 재정지출 및 재정수입 증가율은 각각 3.5%와 5.0%로, 수입 증가율이 지출 증가율보다 높았으나, 「2017~2021년 국가재정운용계획」은 각각 5.8%와 5.5%로 전망하여 그 격차(0.3%p)가 줄었다. 「2018~2022년 국가재정운용계획」에서는 각각 7.3%와 5.2%로 지출 증가율이 수입 증가율을 상회하기 시작하여, 「2019~2023년 국가재정운용계획」에서는 각각 6.5%와 3.9%로 전망함으로써 그 격차(△2.4%)가 벌어지게 되었다.[14)]

특히 정부는 「2019~2023년 국가재정운용계획」에서 "구조적 사회·경제적 문제해결을 위해 충분한 투자가 이루어지도록 재정을 확장적"으로 운용하여, 재정지출 규모를 5년 연평균 경상성장률(3.8%) 및 총수입 증가율(3.9%)보다 높게 연평균 6.5% 증가시킬 계획이다. 「2016~2020년 국가재정운용계획」과 비교하면, 5년간 적용되는 「국가재정운용계획」의 재정지출 연평균 증가율을 3년

13) 세계일보는 2018년 7월 8일 여당 내에서 슈퍼예산 편성 압박이 갈수록 거세지고 있다고 보도하면서 당일 열린 의원총회에서 홍영표 민주당 원내대표가 "내년 예산(2019년도)을 전년 대비 10% 이상 늘리라는 구체적인 가이드라인까지 내놓았다"고 보도했다.

14) 정부가 「2017~2021년 국가재정운용계획」에서 계획한 2019년도 재정지출 증가율은 전년 대비 5.6%였으나 1년이 지난 후 9.5%로 증가시킨바, 이는 이전 계획 대비 3.9%p 증가한 수치이다.

표 5-6 「국가재정운용계획」상 재정지출 및 수입 증가율

(단위 %)

구분	재정지출 증가율(A)	수입 증가율(B)	차이(B-A)
「2015~2019년 계획」	2.6	4.0	1.6
「2016~2020년 계획」	3.5	5.0	1.5
「2017~2021년 계획」	5.8	5.5	0.3
「2018~2022년 계획」	7.3	5.2	△1.9
「2019~2023년 계획」	6.5	3.9	△2.4

자료: 대한민국 정부, 각 연도별 「국가재정운용계획」.

만에 3.0%p 높인 것이다. 그리고 「2015~2019년 국가재정운용계획」의 재정지출 연평균 증가율과 비교하면 4.7%p 증가한 수치이다. 이러한 재정지출 증가에 따라 재정수지 적자폭이 확대되고, 국가채무비율은 향후 5년 동안 2.1%p에서 9.3%p로 확대되는 등 재정상황이 악화되고 있다.

김성태·박진(2014)이 지적했듯이, 우리나라가 다른 선진국과 비교해서 아직까지 양호한 재정건전성을 유지할 수 있었던 이유 중 하나는 재정당국이 '세입 내 세출 원칙'을 고수하는 등 균형재정규율을 상대적으로 잘 지켜 왔기 때문이다. 그러나 자율적 준수대상이라 하더라도 이러한 재정규율이 최근 잘 지켜지지 않고 있다. 이러한 재정정책의 변화는 「국가재정운용계획」의 재정지출에 대한 정책변화(증가)의 폭을 상대적으로 확대시키고 있으며, 재정지출 증가율이 총수입 증가율보다 낮게 유지되던 재정규율의 미준수로 인해 재정수지 및 국가부채에 대한 부담을 증가시키고 있다. 물론 각 정부에서 수립한 국정과제에 따라 차별적인 수준의 재정지출과 사업프로그램을 수립할 수 있을 것이다. 그러나 「국가재정운용계획」은 중장기적 시계에서 지속가능한 국가의 재정운용전략과 재원배분의 방향을 제시하기 위한 목적으로 수립된다는 점에서 일관된 방향성과 재정원칙이 유지되어야 할 필요가 제기된다.

이러한 재정정책의 변화는 균형재정규율을 제도화시키지 못하는 정치적이며 제도적 한계에 따른 현상이며, 적자지출 추구에 인한 재정건전성 악화로 인

하여 발생하는 문제보다는 정부의 지출 증대로 인한 지지기반 유지 및 확대 등의 정치적 효용이 더 크기 때문에 발생하고 있다. 더욱 문제가 될 수 있는 것은 적자지출에 기반을 둔 정책기조의 변화가 가져올 예산편성과정에서 행위자들의 전략 및 행태변화이다. 예를 들어 적자지출 재정구조에서 지출부서는 기존 사업은 유지하면서 신규 재정사업을 늘리는 '예산극대화' 전략을 추구할 가능성이 크다. 또한 정치집단도 균형예산규율이 작동하지 않는 경우, 과거 예산제약조건에 의한 '제한된 조건에서의 극대화' 전략에서 '제약 없는 극대화' 전략으로 행태적인 변화가 발생하여 지역재정사업의 '예산극대화'로 이어질 가능성이 크다.

한편 의무지출은 지방이전재원 및 이자비용, 복지분야 법정지출을 중심으로 확대될 것으로 전망되어, 2019~2023년 기간 중 연평균 6.1% 증가할 것으로 예측되고 있다. 따라서 의무지출은 2019년 추경기준으로 239.8조원에서 2023년 302.8조원으로 크게 증가할 것으로 전망되고 있다. 문재인 정부의 대표적인 복지·재정사업인 기초연금 월 30만원 인상, 최저임금 1만원 인상 등에 따른 정부보조, 누리과정 전액 지원, 아동수당 월 10만원 지원, 건강보험 보장성 강화 등이 이러한 의무지출 확대의 주된 원인으로 파악된다. 이 외에도 급속한 고령화로 인해 기초연금에서만 앞으로 10년간 195조원 이상 필요하며, 건강보험의 보장성 강화 정책(일명 문재인 케어) 관련 재정지출도 2018년 7.2조원에서 2027년에는 14.4조원으로 늘어날 전망이다.

또한 의무지출은 잠재성장률 하락을 보정하기 위한 정책 차원에서도 증가할 전망이다. 예를 들어 단기적으로 출산율을 높이는 것이 힘들기 때문에 인적자원 확보를 위해서는 경제활동참가율과 총요소생산성을 제고하기 위한 정책적 지원 확대가 불가피하다. 또한 총요소생산성을 향상시키기 위한 규제완화나 경쟁확대 등이 필요하며, 이 과정에서 재정지출이 유발될 것으로 전망되고 있다(김성태·박진, 2014). 더욱이 이러한 상황에서 재량지출도 2019년 추경기준 235.6조원에서 2023년 301.3조원으로 증가할 것으로 전망되며, 이는 동 기간 중 연평균 6.9% 증가율을 의미한다(대한민국 정부, 2019). 이러한 의무지출과 재량지출의 증가는 의무지출이 증가할 경우, 재량지출의 구조조정을 통하여 재

표 5-7 「2019~2023년 국가재정운용계획」상 지출계획

(단위: 조원, %)

구분	2019	2020	2021	2022	2023	연평균 증가율
재정지출	469.6	513.5	546.8	575.3	604.0	6.5
(증가율)	(9.5)	(9.3)	(6.5)	(5.2)	(5.0)	
의무지출	239.3	255.6	270.7	289.5	302.8	6.1
(비중)	(51.0)	(50.4)	(49.8)	(50.3)	(50.1)	
재량지출	230.3	257.8	276.1	285.8	302.8	6.9
(비중)	(49.0)	(50.2)	(50.5)	(49.7)	(49.9)	

자료: 대한민국 정부(2019).

원을 마련하는 과거의 정책적 의지와는 다소 거리가 있는 것으로 판단된다.[15]

1.4 재정수지

매년 발표하고 있는 「국가재정운용계획」에는 재정수지 및 국가채무 수준에 대한 중기 전망치가 제시되어 있다. 지금까지 발표된 전망치를 비교해 보면, 매년 재정적자는 확대되고 국가채무는 증가하는 방향으로 전망이 수정되어 왔음을 알 수 있다(〈표 5-8〉 참조). 2004년 이후 16번 발표된 「국가재정운용계획」의 재정수지와 관련된 내용을 살펴보면, GDP 대비 관리재정수지 비율은 「2014년 계획」 이전까지는 균형수준으로 전망 또는 관리하려는 모습이 관찰되지만, 「2014년 계획」 이후로는 균형재정을 목표로 하지 않고 관리재정수지 비율의 악화를 줄이는 방향으로 정책전환이 이루어진 것으로 보인다. 이에 따라 2014년 계획에서는 관리재정수지를 △1% 수준으로 '전망'하다가, 2015년은 '점진적 개선', 2016년은 '단계적 회복', 2017년은 '△2% 내외', 2018년은 '△2% 이내', 2019년은 '△3% 중반 관리'로 목표수준이 약화되고 있다.

15) 예를 들어 「2015~2019년 국가재정운용계획」에서는 "의무지출 증가에 따라 재량지출의 구조조정이 불가피하다"고 표현하고 있다(대한민국 정부, 2015: 11).

표 5-8 「국가재정운용계획」상 중기 재정운용계획

국가재정 운용계획	관리재정수지/GDP 비율		국가채무/GDP 비율	
	수준	표현	수준	표현
2004~2008	2008년까지 균형	목표	2006년 수준 이하	목표
2005~2009	±1% 수준	관리	2006년 수준 이하	전망
2006~2010	△1% 수준	관리	2007년 수준 이하	전망
2007~2011	△1% 내외	전망	2007년 수준 이하	전망
2008~2012	2012년까지 균형	관리	30%대로 하락	전망
2009~2013	2013~2014년 중 균형	전망/관리	40% 이내	관리
2010~2014	2013~2014년 중 균형	관리	30%대 중반	관리
2011~2015	2013년 균형	목표	20%대 후반	관리
2012~2016	균형재정 기조 유지	관리	30% 이내	전망
2013~2017	2017년 균형수준	관리	30%대 중반	관리
2014~2018	△1% 수준	전망	30%대 중반	관리
2015~2019	점진적 개선	관리	증가속도 점진적 감소	전망
2016~2020	단계적 회복	관리	40% 초반	관리
2017~2021	△2% 내외	관리	40% 초반	관리
2018~2022	△3% 이내	관리	40% 초반	관리
2019~2023	△3% 중반	관리	40% 중반	관리

자료: 대한민국 정부, 각 연도별 「국가재정운용계획」.

[그림 5-3]에서 확인할 수 있듯이, 연도별 「국가재정운용계획」에서 제시된 GDP 대비 관리재정수지 달성 목표전망치가 대부분의 계획에서 5년간 우(右)상향하여 미래의 수치일수록 낙관적으로 전망하는 편향성이 존재하고 있음을 확인할 수 있다. 특히 2017년 이후 계획을 제외하면 거의 모든 계획에서 관리재정수지 목표가 후반기에 개선되는 것으로 우(右)상향하고 있다. 하지만 실제 GDP 대비 관리재정수지 비율은 우(右)하향하는 추세를 보이고 있는데, 이는 실제 관리재정수지 비율이 지속적으로 악화되고 있음을 나타내고 있다.

그림 5-3 GDP 대비 관리재정수지 비율의 변화

(단위: %)

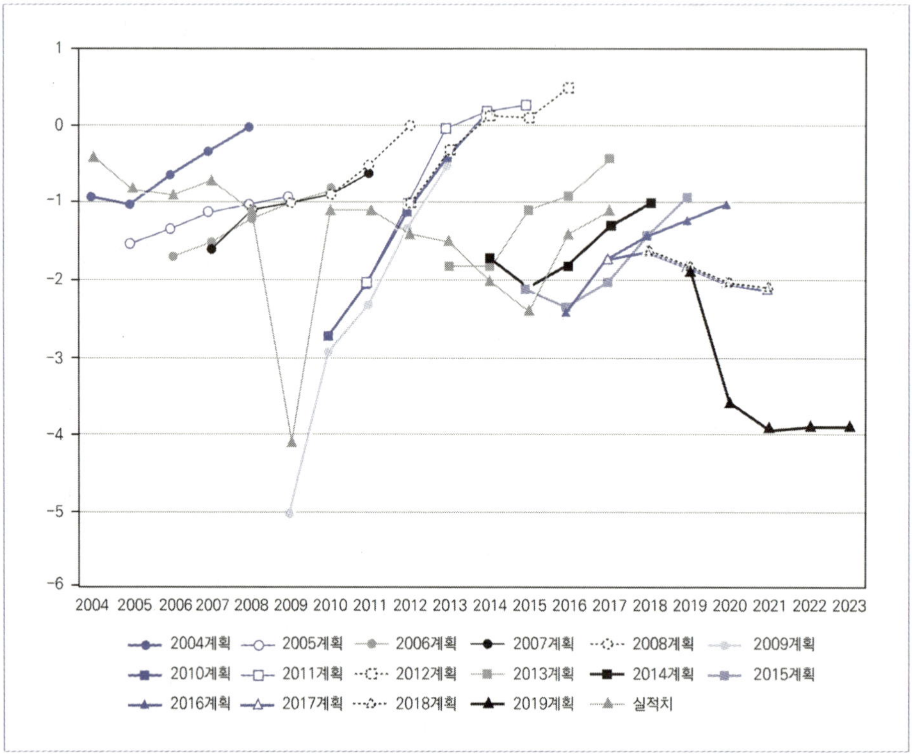

자료: 대한민국 정부, 각 연도별 「국가재정운용계획」.

이러한 논의는 김대철·박승준(2015)의 연구에서도 확인할 수 있다. 이들은 경제모형의 안정성을 평가하는 데 사용되는 평균평방퍼센트오차(RMSE: Root Mean Square Percent Error) 측정법을 「국가재정운용계획」의 정확성과 변동성 평가에 적용하여 지난 「2004~2008년 국가재정운용계획」부터 「2013~2017년 국가재정운용계획」의 주요 재정총량지표 전망치를 분석하였다. 분석 결과, 그동안 정부가 「국가재정운용계획」을 통해 제시한 관리재정수지 목표 또는 전망의 실현도가 매우 낮았을 뿐만 아니라, 전망의 변동성도 상당히 크게 나타났다고 분석하고 있다. 이들은 이런 잦은 전망과 목표변경은 지속성 있는 정책운용의 가이드라인으로서, 「국가재정운용계획」의 기본취지와 상충되는 문제가 발생할 수 있

표 5-9 GDP 대비 관리재정수지 비율의 변화

(단위: %)

구분	2004	2005	2006	2007	2008	2009	2010	2011	2012	2013	2014	2015	2016	2017	2018	2019	2020	2021	2022	2023
2004 계획	−0.9	−1	−0.6	−0.3	0															
2005 계획		−1.5	−1.3	−1.1	−1	−0.9														
2006 계획			−1.7	−1.5	−1.2	−1	−0.8													
2007 계획				−1.6	−1.1	−1	−0.9	−0.6												
2008 계획					−1.1	−1	−0.9	−0.5	0											
2009 계획						−5	−2.9	−2.3	−1.3	−0.5										
2010 계획							−2.7	−2	−1.1	−0.4	0.2									
2011 계획								−2	−1	0	0.2	0.3								
2012 계획									−1.1	−0.3	0.1	0.1	0.5							
2013 계획										−1.8	−1.8	−1.1	−0.9	−0.4						
2014 계획											−1.7	−2.1	−1.8	−1.3	−1					
2015 계획												−2.1	−2.3	−2	−1.4	−0.9				
2016 계획													−2.4	−1.7	−1.4	−1.2	−1			
2017 계획														−1.7	−1.6	−1.8	−2	−2.1		
2018 계획															−1.6	−1.8	−2.3	−2.6	−2.9	
2019 계획																−1.9	−3.6	−3.9	−3.9	−3.9
실적치 (결산)	−0.4	−0.8	−0.9	0.7	−1.1	−4.1	−1.1	−1.1	−1.4	−1.5	−2	−2.4	−1.4	−1.1	−0.6					

자료: 기획재정부, 각 연도별 「국가재정운용계획」; 국회예산정책처, 각 연도별 「회계연도 결산 분석 종합」.

다고 지적하고 있다.

다만 2017년 이후의 「국가재정운용계획」에서는 예상되는 GDP 대비 관리재정수지 비율이 우하향하고 있어, 실제보다 낙관적으로 전망하는 경향이 다소 개선되고 있음을 보여 주고 있다.[16] 실제 GDP 대비 관리재정수지 비율은 2004년 △0.4%에서 2008년 △1.1%로 악화되다가 2009년에 글로벌 금융위기의 영향으로 △4.1%로 더욱 급격하게 악화되었다. 이후에는 2010년 △1.1%에서 2015년 △2.4%로 지속적으로 악화되는 모습을 보이다가 2016년 △1.4%, 2017년 △1.1%로, 2018년 △0.6%로 개선되는 모습을 보이고 있다.

1.5 국가채무

「국가재정법」은 기획재정부 장관에게 매년 「국가채무관리계획」을 수립하도록 의무를 부과하고 있고, 동 계획은 매년 5년 단위로 작성되고 있다. 현재 「국가채무관리계획」은 「국가재정운용계획」의 첨부서류로 국회에 제출되고 있다.[17] 현재 우리나라는 국가채무(D1)의 총량 및 GDP 대비 국가채무비율에 대

16) 이것이 낙관적으로 전망하는 경향의 개선인지, 아니면 정책목표의 변동 자체를 반영하는지는 토론의 여지가 있다. 김정부 교수와의 의견 교환과정에서 언급된 내용이다.

17) 「국가재정법」 제91조(국가채무의 관리) ① 기획재정부장관은 국가의 회계 또는 기금이 부담하는 금전채무에 대하여 매년 다음 각 호의 사항이 포함된 국가채무관리계획을 수립하여야 한다.

1. 전전년도 및 전년도 국채 또는 차입금의 차입 및 상환실적
2. 당해 회계연도의 국채 발행 또는 차입금 등에 대한 추정액
3. 해당 회계연도부터 5회계연도 이상의 기간에 대한 국채 발행 계획 또는 차입 계획과 그에 따른 국채 또는 차입금의 상환 계획
4. 해당 회계연도부터 5회계연도 이상의 기간에 대한 채무의 증감 전망과 근거 및 관리계획
5. 그 밖에 대통령령이 정하는 사항

② 제1항의 규정에 따른 금전채무는 다음 각 호의 어느 하나에 해당하는 채무를 말한다.

1. 국가의 회계 또는 기금(재원의 조성 및 운용방식 등에 따라 실질적으로 국가의 회계 또는 기금으로 보기 어려운 회계 또는 기금으로서 대통령령이 정하는 회계 또는 기금을 제외한다.
2. 국가의 회계 또는 기금의 차입금
3. 국가의 회계 또는 기금의 국고채무부담행위
4. 그 밖에 제1호 및 제2호에 준하는 채무로서 대통령령이 정하는 채무

그림 5-4 GDP 대비 국가채무 비율의 변화

(단위: GDP 대비 %)

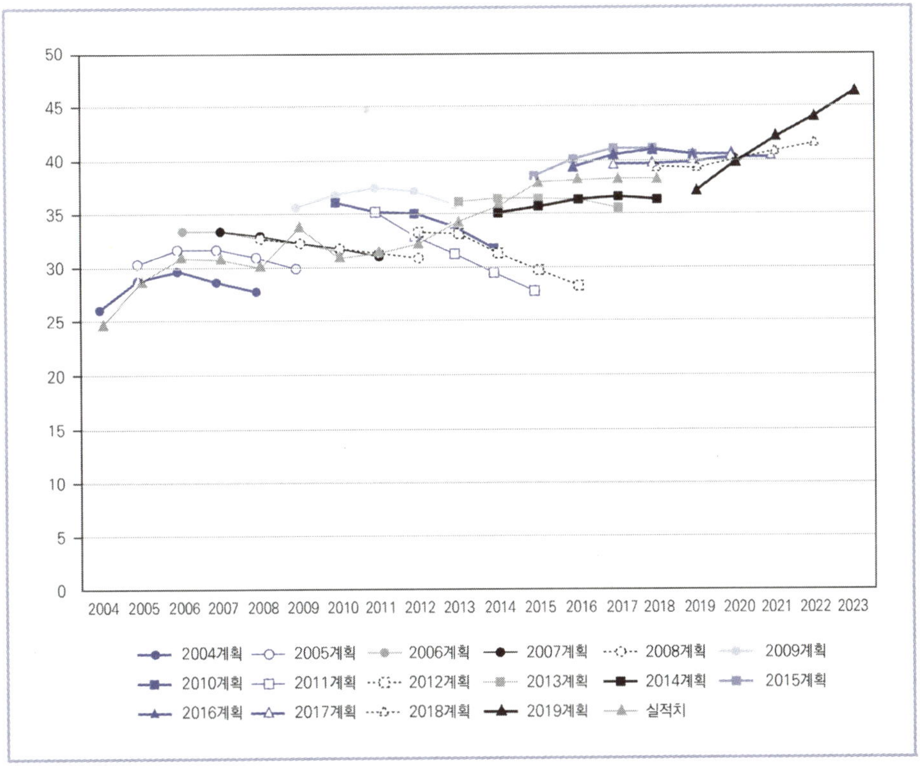

자료: 대한민국 정부, 각 연도별 「국가재정운용계획」.

한 전망을 동시에 실시하고 있다.

③ 제2항의 규정에 불구하고 다음 각 호의 어느 하나에 해당하는 채무는 국가채무에 포함하지 아니한다.
1. 「국고금관리법」 제32조 제1항의 규정에 따른 재정증권 또는 한국은행으로부터의 일시차입금
2. 제2항 제1호에 해당하는 채권 중 국가의 회계 또는 기금이 인수 또는 매입하여 보유하고 있는 채권
3. 제2항 제2호에 해당하는 차입금 중 국가의 다른 회계 또는 기금으로부터의 차입금
④ 기획재정부장관은 제1항의 규정에 따른 국가채무관리계획을 수립하기 위하여 필요한 때에는 관계 중앙관서의 장에게 자료제출을 요청할 수 있다.

[그림 5-4]에서 확인할 수 있듯이, 대부분의 「국가재정운용계획」에서는 5년 계획기간에 GDP 대비 국가채무비율이 우(右)하향하면서 하락할 것으로 전망하고 있다. 따라서 각 계획기간에 국가채무비율이 개선될 것으로 전망하고 있는 경우가 대부분이다. 그러나 이러한 국가채무비율의 전망치와 실측치를 비교하면, 이러한 전망이 지켜지지 않고 있음을 확인할 수 있다. 실제 GDP 대비 국가채무비율은 시간이 지날수록 우(右)상향하면서 지속적으로 증가하고 있다. 또한 2004년 계획에서는 '목표'라는 단어를 쓴 이후, 2005년부터는 '전망' 그리고 2013년부터는 주로 '관리'라는 단어를 사용하는 부분에서 정부의 의지가 약화되고 있음을 알 수 있다. 이와 함께 2013년 계획 이후로는 계획기간 동안 GDP 대비 국가채무비율이 하락할 것으로 전망하는 경향이 점차 사라지고 있음을 확인할 수 있다. 실제로 2013년 이후의 「국가재정운용계획」에서 제시하는 GDP 대비 국가채무비율은 해당 기간 동안 우(右)하향하는 모습을 보이지 않고, 평평한 모습을 보이거나 오히려 우(右)상향하는 모습을 볼 수 있다.

또한 GDP 대비 국가채무비율은 2007~2009년 글로벌 금융위기 당시 작성된 2009년 계획과 미래의 수치에 대해서 상대적으로 다소 낙관적인 전망을 보였던 2011년 계획 및 2012년 계획을 제외하고, 전망 및 관리 수치가 점진적으로 높아지는 추세이다. 예를 들어 2007년도까지는 전년도 수준을 유지하는 목표를 세웠으나 2008년도부터는 GDP 대비 비율을 관리하는 방식으로 전환하였으며, 2008년도 30% 미만에서 2019년도에는 40% 중반으로 관리목표가 상향 조정되고 있다. 이는 과거와 달리 정부가 중기 재정목표 달성을 위해 총지출 증가율을 총수입 증가율보다 낮게 유지한다는 재정규율을 포기하고, 적자지출 규모를 증대시키는 과정에서 발생하는 문제라고 할 수 있다.

한편 「2019~2023년 국가재정운용계획」에 따르면, 정부는 관리재정수지를 2019년(추경기준) GDP 대비 △2.2%(△42.3조원)에서 2023년 △3.9%(△90.2조원)로, 통합재정수지는 2019년 △0.05%(△1조원)에서 2023년 △2.2%(△49.6조원)로 확대할 계획을 발표하였다. 이에 따라 GDP 대비 국가채무비율은 2019년 37.1%(731.5조원)에서 2023년 46.4%(1,061.3조원)로 9.3%p(239.8조원) 증가할 전망이며, 이는 2018년 계획에서 2022년까지 전망한 897.8조원보다 70조원 이상 크게 늘

표 5-10 GDP 대비 국가채무비율의 변화

(단위: %)

구분	2004	2005	2006	2007	2008	2009	2010	2011	2012	2013	2014	2015	2016	2017	2018	2019	2020	2021	2022	2023
2004 계획	26.2	28.9	29.8	28.8	27.9															
2005 계획		30.4	31.9	31.7	31.1	30.0														
2006 계획			33.4	33.4	32.9	32.3	31.3													
2007 계획				33.4	32.9	32.3	31.8	31.0												
2008 계획					32.7	32.3	31.9	31.5	30.9											
2009 계획						35.6	36.9	37.6	37.2	35.9										
2010 계획							36.1	35.2	35.1	33.8	31.8									
2011 계획								35.1	32.8	31.3	29.6	27.9								
2012 계획									33.3	33.2	31.4	29.9	28.3							
2013 계획										36.2	36.5	36.5	36.3	35.6						
2014 계획											35.1	35.7	36.4	36.7	36.3					
2015 계획												38.5	40.1	41.0	41.1	40.5				
2016 계획													39.3	40.4	40.9	40.7	40.7			
2017 계획														39.7	39.6	39.9	40.3	40.4		
2018 계획															39.5	39.4	40.2	40.9	41.6	
2019 계획																37.1	39.8	42.1	44.2	46.4
실적치(결산)	24.6	28.7	31.1	30.7	30.1	33.8	31.0	31.6	32.2	34.3	35.9	37.9	38.2	38.2	38.2					

주: 「2013년 계획」까지 GDP는 구(舊)계열(2005년) 기준이며, 「2014년 계획」은 신(新)계열(2010년) 기준임. 따라서 「2014년 계획」에서 GDP 대비 국가채무비율이 「2013년 계획」보다 낮게 나타나고 있음.

자료: 대한민국 정부, 각 연도별 「국가재정운용계획」; 국회예산정책처, 각 연도별 「회계연도 결산 분석 종합」.

어난 것이다.[18] 이는 향후 대규모 재정적자가 상시적으로 발생하면서 매년 국가채무가 GDP 대비 2%p 이상 늘어나는 만성적인 재정적자 구조로 악화됨을 의미하며, 2000년 이후 국가채무가 GDP 대비 매년 평균 1.0%p 안팎으로 늘어나던 안정적인 부채관리 기조에서 이탈한 것으로 볼 수 있다.

표 5-11 재정수지 및 국가채무 전망(2019~2023년)

(단위: 조원, %)

구분	2019	2020	2021	2022	2023
관리재정수지	△37.6	△72.1	△81.8	△85.6	△90.2
(GDP 대비, %)	(△1.9)	(△3.6)	(△3.9)	(△3.9)	(△3.9)
통합재정수지	6.5	31.5	△41.3	△46.1	△49.6
(GDP 대비, %)	(0.3)	(1.6)	(△2.0)	(△2.1)	(△2.2)
국가채무	740.8	805.5	887.8	970.6	1,061.3
(GDP 대비, %)	(37.1)	(39.8)	(42.1)	(44.2)	(46.4)

자료: 기획재정부(2019a).

「2004~2008년 국가재정운용계획」부터 「2014~2019년 국가재정운용계획」의 내용을 분석한 김대철·박승준(2015: 130)은 실효성 측면에서 문제점을 지적하면서 이러한 제도의 실질적 운영이 중요한 데, 「국가재정운용계획」은 '수립'될 뿐 실제적으로 '운영'이 이루어지지 못하고 있다고 지적하고 있다. 특히 「국가재정운용계획」은 법적·제도적 구속성을 가지지 않기 때문에 행정부는 계획의 수립과 운영에 어떠한 제약도 받지 않고 있어, '내부참고자료'의 형태로 작성되고 있다는 것이다. 또한 국회에 제출되고 있으나 예산안처럼 국회의 심의를 받지 않고 있어, 실질적으로 중기 재정계획의 수립과 운영과정에서 큰 역할을 하지 못하고 있다. 마찬가지로 김용식(2018)도 재정수입은 계획기간이 길수록 정확도가 떨어지며 과다 예상하는 경향이 크고, 재정지출도 4~5년차의 전망은 정확성이 다소 떨어지며 과소 예상하는 경향성이 큰 것을 지적하고 있다.

18) 2018년 계획에서 전망한 2022년 국가채무 전망치는 897.8조원이나, 2019년 계획의 2022년 전망치는 970.6조원이다.

결과적으로 통합재정수지와 국가채무 전망 역시 계획기간이 길수록 정확성이 떨어지는 것으로 분석되고 있다.

이를 종합하면 「국가재정운용계획」은 경제 및 재정전망에 있어 잦은 변경이 발생하고, 거시경제 전망의 낙관적 편의(bias)와 이에 따른 총수입의 과다 전망, 그리고 5개년 계획에서 3~5년차 총수입에 대한 과다 전망 등으로 인하여 실질적으로 1~2년차만 의미가 있을 뿐, 그 이후는 전망의 정확성이 떨어지는 문제가 나타난다. 뿐만 아니라 더해 2017년도 이후 '세입 내 지출원칙'이 지켜지지 않고, 적자지출이 구조화되는 정책기조의 변화 등이 발생하고 있다. 따라서 "단년도 예산편성의 한계를 극복하고 중장기적 시계에서 재정운용전략과 재원배분방향을 제시하기 위하여(대한민국 정부, 2019: 3)" 작성되고 있는 「국가재정운용계획」은 재정건전성 확보에 있어서 도움이 되지 않는다.

따라서 이러한 계획서 작성의 객관성과 정확성을 담보하기 위하여 거시경제를 예측하는 데 있어 한국은행을 포함한 중립적 기관의 참여를 보장하는 등의 제도개선이 필요하다. 또한 5년 계획 중 첫 3년은 비연동형으로 작성하는 것도 고려해 볼 수 있으며, 재정수지 및 국가채무 관리목표를 지키도록 강제하는 재정규율 도입도 고려해야 한다. 나아가 이러한 계획에 대한 국회의 심사권 강화와 국회가 중장기적인 시각에서 정부의 예산안과 「국가재정운용계획」을 연계해서 심층적인 논의를 거쳐 예산안 의결이 이루어지도록 하는 제도적 개선이 필요하다(김용식, 2018).

2 예비타당성조사제도[19)]

예비타당성조사제도는 대규모 신규사업의 타당성을 사전에 평가하여 재정사업의 투자를 공정하게 결정함으로써 예산낭비를 방지하고 재정운영의 효율

19) 예비타당성조사제도에 대한 분석은 한국행정연구원 이민호 박사의 도움을 받았다.

성을 높이기 위한 제도로서 1999년 도입되었다.[20]「국가재정법」 제38조에 따르면, 총사업비가 500억원 이상이고, 국가의 재정지원 규모가 300억원 이상인 신규사업은 예산을 편성하기 위해 미리 예비타당성조사를 실시하고, 그 결과를 국회에 제출해야 한다.[21] 따라서 국가직접시행사업, 국가대행사업, 지방자치단체보조사업, 민간투자사업 등 정부 재정지원이 포함되는 모든 사업을 포함하며, 도로, 철도 등 중장기계획과 같이 해당 계획에 포함된 개별사업 간의 상호연계성이 높고 우선순위에 영향을 미칠 가능성이 있는 경우, 계획에 포함된 개별사업들에 대하여 일괄 예비타당성조사를 실시하고 있다. 예비타당성조사는 경제성 분석, 정책분석, 지역균형발전 분석을 수행한 후, 각 분석결과를

20) 1990년대 당시 KTX, 서울지하철 등 대규모 건설사업비의 증가, 사업비와 운영비 관련 불확실성 증가, 부처별 예비타당성조사 실시에 따른 부정확한 추계, 그리고 관련 행위자들의 기회주의적 행태 등이 제도도입의 배경으로 알려지고 있다.

21)「국가재정법」 제38조(예비타당성조사) ① 기획재정부장관은 총사업비가 500억원 이상이고 국가의 재정지원 규모가 300억원 이상인 신규 사업으로서 다음 각 호의 어느 하나에 해당하는 대규모사업에 대한 예산을 편성하기 위하여 미리 예비타당성조사를 실시하고, 그 결과를 요약하여 국회 소관 상임위원회와 예산결산특별위원회에 제출하여야 한다. 다만, 제4호의 사업은 제28조에 따라 제출된 중기사업계획서에 의한 재정지출이 500억원 이상 수반되는 신규 사업으로 한다.

1. 건설공사가 포함된 사업
2.「국가정보화 기본법」 제15조 제1항에 따른 정보화 사업
3.「과학기술기본법」 제11조에 따른 국가연구개발사업
4. 그 밖에 사회복지, 보건, 교육, 노동, 문화 및 관광, 환경 보호, 농림해양수산, 산업·중소기업 분야의 사업

② 제1항에도 불구하고 다음 각 호의 어느 하나에 해당하는 사업은 대통령령으로 정하는 절차에 따라 예비타당성조사 대상에서 제외한다.

1. 공공청사, 교정시설, 초·중등 교육시설의 신·증축 사업, 2. 문화재 복원사업, 3. 국가안보에 관계되거나 보안을 요하는 국방 관련 사업, 4. 남북교류협력에 관계되거나 국가 간 협약·조약에 따라 추진하는 사업, 5. 도로 유지보수, 노후 상수도 개량 등 기존 시설의 효용증진을 위한 단순개량 및 유지보수사업, 6.「재난 및 안전관리기본법」 제3조 제1호에 따른 재난(이하 "재난"이라 한다)복구 지원, 시설 안전성 확보, 보건·식품 안전 문제 등으로 시급한 추진이 필요한 사업, 7. 재난예방을 위하여 시급한 추진이 필요한 사업으로서 국회 소관 상임위원회의 동의를 받은 사업, 8. 법령에 따라 추진하여야 하는 사업, 9. 출연·보조기관의 인건비 및 경상비 지원, 융자 사업 등과 같이 예비타당성조사의 실익이 없는 사업, 10. 지역 균형발전, 긴급한 경제·사회적 상황 대응 등을 위하여 국가 정책적으로 추진이 필요한 사업으로서 다음 각 목의 요건을 모두 갖춘 사업. 이 경우, 예비타당성조사 면제사업의 내역 및 사유를 지체 없이 국회 소관 상임위원회에 보고하여야 한다.

토대로 종합적인 결론을 도출하고 있으며 현재 KDI 공공투자관리센터(PIMAC)에서 수행하고 있다.[22] 다만 순수 국가연구개발사업의 경우에는 한국과학기술기획평가원(KISTEP)에서 예비타당성조사를 총괄 수행하도록 하고 있다.

경제성 분석은 대상사업의 투자적합성을 분석하는 핵심 조사과정이다. 비용-편익분석(cost-benefit analysis)의 방법을 통해 수행되며, B/C 비율이 1 이상이면 경제성이 있는 것으로 평가된다. 한편 정책분석은 경제성 분석에는 포함되지 않으나 사업타당성을 평가하는 데 중요한 사업특수 평가항목과 환경영향 등을 평가한다. 지역균형발전 분석은 지역 간 형평성 제고의 측면에서 고용유발효과 및 지역경제 파급효과, 지역낙후도 개선 등 대상사업이 지역개발에 영향을 미치는 요인을 분석한다. 종합평가는 앞서 언급한 경제성 분석, 정책분석, 지역균형발전 분석결과를 바탕으로 사업의 타당성을 종합적으로 평가하며, 다기준분석방법인 계층화분석(AHP: Analytic Hierarchy Process)의 결과값이 0.5 이상이면 일반적으로 사업추진의 타당성이 있는 것으로 평가된다. 계층화분석에 있어 각 평가항목별 가중치는 특별한 사유가 없는 한 사업유형별로 가중치 범위 내에서 적용하고 있으며, 가령 건설사업의 경우 경제성 40~50%, 정책성 25~35%, 지역균형발전 20~30% 내에서 운영되고 있다.

KDI 공공투자관리센터(2018)에 따르면, 1999년 예비타당성조사가 도입된 이후 2017년까지 토목, 건축, 정보화, 기타 재정사업 등 다양한 분야에서 총 767건의 예비타당성조사가 수행되었으며, 타당성 유·무를 기준으로 할 경우 예비타당성조사를 통해 약 141.0조원의 예산이 절감된 것으로 집계되었다.

한편 「국가재정법」 제38조 제2항에 따라 문화재 복원사업, 국방 관련 사업, 긴급한 경제·사회적 상황 대응, 지역균형발전 등 국가정책적으로 추진이 필요한 10개 항목에 대해서는 예비타당성조사에서 제외할 수 있다. 과거 예비타당성조사의 제외대상사업은 「국가재정법 시행령」에 규정됨에 따라 조사 제외에 대한 행정부의 자의적인 판단이 가능하였으며, 제외사업에 대한 내역 및 사유가 별도로 제출되지 않았다. 이에 대해 2014년 1월, 「국가재정법」 개정을

22) KDI 공공투자관리센터는 1999년 5월 「예산회계에관한특례법 시행령」 제9조 제2항에 따른 예비타당성조사가 도입됨에 따라 2001년 1월 KDI 내부조직으로 설립되었다.

통해 예비타당성조사 제외대상규정이 동법 제38조 제2항으로, 제외사업에 대한 내역 및 사유 제출이 제34조 제15호로 상향 입법된 바 있다. 그러나 실질적으로 예비타당성조사의 최종결과에 따라 사업시행 여부가 대부분 결정되고 있는 상황에서 재정운영의 효율성을 높이기 위한 제도운영에 있어 행정부가 스스로 면제사업의 범위를 넓히고 예외를 적용하고 있어 문제가 발생하고 있다.

대표적인 예로, 지난 이명박 정부에서는 22.5조원의 예산을 투입한 4대강 사업을 「국가재정법」 제38조 제2항 제7호 '재난예방을 위하여 시급한 추진이 필요한 사업'의 이유로 예비타당성조사를 면제했다. 또한 2008년 전국 7대 권역별로 '30대 선도 프로젝트'(총사업비 19.4조원)도 예비타당성조사 면제사업에 포함하는 등 이명박 정부 재임기간(2008~2012) 동안 88건, 60.3조원 규모의 사업에 대한 예비타당성조사과정을 면제하였다. 그리고 박근혜 정부도 재임기간(2013~2016) 동안 85건, 23.6조원 규모의 사업에 대한 예비타당성조사과정을 면제하였으며, 생활·산업·농업용수 공급사업 등 SOC사업이 주로 포함되었다.

문재인 정부에서는 2018년 4월 추가경정예산의 일환으로 '지역주도형 청년일자리 창출방안' 등 9개 사업의 예비타당성조사를 면제하였으며, 해당 사업의

표 5-12 예비타당성조사 면제사업 현황(2005~2019년)

구분	노무현 정부 (2005~2007)	이명박 정부 (2008~2012)	박근혜 정부 (2013~2016)	문재인 정부 (2017~2019)
면제사업 건수	10건	88건	85건	61건
면제사업 총액	1.9조원	60.3조원	23.6조원	53.2조원
대표사업	• 호남고속철도 사업	• 4대강 사업 • 광역경제권 발전 '30대 선도사업'	• 생활·산업·농업용수공급사업	• 지역주도형 청년 일자리 사업 지원 • 중소기업 재직 청년내일채움 공제사업 • 국가균형발전 프로젝트

자료: 기획재정부 국정감사 제출자료(2013, 2018년); 경제정의실천시민연합 재인용(2019).

규모는 4조원 규모에 달한다.[23] 또한 2019년에 정부는 서울을 제외한 전국 16개 지역에 국비 18.5조원을 포함한 총 24.1조원 규모의 23개 철도, 도로, 산업단지 조성사업에 예비타당성조사를 면제하기로 결정하였다. 2019년 예비타당성조사 면제사업비는 전체 사업비의 70%가량인 16.6조원으로 철도, 도로 등 교통망 구축에 투입되며, R&D 투자 등을 통한 지역전략산업육성에 3.6조원, 지역주민의 삶의 질 개선에도 4조원이 투입될 계획이다.[24] 이에 따라 정부는 2019년에 세부 사업규모를 도출하여 2020년 예산에 일부 반영하고, 중장기적으로는 관련 사업에 대한 추진비 등을 「2019~2024년 국가재정운용계획」에 반영하고 있다.

나아가 정부는 2019년 4월 '경제활력대책회의'에서 예비타당성조사제도 개편방안을 예고하였다. 개편된 제도의 핵심은 수도권과 비수도권의 예비타당성조사 평가기준을 달리 적용하고 가중치도 조정하는 것이다. 이전에는 경제성(35~50%), 정책성(25~40%), 균형발전(25~35%) 등 세 가지로 구성된 예비타당성조사 기준이 모든 지역에 동일하게 적용되었으며, 이에 따라 상대적으로 경제성을 확보하기 어려운 비수도권은 예비타당성조사를 통과하기 힘들었던 것이 사실이었다. 새롭게 발표된 예비타당성조사 기준은 비수도권 사업의 균형발전 평가비중이 30~40%로 기존보다 5%p 상승하는 반면 경제성 평가비중은 30~45%로 5%p 낮아지고, 평가방식도 '가감점제'에서 '가점제'로 개편된다. 따라서

23) 예비타당성조사 면제의 법적 근거로는 「국가재정법」 제38조 제2항 제10호 '지역 균형발전, 긴급한 경제·사회적 상황 대응 등을 위하여 국가정책적으로 추진이 필요한 사업'을 들고 있다.

24) 정부가 승인한 예비타당성조사 면제사업에는 김천~거제 간 남부내륙철도(4조 7,000억원), 청주~제천 간 충북선 철도 고속화(1조 5,000억원), 충남 당진~석문 산업단지를 잇는 석문산단 인입철도(9,000억원), 대구산업선 철도(1조 1,000억원), 평택~오송 복복선화(3조 1,000억원), 대전도시철도 2호선(7,000억원), 도봉산 포천선(1조원), 동해선 단선 전철화(4,000억원) 등의 철도사업이 포함되었다. 또한 부산신항~김해 고속도로(8,000억원), 울산 외곽순환도로(1조원), 서남해안 도서지역을 연결하는 서남해안 관광도로(1조원), 세종~청주 고속도로(8,000억원), 제2 경춘국도(9,000억원), 인천 영종도와 옹진 신도를 잇는 남북평화도로(1,000억원) 등의 고속도로 건설사업들도 포함되어 있다. 다른 대규모 사업으로는 8,000억원 규모의 새만금국제공항 건설사업, 제주공공하수처리시설 현대화사업(4,000억원), 울산 산재전문 공공병원 건립(2,000억원) 등이 있다.

경제성이 다소 부족하지만 균형발전 차원에서 중요하다고 판단되는 사업들은 예산을 배정받을 가능성이 높아진 것이다. 한편 수도권 사업의 경우, 균형발전 기준은 아예 제외되고, 경제성(60~70%)과 정책성(30~40%) 두 가지 기준으로만 예비타당성조사를 받게 되었다.

또 다른 중요한 변화는 과거 KDI의 공공투자관리센터로 일원화됐던 예비타당성조사 경제성 평가 수행기관에 한국조세재정연구원을 추가하고, 예비타당성조사 통과 여부를 결정하는 종합평가를 KDI가 아닌 기획재정부 산하 재정사업평가위원회를 통해 실시하도록 했다. 예비타당성조사제도 운영 전반의 객관성을 보장하기 위해 KDI가 종합평가를 실시하고 있지만, 개편 후에는 정부 산하 별도 위원회를 통해 최종 판정이 이루어지게 된다. 이는 예비타당성조사 운영의 독립성과 전문성, 평가의 객관성에 대한 전문기관의 역할을 중시했던 기존 제도와는 달리, 경제성과 정책효과, 그리고 균형발전 등에 대한 종합적인 판정을 정부가 자의적으로 하겠다는 것으로 해석할 수 있어 우려가 되는 내용이라고 하겠다.

김태일(2019)은 지금까지 예비타당성조사과정에서 KDI 공공투자관리센터의 역할을 평가하면서, 특히 정책성 평가를 비교적 엄격하게 관리한 점을 긍정적으로 판단하고 있다.[25] 그러나 그는 개편안대로 비수도권 분야의 가중치가 변경되면, 지금까지 독립적이고 객관적으로 예비타당성조사를 운영한 것으로 알려진 KDI 체제에서 수행했던 기존 조사에서도 B/C값이 0.2 미만인 사업이 통과하는 문제를 지적하고 있다. 그는 "기존의 제도에서 B/C값이 0.7 미만인 사업 중에는 통과된 것이 없었는데, 변경 후에는 B/C값이 0.25 미만인 사업도

25) 그는 2001년~2018년 동안 검토된 건설사업 예비타당성조사 결과에 대한 분석을 통하여, 그 동안 ① B/C값이 1보다 상당히 낮아 경제성이 낮다고 판단될 경우에는 탈락 확률이 매우 높았고, ② B/C값이 1보다 커서 경제성이 높을 경우에는 통과 확률이 매우 높았으며, ③ B/C값이 1보다 다소 낮아 경제성이 다소 떨어질 경우에도 사업의 상당수가 통과되었는데, 통과율은 B/C값이 1에 근접할수록 높아졌다고 분석하고 있다. 한편 소위 비경제성 평가항목(정책성, 지역균형발전 항목)의 역할을 보면, ① 경제성 있는 사업을 탈락시키는 역할은 거의 하지 않았지만, ② 경제성이 다소 낮아도 정책적으로 필요한 사업을 통과시키는 역할은 적극적으로 수행한 것으로 파악된다. 이러한 분석결과에 근거해, 그는 예비타당성조사가 제 기능을 적절히 수행해 온 것으로 평가할 수 있다고 보고 있다.

통과할 수도 있다"고 분석하면서, 이는 "예비타당성조사 통과 여부 결정에서 경제성은 전혀 고려하지 않는다는 것과 마찬가지인 셈(김태일, 2019: 19)"이라고 비판하고 있다. 더구나 개편안대로 비(非)수도권 분야의 가중치가 변경됨에 따라 발생하는 문제 이외에 AHP 점수부여 주체를 KDI로부터 기획재정부가 주관하는 재정사업평가위원회로 옮길 경우, 공정하지 않은 결과가 초래될 가능성을 우려하고 있다.

「예비타당성조사 운용지침」 제4조에 따르면, "예비타당성조사는 대규모 재정사업의 타당성에 대한 객관적이고 중립적인 조사를 통해 재정사업의 신규투자를 우선순위에 입각하여 투명하고 공정하게 결정하도록 함으로써 예산낭비를 방지하고 재정운영의 효율성 제고에 기여함을 목적으로 한다"라고 규정하고 있다. 다시 말하면, 기본적으로 예비타당성조사제도의 목적은 예산낭비를 방지하고 경제성이 현저히 낮은 사업의 시행을 막자는 데 있다는 것이다. 그러나 행정부 자의적으로 예비타당성조사 면제사업 지정이 가능해지면서, 2008년 이후 137조원이나 되는 대규모 예비타당성조사 면제사업을 지정하는 것은 재정개혁 의지와 재정원칙에 반하는 조치이며, 중요한 재정통제제도가 무력화되고 있음을 의미하고 있다. 그리고 이러한 면제사업 지정과 2019년 제도개편에 따라 경제성이 낮은 재정사업이 대규모로 예비타당성조사를 통과하게 될 경우, 향후 지속적으로 더 큰 재정부담의 발생이 우려된다. 이러한 면제사업과 경제성이 낮은 사업의 경우, 사업의 초기(건설)비용뿐만 아니라 중장기적으로도 높은 유지·관리비용을 정부에서 지속적으로 부담할 가능성이 크기 때문이다.[26] 따라서 이러한 면제사업의 증가는 재량지출에 대한 구조조정을 더욱 어렵게하고, 향후 중기 재정지출에도 부담이 될 가능성이 크다.

한편 예비타당성조사는 일정 규모 이상의 대규모 사업에 대한 사전검증절

26) 또한 예비타당성조사 면제사업은 KDI의 '사업계획 적정성 검토'를 통해 적정 사업규모 및 효율적 대안 등에 대한 분석을 받아야 한다. 이러한 과정에서 예산을 절감할 수도 있으나, 통상적으로 SOC사업의 경우 시간이 경과되면서 사업규모가 늘어날 가능성이 커서 재정부담은 더욱 가중될 수 있다,

차로서 행정부 내의 예산편성을 위한 의사결정과정으로 이해되며, 국회의 예산심의 대상에 포함된다고 할 수 있다. 그러나 현행 제도에서는 예산심의권을 가진 국회가 예비타당성조사 면제사업에 대한 결정과정에 전혀 참여하지 못하고 있으며, 예비타당성조사결과를 국회 소관 상임위원회와 예·결산특별위원회에 제출하도록 규정하고 있는 것과 달리, 면제사업에 대해서는 보고과정도 생략되고 있는 문제점도 추가적으로 지적된다.

3 소 결

국가채무를 체계적으로 관리하기 위해서는 재정당국의 정책의지가 중요하다. 이러한 측면에서 「국가재정운용계획」은 중장기 재정위험을 사전에 인지하고, 선제적으로 대응함으로써 재정운용의 안정성과 예측 가능성을 제고하기 위해 5년의 시계(time horizon)를 가지는 국가 차원의 재정계획을 담고 있으며, 과거 개략적이고 추상적으로 작성되어 온 기존의 중기계획과 달리 2004년부터 재정수지와 국가채무 등 재정총량과 분야별 재원배분계획을 제시하고 있다. 그러나 단년도 예산편성의 한계를 극복하고, 중장기적 시계에서 재정운용전략과 재원배분방향을 제시하기 위하여 작성되고 있는 「국가재정운용계획」이 전망의 정확성과 일관성의 측면에서 많은 구조적 문제가 있으며, 오히려 현행 운용방식은 재정건전성 확보에 있어서도 별다른 도움이 되지 않은 것으로 판단된다. 특히 5년 시계를 갖는 연동계획의 특성에 따라 2차 연도 이후 「국가재정운용계획」에 근거한 지출계획은 실제로 2차 연도 이후 지출에 대해 지출부처에 일종의 기대(expectation)를 형성시킬 가능성이 크다. 향후 예산사정 및 심의과정에서 지출부서가 당연히 받아야 할 몫(fair share)으로 작용하여 재정지출의 확대에 오히려 더 기여할 수 있다는 것이다. 특히 적자지출이 고착화되면서 이러한 부처의 기회주의적 행태가 발생할 가능성이 크다. 이에 따라 지출부처는 실제로 지출구조조정보다는 「국가재정운용계획」상의 지출전망 수준보다 항상

더 많은 예산을 요구하고 있는 것으로 보인다.[27)]

또한 「국가재정운용계획」상 재정운용 전망치와 실적치 간의 괴리가 커지고 있으며, 거시경제와 수입 전망치의 낙관적 편의와 3~5년차 전망치의 불정확성 등의 문제가 지적된다. 특히 작성과정에서 '정치적' 또는 '정무적' 판단이 가미되었다는 비판 역시 제기된다. 특히 경제성장률 및 재정수지 전망에서 나타나는 낙관적 편의는 구조화되고 있으며, 예산편성과정의 정치적 동학(動學)과 관료들의 잘못된 유인동기 등이 복합적으로 작용하고 있다. 가령 높은 성장을 추구한다는 '정치적이며 관료적 의지'를 보여 주는 유인이 더 강하게 작동하고 있고, 재정성과에 대한 책임성을 묻는 과정에서도 단기적 관점에서 작성된 '낙관적 편의'는 중장기적 재정건전성을 담보시키는 '비관적 편의'보다 더 큰 유인을 제공하고 있다.

따라서 정부는 이러한 계획작성의 객관성과 정확성을 담보하기 위하여 거시경제 예측작업에 한국은행을 포함한 중립적 기관의 참여를 보장하는 등의 제도개선을 추진할 필요가 있다. 또한 「국가재정운용계획」의 실효성을 제고하기 위해서는 이러한 계획에 대한 국회의 심사권 강화와 중장기적인 시각에서 정부의 예산안과 「국가재정운용계획」을 연계한 심층적인 논의를 거쳐 국회에서 예산안 의결이 이루어지도록 제도적 개선이 요구된다. 단기적으로는 「국가재정운용계획」 수립의 절차보완 등과 같은 제도개선을 추진하고, 중장기적으로는 법적 구속력 확보를 위한 방안을 검토할 필요가 있다.

한편 예비타당성조사는 사회과학적 타당성의 기준에서 객관적인 조사를 통해 대규모 재정사업의 신규투자를 공정하고 합리적으로 결정함으로써 재정운영의 효율성 제고 및 재정건전성 확보에 기여하기 위한 목적으로 도입되었다. 그러나 최근 들어 행정부의 자의적인 예비타당성조사 면제 사업 지정이 확대되고 있으며, 2008년 이후 137조원에 달하는 대규모 예비타당성조사 면제사업을 지정하고 있는 것은 재정개혁 의지와 재정원칙에 반하는 조치로 평가된다. 더욱이 이러한 면제사업 지정과 2019년의 제도개편에 따라 경제성이 낮은

27) 이러한 논거는 김정부교수가 제공하였다.

재정사업이 대규모로 예비타당성조사를 통과할 가능성이 높아지면서 향후 더 큰 재정부담의 발생이 우려된다. 이러한 면제사업의 증가는 재량지출에 대한 구조조정을 더욱 어렵게 하고, 향후 중기 재정지출에도 부담이 될 가능성이 크다는 점에서 재정규율의 회복을 위한 예비타당성제도의 개선이 요청된다.

참고 문헌

국내 문헌

경제정의실천시민연합(2019. 1. 27). 지자체 나눠먹기 예타 면제, 과거 5년치(4.7조원)의 최대 9배(42조원) 규모. 보도자료.

국회예산정책처(2010a). 2011년 세입예산안 분석 및 중기 총수입 전망.

국회예산정책처(2010b). 2009년 회계연도 결산 분석 종합.

국회예산정책처(2011a). 2012년 세입예산안 분석 및 중기 총수입 전망.

국회예산정책처(2011b). 2010년 회계연도 결산 분석 종합.

국회예산정책처(2012a). 2013년 세입예산안 분석 및 중기 총수입 전망.

국회예산정책처(2012b). 2011년 회계연도 결산 분석 종합.

국회예산정책처(2013a). 2014년 세입예산안 분석 및 중기 총수입 전망.

국회예산정책처(2013b). 2012년 회계연도 결산 분석 종합.

국회예산정책처(2014a). 2014~2018년 국가재정운용계획 분석.

국회예산정책처(2014b). 2013년 회계연도 결산 분석 종합.

국회예산정책처(2014c). 2015년 세입예산안 분석 및 중기 총수입 전망.

국회예산정책처(2015a). 2015~2019년 국가재정운용계획 분석.

국회예산정책처(2015b). 2014년 회계연도 결산 분석 종합.

국회예산정책처(2015c). 2016년 세입예산안 분석 및 중기 총수입 전망.

국회예산정책처(2016a). 2016~2020년 국가재정운용계획 분석.

국회예산정책처(2016b). 2015년 회계연도 결산 분석 종합.

국회예산정책처(2016c). 2017년 세입예산안 분석 및 중기 총수입 전망.

국회예산정책처(2017a). 2017~2021년 국가재정운용계획 분석.

국회예산정책처(2017b). 2016년 회계연도 결산 분석 종합.

국회예산정책처(2017c). 2018년 세입예산안 분석 및 중기 총수입 전망.

국회예산정책처(2018a). 2018~2022년 국가재정운용계획 분석.

국회예산정책처(2018b). 2017년 회계연도 결산 분석 종합.

국회예산정책처(2018c). 2019년 세입예산안 분석 및 중기 총수입 전망.

국회예산정책처(2018d). 2019~2050년 NABO 장기재정전망.

국회예산정책처(2019a). 2019~2023년 국가재정운용계획 분석.

국회예산정책처(2019b). 2019~2028년 NABO 중기 재정전망.

국회예산정책처(2019c). 2018년 회계연도 결산 분석 종합.

기획재정부(2013). 국정감사 제출자료.

기획재정부(2018). 국정감사 제출자료.

김대철 · 박승준(2015). 국가재정운용계획 11년 운영 평가 및 과제. **제도와 경제,** 9(1), 127-156.

김성태(2011). 우리나라 재정건전성 제고를 위한 정책과제. **경제연구,** 29(2), 111.

김성태 · 박진(2014). **재정건전성의 평가 및 정책과제.** 한국개발연구원.

김용식(2018). **국가재정운용계획의 운영현황과 제도개선방안 연구.** 국회예산정책처.

김태일(2019). 예비타당성조사 면제결정으로 되짚어본 예타의 쟁점들, 그리고 개편안에 대한 평가. **제943회 정책과 지식포럼** 발표자료, 서울대학교 행정대학원.

대한민국 정부(2015). **2015~2019년 국가재정운용계획.**

대한민국 정부(2016). **2016~2020년 국가재정운용계획.**

대한민국 정부(2017). **2017~2021년 국가재정운용계획.**

대한민국 정부(2018). **2018~2022년 국가재정운용계획.**

대한민국 정부(2019). **2019~2023년 국가재정운용계획.**

세계일보(2018). **與 슈퍼예산 압박 앞서 재정건전화법부터 논의하라.** 사설 39면.

KDI 공공투자관리센터(2018). **2017년도 KDI 공공투자관리센터 연차보고서.**

해외문헌

Alesina, A., & Passalacqua, A. (2016). The political economy of government debt. In *Handbook of Macroeconomics Vol. 2* (pp. 2599-2651). Elsevier.

Buchanan, J. M. (1987). The ethics of debt default In J. M. Buchanan, C. K. Rowley, & R. D. Tollison(Eds.), *Deficits*(pp. 361-373). Oxford: Basil Blackwell.

Musgrave, R. A. (1959). *The Theory of Public Finance: A Study in Public Economy.* New York: McGraw-Hill.

Niskanen, J. (2017). *Bureaucracy and Representative Government.* Routledge.

Wildavsky, A. (1961). Political implications of budgetary reform. *Public Administration Review,* 21(4), 183-190.

Wildavsky, A. (1979). *Speaking Truth to Power: The Art and Craft of Policy Analysis.* Boston, Massachusetts: Little, Brown.

06

재정정책과 추가경정예산

① 역대 정부의 추가경정예산 편성
② 추경예산 편성의 경제적 효과
③ 추경예산이 재정건전성에 미치는 효과
④ 추경예산의 국회심사과정
⑤ 소 결

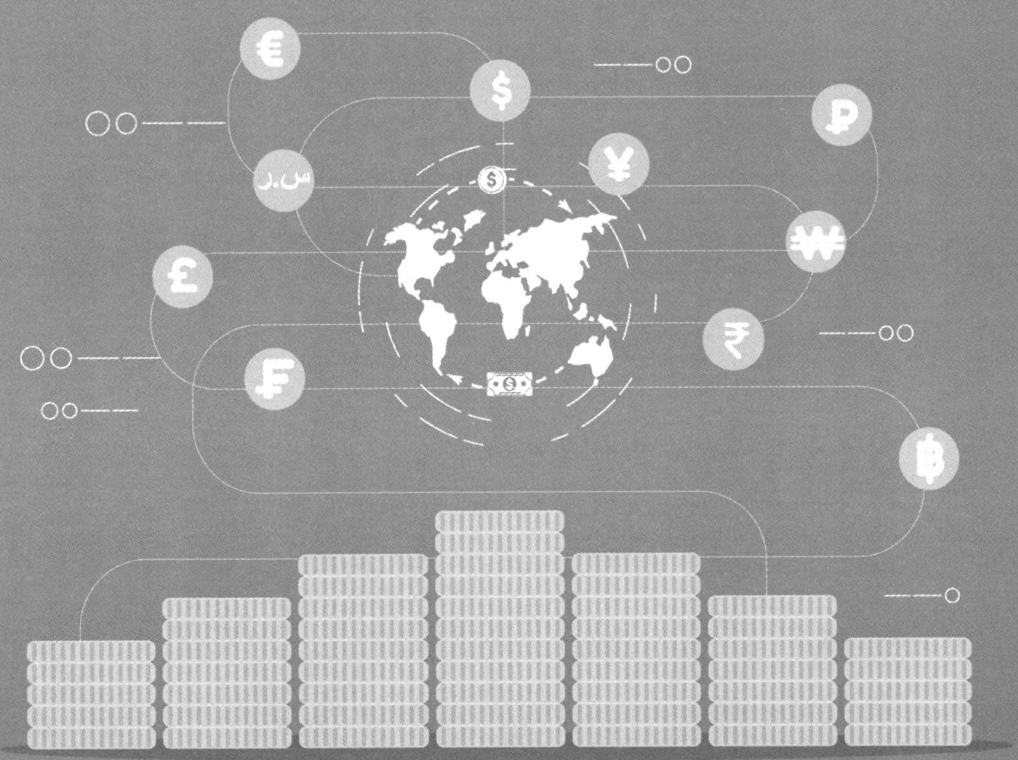

06

재정정책과 추가경정예산

1 역대 정부의 추가경정예산 편성

정부는 매년 1월부터 12월까지 1년 단위로 국가의 수입과 지출계획을 포함하는 예산(본예산)을 수립하고, 이에 따라 재정활동을 한다. 그럼에도 불구하고 연도 중에 본예산을 변경할 필요가 있을 경우에는 「헌법」 제56조에 근거하여 추가경정예산(추경)을 편성하게 된다.[1] 다시 말해, 용도가 정해진 국가의 본예산이 이미 집행단계에 들어간 이후에 부득이하게 필수불가결한 지출수요가 발생한 경우, 정부는 예산을 변경하여 국회에 제출하고 의결을 거쳐 집행할 수 있다.[2] 이러한 추경예산은 〈표 6-1〉에서 볼 수 있듯이, 1948년 정부수립 이후 2019년까지 무려 98회에 걸쳐 편성되었는데, 추경예산이 편성되지 않은 경우가 13회밖에 안 될 정도로 거의 연례적으로 편성되고 있다(국경복, 2015: 697-698). 시기별로 살펴보면, 추경예산은 1940년대에 3회, 1950년대에 20회, 1960년대에 26회, 1970년대에 11회, 1980년대에 8회, 1990년대에 13회, 2000년대에 11회,

1) 「헌법」 제56조 정부는 예산에 변경을 가할 필요가 있을 때에는 추가경정예산안을 편성하여 국회에 제출할 수 있다.

2) 추가경정예산은 단일예산의 원칙에 대한 예외로 한 해의 총예산은 본예산과 추가경정예산의 합으로 정해진다. 또한 추가경정예산은 이미 성립된 예산의 변경을 가져온다는 점에서 국회에 제출된 예산안의 변경을 위한 수정예산과는 구별된다.

표 6-1 연도별 추가경정예산의 편성 횟수(1948~2019년)

연도	1948	1949	1950	1951	1952	1953	1954	1955	1956	1957	1958	1959	1960	1961	1962	1963	1964
횟수	–	3	7	3	2	2	3	2	–	–	1	–	2	4	3	3	1
연도	1965	1966	1967	1968	1969	1970	1971	1972	1973	1974	1975	1976	1977	1978	1979	1980	1981
횟수	3	2	2	3	3	1	1	3	–	1	1	1	1	1	1	1	1
연도	1982	1983	1984	1985	1986	1987	1988	1989	1990	1991	1992	1993	1994	1995	1996	1997	1998
횟수	1	–	1	1	–	1	1	1	2	2	1	–	1	1	1	1	2
연도	1999	2000	2001	2002	2003	2004	2005	2006	2007	2008	2009	2010	2011	2012	2013	2014	2015
횟수	2	1	1 1	1	1 1	1	1	1	–	1	1	–	–	–	1	–	1
연도	2016	2017	2018	2019													
횟수	1	1	1	1													

주: 1) 표 내용의 아래쪽에서 회색 부분은 '재해복구를 위한 추경', 옅은 파란색 부분은 '경기대책 관련 추경', 좀 더 옅은 파란색 부분은 '정책시행 또는 예산 부족 해소를 위한 추경'을 의미하고 있음.
2) 1999년 제2회의 경우 당초 정부가 제출한 추경예산안의 중점내용은 중산층 및 서민생활 안정대책이었으나 국회의결 시 재해복구 및 항구대책비로 일부 재해대책 예산이 편성됨.
자료: 국경복(2015: 698)의 자료 수정.

2010년대에 6회 편성되었다.[3] 특히 2015년부터 2019년까지 매년 추경예산이 편성되고 있으며, 그 규모도 총 44조원을 넘고 있어 이에 따른 다양한 재정이슈가 파생되고 있다.

이렇게 추경예산이 연례적으로 편성되고 있는 이유는 다양하다. 우선 우리나라는 '국가개입주의' 사고의 뿌리가 깊다. 경기수축 국면에서 정책개입을 원하는 국민의 기대가 항상 존재하며, 이를 부추기는 정치권의 압력이 상승작용을 하면서 정부가 추경예산이라는 재정개입을 통하여 화답하는 구조이다. 또한 단년도 예산이 경기 불확실성을 대응하는 데 한계를 가질 수밖에 없으며,

3) 정부는 2019년에도 6.7조원 규모의 추경예산을 편성하여 국회에 제출하였다. 2019년도 추경예산을 포함하면 2010년대 추경예산 편성 사례는 6회이다. 2019년 추경예산은 미세먼지 등 국민안전에 2.2조원을 투입하지만, 경기침체 대응을 위한 민생경제 지원에 4.5조원을 투입하기 때문에 경기대책 관련 추경예산으로 볼 수 있다.

본예산 편성과정에서의 추계편의(bias) 문제, 예산행위자들의 전략적 행태로 인한 이슈 등이 복합적으로 작용하여 추경예산을 편성하도록 압력을 형성하고 있다. 특히 세입 및 세출 추계편의로 인해 세계잉여금이 발생하는데 이는 추경예산편성에 정치적·관료적 동기가 작동하기 때문이다.[4] 따라서 이 장에서는 추경예산 편성의 배경과 법적 근거 및 추경예산사업의 내용에 대해 살펴보고, 추경예산 편성과 집행이 거시경제와 국가의 재정건전성에 미치는 영향에 대하여 상세하게 분석하기로 한다.

과거 추경예산의 편성사유를 살펴보면, 1950년대 추경예산은 주로 재정 관련 제도 미비, 자연재해 등의 이유로 편성되었으며, 1960년대와 1970년대 추경예산 편성은 경제개발계획 수정과 관련성이 커 보인다. 1990년대, 특히 1997년 IMF 구제금융 이후의 추경예산 편성은 경제 안정화 및 총수요관리와 관련성이 높다. 2000년 이후 정부별 추경예산 편성의 규모를 다음의 〈표 6-2〉에서 살펴보면, 노무현 정부는 5회, 16.9조원, 이명박 정부는 2회, 22.5조원, 박근혜 정부는 3회, 40조원, 2019년까지 문재인 정부는 3회, 21.5조원 규모의 추경예산을 편성하였다. 세입경정 규모는 정부별로 각각 4.9조원, 11.2조원, 17.4조원, 0조원 수준이며, 세수보전을 제외할 경우 정부별로 각각 12.1조원, 11.3조원, 21.2조원, 14.1조원 규모의 추경예산을 편성한 셈이다.

지난 1997년 IMF 구제금융 이후로 추경예산 편성요건이 지나치게 포괄적이고 추경예산 편성이 거의 매년 관행처럼 전개되면서 재정건전성을 해친다는 지적이 지속되었으며, 이에 따라 정부는 2006년 「국가재정법」 제정을 통해 추경예산 편성요건을 제한하게 된다.[5] 재정건전성을 확보하기 위한 입법취지에서 동법 제89조는 ① 전쟁이나 대규모 재해가 발생한 경우, ② 경기침체, 대량실업, 남북관계의 변화, 경제협력과 같은 대내·외 여건에 중대한 변화가 발생하였거나 발생할 우려가 있는 경우, ③ 법령에 따라 국가가 지급하여야 하는 지출이 추가적으로 발생하거나 증가하는 경우로 추경예산 요건을 한정하여 규

4) 추경예산 편성에 대한 이론적 논의는 김정부 교수의 의견을 참고하여 작성하였다.

5) 특히 IMF 구제금융 직후인 1998년부터 1999년까지 6차례에 걸쳐 총 30.5조원 규모의 추경예산을 편성하여 구조조정, 실업대책 및 경기활성화 목적으로 예산이 집행되었다.

표 6-2 최근 추경예산편성 현황(2003~2019년)

(단위: 조원)

구분	노무현 정부						이명박 정부			박근혜 정부				문재인 정부			
	2003		2004	2005	2006	소계	2008	2009	소계	2013	2015	2016	소계	2017	2018	2019	소계
	1차	2차	1차	1차	1차		1차	1차		1차	1차	1차		1차	1차	1차	
추경 규모	4.5	3.0	2.5	4.9	2.2	16.9	4.6	17.9	22.5	17.4	11.6	11.0	40.0	11.0	3.8	6.7	21.5
세출	4.5	3.0	1.8	0.6	2.2	12.1	4.6	6.7	11.3	5.3	6.2	9.7	21.2	10.3	3.8	6.7	21.5
세입	-	-	-0.6	-4.2	-	-4.9	-	-11.2	-11.2	-12.0	-5.4	-	-17.4	-	-	-	-

출처: 국회예산정책처, 각 연도별 「추가경정예산안 분석」.

정하였다. 이러한 구체적인 법적 제약에 따라 추경예산 편성에 대한 관행적인 정부 행태가 일부 변화되었음에도 불구하고, 법 제정이 이루어진 2006년 이후에도 2019년까지 14년간 9번의 추경예산이 편성되었으며, 특히 최근 5년(2015~2019)간 매년 편성되고 있어 추경예산 편성이 다시 관행화되고 있다.

국회예산정책처의 각 연도별 「추경예산안 분석」에 의하면, 2006년 「국가재정법」 제정 이후 편성된 9번의 추경예산 중, 태풍피해 복구를 위해 추경예산을 편성한 2006년을 제외하고 8번 모두 단기적인 경기부양이 주된 목적인 것으로 파악된다(국회예산정책처, 2006; 2008; 2009a; 2013; 2015; 2016a; 2017a; 2018a; 2019a).[6] 구체적으로 2008년과 2013년에는 경기침체 대응 목적으로, 2009년은 경기침체와 대량실업 해소 목적으로, 2015년은 메르스·가뭄 등에 따른 경기위축 대응 목적으로 추경예산을 편성하였다. 또한 2016년은 구조조정 지원, 일자리 창출 및 민생안정, 지역경제 활성화, 지방재정 보강, 국채상환 등의 목적으로, 2017년은 일자리 창출, 일자리 여건 개선, 일자리 기반 서민생활안정, 지역일자리 창출을 위한 지방재정 보강 목적으로, 2018년은 청년일자리 대책, 구조조정 지역·업종 대책마련 목적으로, 2019년 역시 미세먼지 대책을 비롯하여 민생

6) 2000년부터 2019년까지 20년간 살펴보면, 추경예산은 13차례 편성되었고, 이 중 2003년 2차(태풍 매미)와 2006년(태풍 에위니아)의 자연재해와 2005년의 세입경정 등 세 차례를 제외한 나머지는 경기부양의 목적으로 추경예산이 편성되었다고 볼 수 있다. 이 중 다섯 차례는 세입결손에 따른 세입경정을 실시하였다.

표 6-3 추경예산편성 제출·의결일과 편성사유 및 배경

구분	제출일	의결일	추경편성 이유	배경
노무현 정부	2003.6.5.	2003.7.15.	경기침체에 따른 경제활성화	민간소비, 투자부진 등으로 1/4~2/4분기 경제성장률이 마이너스를 기록하는 등 경기둔화세가 지속되면서 서민경제의 어려움이 가중되고 수출 및 중소기업 경영여건이 악화됨
	2003.10.1.	2003.10.24.	태풍 매미 등 재해대책 지원	태풍 매미로 인해 피해가 4.2조원에 이름
	2004.7.3.	2004.7.15.	서민생활안정 및 중소기업 지원	고유가 및 LG카드 사태로 성장률의 감소세가 지속되고 경기부진 위험 증대
	2005.9.30.	2005.11.16.	세입 경정, 국제유가 상승, 군병영 환경개선 등 국민경제에 대한 긴급소요	2004년 2/4분기부터 2005년 1/4분기까지 전기 대비 성장률이 0%대를 보이는 등 민간소비 증가율이 완만한 회복세를 보이고 미국의 금리인상과 고유가의 지속 등 대내외 경제여건이 불안정한 가운데 부가가치세, 근로소득세, 법인소득세가 전망을 밑돌면서 세수 부족 발생이 예상
	2006.8.18.	2006.8.29.	재해복구비, 지방교부금 정산	태풍 에위니아 및 집중호우에 따른 1.8조원 규모의 피해 발생
이명박 정부	2008.6.2.	2008.9.18.	고유가 극복을 위한 민생안정	유가급등 등에 따른 경제여건 악화로 서민경제 어려움 가중
	2009.3.3.	2009.4.29.	민생안정을 위한 일자리 마련	글로벌 금융위기에 따른 대내외여건 악화로 경기위축이 빠르게 진행되면서 일자리 창출 및 민생안정 도모 필요
박근혜 정부	2013.4.18.	2013.5.2.	민생안정	2012년 이후 경기부진이 장기화되고, 총수요 하락 영향 등으로 1%대의 물가상승률 지속
	2015.7.3.	2015.7.24.	메르스·가뭄 등에 따른 경기위축	메르스 여파로 소비·서비스업 중심으로 경제가 빠르게 위축되면서 세입결손 예상
	2016.7.26.	2016.9.2.	청년층 및 조선업 구조조정 등으로 다량 실업자 발생 예상	브렉시트(Brexit) 등에 따른 세계경제 불확실성 증대 및 높은 수준의 가계부채에 따른 민간소비 위축, 그리고 조선·해운업 구조조정에 따른 고용불안 증폭 예상

문재인 정부	2017.6.7.	2017.7.22.	고용·기업 양극화에 따른 체감경기 침체 및 청년실업률 악화	내수 회복세 미비 및 소득분배 악화 등 양극화 문제로 인해 체감경기 악화. 청년실업률 악화에 따른 대응 필요
	2018.4.4.	2018.5.21.	청년층 및 구조조정지역 · 업종에 대량실업	에코붐 세대(베이비붐 세대의 자녀세대) 노동시장 진입에 따른 향후 3~4년간 고용위기 가능성 증폭 및 자동차·조선업 구조조정에 따른 군산·통영 등 해당 밀집지역의 경기침체 예상
	2019.4.22.	2019.8.2.	미세먼지 및 민생경제 지원	미세먼지, 산불 등 국민안전에 대한 중대한 위해요인 발생 및 경제의 대내외 여건 악화에 따른 향후 경기의 하방위험 확대

자료: 국회예산정책처, 각 연도별 「추가경정예산안 분석보고서」.

경제 지원을 주요 목표로 추경예산을 편성하였다. 결과적으로 2006년 「국가재정법」 제정 이후의 추경예산도 대부분 경기침체와 대량실업 대응목적으로 편성되었다고 볼 수 있다.7)

「국가재정법」 제89조 '경기침체 및 대량실업이 발생할 우려' 조항에 따라 매년 편성된 추경은 그 요건이 적합한지에 대한 논의가 필요하며, 이를 위해서는 최근 추경예산 편성시점의 경제상황을 분석할 필요가 있다. 우선 당시의 거시지표를 살펴보면, 2015~2019년 사이 2.7~3.1% 수준의 낮은 실질경제성장률이 고착화되면서 경기순환 진폭이 구조적으로 줄어들고 있기 때문에 당시의 상황을 '일시적인 경기침체'로 해석할 수 있는지는 추가적으로 논의할 필요가 있다.8) 최근 실질경제성장률은 2015년 2.8%, 2016년 2.9%, 2017년 3.1%, 2018년 2.7%, 2019년 2.0%(전망치)이며, 전년 대비 변동폭은 0.1~0.4%p에 불과하다. 또한 정부의 상반기 조기 재정집행에 따라 발생하는 구조적인 '상고하저' 현상

7) 1998년 이후 편성된 21번의 추경예산 중, 15번이 경기침체 또는 대량실업 해소를 위한 단기적인 경기부양책으로 볼 수 있다(〈표 6-1〉 참조). 반면 정부수립 초기에는 가뭄이나 태풍, 수해 등 자연재해를 복구하기 위해 추경을 편성하는 경우가 상대적으로 많았다.

8) 2014년 실질경제성장률은 3.1%이다. 한국은행은 2019년 실질성장률을 2.0%로 발표하였고, 2020년은 2.3%(정부 2.6%)로 예상하고 있다.

에 따라 추경논의가 벌어지는 시점에는 하반기 경기상황을 일시적인 '경기침체'로 확대 해석했을 개연성이 높다.[9)]

한편 국회예산정책처(2016a)는 특정 제조업 분야의 구조조정에 의한 특정 지역의 실업 증가를 '대량실업'으로 해석할 수 있는지에 대해 문제 제기를 하고 있다. 예를 들어 정부는 한국은행이 2016년 경제성장률 전망치를 2015년 10월에 3.2%, 2016년 4월에 2.8%, 2016년 7월에 2.7%로 총 0.5%p 하향조정한 부분과 함께 조선업이 집중된 경상남도의 2016년 6월 실업률(3.9%)이 전년 동월 대비 1.0%p 증가한 부분을 이유로 추경예산을 편성하였다(국회예산정책처, 2016a: 2). 과연 0.5%p의 경제성장률 전망치 하향조정과 특정 지역의 실업률 1%p 악화가 「국가재정법」의 추경예산 편성요건에 부합하는지에 대해서는 이견이 있을 수 있다. 이러한 현상은 2017년도 추경예산에서도 동일하게 발생하고 있다. 당시 정부는 2017년 1/4분기 전체 실업률은 전년 동기 대비 동일한 수준(4.3%)으로 변동이 없음에도 불구하고, 청년층의 높은 실업률을 「국가재정법」상 추경예산 편성요건인 '대량실업 발생 또는 발생 우려'로 해석하였다. 국회예산정책처(2017a)는 베이비붐 세대의 자녀들(1991~1995년생)이 취업연령에 진입하면서 구직수요가 증가하여 청년실업 문제가 크게 악화되는 인구구조적 요인을 '대량실업 발생 우려'로 판단한 부분에 대해 문제를 제기한다. 국경복(2015: 699)이 지적하였듯이, 추경예산의 편성 조문(제89조)을 「국가재정법」 제5장 재정건전화 부분에 배치한 것은 추경예산 편성요건의 강화를 통하여 재정건전성을 확보하려는 입법취지로 이해되며, 이에 따라 동법 제89조 추경 편성요건 중에 하나인 '경기침체 및 대량실업'에 대한 엄격한 해석이 필요하다고 할 것이다.

9) 예를 들어 2019년 상반기 재정집행률은 목표치인 61.0%를 초과해 65.4%에 달했다. 그만큼 하반기에는 재정여력이 없기 때문에 추경의 필요성이 논의되는 것이다.

2 추경예산 편성의 경제적 효과[10)]

2.1 추경예산 편성의 적시성

추경예산 편성에 따른 경제성장률 제고효과를 살펴보기 전 추경예산 편성의 적시성(timeliness)을 분석할 필요가 있다. 적시성을 판단하기 위해서는 추경예산이 경기순환상 어떠한 경제상황에서 편성되었는지에 대한 검토가 필요하다. 일반적으로 경제상황은 장기성장 추세를 중심으로 상승과 하강을 반복하는 경기순환 국면에서 이해할 수 있다. 이러한 경기순환 국면을 구분하는 방법으로 경기저점에서 경기정점까지는 확장국면, 경기정점에서 경기저점까지는 수축국면으로 나누는 이분법이 주로 이용되고 있다. 다음의 [그림 6-1]에서 볼 수 있듯이, 확장과 수축의 경기순환 국면에서 특정 저점에서 다음 저점까지, 또는 특정 정점에서 다음 정점까지의 기간을 순환주기라고 하며, 순환의 강도를 의미하는 정점과 저점 간 차이를 순환진폭이라 부른다. 통상적으로 경기선행지수나 경기동행지수를 통해 경기순환국면을 분석하게 되며, 경기순환과 추경예산 편성시점을 비교하여 추경예산 편성의 적시성을 평가할 수 있다(국회예산정책처, 2017a).[11)]

과거 경기대응을 위한 추경예산 편성사례를 살펴보면, 2006년 재해복구 추경을 제외하고 경기순환상에서 경기 하강기나 저점에서 추경예산 편성이 이루어진 것으로 분석되고 있다(국회예산정책처, 2015). 따라서 빈번한 추경예산 편성

10) 추경예산안에 대한 사후분석이 어렵기 때문에, 이 장에서는 각 연도별 추경예산안에 대한 사전분석인 경제효과 추정치를 분석하여 제시하고 있다.

11) 경기선행지수는 투자 관련 건설수주지표나 재고순환, 금융 등의 지표처럼 실제 경기순환에 앞서 변동하는 개별지표로서 향후 3~6개월 정도의 단기경기를 예측하는 데 쓰이며, 경기동행지수는 광공업생산지수, 소매판매액지수 등 현재의 경기상황 판단을 위한 지표이다. 순환변동치란 선행지수 및 동행지수에서 추세치를 제거하여 경기순환만을 본 수치이며, 선행지수 및 동행지수의 순환변동치가 100을 기준으로 그 이상이면 호황, 미만이면 불황으로 구분한다.

그림 6-1 경기순환도

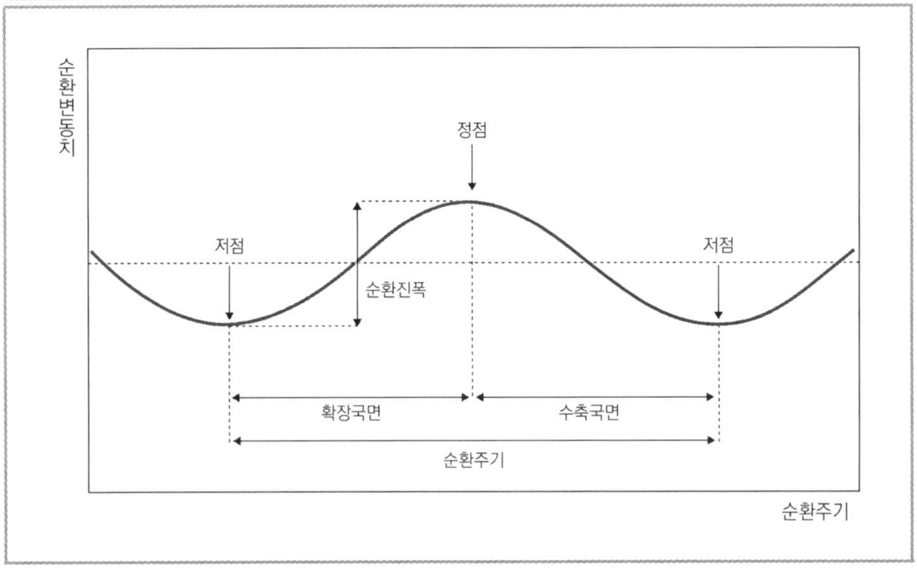

자료: 국가통계포털 홈페이지(www.kosis.kr).

의 문제점에도 불구하고, 추경예산의 편성 자체는 경기대응을 위한 적시성 측면에서 살펴볼 때, 비교적 적절한 시기에 이루어졌던 것으로 평가될 수 있다. 국회예산정책처(2016a)도 경기부양의 시점과 연계하여 대부분의 추경예산 편성이 시의적절하게 이루어진 것으로 평가하고 있다.

2.2 추경예산의 재정승수효과

일반적으로 재정승수효과(fiscal multiplier effect)는 정부지출 확대가 경제성장에 미치는 직·간접적 파급효과를 의미하며, 구체적으로 재정승수(fiscal multiplier)란 정부지출을 증가시켰을 때 유발되는 국내총생산(GDP)의 증가분으로 정의할 수 있다. 추경예산 편성에 따른 재정지출 확대의 경제적 효과는 일반적으로 거시계량모형을 통한 재정승수 산출을 통해 파악할 수 있다. 다만 정부의 재정지출 확대는 총수요 증가에 따른 시장금리 상승으로 이어질 수 있으며, 시중 대출을 이용하는 가계 및 기업의 이자부담을 증가시켜 민간의 소비를 감소시키는 구축효과를 유발할 수 있다. 이러한 측면에서 정부정책에 대한 시장의 신뢰가 낮거나 재정건전성에 대한 우려가 높을 경우, 추경편성에 따른 확장적 재정정책의 효과는 제한적일 수 있다. 그러나 국회예산정책처(2016a)는 이러한 구축효과를 감안하더라도 추경예산 편성 등을 통한 정부지출의 확대는 경제성장에 긍정적인 영향을 미치는 것이 일반적이라고 분석하고 있다.

재정승수의 결정요인을 분석한 박형수(2013)에 따르면, 일반적으로 국민경제의 순환과정에서 한계소비성향이 높은 반면, 한계저축성향 및 한계수입성향, 소득세율 등의 누수효과(leakage)가 작을수록 재정승수는 커진다는 연구결과를 제시하고 있다. 따라서 유동성 제약에 놓인 가계의 비중이 높고, 단기적 시계를 갖는 가계의 비중이 장기적 시계를 갖는 가계비중보다 높을수록, 재정의 자동안정화 기능이 약할수록, 경기침체의 정도가 커 국민경제의 회복여력이 충분할수록, 그리고 통화정책기조가 협조적일수록 재정승수는 커질 것으로 예상된다.[12] Deak & Lenarcic(2012) 역시 재정상태가 양호할수록, 경제규모가 클수록, 그리고 대외개방도가 낮은 국가일수록 재정승수가 커진다고 보고하고 있다.[13]

구체적인 재정승수의 규모 추정과 관련해 박형수(2013)에 따르면, 재정 1조원 투입 시 총수요 유발효과는 [그림 6-2]에서와 같이 지출항목에 따라 차이를 보이고 있다. 물건비 및 인건비 항목으로 1조원이 지출될 경우에 당해 연도 실질 GDP가 1.10조원 증가될 것으로 추정되며, 경상이전 항목으로 지출될 경우에 0.21조원, 자본지출 항목으로 지출될 경우에 0.75조원, 순융자 항목으로 지출될 경우에 0.05조원이 증가될 것으로 추정된다. 종합적으로 총지출 기준으로는 1조원 투입 시 당해 연도 실질GDP가 0.49조원(승수효과 0.49) 늘어나는 것으로 추정된다. 이 외에도 KDI는 이전지출을 제외한 경상지출 및 자본지출을 기준으로 1.0 내외의 승수효과를 추정하고 있으며, 국회예산정책처는 종합적인 정부지출에

12) 통화정책이 협조적이란 의미는 재정확대 이후 명목금리를 인상하지 않아 정부소비나 정부투자가 민간소비나 민간투자를 구축하지 않는다는 것을 의미한다.

13) 여기서 재정상태가 양호할수록 추가적인 정부부채 발행이 장기금리에 미치는 영향이 제한적이기 때문임을 의미한다.

그림 6-2 재정지출 성질별 경제적 효과

(단위: 조원)

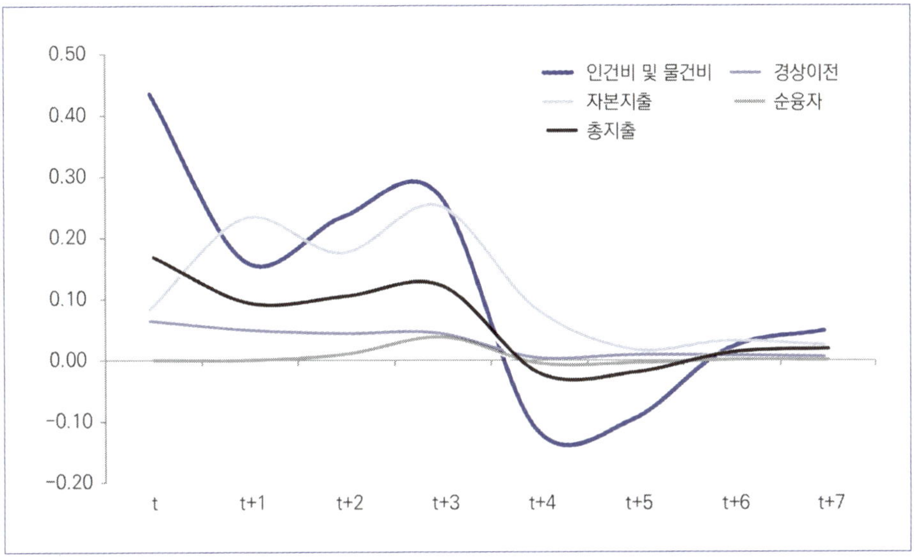

주: t는 분기를 의미.
자료: 한국조세재정연구원(2013).

대한 승수효과를 0.59로 추정하고 있다(국경복, 2015). 지출항목의 차이를 고려하면, 승수효과 추정결과에 큰 차이가 있다고 볼 수는 없다. 반면, 박광용·이은경(2019)은 5년 누적기준으로 재정지출에 따른 승수효과를 기존 추정치보다 높은 1.27로 산출하고 있는데, 재정지출이 실행되기 이전부터 미래의 재정활동에 대한 민간의 기대감이 조성되고 구매가 이루어지는 경향을 고려하고 있다는 점에서 기존 연구와 차별화된다. 이들은 경기대응적 정책목표를 가지고 재정지출을 늘리는 정부의 의지가 시장에 전해지는 것만으로도 경기변동성을 줄이는 효과가 있다는 점을 지적하고 있으며, 실제로 이들의 분석에서 정부지출 없이 정부지출의 소식이 전해진 4분기 이후에 누적 승수효과가 가장 큰 값을 갖는 것으로 확인되며, 이후 정부지출이 실제 이루어지면서 누적 승수효과는 서서히 감소하지만, 5년이 지나도 1보다는 높은 값을 유지하는 것으로 파악된다.

한편 국회예산정책처(2016a: 27-30)는 일반 재정지출의 경제적 효과분석과 차별화하여 추경예산 편성에 따른 경제적 효과를 분석하고 있다. 추경예산으로 편성된 재정지출을 재화 및 용역지출, 자본지출, 보조금 및 경상이전지출 등으로 구분하고, 거시재정모형에서 도출한 재정지출승수 및 고용승수를 활용하여 실질GDP성장률 및 취업자 수(고용률)에 미치는 경제적 효과를 분석하고 있다. 분석 결과, 1998년 이후 편성된 추경예산(일반회계 및 특별회계)은 재정승수 효과의 측면에서 연간 실질GDP증가율을 0.04~0.60%p 정도 제고한 것으로 추정하고 있다.[14] 예를 들어 '슈퍼 추경'이라고 불리는 2009년의 경우, 당해 연도인 2009년(t)에는 0.6%p, 2010년($t+1$)에는 0.2%p, 2011년($t+2$)에는 0.1%p의 실질GDP 증가율의 개선효과가 확인되며, 2009년(t)에 0.04%p의 실업률 감소 및 0.07%p의 물가지수 상승효과를 발생시킨 것으로 분석된다.[15] 이와 함께 〈표 6-4〉에서 볼 수 있듯이 네 번의 추경자료(2009a, 2013, 2015, 2016a)에서 제시된 정부의 재정승수효과 전망치 모두 국회예산정책처의 전망치에 비해 일관되게 높은 수준으로 나타난 부분은 추경예산 편성의 경제적 효과가 실제 집행과정에서 나타난 문제로 인해 당초보다 감소되었거나 혹은 편성시점부터 의도적으로 과다하게 추정되었을 가능성이 있다.

14) 여기서 추경예산 편성의 경제적 효과는 순계기준의 추경예산(일반회계 및 특별회계) 규모에 기관별 재정지출승수를 고려하여 추정한 결과이다. 따라서 해당 결과는 기금 순증규모, 지출성격(경상지출, 자본지출, 융자지출 등) 등을 반영한 결과와 상이할 수 있다. 예를 들어 동 모형에 융자지출의 승수효과를 고려하면 경제성장 효과 및 고용창출 효과가 위에서 추정한 값보다 더 증가할 수 있을 것으로 예상된다.

15) 전반적으로 추경예산 편성연도에 100% 집행될 것을 가정할 경우, 실질GDP가 0.2~0.6%p, 소비자물가지수는 0.028~0.070%p 증가하고, 실업률은 0.016~0.070%p 감소하는 것으로 전망하고 있다.

표 6-4 추경예산안의 경제적 효과

(단위: %p)

편성 연도	가정	효과 연도	실질GDP		실업률	소비자 물가지수
			국회예산정책처	정부		
2004	추가지출(4.5조원)	t	0.24~0.49[1]	–	−0.110~0.180[1]	–
2008	추가지출(5.2조원)	t	0.27	–	−0.016	0.028
		$t+1$	0.05	–	−0.010	0.045
2009	추가지출(17.7조원)	t	0.60	0.80	−0.040	0.070
		$t+1$	0.20	0.70	−0.030	0.170
		$t+2$	0.10	–	0.000	0.120
2013	세입경정(12조원), 추가지출(7조원), 국채발행(15.8조원)	t	0.27	0.30	−0.070	0.050
		$t+1$	0.12	0.40	−0.030	0.100
		$t+2$	0.05	–	−0.010	0.030
2015	재정보강(16.1조원)	t	0.14~0.20[2] (0.19~0.26)[3]	0.30	–	–
		$t+1$	0.31~0.37[2] (0.32~0.40)[3]	–	–	–
2016	지출확대(9.8조원) 채무상환(1.2조원)	t	0.12~0.13[2]	0.1~0.2	–	–
		$t+1$	0.18~0.19[2]	0.1~0.2	–	–
2017	지출확대(7.7조원) 지방재정보강(3.5조원)	t	0.108~0.118	–	–	–
		$t+1$	0.159~0.167	–	–	–
2018	일반/특별회계(1.7조원) 기금사업(2.1조원)	t	0.056~0.061	–	–	–
		$t+1$	0.082~0.086	–	–	–
2019	일반/특별회계(3.8조원) 기금사업(2.9조원)	t	0.089~0.097	–	−0.091~−0.102	–
		$t+1$	0.143~0.152	–	−0.163~−0.174	

주: 1) 구축효과와 정책효과 시차 유무에 따른 성장률과 실업률 제고효과.
2) 추경예산 집행률(50~100%)에 따른 성장률 제고효과.
3) 기금 등을 통한 재정보강 외에 세입경정을 포함할 경우 성장률 제고효과 발생.
자료: 국회예산정책처. 각 연도별 「추가경정예산안 분석 보고서」.

③ 추경예산이 재정건전성에 미치는 효과

추경예산 편성을 위한 재원은 다음의 〈표 6-5〉에서 볼 수 있듯이, 주로 세계잉여금, 한은잉여금, 국채발행을 통한 차입 등으로 조달하고 있다.16) 일반회계 세계잉여금은 「국가재정법」 제90조(세계잉여금 등의 처리)에서 정한 순서에 따라 처리하도록 규정하고 있으며, 특별회계 세계잉여금은 개별 법률규정에 따라 특별회계의 세입으로 이입하고 있다.17) 한은잉여금은 「한국은행법」 제99조(이익금 처분)에 따라 결산상 잉여금을 일부 적립한 후, 나머지를 정부세입으로 납입하고 있다.18)

2006년 「국가재정법」 제정을 통해 추경예산 편성요건이 강화되고 세계잉

16) 세계잉여금은 재정운용 결과 당초 목표한 세수액을 초과해 징수되거나, 지출이 세출예산보다 적어 사용하지 않은 금액(세출불용액)을 합한 것에서 다음 연도 이월액을 차감한 금액이다. 일반회계 세계잉여금의 경우 「지방교부세법」 제5조 제2항의 규정에 따른 교부세의 정산 및 「지방교육재정교부금법」 제9조 제3항의 규정에 따라 교부금의 정산에 사용된다. 잔액의 30%를 공적자금상환기금에 출연하고, 그 잔액의 30%를 국가채무 상환에 사용하며, 그 잔액을 추경예산안에 편성할 수 있다. 따라서 2016년 추경예산의 경우, 초과세수(9.8조원)와 지난해(2015년) 세계잉여금의 일부(1.2조원)등 총 11조원을 청년일자리 확충 및 부실기업 구조조정에 따른 지원을 위한 추경예산 편성에 사용하였다. 다만 이 중 지방교부금(내국세의 19.24%)과 지방교육재정교부금(내국세의 20.27%) 3.7조원과 일부 국채상환(1.2조원)을 제외한 약 6.1조원을 중앙정부의 추경예산 재원으로 사용하였다. 이 밖에도 정부는 기금의 자체변경 및 공기업 투자, 그리고 정책금융 확대 등 추경예산 외에 10조원 이상의 재정을 보강하였다(국회예산정책처, 2016a).

17) 「국가재정법」 제90조(세계잉여금 등의 처리)에서 정한 순서는 ① 지방교부세·교부금 정산, ② 공적자금 상환(①을 제외한 금액의 30% 이상), ③ 채무상환(①, ②)을 제외한 금액의 30% 이상, ④ 추경예산편성 또는 세입이입이다.

18) 한은잉여금은 「한국은행법」 제99조(이익금 처분)에 따라 ① 매 회계연도마다 결산상 순이익금을 자산의 감가상각에 충당한 후 나머지가 있을 경우, 결산상 순이익금의 30%를 매년 적립(법정적립금), ② ①을 적립한 후 나머지 순이익금이 있을 경우, 정부의 승인을 얻어 이를 특정한 목적을 위한 적립금으로 적립 가능(임의적립금), ③ ①, ②를 제외한 순이익금은 정부에 세입으로 납부해야 한다. 또한 제100조(손실보전)에 따라 한국은행의 회계연도에 있어 발생한 손실은 적립금으로 보전하고, 적립금이 부족할 경우 「국가재정법」에 의해 정부가 보전해야 한다(국회예산정책처, 2016a).

여금을 추경재원으로 활용하는 것에도 상당한 제약이 더해진 것으로 파악된다. 박형수(2013)에 따르면, 기존 「예산회계법」에서는 추경예산 편성재원으로 세계잉여금을 우선적으로 사용하도록 규정한 반면, 「국가재정법」에서는 매 회계연도 세계잉여금을 지방교부세 및 지방교육재정교부금 정산, 공적자금 및 국채·차입금 등의 국가채무 상환 등에 우선적으로 사용한 후, 추경예산 재원으로 사용하도록 규정하고 있어 세계잉여금의 추경예산 재원 활용이 실질적으로 어려워졌다고 분석하고 있다.[19] 그러나 정부는 세계잉여금 규모의 확대를 통해

표 6-5 세계잉여금의 추경예산재원 요건 변화

구분	「국가재정법」 제정 이전	「국가재정법」 제정 이후
차이점	「예산회계법」 제47조 추경소요 발생 시 우선 사용 가능	「국가재정법」 제90조 • 국가채무 상환에 의무적으로 사용 후 잔액을 추경재원에 사용 ① 지방교부세· 교부금 정산 ② 공적자금 상환기금 출연 ③ 국가채무 상환 ④ ①, ②, ③ 이외 남은 금액에 한해 추경편성 가능 • 위 네 가지 규정에 따라 사용하고 남은 잔액은 다음 연도 세입에 이입
공통점	「공적자금상환기금법」(2002년 제정, 2003년 시행) 제5조(기금에의 출연) • 전년도 세계잉여금의 100분의 30 이상을 기금에 출연해야 함	
	「지방교부세법」 제5조(예산 계상) • 추경예산에 의하여 교부세의 재원인 국세의 증감이 있는 경우 지방교부세도 증가해야 함	

자료: 전주성(2009: 15).

19) 「국가재정법」 제90조(세계잉여금 등의 처리) ① 일반회계 예산의 세입 부족을 보전(補塡)하기 위한 목적으로 해당 연도에 이미 발행한 국채의 금액 범위에서는 해당 연도에 예상되는 초과 조세수입을 이용하여 국채를 우선 상환할 수 있다. 이 경우 세입·세출 외로 처리할 수 있다.
② 매 회계연도 세입세출의 결산상 잉여금 중 다른 법률에 따른 것과 제48조의 규정에 따른 이월액을 공제한 금액(이하 "세계잉여금"이라 한다)은 「지방교부세법」 제5조 제2항의 규정에 따른 교부세의 정산 및 「지방교육재정교부금법」 제9조 제3항의 규정에 따른 교부금의 정산에 사용할 수 있다.
③ 제2항의 규정에 따라 사용한 금액을 제외한 세계잉여금은 100분의 30 이상을 「공적자금

2013년 이후 지속적으로 세계잉여금을 추경 재원으로 활용하고 있다. 예를 들어 2017년도에 발생한 총 11.3조원 규모의 세계잉여금 중 차년도 세입으로 처리되는 특별회계 세계잉여금 1.3조원을 제외한 일반회계 세계잉여금 10조원은 지방교부세 등 정산에 6조원, 공적자금 상환에 1.2조원, 국가채무 상환에 0.85조원을 우선적으로 사용하였고, 잔액 2.0조원을 2018년도 추경예산 재원으로 활용하였다(국회예산정책처, 2018a).[20]

이에 따라 국회예산정책처(2018b: 18-20)는 2015년 이후 대폭적으로 늘어난 세계잉여금 규모에 대한 우려를 표하면서 "객관적이고 정확한 국세전망을 통하여 재정운용의 효율성을 제고할 것을 제안함과 동시에 「국가재정법」상 세계잉여금을 통한 국가채무 상환의무를 보다 적극적으로 이행하여 재정건전성을 확보하는 등 세계잉여금을 통한 추경예산 편성이 관행화되지 않도록 주의를 기울일 필요가 있다"고 지적하고 있다. 특히 국회예산정책처(2018b: 20)는 「국가재정법」상 세계잉여금 처리규정이 적용되기 시작한 2007회계연도 이후 정부

상환기금법」에 따른 공적자금상환기금에 우선적으로 출연하여야 한다.

④ 제2항 및 제3항의 규정에 따라 사용하거나 출연한 금액을 제외한 세계잉여금은 100분의 30 이상을 다음 각 호의 채무를 상환하는 데 사용하여야 한다.

1. 국채 또는 차입금의 원리금
2. 「국가배상법」에 따라 확정된 국가배상금
3. 「공공자금관리기금법」에 따른 공공자금관리기금의 융자계정의 차입금(예수금을 포함한다)의 원리금. 다만, 2006년 12월 31일 이전의 차입금(예수금을 포함한다)에 한한다.
4. 그 밖에 다른 법률에 따라 정부가 부담하는 채무

⑤ 제2항부터 제4항까지의 규정에 따라 사용하거나 출연한 금액을 제외한 세계잉여금은 추가경정예산안의 편성에 사용할 수 있다.

⑥ 제2항부터 제4항까지의 규정에 따른 세계잉여금의 사용 또는 출연은 그 세계잉여금이 발생한 다음 연도까지 그 회계의 세출예산에 관계없이 이를 하되, 국무회의의 심의를 거쳐 대통령의 승인을 얻어야 한다.

⑦ 제2항부터 제5항까지의 규정에 따른 세계잉여금의 사용 또는 출연은 다른 법률의 규정에 불구하고 「국가회계법」 제13조 제3항에 따라 국가결산보고서에 대한 대통령의 승인을 얻은 때부터 이를 할 수 있다.

⑧ 세계잉여금 중 제2항부터 제5항까지의 규정에 따라 사용하거나 출연한 금액을 공제한 잔액은 다음 연도의 세입에 이입하여야 한다.

20) 2017회계연도 결산상 잉여금은 「국가재정법」 제90조 제1항에 따라 초과세수를 활용한 국채상환 0.5조원 차감한 11.9조원이며, 이 중 1.9조원은 동법 제90조 제8항에 따라 차년도 세입으로 처리되었다.

는 매년 법정 최소수준에서만 국가채무를 상환하고 있으며, 국가채무 상환 후 세계잉여금 잔액을 다음 연도 추경예산 재원으로 활용하는 사례가 2007년, 2008년, 2012년 이외에도 2015년부터 연례적으로 발생하고 있는 점을 지적하고 있다. 〈표 6-6〉에서 볼 수 있듯이, 2008년도 이후 추경예산재원으로 활용되는 세계잉여금의 규모는 2008년 4.3조원, 2009년 2.1조원, 2013년 0.32조원, 2015년 0.05조원으로 축소하였으나, 초과세수가 발생한 2015년 이후에는 세계잉여금에 대한 의존도가 높아져서 2016년 1.2조원, 2017년 1.1조원, 2018년 2조원으로 확대되고 있다(국회예산정책처, 2018b).[21]

또한 국회예산정책처(2018b: 20-22)는 2018년 추경재원으로 활용된 한은잉여금 0.6조원도 「국가재정법」 제90조의 세계잉여금에 대한 법정 활용용도 등에 대한 입법취지를 고려할 때, 재정건전성을 제고하는 목적으로 그 용도를 제한하는 노력이 전제되어야 한다고 지적하고 있다. 이는 당해 연도에 추경예산재원으로 사용하지 않을 경우, 내년도 세계잉여금으로 전환되어 한은잉여금 일부가 국가채무 상환에 활용될 수 있는 재원이기 때문이며, 「국가재정법」 제90조상 일반회계 세계잉여금 중 지방교부세 등의 정산 후 잔액의 51% 이상을 국가채무에 활용하도록 한 규정을 준용할 경우, 2018년에만 3,000억원 이상을 채무상환에 활용할 수 있음을 의미한다.

표 6-6 추경예산 편성내역과 재원조달 현황(2003~2019년)

<table>
<tr><th>구분</th><th>연도</th><th>규모</th><th>편성내역</th><th colspan="2">주요 재원</th></tr>
<tr><td rowspan="2">노무현 정부</td><td>2003
(1차)</td><td>4.5조원</td><td>• SOC 등 건설투자(1.4조원)
• 서민·중산층 지원(0.6조원)
• 수출·중소기업 지원(0.6조원)
• 농가소득보전 등(0.3조원)
• 교부금 정산 및 지방재정확충 (1.3조원)
• 이라크 재건, 공자기금 출연 (0.2조원)</td><td>• 세계잉여금
• 한은잉여금
• 농업이차보전 감액
• 세수경정
• 자특·재특[1)]</td><td>1.4조원
0.9조원
0.3조원
1.3조원
0.5조원</td></tr>
<tr><td>2003
(2차)</td><td>3조원</td><td>• 태풍 ‘매미’ 피해복구지원</td><td>• 국채발행</td><td>3.0조원</td></tr>
</table>

21) 초과세수 규모는 2016년 19.7조원, 2017년 23.1조원, 2018년에는 25.4조원이다.

	2004	2.4조원	• 서민생활안정지원(0.5조원) • 중소기업지원 및 경쟁력 강화(0.8조원) • 지방교부금 정산(0.5조원)	• 국채발행 • 세계잉여금	1.3조원 1.1조원
	2005	4.9조원	• 서민생활안정(0.3조원) • 종부세 교부금(0.7조원) • 주한미군이전 토지매입비(0.5조원) • 국채이자감소 예비비감액(－0.9조원)	• 국채발행 • 세계잉여금 • 종부세 등	3.8조원 0.2조원 0.9조원
	2006	2.2조원	• 재해복구비(1.8조원) • 재해대책예비비(0.3조원) • 지방교부금 정산(0.1조원)	• 국채발행 • 세계잉여금	1.3조원 0.9조원
이명박 정부	2008	4.3조원	• 저소득층 유류비 및 대중교통망 확충(2.2조원) • 에너지절감 및 해외자원 확보(1.0조원) • 농어민·중소상인 생활안정지원(0.5조원) • 지방교부금 정산(0.1조원) • 기타 의무적 지출소요(0.5조원)	• 세계잉여금	4.3조원
	2009[2)]	17.2조원 (28.4조원)	• 저소득층 생활안정지원(3.2조원) • 고용유지 및 취업기회 확대(3.5조원) • 중소·수출기업 및 자영업자 지원(4.5조원) • 지역경제 활성화(3.6조원) • 녹색성장 등 미래대비 투자(2.4조원)	• 세계잉여금 • 기금여유자금 • 기금차입금 • 국채발행	2.1조원 4.8조원 1.5조원 19.9조원
박근혜 정부	2013	7조원 (19.1조원)	• 일자리 창출 강화(3.0조원) • 중소·수출기업지원(1.3조원) • 지역경제 활성화 및 지방재정지원(3.0조원)	• 세계잉여금 • 한은잉여금 • 기금여유자금 • 중진기금채권[3)] • 국채발행 • 세출감액	0.3조원 0.2조원 2.0조원 0.8조원 15.7조원 0.3조원
	2015[4)]	6.2조원 (5.42조원)	• 메르스 대응 및 피해업종 지원(2.5조원) • 가뭄 및 장마대책(0.8조원) • 서민생활안정(1.2조원) • 생활밀착형 및 안전투자/지역경제 활성화(1.7조원)	• 세계잉여금 • 한은잉여금 • 기금여유자금 • 국채발행	0.05조원 0.7조원 1.5조원 9.3조원
	2016	11조원	• 구조조정 지원(1.9조원) • 일자리 창출 및 민생안정(1.9조원) • 지역경제 활성화(2.3조원) • 지방재정 보강(3.7조원) • 국채상환(1.2조원)	• 세계잉여금 • 초과세수	1.2조원 9.8조원

문재인 정부	2017	11조원	• 일자리창출(4.2조원) • 일자리 여건 개선(1.2조원) • 일자리 기반 서민생활 안정(2.3조원) • 지방재정 보강(3.5조원)	• 세계잉여금 • 초과세수 • 기금여유자금	1.1조원 8.8조원 1.3조원
	2018	3.9조원	• 청년일자리 대책(2.9조원) • 구조조정지역 · 업종 대책(1.0조원)	• 세계잉여금 • 한은잉여금 • 기금여유자금	2.0조원 0.6조원 1.3조원
	2019	6.7조원	• 미세먼지 등 국민안전 대책(2,2조원) • 민생경제 지원(4.5조원)	• 국채발행 • 기금여유자금 • 결산잉여금	3.6조원 2.7조원 0.4조원

주: 1) 자동차교통관리개선특별회계, 재정융자특별회계.
2) 추경예산규모는 본예산보다 증가된 지출규모이며 세출예산 순계 기준이나, 2009년과 2017년 추경예산규모는 당시 추가경정예산안과 함께 제출된 기금의 기금운용계획변경을 포함한 것으로 총지출 기준으로 작성.
3) 「중소기업진흥에 관한 법률」에 근거하여 중소기업창업 및 진흥기금에서 발행하는 채권.
4) 2013년 추경규모는 기금 자체변경을 포함한 것으로 기금 자체변경을 제외할 경우 17.3조원 수준.
자료: 대한민국 정부, 각 연도별 「추가경정예산서」 및 국회예산정책처, 각 연도별 「추가경정예산안 분석」.

2016년 이후 추경예산 편성재원을 살펴보면, 기금여유자금 투입규모가 2017년 1.3조원, 2018년 1.3조원, 2019년 2.7조원으로 증가되고 있다. 이는 「국가재정법」 제70조 제3항에 의해 금융성 기금의 경우, 주요항목 지출금액의 변경범위가 10분의 3 이하이면 「기금운용계획변경안」을 국회에 제출하지 않고 대통령령으로 정하는 바에 따라 변경할 수 있도록 예산관리의 유연성이 개선되었기 때문으로 파악된다.[22] 그러나 이러한 기금여유자금의 투입증가는 주로 정

22) 「국가재정법」 제70조(기금운용계획의 변경) ① 기금관리주체는 지출계획의 주요항목 지출금액의 범위 안에서 대통령령이 정하는 바에 따라 세부항목 지출금액을 변경할 수 있다.
② 기금관리주체(기금관리주체가 중앙관서의 장이 아닌 경우에는 소관 중앙관서의 장을 말한다)는 기금운용계획 중 주요항목 지출금액을 변경하고자 하는 때에는 기획재정부장관과 협의·조정하여 마련한 기금운용계획변경안을 국무회의의 심의를 거쳐 대통령의 승인을 얻은 후 국회에 제출하여야 한다.
③ 제2항에도 불구하고 주요항목 지출금액이 다음 각 호의 어느 하나에 해당하는 경우에는 기금운용계획변경안을 국회에 제출하지 아니하고 대통령령으로 정하는 바에 따라 변경할 수 있다.
1. 별표 3에 규정된 금융성 기금 외의 기금은 주요항목 지출금액의 변경범위가 10분의 2 이하
2. 별표 3에 규정된 금융성 기금은 주요항목 지출금액의 변경범위가 10분의 3 이하. 다만,

책금융의 증가로 이어지기 때문에 체계적인 실효성 검증절차가 강화되어야 할 것이다. 특히 2018년 추경예산 재원 중 기금여유자금 1.3조원에는 4,500억원의 중소기업진흥공단의 중소기업진흥채권 발행이 포함되고 있다. 이러한 민간차입금은 국가채무(D1)에는 포함되지 않으나 공공기관 채무에 해당되며, 광의의 개념에서 공공부문 부채(D3)규모가 증가한 것으로 볼 수 있다.

이와 함께 2016년과 2017년에는 추경예산 재원으로 각각 9.8조원과 8.8조원의 예상초과세수를 활용한 것으로 확인된다. 국회예산정책처(2017a: 19-20)가 지적하였듯이, 당해 연도에 발생하는 예상초과세수는 근본적으로 불확실성을 내포하고 있으며, 예상초과세수를 추경예산 재원으로 활용하는 것은 재정건전성 유지를 위해 세계잉여금의 절반 이상을 차년도 채무상환에 활용하도록 규정한 「국가재정법」 제90조의 취지와 부합하지 않고 있다. 일반적으로 당해 연도 초과세수는 연말에 세계잉여금으로 전환되어 지방교부세 및 교부금 정산 후 의무적으로 국가채무 상환에 활용해야 한다는 점에서 당해 연도 예상초과세수를 바로 추경예산 재원으로 활용하는 것은 세계잉여금의 활용 우선순위를 조정하여 재정건전성을 제고하고자 한 동법의 취지와는 부합하지 않는다(국회예산정책처, 2017a). 나아가 국회예산정책처(2016a, 2017b)는 예상초과세수를 당해 연도 추경예산 편성에 활용하지 않고 연말에 세계잉여금으로 적립할 경우, 「국가재정법」 제90조의 규정 근거에, 2016년에는 최소 3.7조원에서 최대 7.3조원, 2017년에는 최소 3.2조원에서 최대 6.4조원의 국가채무 상환의 효과가 있었을 것으로 분석하고 있다.

더 큰 문제는 최근 들어 추경예산 재원으로 공급되는 국채발행에 대한 의존도가 점차 높아진다는 것이다. 2003년 이후 2019년까지 추경예산 재원(세출기

기금의 관리 및 운영에 소요되는 경상비에 해당하는 주요항목 지출금액에 대하여는 10분의 2 이하로 한다.

3. 다른 법률의 규정에 따른 의무적 지출금액
4. 다음 각 목의 어느 하나에 해당하는 지출금액

가. 기금운용계획상 여유자금 운용으로 계상된 지출금액

나. 수입이 기금운용계획상의 수입계획을 초과하거나 초과할 것이 예상되는 경우 그 초과수입과 직접 관련되는 지출금액

다. 환율 및 금리의 변동, 기한 전 상환으로 인한 차입금 원리금 상환 지출금액

준 84.3조원)의 68.7%인 57.9조원이 국채발행을 통해 조달된 것으로 파악되며, 특히 대규모 초과세수에 따른 영향을 제외하면 「국가재정법」 제정 이후 국채발행 의존도가 높아지고 있음을 확인할 수 있다.[23] 실제로 「국가재정법」 제정 이전인 2003년에 3조원, 2004년에 1.3조원, 2005년에 3.8조원, 2006년에 1,3조원 등 총 9.4조원 규모의 추경예산이 국채를 통하여 조달된 반면, 「국가재정법」 제정 이후인 2009년에 19.9조원, 2013년에 15.7조원, 2015년에 9.3조원, 2019년 3.6조원 등 총 48.5조원 규모의 추경이 국채로 조달되었다. 전반적으로 추경예산 재원조달 공급원으로서 국채발행의 의존도가 급격히 높아지고 있으며, 재정건전성에 매우 부정적인 효과가 발생할 것이 우려된다.

〈표 6-7〉에서도 볼 수 있듯이, 큰 규모의 세입결손이 있었던 2009년과 2013년, 2015년은 (세출)추경예산 편성으로 인해 관리재정수지가 악화되었으며, 이에 따라 국가채무가 크게 증가하였다. 예를 들어 글로벌 경제위기가 발생하고 있던 2009년의 경우, 경기침체에 따라 11.2조원 규모의 세입결손이 발생하였으며 17.3조원 규모의 (세출)추경예산을 편성하면서 관리재정수지가 본예산 대비 26.2조원이나 악화되었고, 추가적으로 19.9조원 규모의 국채를 신규발행하였다. 이에 비해 세계잉여금 및 초과세수로 추경예산 재원을 조달한 2008년과 2016년, 2017년, 2018년은 상대적으로 관리재정수지 악화 폭이 작았으며, 국가채무도 본예산 계획 대비 개선되는 모습을 보이고 있다.[24] 그럼에도 불구하고 추경예산 편성은 국채발행으로 재원을 조달하는 경우는 물론, 세계잉여금과 초과세수 등으로 재원을 조달한다고 해도 그 기회비용을 고려한다면 중장기 재정건전성에 미치는 영향은 부정적일 수밖에 없다.

이 외에도 일부 사업의 경우 한시적으로 추진되는 것이 아니라 계속사업으로 수행되는 과정에서 지속적인 재정지출 수요를 발생시킴으로써 재정건전

23) 2003~2016년까지 비중을 나타내고 있다.

24) 다만 2016년부터 3년째 나타나고 있는 초과세수는 정부의 확장적 재정운용을 제한하는 요인으로 지목되어 왔다. 이는 국세수입을 적게 추정할수록 경기회복이나 다른 지출 등에 쓰이는 재정규모도 상대적으로 적게 편성되기 때문이다. 문재인 대통령은 2017년 11월 국회 시정연설에서 "(2017년과 2018년) 2년 연속 초과세수가 20조원이 넘었는데, 늘어난 국세수입을 경기회복을 위해 충분히 활용하지 못한 아쉬움이 있다"고 밝힌 바 있다.

표 6-7 연도별 추가경정예산, 재정수지 및 국가채무 규모

(단위: 조원)

연도	제출일 의결일	지출 변경규모			관리재정수지			국가채무			재원조달
		본예산 (A)	추경 (B)	차이 (B-A)	본예산 (A)	추경 (B)	차이 (B-A)	본예산 (A)	추경 (B)	차이 (B-A)	
2008	6. 20. 9. 18.	257.2	262.8	5.7	△11.0 (△1.1)	△16.6 (△1.7)	△5.6	317.1 (32.7)	308.3 (32.5)	△8.8	세계잉여금 4.9조원 기금운용계획 변경
2009	3. 30. 4. 29.	284.5	301.8	17.3	△24.8 (△2.4)	△51.0 (△5.0)	△26.2	349.7 (34.1)	366.0 (35.6)	16.3	세계잉여금 2.1조원 여유자금 4.8조원 기금차입금 1.5조원 국채발행 19.9조원 세입결손 −11.2조원
2013	4. 18. 5. 7.	342.0	349.0	5.0	△4.7 (△0.3)	△23.4 (△1.8)	△18.7	464.6 (34.3)	480.3 (36.2)	15.7	세계잉여금 0.3조원 한은잉여금 0.2조원 여유자금 2.0조원 국채발행 15.7조원 세입결손 −12.0조원
2015	7. 6. 7. 24.	375.4	384.7	9.2	△33.4 (△2.1)	△46.5 (△3.0)	△13.1	569.9 (37.5)	579.2 (37.5)	9.3	세계잉여금 0.05조원 한은잉여금 0.7조원 기금자금 1.5조원 국채발행 9.6조원 세입결손 −5.6조원
2016	7. 26. 9. 2.	386.4	398.5	12.1	△36.9 (△2.3)	△39.0 (△2.4)	△2.1	644.9 (40.1)	637.7 (39.3)	△7.2	초과세입 9.8조원 세계잉여금 1.2조원
2017	6. 7. 7. 22.	400.5	410.1	9.6	△28.3 (△1.7)	△28.9 (△1.7)	△0.6	682.4 (40.4)	669.6 (39.6)	△12.8	초과세입 8.8조원 세계잉여금 1.1조원 기금여유자금 1.3조원
2018	4. 6. 5. 21.	428.8	432.7	3.9	△28.5	△31.4	△2.9	708.2 (39.5)	700.5 (38.6)	7.7	세계잉여금 2.0조원 한은잉여금 0.6조원 기금여유자금 1.3조원
2019	4. 22. –	469.6	476.3	6.7	–	–	–	740.8 (39.4)	744.4 (39.5)	△3.6	국채발행 3.6조 기금여유자금 2.7조 결산잉여금 0.4조원

주: 괄호 안은 GDP 대비 비중을 의미.
자료: 국회예산정책처, 각 연도별 「추가경정예산 분석」.

성에 부정적 영향을 미치고 있다. 예를 들어 2017년 추경예산사업 중 정부는 중앙(4,500명) 및 지방공무원(7,500명) 등 총 1.2만 명을 추가로 채용하고, 보육·보건 등 사회서비스 일자리와 노인일자리 등 5.9만 개를 확충할 계획을 발표하

였다. 비록 공무원의 추가채용으로 발생하는 단년도 인건비 등의 비용은 크지 않지만 장기적으로는 국가재정을 통해 인건비 및 공무원연금 등을 지속적으로 부담해야 한다는 점에서 중장기 재정건전성에 미치는 부정적인 영향은 작지 않을 것으로 예상된다. 따라서 예산사업의 특성상 일시적인 지출이 아닌 지속적인 재정부담이 발생하는 경우, 추경예산보다는 본예산에 이를 포함시켜 충분하고 심도 깊은 논의로 이루어질 필요가 있다(국회예산정책처, 2018a).

4 추경예산의 국회심사과정

추경예산을 편성하고 심의하는 과정에서는 주로 예산의 연내 집행 가능성과 추가적인 재정지출의 목적적합성, 그리고 한시적 성격의 지출 여부 등을 고려하게 된다. 우선 추경예산은 대상집단과 수혜자들에게 제공된 추가 소득과 혜택이 소비로 연계될 수 있도록 신속한 사업의 편성과 집행이 요구된다. 따라서 일반적으로 추경예산은 당해 연도 상반기에 계획을 수립하여 하반기에 집행이 이루어지는 형태로 진행되며, 국회예산심사에도 연내 집행 가능성 확보를 위해 통상적으로 본예산보다 빠르게 심사일정을 진행하고 있다(국회예산정책처, 2009a).

정부도 이러한 이유로 추경예산의 조기 편성을 추진하며 국회에서 심의·확정되는 시점부터 연내 예산집행의 중요성을 강조하기도 한다.[25] 그러나 재정지출의 신속성을 위해 추경예산이 조기 편성되는 과정에서 부처협의를 포함한 정부의 예산심의가 충분하게 이루어지지 못하는 문제가 발생하고 있다. 본

25) 정부는 2018년 5월 21일 보도자료를 통해 "국회에서 확정된 2018년 추경예산이 하루라도 빨리 필요한 곳에 사용될 수 있도록 행정절차를 최대한 단축하고, 사전에 철저히 준비하여 집행관리에 만전을 기할 계획"이라고 밝히면서 "추경안이 국회에서 본회의를 통과한 직후인 5월 21일에 임시 국무회의를 소집하여 추경예산 공고안 및 배정계획안을 상정·의결할 예정이며, 매월 재정관리점검회의(기획재정부 2차관 주재)를 통해 추경예산 집행상황을 중점적으로 점검해 나갈 계획"이라고 발표하였다.

예산은 5월초에 기획재정부가 부처별 지출한도 및 예산안 편성지침을 각 부처에 통보하면, 5~6월 동안 부처별로 예산요구서를 작성하고, 6~8월에 기획재정부의 예산요구서 심사 및 확정 등 약 4개월 동안 진행되는 절차를 거치게 되지만, 추경예산은 이보다 짧은 1~2개월 만에 편성이 완료된다. 그리고 국회의 심의과정 역시 9월 3일에 예산안을 제출하여 12월 3일까지 본회의 통과를 목표로 최소한 3개월의 시간적 여유가 있으나, 추경예산은 이보다 신속하게 처리된다. 예를 들어 2018년도 추경예산은 3월 9일에 공식적인 편성가능성이 제기된 후, 4월 6일에 예산안이 국회에 제출되어 겨우 45일 만인 5월 21일에 통과되었다.

이처럼 한 달도 안 되는 기간에 3.8조원 규모의 추경예산을 부처 간 협의 및 기획재정부 심의를 통해 편성한 것으로 파악되며, 이는 당시 추경예산 편성의 주요 목적인 청년일자리 창출과 고용위기지역 및 산업위기대응특별지역 지원을 위한 재정사업을 구체화하여 관련 예산을 편성하기에는 충분한 시간으로 보기 어렵다.[26] 이 같은 추경예산 편성기간을 감안하면, 현실적으로 새로운 신규사업을 기획하기보다는 기획재정부 예산실 심사에서 통과되지 못한 기존 사업들 간의 '패자부활전'이 될 가능성이 크다. 본예산 편성과정에서 포함되지 못할 정도로 우선순위가 낮은 사업들이 추경예산 편성과정에서 포함될 가능성이 크며, 이로 인해 사업의 효과성은 상대적으로 떨어질 수밖에 없다.

이와 함께 추경예산의 편성은 「국가재정법」에 따라 예외적으로 필수불가결한 목적의 달성을 위해 목적에 부합하는 제한된 예산사업을 대상으로 하며, 이와 관련한 정부나 여당의 정책의지가 수반된다. 그러나 이러한 추경예산 편성의 목적 제약과 예산통과에 대한 정부와 여당의 강한 정책의지는 국회 심의과정을 포함한 정치적 협상에서 오히려 야당에 정치적 레버리지(leverage)를 제공하기도 한다. 이에 따라 추경예산은 당시의 경기상황이나 법적 요건보다는

26) 물론 문재인 대통령이 2018년 1월 25일 청와대에서 주재한 청년일자리 점검회의에서 특단의 대책을 만들 것을 강도 높게 지시했기 때문에 미리 준비했을 가능성도 있다. 다만 정책이 예산과 연동되어 만들어지는 시차를 고려하면 추경은 본예산과 같은 예산편성 및 집행 절차와 체계적인 심사가 이루어지지 않는다.

여·야 간 협상에 따라 결정된다는 지적도 있다(박진석·장원석, 2017). 실제로 2003년 이후 이루어진 13번의 추경을 살펴보면, 최단 11일(2006년 태풍 에위니아 피해 복구), 최장 77일(2008년 고유가대책)의 심사기간 동안 여야협상을 진행하였으며, 통상적으로 국회에서는 "정부의 추경예산안 제출 → 야당 반대 → 여야 간 협상 → 통과의 수순"을 예외 없이 밟아 왔다. 특히 야당은 협상과정에서 소기의 목적을 달성한 뒤 추경예산안을 통과시켜 준 경우가 많았다. 예를 들어 2016년 야당이었던 더불어민주당은 추경예산 통과 조건으로 누리과정 예산지원 등을 요구했고, 그 결과 교육·복지재정 3,600억원 증액이라는 성과를 확보할 수 있었으며, 2009년에도 당시 야당이었던 민주당은 1,185억원의 비정규직 지원 예산을 확보한 후에야 추경예산안 통과에 동의하였다. 이러한 협상과정에서 추경예산 편성의 주된 목적과 연관성이 없는 사업이 추가되거나 증액되는 사례들도 살펴볼 수 있다. 예를 들어 2018년 추경예산안의 세부내용을 살펴보면, 국회 예산결산특별위원회 논의과정에서 철도나 도로 같은 사회간접자본(SOC)과 보건·복지·고용 예산이 각각 906억원, 817억원 증액되었다.[27] 반면, 당시 추경예산 편성의 주된 목적이었던 청년일자리와 관련한 사업예산은 심의과정을 거쳐 오히려 일부 감액되었다.[28]

한편 추경예산의 집행과 관련하여 2009년 이후 국회예산정책처의 추경사업 결산분석을 살펴보면, 사업의 수요 부족 및 연내 집행 가능성을 고려하지 않은 과다 편성, 사업추진계획의 미비 등으로 인해 집행실적이 부진이 한 경우가 많았다. 예를 들어 2009년의 경우, 본예산(284.5조원) 대비 17.2조원을 증액하여 301.8조원의 추경예산을 편성하였으나 이 중 298.4조원을 집행하고 3.4조원이 불용되었다. 주요 부처별 추경예산 집행실적을 살펴보면, 당시 노동부와 보건복지가족부의 경우, 각각 약 2.9조원과 1.3조원을 추경예산을 통해 증액하였

27) 2018년 추경은 당초 정부안(3조 8,535억원)보다 5,766억원 증액되었고, 5,985억원을 감액하여 최종 218억 3,900만원이 순감액된 3조 8,317억원 규모 추경안을 국회에서 의결했다.

28) 예를 들어 산단 내 중소기업에서 근무하는 청년 1인당 교통비 10만원을 지원하는 '산업단지 중소기업 청년 교통비 지원사업'은 국회 심사과정에서 488억원이 삭감되었으며, 4년간 7만개 넘는 일자리 창출을 목표로 설계된 '지역주도형 청년일자리 사업'도 정부가 요청한 1,104억원에서 274억원이 줄었다.

으나 증액 대비 집행실적이 각각 40.0%와 63.2%에 불과한 것으로 조사되었다(국회예산결산특별위원회, 2010). 2013년의 경우, 본예산(342.0조원) 대비 7.0조원 증액하여 349.0조원의 추경을 편성하였으나, 이 중 337.7조원을 집행하고 11.3조원이 불용되어 본예산 규모에도 미치지 못하는 집행률을 나타냈다. 실제로 추경예산 편성을 통해 세출예산이 증액된 사업 중 44개 세부사업의 경우는 집행액이 본예산 규모에도 미치지 못해, 사실상 추경예산을 통한 해당 사업의 증액 편성분 3,533억원을 전부 미집행한 것으로 파악된다(국회예산결산특별위원회, 2014). 메르스·가뭄 등에 따른 경기위축에 대응하기 위해 편성된 2015년도 추경예산의 경우, 본예산(375.4조원) 대비 9.3조원을 증액하여 384.7조원을 편성하였으나, 본예산 규모에도 미치지 못하는 372.0조원이 집행되고 12.7조원은 불용되었다(국회예산정책처, 2016b). 추경예산으로 편성된 사업을 중심으로 살펴보면, 14개 부처의 148개 사업에 대해 6.2조원을 증액하였으나, 예산현액(52.0조원) 대비 집행률은 93.8%로 불용액이 약 3.2조원에 이르고 있으며, 예산증액 규모의 절반 이상이 미집행된 것으로 파악된다. 특히 당시 국토교통부, 국민안전처, 행정중심복합도시건설청, 고용노동부, 해양수산부 등 9개 부처의 예산사업은 집행률이 70% 미만으로 상당히 저조한 것으로 조사되었다(국회예산정책처, 2016b). 이러한 추경예산 집행실적의 부진은 이후에도 지속적으로 확인되고 있다. 2016년의 경우, 본예산(386.4조원) 대비 12.1조원을 증액하여 398.5조원의 추경예산을 편성하였으나, 이 중 본예산 규모에도 미치지 못하는 384.9조원을 집행하고 13.6조원이 불용되었으며(기획재정부, 2017b), 2017년에도 본예산(400.5조원) 대비 9.6조원을 증액하여 410.1조원의 추경예산을 편성하였으나 이 중 406.6조원을 집행하고 3.5조원은 불용되었다(국회예산정책처, 2018b). 2018년의 경우, 본예산(428.8조원) 대비 3.8조원을 증액하여 432.7조원의 추경예산을 편성하여(기획재정부, 2018) 집행률이 100%를 초과하였으나, 이는 4%에 가까운 총수입의 초과달성에 따른 영향으로 해석된다.

표 6-8 추경예산 및 집행실적

(단위: 조원, %)

구분		본예산(A)	정부제출 추경안(B)	추경(C)	(C-A)	결산(D)	(D/C)
2009	총수입	291.0	279.8	279.8	−11.2	280.8	100.4
	총지출	284.5	302.3	301.8	17.2	298.4	98.9
2013[1)]	총수입	372.6	360.8	360.8	−11.8	351.9	97.5
	총지출	342.0	349.0	349.0	7.0	337.7	96.8
2015[2)]	총수입	382.4	377.5	377.7	−4.7	371.8	98.4
	총지출	375.4	384.7	384.7	9.3	372.0	96.7
2016	총수입	391.2	401.0	401.0	9.8	401.8	100.2
	총지출	386.4	398.6	398.5	12.1	384.9	96.6
2017	총수입	414.3	423.1	423.1	8.8	430.6	101.8
	총지출	400.5	411.1	410.1	9.6	406.6	99.1
2018	총수입	447.2	447.7	447.7	0.5	465.3	103.9
	총지출	428.8	432.7	432.7	3.9	434.1	100.3

주: 1) 총수입은 세입결손 보전(−12조원)과 세외수입(0.2조원) 반영.
2) 총수입은 세입결손 보존(−5.4조원)과 세외수입(0.6조원)을, 총지출은 추경을 통한 지출확대(6.2조원)와 기금 자체변경(3.1조원) 반영.

자료: 대한민국정부, 각 연도별 「국가결산보고서」; 국회예산결산특별위원회, 각 연도별 「결산 및 예비비지출승인의 건 검토보고」.

다음의 〈표 6-9〉는 추경예산의 편성 및 집행에 대한 국회예산결산특별위원회 및 국회예산정책처 등의 지적사항을 요약하고 있다. 주로 거시경제지표의 가정에 대한 문제, 사업성 및 경제성 검토에 대한 문제, 연내 집행에 대한 문제(예산불용)와 정책의 합목적성 및 (중장기적) 효과에 대한 문제, 국채발행 등에 따른 재정건전성의 문제 등을 제기하고 있다. 그러나 이러한 지적사항은 반복적으로 발생하고 있음에도 불구하고 대부분 개선이 되지 않고 있다. 향후 추경예산 편성 시 행정부의 충분한 사업성 검토 및 국회의 심도 깊은 예산심의가 이루어져야 할 것이다. 이와 함께 추경예산이 재정건전성에 미치는 효과 등을 감안하여 종합적이고 체계적인 접근이 필요하며, 「국가재정법」의 취지에 부합하도록 추경예산 편성요건을 강화하는 등 보다 엄격한 추경예산 편성 및 심의절차를 마련하는 부분도 요구된다.

표 6-9 추경예산 편성 및 집행에 대한 국회 의견(2006~2018년)

구분	추경예산안	결산
2008	1) 추경예산안이 성장과 고용 측면에서 단기적 효과는 있으나, 물가상승 효과를 가져와 경제에 부담 줄 수 있음(예결위) 2) 예비비의 집행 추이를 보아 그 불용예상액과 적극적인 경상경비 절감노력을 기울임으로써 연도 말에 예상되는 불용예상액만큼 국채발행 억제 필요(예결위) 3) 일시적 세수호조로 발생한 대규모 세계잉여금을 재정지출로 사용할 경우 재정규모의 비대화 및 재정건전성 악화, 추경의 관행화 우려(국회예산정책처) 4) 고유가가 지속될 것으로 고려하여 중장기적 에너지 효율화 방안 수립 필요(국회예산정책처)	1) 확대재정정책에도 불구하고, 경제성장률은 당초 예산안과 추경편성 시 전망(6%, 4%)에 크게 못 미치는 2.2%이었고, 취업자 증가도 14.5만 명으로 크게 못 미친 반면, 물가상승률은 3.3% 전망을 크게 상회하는 4.7% 기록(예결위) 2) 고유가 시대에 대비한 근본적인 대책 마련은 부재하였고, 일회성·선심성 정책으로 재정건정성만 악화될 가능성 높아짐(국회예산정책처)
2009	1) 경상GDP의 72.5%에 달하는 가계부채와 비관적 경제전망으로 인한 소비여력 감소와 민간투자 위축을 감안하여 취약계층 지원 등 사회안전망 구축에 초점을 둔 합리적인 재원배분과 민생안정과 직접 관계없는 추경사업을 가급적 억제하는 것이 바람직함(예결위) 2) 재정지출 증가세가 가파르게 증가하고 있고 재정수지 적자폭이 대폭 확대되는 경향(국회예산정책처)	1) 2009년 추경이 전반적인 경기회복에 기여하였으나 충분한 사전계획 및 성과 창출 방안에 대한 검토가 이루어지지 않고 사업이 증액됨에 따라, 사업이 계획대로 집행되지 못하고 성과가 저조하게 나타난 사업들이 다수 발생(예결위) 2) 고용유지 및 취업기회 확대 관련 사업, 저소득층 생활안정 관련 사업의 집행실적이 전반적으로 부진한 것으로 나타났는데 이는 사업설계 시 부정확한 예측치를 근거로 예산규모를 과다하게 계상하였거나, 사전 사업계획이 부실하였거나, 유사한 사업들이 동시에 실시되면서 구축효과가 발생하였기 때문임(국회예산정책처) 3) 경제위기가 급박한 상황에서 신규사업보다 효과가 검증된 사업을 중심으로 추진하는 것이 바람직함(국회예산정책처)

2013	1) 부정확한 경제성장률 전망으로 세입이 과다하게 편성되면서 세입경정 초래(예결위)[1)] 2) 시급성·목적적합성·연내 집행 가능성의 요건 등이 충족된 사업에 한하여 추경안에 포함시켜야 하며, 내년도 예산에 반영해도 무방한 사업이나 추경편성의 목적에 부합하지 않는 사업, 연내에 집행 가능성이 현저히 떨어지는 사업의 경우는 금번 추경에서 배제되는 것이 타당함(예결위)	1) 2013년 불용액은 18.1조원으로 전년 대비 12.4조원이 증가한 규모로, 이는 세수 부족에 기인한 것으로 판단됨. 그러나 이는 2013년 추경편성의 경제적 효과를 반감시키는 측면이 있음(예결위) 2) 추경을 통해 세출예산이 증액된 세부사업 중 13개 부처의 44개 세부사업은 2013년 집행액이 본예산과 동일하거나 본예산보다 적음. 이는 사실상 추경을 통한 증액분(총 3,533억원)을 집행하지 못한 것으로 집행액 총액의 측면에서 재정지출 확대에 기여하지 못함(예결위) 3) 「국가재정법」상 '경기침체'의 개념에 대한 명확하고 정량화된 기준을 정립하여 추경편성이 필요할 때 적기에 대응 필요(국회예산정책처) 4) 추경사업이 시급성·보충성·목적적합성·집행 가능성 등의 요건을 갖추고 있는지에 대해 면밀한 검토와 구체적인 계획 마련 필요(국회예산정책처)
2015	1) 추경예산안(11.8조원)의 81.4%인 9.6조원을 국채발행으로 조달함에 따라 채권시장이자율 상승을 통한 민간투자의 구축(crowding−out effect)으로 이어져 재정지출의 경제적 효과를 반감시킬 수 있으므로, 향후 정부는 국채발행 증가가 국채시장에 미치는 영향을 최소화할 수 있도록 노력 필요(예결위) 2) 2010~2015년 국가채무의 연평균 순증 규모는 GDP 대비 2.6%로 독일의 GDP 대비 0.35%의 7.4배 수준. 우리나라의 가파른 국가채무 증가속도에 따른 재정건전성 악화 우려 높음(국회예산정책처)	1) 확대재정정책에도 불구하고 경제성장률이 전년 대비 0.7%p 감소한 2.6%에 머물렀고, 재정확장 정책으로 인해 재정건전성이 악화됨(국회예산정책처) 2) 추경을 통해 증액된 사업의 예산현액 대비 집행률은 93.8%로 불용액이 약 3.2조원에 이르며 이는 집행률이 70% 미만인 사업과 보조사업자의 실집행률이 낮은 것 등에 기인함(국회예산정책처)
2016	1) 국회예산정책처는 2016년 본예산 대비 국세수입 초과분을 12.5조원으로 전망하였고, 정부는 9.8조원으로 예상하여 두 기관이 2.7조원의 전망 차이를 보이고 있음. 그러나 하반기 세입여건이 불확실함에 따라 추경재원용	1) 2016회계연도 총수입 결산규모는 401.8조원(추경예산 대비 +0.8조원, 전년 대비 +30.0조원)으로, 특히 국세수입 실적이 상당히 양호(국회예산정책처) 2) 예산집행 부진 또는 사업성과 미흡 등의 사유로 인하여 구조조정 지원·일

	세수 초과액은 보수적으로 산출하는 것이 바람직함(국회예산정책처, 2016년도 제1회 추가경정예산안 분석) 2) 재정지출의 경제성장 기여도가 증가하고 있는 점을 고려한다면, 이번 추경을 통해 정부가 추산한 경기부양 및 고용창출 효과가 나타나기 위해서는 집행 가능성이 높은 추경사업 편성과 신속한 집행이 필요(국회예산정책처)	자리 창출·민생안정 등 추경편성의 목적이 충분히 달성되지 못한 집행사례가 있음(국회예산정책처)
2017	1) 추경예산안에서 민간과 지자체로 재원이 이전되는 국고보조사업, 지방교부세(1.7조원) 등의 경제적 효과가 상대적으로 낮은 것으로 나타났음(국회예산정책처) 2) 세입경정 규모가 점차 커지고 있어 이에 대한 개선이 요구됨. 이를 위해 세입예산 측면에서는 세수추계의 정확성을 제고하는 노력이 필요(국회예산정책처)	1) 국세수입은 연중 추경편성을 통한 세입 증액 경정이 있었음에도 추경예산 대비 14.3조원이 초과로 징수된 반면, 세외수입 및 기금은 각각 계획 대비 0.9조원, 6.1조원 과소수납(국회예산정책처) 2) 추경으로 편성한 청년일자리 창출 사업의 집행이 부진하였음. 향후 정부는 집행실적 제고방안을 마련하고, 면밀한 수요예측을 수행할 필요가 있음(국회예산정책처)
2018	1) 추경은 국채발행 없이 결산잉여금 및 기금 여유자금 등을 재원으로 편성되었음(국회예산정책처) 2) 2018년 추경예산안의 경제적 효과를 분석해 본 결과, 2018년 경제성장률이 0.056 ~ 0.061%p, 취업자 수 증가율이 0.058 ~ 0.065%p 제고되는 것으로 나타남(국회예산정책처)	1) 국고보조사업 실집행률이 88.6%로 낮은 편. 재정집행을 통한 경기조정 기능이 보다 중요해지는 확장적 재정기조에서 실집행 등의 부진은 재정지출의 효과를 극대화하는 데 제약(국회예산정책처). 2) 세수추계의 예측오차에 따른 초과세수 발생은 본예산을 통한 지출규모 및 지방교부금 규모를 적정한 수준보다 낮게 결정하게 하여 재정운용의 비효율성을 야기(국회예산정책처).

주: 1) 예산안 편성 당시 정부는 실질경제성장률을 국내외 기관(3.3~3.7%)보다 높은 4% 내외로 전망.
자료: 국회예산결산특별위원회, 각 연도별 「결산 및 예비비지출 승인의 건」; 국회예산정책처, 각 연도별 「결산 분석」.

5 소 결

최근 들어 국채발행을 통한 추경예산 편성이 연례화되면서 재정건전성에 매우 부정적인 효과가 발생하고 있으며, 추경예산의 경제적 효과에 대해서도 문제가 제기되고 있다. 추경예산은 국가 위기상황에서 구체적인 정부개입의 필요성에 따라 편성되기보다는 발전국가(developmental state)의 '국가개입주의' 사고에 뿌리를 두고 있다. 또한 추경예산은 일시적인 경기 하락기에 정부의 적극적 역할을 기대하는 국민과 정치권의 압력에 의한 정부의 화답으로 간주할 수 있다. 특히 우리나라의 경우, 재정전달체계 및 재정집행 능력의 한계로 재정지출승수가 상대적으로 작은 문제가 발생하고 있다(국회예산정책처, 2016b). 추경예산의 재정승수효과를 통하여 연간 실질GDP 증가율을 0.04~0.60%p 정도 제고한 것으로 알려지고 있어 경제성장의 효과가 크지 않다. 따라서 한정된 재원의 배분적 효율성을 높이고, 정책의 효율성과 내실화를 극대화하는 방향으로 재정정책의 패러다임을 전환하는 노력이 필요하다.

이러한 맥락에서 우리나라의 경제성장률은 지속적으로 낮아지고 있으며, 진폭의 크기가 줄어들고 있음을 주목할 필요가 있다. 실제로 지난 5년간 우리 경제의 실질경제성장률은 2015년 2.8%, 2016년 2.9%, 2017년 3.1%, 2018년 2.7%, 2019년 2.0%로 큰 변화를 보이고 있지 않다. 이렇게 진폭이 줄고 있다는 것은 경기의 호황과 불황의 격차가 줄어들고 있음을 의미하므로 「국가재정법」 제89조에서 규정하고 있는 대내외 여건에 중대한 변화로서 경기침체에 따른 추경예산 편성의 필요성이 크지 않은 것으로 판단된다. 또한 2006년 제정된 「국가재정법」에서 추경예산의 편성요건을 제한하고 있는 것은 잦은 추경예산 편성으로 인한 방만한 재정운용을 지양하며, 국가재정의 건전성 악화를 방지하기 위한 취지로 해석할 수 있다. 그러나 2006년 이후에도 4개년을 제외하고 매년 추경예산을 편성하였으며, 최근에는 5년(2015~2019) 연속으로 매년 추경예산이 편성되고 있다. 이로 인해 국회 심사과정에서 추경예산 편성요건의 충족

여부에 관한 논란이 빈번하게 발생하고 있으며, 국회는 2017년 추경예산을 확정하면서 "정부는 추경편성 요건에 대한 논란을 방지하기 위해 「국가재정법」 관련 규정을 개정하는 방안에 대해 검토한다"는 부대의견을 채택하기에 이르렀다(국회예산정책처, 2018a).

이 장에서는 점차 연례화되고 있는 추경예산의 편성이 정부의 지출증대 경향을 강화시켜 재정건전성에 부정적 영향을 미칠 수 있음을 지적하였다. 특히 저성장구조가 지속되고 세계잉여금 및 한은잉여금 활용이 어려워지면서 국채발행을 통한 재원조달 의존도가 높아지고 있으며, 추경예산 편성이 재정건전성에 미치는 부정적 영향은 더욱 심각해지고 있다. 실제로 경제위기 대응과정에서 대규모 추경예산이 편성된 1998년과 2009년 이후의 기간을 살펴보면, 연례적인 추경편성에 따른 재정수지 적자 및 적자국채 발행 확대로 국가채무가 지속적으로 증가되고 있음을 확인할 수 있다. 더불어 이와 같이 잦은 추경예산 편성은 국가재정운용계획에서 수립한 중장기 재정운용 목표를 변동시키는 등 재정목표의 규율성도 약화시키고 있다(국회예산정책처, 2017b).

따라서 국가재정의 건전성 확보를 위해 「국가재정법」에서 추경예산 편성요건을 엄격하게 제한하고 있는 입법취지를 반영하여 재정운용방침을 정하고, 본예산을 보다 면밀히 편성함과 동시에 가급적 추경예산의 편성을 자제해야 할 것이다. 그럼에도 불구하고 추경예산의 편성이 필요하다면, 추경의 목적이 일시적인 수요를 부양함으로써 경기회복을 촉진하는 데 있으므로 경기회복과 함께 종료될 수 있는 한시적 실업급여 증대, 지방정부 재정지원, 한시적 투자유인책 등을 위주로 편성하는 것이 바람직할 것이다(국회예산정책처, 2017b). 또한 국회의 심사과정에서도 경기침체와 대량실업 등을 포함한 「국가재정법」의 추경예산 편성요건에 대한 적합성 논의가 활성화될 필요가 있으며, 추경예산 편성의 효율성을 극대화할 수 있도록 개별사업의 합목적성과 집행 가능성에 대한 충분하고 심층적인 검토가 이루어져야 할 것이다.

참고문헌

국내문헌

강청완(2016. 8. 24). 빛바랜 추경 취지 … '제 지역구 챙기기' 급급. SBS. URL: https://news.sbs.co.kr/news/endPage.do?news_id=N1003749237/
국경복(2015). 재정의 이해. 경기: 나남출판.
국회예산결산특별위원회(2010). 2009회계연도 결산 및 예비비지출승인의 건.
국회예산결산특별위원회(2014). 2013회계연도 결산 및 예비비지출승인의 건.
국회예산결산특별위원회(2016). 2015회계연도 결산 및 예비비지출승인의 건.
국회예산결산특별위원회(2017). 2016회계연도 결산 및 예비비지출승인의 건.
국회예산결산특별위원회(2018). 2017회계연도 결산 및 예비비지출승인의 건.
국회예산결산특별위원회(2019). 2018회계연도 결산 및 예비비지출승인의 건.
국회예산정책처(2006). 2006년도 제1회 추가경정예산안 분석.
국회예산정책처(2008). 2008년도 제1회 추가경정예산안 분석.
국회예산정책처(2009a). 2009년도 제1회 추가경정예산안 분석.
국회예산정책처(2009b). 경기부양을 위한 재정지출 원칙과 해외사례.
국회예산정책처(2010). 2009회계연도 결산 총괄 분석.
국회예산정책처(2013). 2013년도 제1회 추가경정예산안 분석.
국회예산정책처(2014). 2013회계연도 결산 거시·총량 분석.
국회예산정책처(2015). 2015년도 제1회 추가경정예산안 분석.
국회예산정책처(2016a). 2016년도 제1회 추가경정예산안 분석.
국회예산정책처(2016b). 2015회계연도 결산 거시·총량 분석.
국회예산정책처(2017a). 2017년도 제1회 추가경정예산안 분석.
국회예산정책처(2017b). 2016회계연도 결산 총괄 분석.
국회예산정책처(2018a). 2018년도 제1회 추가경정예산안 분석.
국회예산정책처(2018b). 2017회계연도 결산 총괄 분석.
국회예산정책처(2019a). 2019년도 제1회 추가경정예산안 분석.
국회예산정책처(2019b). 2018회계연도 결산 총괄 분석.
기획재정부(2006). 추가경정예산안.
기획재정부(2008). 추가경정예산안.
기획재정부(2009). 추가경정예산안.
기획재정부(2013). 추가경정예산안.

기획재정부(2015). **추가경정예산안**.

기획재정부(2016). **추가경정예산안**.

기획재정부(2017). **추가경정예산안**.

기획재정부(2018). **추가경정예산안**.

기획재정부(2018. 5. 21). **청년일자리 창출과 고용·산업위기지역 지원을 위한 2018년 추가경정예산안 국회확정**. 보도자료.

기획재정부(2019). **추가경정예산안**.

대한민국 정부(2010). **2009회계연도 국가결산보고서**.

대한민국 정부(2014). **2013회계연도 국가결산보고서**.

대한민국 정부(2016). **2015회계연도 국가결산보고서**.

대한민국 정부(2017). **2016회계연도 국가결산보고서**.

대한민국 정부(2018). **2017회계연도 국가결산보고서**.

대한민국 정부(2019). **2018회계연도 국가결산보고서**.

박광용 · 이은경(2019). *Identifying Government Spending Shocks and Multipliers in Korea*. (BOK Working Paper No. 2019-22). Bank of Korea.

박진석 · 장원석(2017. 5. 30). '내로남불' 역대 추경논쟁 … 실체는 명분·법리 아닌 실리 챙기기. **중앙일보**. URL: https://news.joins.com/article/21620532/

박형수(2013). 재정정책의 승수효과에 대한 메타분석. **재정지출과 거시경제정책, 한국재정학회·한국조세재정연구원 공동정책세미나** 자료집(pp. 1-39).

염명배(2016). 저성장시대, 재정 트릴레마 극복을 위한 새로운 재정정책 패러다임의 모색. **재정학연구, 9**(1): 45-85.

안재욱(2015. 8. 1). 정부 돈 풀면 소비 · 소득 늘어난다는 승수이론 … 시장조정 과정 왜곡해 경기쇠퇴 '부메랑'으로. **한국경제신문**. A20.

안현실(2015. 9. 18). [안현실의 산업정책 읽기] 케인스와 슘페터의 대화. **한국경제신문**. A38.

이상헌(2016). 국가채무 증가가 경제성장률 및 금융시장에 미치는 영향. **재정정책논집, 18**(4): 63-92.

이유섭 · 김효성(2018. 5. 21). 일자리 추경까지 '선심성 예산' 끼워넣기. **매일경제**. URL: https://www.mk.co.kr/news/economy/view/2018/05/322833/

전슬기(2018. 5. 21.). "3조 8,000억 추경" … 국회 거치며 '청년' 줄고 '지역' 예산 늘었다. **조선비즈**. URL: http://biz.chosun.com/site/data/html_dir/2018/05/21/2018052101000.html/

전주성(2009). **경기활성화 정책의 방향과 대안: 추경편성 논쟁을 중심으로**. 국회예산정책처 전문가간담회 자료.

정상원(2017. 12. 9). [여의도가 궁금해?] 표 먹고 사는 의원들에 "지역구 챙기기만" 비판은

훈장으로. **한국일보**. URL: http://www.hankookilbo.com/v/353ded2401ab4adf85e6dd5e90535eec/

한국조세재정연구원(2013). **재정지출과 거시경제정책**.

해외 문헌

Deák, S. and Lenarcic, A. (2012). *The Fiscal Multiplier and the State of Public Finances*. mimeo.

Johansson, Å. (2016). *Public Finance, Economic Growth and Inequality: A Survey of the Evidence*(OECD Economic Department Working Papers, No. 1346).

Solow, R. M. (1956). A contribution to the theory of economic growth. *The Quarterly Journal of Economics*, *70*(1), 65-94.

Solow, R. M. (1957). Technical change and the aggregate production function. *The Review of Economics and Statistics*, 312-320.

07

국가채무의 지속가능성

1. 국가채무의 지속가능성과 최적성에 대한 논의
2. 국가채무와 경제성장
3. 저출산·고령화와 국가재정
4. 장기 재정전망과 국가채무
5. 소 결

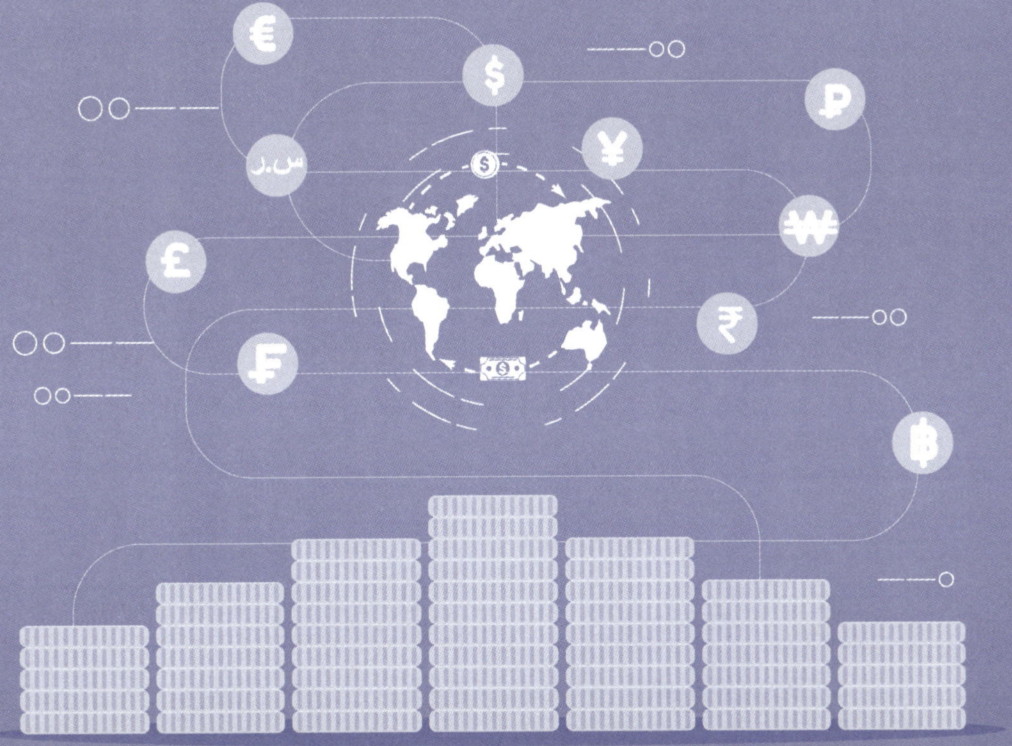

07

국가채무의 지속가능성

1 국가채무의 지속가능성과 최적성에 대한 논의[1]

국가채무의 적정성에 대한 논의는 국가채무의 지속가능성(sustainability)과 최적성(optimality)으로 구분할 수 있다(임진, 2009). 통상적으로 국가채무의 지속가능성은 개별 국가의 정치·경제·사회적 여건을 감안한 채무한도(limits)에 관한 논의이며, 재정수지가 장기적으로 정부의 예산제약조건(budget constraint)을 충족시키는지 여부에 대한 문제이기도 하다. Salsman(2017)은 국가채무의 지속가능성을 적자지출에 따라 재정수지가 악화되는 상황에서 정부가 시장의 신뢰를 유지하며 국·공채를 지속적으로 발행할 수 있는 역량(capacity)으로 정의하고 있으며, 이는 신중하고 적정한(prudently and affordably) 재정운용의 관점에서 제기되는 논의임을 강조하고 있다. 또한 세계은행(IBRD)과 IMF(국제통화기금)는 개발도상국가의 부채문제 해결을 위한 '지속가능한 채무분석기법(debt sustainability analysis)'의 개발과 관련하여, 국가채무의 지속가능성을 이들 국가들이 '발전목표(development goals)를 달성하는 데 유지 가능한 부채수준'으로 정의하고 있다.[2]

반면 국가채무의 최적성에 대한 논의는 정부의 예산제약이 충족된 상황에

1) 이 장에서의 이론적 논의는 Salsman(2017)의 제5장 'Limits of Pubic Debt'의 내용을 일부 참고하고 있다.

2) http://www.worldbank.org/en/topic/debt-sustainability를 참고할 수 있다.

서 사회적 효용을 극대화하는 채무의 최적규모(optimal size)에 관한 문제이다. 그리고 국가채무의 최적화(optimization)에 대한 논의는 경제성장 및 소득불평등(income inequality) 제고[3] 등의 다양한 정책목표에 대한 각각의 목적함수(objective function)를 고려하여, 종합적인 정책목표의 달성 수준을 극대화하는 국가채무의 규모를 추구하는 현상으로 이해할 수 있다. Vogel(2014)은 다양한 개인의 효용을 극대화하는 과정에서 거시경제에 미치는 재정정책과 국가채무의 영향을 고려해야 하며, 국가채무와 경제성장 간의 '역(逆)U자형' 관계를 통해 국가채무의 최적성에 대한 문제를 강조하고 있다.

이와 같이 국가채무의 지속가능성과 최적성을 구분하는 것은 실제 정책적인 측면에서 중요한 의미를 갖는다. 국가채무의 지속가능성이라는 관점에서 보면, 국가채무의 규모가 상환 가능한 범위 내에만 있으면 큰 문제가 없다고 판단되며, 국가채무가 사회후생에 미치는 영향에 대해서는 특별한 고려가 이루어지지 않는다(임진, 2009). 반면에 국가채무의 최적성이라는 관점에서 보면, 비록 국가채무의 규모가 상환 가능한 범위에 있더라도 국가채무가 사회후생에 미치는 다양한 영향수준을 고려하여 상이한 정책판단이 이루어질 수 있으며, 정부정책의 목적함수를 극대화하는 국가채무의 최적규모를 산정하는 데 강조점이 두어진다.

국가채무에 대한 학계의 입장도 차이를 보이고 있다. 이미 제3장에서 논의하였듯이, 고전학파는 전통적인 공공재정(public finance)의 원칙인 '균형예산'을 강조하면서 국가채무에 대해서는 매우 신중한 입장을 취하였으며, 이들에게는 채무한도와 최적성의 개념은 논의의 사항이었다. 이와 달리 케인스학파는 재정확대를 지지하고 있으며, 이러한 적자지출을 통한 경제성장이 오히려 국가채무의 지속가능성을 높인다고 주장하였다. 특히 고용창출과 경제성장을 위한 영구적인 적자지출과 국·공채 발행을 통한 기능적 재정(functional finance)의 역할을 주장한 러너(Lerner)는 정부의 재량적 재정지출과 국가채무는 상한이 없다고 역설하였다. 케인스학파를 대표하는 학자 중 한센(Alvin Hansen, 1954)도 국가

3) '과도한' 부채는 자본가집단에 대한 '과도한' 이자비용 지불에 따른 분배적 형평성의 문제와 함께 이자비용 증가에 따른 사회복지예산을 포함한 다른 의무지출 및 재량지출의 축소 등의 문제를 파생시킬 수 있기 때문이다.

채무의 적정수준에 대한 논의와 관련하여, 부채에 대한 이자부담이 납세자의 담세력 범위 안에 있는 이상 정부의 채무 누적은 큰 문제가 없다고 주장한다. 또한 담세력은 각 국가의 경제수준 및 조세행정체계에 따라 다르기 때문에 획일적으로 부채의 한계수준을 정하기에는 무리가 있다고 지적한다(Salsman, 2017: 129). 따라서 한센은 적정한 국가채무의 수준을 유지하는 것이 중요하며, 이를 초과할 경우 경제운용(workability)에 심각한 영향을 미칠 것이라고 주장하는 기존 학자들의 의견에 동의하지 않고 있다. 그는 국가채무의 한계수준이 정적인 개념이 아닌 경제의 역동적인 과정(dynamic process)에서 이해되어야 하며, 채무의 규모 및 변화율과 함께 채무가 국가총생산에서 차지하고 있는 비율 등을 종합적으로 고려해야 한다고 주장한다.

한편 뷰캐넌(James M. Buchanan)을 포함한 공공선택학파는 정치실패(political failure)의 관점에서 국가채무의 발생원인을 규명하는 데 연구의 강조점을 두고 있으며, 다양한 정치·경제적인 요인들에 따른 채무 누적과 이에 따른 국가채무의 지속가능성에 대한 문제를 제기한다. 공공선택론학파를 대표하는 학자 중 루츠(Harley Lutz)는 국가채무의 규모에 관하여 공공부문의 차용능력(public borrowing capacity)이 무제한적이지 않으며, 오히려 그러한 능력을 보수적이고 책임감 있게 운용하지 않는다면 정부에 대한 시장의 신뢰는 일시에 상실될 수 있다고 지적한다(Lutz, 1947: 556). 루츠는 정부신용(government credit)과 국가채무(government debt)를 명확히 구분하여, 전자가 차용능력이라면 후자는 실제 차용규모를 의미한다는 점에서 둘 간의 차이를 강조한다. 그는 정부신용이 본질적으로 국가경제의 과세역량(taxable capacity)에 기반하고 있어 일정한 한계를 갖는 것처럼, 국가채무 역시 정부신용에 기반하고 있다는 점에서 정부신용의 한계에 비례해 국가채무의 한계도 정해지는 것이라고 주장한다(Salsman, 2017: 175). 아울러 루츠는 정부에 대한 시장의 신뢰가 국가의 부채상환 능력과 관련하여 중대한 함의를 가진다고 강조한다. 이는 기존에 많은 정부가 국채발행에 따른 부담을 줄이기 위해 의도적으로 국가채무의 화폐화(monetization),[4] 인플레

4) 정부가 재정적자를 보전하기 위해 중앙은행에 국채를 매각하는 것을 의미한다.

이션 유발, 채무불이행과 같은 '부당한' 정책수단을 선택했기 때문이다(Salsman, 2017: 176). 특히 1930년대 대공황 시기에 확장적 재정정책을 추진하는 과정에서 국채상환을 암묵적 혹은 명시적으로 거부하는 시도들이 발생하였고, 이로 인해 정부의 도덕적 해이가 확산된 점을 염려하고 있다. 그는 정부의 의도적 채무불이행(default)을 매우 위험한 정책이라 주장한다. 주권을 가진 개별 국가로 하여금 지불거부를 억제하고 채무상환을 강제할 법적 장치는 존재하지 않지만, 이러한 채무불이행은 장기적으로 회복하기 어려운 정부신용의 하락을 발생시킨다는 점에서 정부의 적극적인 채무상환의 의지가 필요하다고 주장한다. 국가채무의 누적은 영구적으로 지속되기 어려우며, '부채의 피라미드(debt pyramiding)'와 같이 감당할 수 없는 수준의 부담이 발생하지 않도록 선제적인 국가채무의 관리 필요성을 강조한다.

그러나 이러한 학계의 입장 차이를 살펴보면, 국가채무 발생의 정치경제적 맥락을 고려하지 않고 국가채무의 필요성을 일방적으로 평가절하하는 고전학파의 주장과 재정현실을 고려하지 않고 무제한적으로 국가채무의 활용 가능성을 강조하는 케인스학파의 주장은 현대국가의 맥락에서 더 많은 실증적 논의를 통해 검토되어야 할 필요가 있다.[5] 또한 공공선택학파에서 강조하는 적정한 부채수준 또는 부채의 한계수준에 대한 논의 역시 현대국가가 처한 다양한 사회·정치·경제적인 맥락에서 경제성장에 미치는 재정의 영향과 함께 정치적으로 지속가능한 재정지출 및 조세제도에 대한 실증적 논의를 포함하여야 하며, 이러한 내용을 고려하여 어떻게 재정개혁을 추진할 것인가에 대한 문제로까지 확대되어야 할 것이다.

그러나 이러한 국가채무의 적정성과 관련한 실증적 논의의 필요성에도 불구하고, 국가별 재정적, 인구통계학, 경제적, 정치적, 사회적 특성으로 인하여 채무적정성에 대한 국가 간의 직접비교가 어렵다는 점에서 실증적 논의에 한계가 발생한다(Salsman, 2017: 219). 특히 국가채무의 적정성에 영향을 미치는 개

5) 물론 일본의 경우 GDP 대비 국가부채비율이 240%를 넘고 있어 부채한계에 대한 새로운 논거를 제시하고 있다. 다만 제로금리 또는 마이너스금리 상황에서 발생하는 예외적 사례라고 할 수 있다.

별 국가의 담세력(taxable capacities)이나 세법(tax codes), 납세자의 조세부담용의(willingness to pay taxes), 조세부담 순응도(rates of compliance) 등 국가별로 상당한 차이를 보이는 다양한 요인들이 존재하기 때문에 일반적인 적정 채무한도를 산정하기 위한 적절한 모형을 설정하는 것 자체에 한계가 있다(Salsman, 2017: 219). 또한 국가별로 국가채무를 어떠한 기준에 따라, 어떠한 범위까지 포함시킬지도 차이를 보인다는 점에서 국가채무 개념 정의의 복잡성에 대한 부분도 실증적 논의를 어렵게 만드는 부분이다. 예를 들어 광의의 개념인 정부신용(public credit 또는 government credit)은 일반적으로 시장의 신뢰를 확보할 수 있는 정부부채 상한(debt limit)을 의미하는 반면, 국가채무(government debt)는 통상적으로 측정 가능한 확정부채(outstanding debt)의 규모를 의미하기 때문에 상대적으로 협소하게 정의된다(Salsman, 2017: 219). 그리고 실증적 논의에서 강조되는 정부의 재정여력(fiscal space)은 정부신용 수준과 국가채무 수준 간의 차이를 의미하며, 이러한 재정여력은 국가별로 채택하고 있는 공공부문의 정의 및 범위,[6] (정부)회계기준,[7] 인구통계학인 변화[8] 등에 따라 발생하는 우발채무(contingent liabilities)에 따라 달라진다는 점에서 신중한 분석을 필요로 한다(Salsman, 2017: 218). 특히 의료·복지 분야의 우발채무 증가는 급속한 고령화에 따른 인구통계학적 변화 외에도 정치적 이해관계에 따른 예측 불가능한 정책 변화도 작용하기 때문에 중장기적으로 국가채무의 수준을 정확하게 전망하는 것이 매우 어렵다.[9] 또한 개별 국가의 재정여력은 정부가 법적 강제력을 행사할 수 있는 유일한 법률적 독점자로서 어떠한 재정권한을 행사하는지에 따라

6) 통상적으로 공공기관 또는 공기업의 정의 및 정부(공공)부문의 범위, 정부의 이들 기관에 대한 채무보증에 따라 영향을 받는다.

7) 거래를 인식하는 기준에 따라 현금주의와 발생주의 회계기준이 존재한다.

8) 인구통계학적 변화는 연기금 지급여력과 향후 발생할 우발채무에 많은 영향을 줄 수 있기 때문이다.

9) 이러한 우발채무는 현 시점에서 정부지원금이 지급되지는 않지만 향후 법에 명시된 적격 수혜자(eligible beneficiaries)에게 지원금이 지급되고 실질적인 비용이 발생하게 되면서 부담으로 작용하게 된다. 마찬가지로 현재 확정된 국가채무도 미래로 이연된 조세(deferred taxation)의 성격을 띠고 있듯이, 확정되지 않은 우발채무도 유예된 조세로 볼 수 있다(Salsman, 2017: 219).

서도 달라질 수 있으며, '주권면제의 원칙(principle of sovereign immunity)'에 따라 일방적인 채무구조조정 또는 불이행을 선언할 수 있다. 재정여력의 기반이 되는 정부신용 수준도 민간부문과 달리 주관적이고 동태적인 정치경제학적 요인에 의해 상당 부분 결정되기 때문에 실증분석의 어려움이 제기된다.[10)]

이 장에서는 이론적 측면과 실증적 측면을 동시에 고려하여 국가채무의 지속가능성과 최적성에 대한 논의를 전개하고자 한다. 이를 위해 먼저 국가채무의 지속가능성과 최적성에 대한 기존의 이론연구를 보다 구체적으로 살펴보기로 한다. 이후 실증논의의 차원에서 국가채무의 최적성과 관련하여 국가채무가 경제성장을 포함한 거시경제에 미치는 영향에 대해 살펴본다. 다음으로 최근 들어 그 중요성이 더욱 강조되고 있는 국가채무의 지속가능성과 관련하여 경제성장 둔화 및 저출산·고령화 등 경제적, 인구통계학적 변화가 재정건전성 및 재정여력에 미치는 영향에 대해 실증적으로 논의한다. 마지막으로, 앞서 논의를 바탕으로 기획재정부와 국회예산정책처 등의 기관에서 예측한 장기재정전망을 검토하고, 향후 우리나라 국가채무의 지속가능성에 대한 실증 논의를 제시하기로 한다.

1.1 국가채무의 최적성에 대한 이론적 접근

국가채무의 최적성에 대한 논의는 국채발행이 거시경제 및 민간부문에 미치는 다양한 부정적 효과와 경기하강 국면에서 경기대응적 공공투자(counter-cyclical investment)로 기대되는 긍정적 효과 간의 균형을 이루는 최적의 국가채무 규모에 대한 논의이다(Vogel, 2014). 이는 정부에 대한 시장의 신뢰를 확보하면서도 재정활동을 통해 경제성장을 유도할 수 있는 최적수준의 국가채무에 대한 논의라고 할 수 있다. 국·공채발행에 따른 긍정적 효과와 부정적 효과 간의 최적점으로 이해할 수 있으나, 실제 국·공채발행을 통한 재정지출은 정부와 시장과의 관계에서 구축효과나 구인효과를 발생시키며, 부채의 세대 간

10) 자세한 논의는 제3장을 참고할 수 있다.

(inter-generational) 이전에 따른 영향을 포함해 국가신용도의 변화 및 외채발행에 따른 국부유출의 문제 등 다양하고 동태적인 영향을 발생시킨다. 이러한 점에서 국가채무의 최적수준에 대한 논의를 위해서는 국가채무의 거시경제적 효과에 대한 포괄적이면서도 균형적인 분석이 요구된다.

우선 국가채무의 최적수준에 대한 연구에 있어 Laffer(2004)는 중요한 시사점을 제공하고 있다. 정부의 조세수입을 극대화하는 최적의 세율을 구하기 위한 '래퍼곡선(Laffer curve)'의 개념은 경제성장을 극대화하는 최적의 국가채무비율을 구하기 위한 '채무 래퍼곡선(Debt Laffer curve)'의 개념으로 확장되고 있다.[11] 특히 Claessens(1990)는 1980년대 공급중시경제학(supply-side economics)의 접근방식을 반영한 '채무 래퍼곡선(Debt Laffer curve)'을 정교하게 발전시켰다. 비록 최적의 국가채무비율을 도출하지는 못하였지만, 그는 조세수입으로 상환할 수 있는 국가채무의 한도가 존재하며, 국가채무의 한도와 현재 채무수준 간의 차이로서 재정여력을 초과하는 규모의 국채를 발행할 경우에 국가채무불이행에 직면할 수 있다고 주장한다.

한편 개도국의 과잉채무로 인한 채무불이행의 문제도 국가채무의 최적수준에 대한 논의를 활성화하는 또 다른 출발점이 되었다. Krugman(1989)은 개도국의 과잉채무 문제의 해결책과 관련하여, 최적수준의 채무비율을 넘는 경우에 원금상환 및 이자비용에 대한 부담 등으로 효율성 상실(efficiency loss)이 발생한다고 주장하면서, 부채탕감을 통한 국가채무비율의 최적화 필요성을 강조하였다. 일반적으로 과잉채무의 문제는 지속가능성의 관점에서 논의가 이루어지는 편이지만, 개도국의 경우에는 단순히 채무수준을 유지시키는 것보다 효과적인 경제성장을 추진하는 정책목표가 강조된다는 점에서 국가채무의 최적수준에 대한 논의와 연계된다. 같은 맥락에서 Sachs(1989)도 개도국의 상황에서 과소채무 및 과잉채무 사례의 비교분석을 통해 국가채무비율의 최적수준에 대한 개괄적 논의를 전개하였다.

11) 래퍼곡선에 따르면, 세율인상은 조세수입의 증가로 연결되지만, 과도한 세율인상은 소비와 투자를 위축시켜 조세수입을 감소시킬 수 있기 때문에 조세수입의 적정수준이 존재한다고 주장한다(Krugman, 1989; 이태석·허진욱, 2017).

한편 Woodford(1990)와 Gale(1990)은 경제성장이나 부채상환과는 또 다른 차원에서 국가채무의 최적수준을 논의하고 있다. 이들은 국채발행이 세대 간 자원이전의 수단으로서 긍정적인 경제효용을 발생시킬 수 있다는 점을 증명하고 있으며, 유동자산으로서 국채가 개인의 투자포트폴리오 구성에 긍정적으로 작용한다는 점에서 신고전학파가 주장하는 '리카도 대등정리'가 유효하지 않다고 주장하였다. 그들은 직접적으로 국가채무의 최적수준을 제시하고 있지는 않지만, 세대 간 자원이전 및 투자포트폴리오 구성의 효용 극대화 관점에서 국가채무 최적성에 대한 논의를 확대시키고 있다는 점에서 의미가 있다.

국가채무의 최적수준에 대한 개념적 논의는 최적의 국가채무비율을 실제로 산출하기 위한 분석적 논의로 이어진다. 대표적으로 Smyth & Hsing(1995)은 미국의 사례를 통해 경제성장을 극대화시키는 최적의 국가채무비율을 산출하기 위한 연구를 진행하였으며, 실질GDP성장률이 국가채무비율과 고용증가율, 자본투자증가율, 화폐공급증가율 등의 요인에 의해 결정된다고 분석하였다. 이들은 당시 미국의 국가채무비율에 대해 총채무 기준으로 49%, 순채무 기준으로 38%가 최적수준이라고 산출하였으며,[12] 이보다 높은 국가채무비율은 미래의 잠재성장률을 약화시킨다고 주장하였다(Salsman, 2017: 229). 또한 Aiyagari & McGrattan(1998)은 '이질적 경제주체모형(heterogeneous agent model)'을 통해 국가채무가 각 경제주체에 미치는 차별적 영향들을 고려하여 국가채무비율의 최적수준을 산출하고자 하였다. 이들은 높은 국가채무비율에 대한 우려가 다소 왜곡되었다고 주장했으며, 장기적으로는 높은 국가채무비율이 민간저축을 구축하여 민간자본 형성을 억제하고 고용을 왜곡시키지만, 국가채무를 줄이기 위한 인위적인 재정축소는 더 큰 왜곡을 발생시킬 수 있음을 지적한다. 이들의 연구에 따르면, 국가채무비율의 최적수준은 국가채무로 인한 편익과 비용의 크기에 따라 달라지며, 국채발행을 통한 민간의 소비 증대와 같은 편익이 크다면 최적 국가채무비율은 높아질 것이며, 반대로 민간의 소비구축과 같은 비용이 크다면 최적 국가채무비율은 낮아질 것으로 예상된다. 이러한 분석을 기반

12) 순채무는 총채무에서 공기업과 연·기금에서 보유한 채무를 제외한 수치이다.

으로 이들은 미국의 최적 국가채무비율을 앞선 Smyth & Hsing(1995)의 연구보다 다소 높은 54% 수준으로 산출하였다.[13)]

국내의 연구 사례로 임진(2009)은 국가채무의 최적수준을 파악하기 위해 부채 증가에 따른 한계편익과 한계비용에 대한 비교를 시도하였다. 국가채무의 증가에 따른 한계비용으로는 민간투자 구축에 따른 자본축적의 감소와 이자지급비용의 증가로 인한 재정운영의 경직성 확대를 고려하였으며, 국가채무의 증가에 따른 한계편익으로는 가계의 소비를 평준화할 수 있는 자산유동성의 확대와 안정적인 투자처 제공에 따른 자본시장 발전 등을 포함하였다. 분석결과 한국의 사례에서도 국가채무비율과 사회후생 간에 '역(逆)U자형' 관계를 나타내는 것으로 파악되었다. 국가채무비율이 일정 수준 이하일 때는 국채유동성의 증가가 가계의 차입제약을 완화시키는 한계편익이 커서 사회후생이 증가하나, 일정 수준을 넘어서면 편익이 점차 감소하는 반면, 한계비용이 커져서 사회후생이 감소한다고 분석하고 있다. 또한 외생적 요인에 의해 정부지출비율이 상승하면 이에 상응하여 최적 국가채무비율도 상승하는 것으로 나타났다. GDP 대비 정부지출비율이 15%, 20%, 25%로 변화할 경우, 최적 국가채무비율은 30%, 40%, 50%로 상승하는 것으로 분석되었다. 그의 연구는 정부지출비율을 GDP계정에서 정부소비지출과 정부투자지출의 합으로 정의하였으며, 2000~ 2007년의 평균 정부지출비율을 18.7%로 가정하였을 경우, 우리나라의 최적 국가채무비율을 37.4% 정도로 추정하고 있다. 또한 임진(2009)의 연구에서는 실질금리와 국가채무 간에 비선형의 관계가 존재하는 것으로 분석되었고, 이는 국가채무가 낮은 수준에 있을 경우 국가채무는 금리에 상대적으로 작은 영향을 주지만, 국가채무가 증가할수록 국가채무가 금리에 미치는 영향은 더 커지는 것으로 분석하고 있다. 마지막으로 국가채무의 증가로 인해 발생하는 구축효과가 국가채무비율이 높아질수록 비선형적으로 확대될 가능성을 지적하였다. 이는 국가채무비율의 상승과 금리 상승폭의 관계가 비선형적으로 분석되고 있는 결과에 따른 현상이며, 국가채무비율이 최적수준을 넘어선 순

13) 다만 이들의 주장에도 불구하고 미국의 해당 기간 동안 나타난 부채비율을 살펴보면, 1974년에 최소 32%에서 1946년에 최대 121% 수준에 달하고 있다.

간부터는 한계수준으로 급격히 악화될 가능성이 크다는 것으로 해석된다.

1.2 국가채무의 지속가능성에 대한 이론적 접근

일반적으로 국가채무의 지속가능성에 대한 논의는 재정활동을 유지할 수 있는 국가채무의 한도에 대한 논의이며, 정부가 얼마나 많은 재원을 민간에서 조달할 수 있는가에 대한 논의로도 이해된다. 또한 이는 국가의 주권(sovereignty)과 시민의 권리에 대한 문제이며, 개인의 자유와 재산권을 희생하지 않으면서 사회적으로 필수 공공재와 공공서비스를 제공할 수 있는 재정능력을 의미하기도 한다.

정부의 재정여력과 국가채무의 지속가능성에 대한 초기의 논의는 과학적 접근에 의존했다기보다는 이념적 성향에 따른 영향이 크게 작용했다(Salsman, 2017: 218). 국가채무에 대한 논의 자체가 정부의 역할에 대한 강한 신념에 기초했기 때문에 실증적이기보다는 규범적 논의에 치중되었다. 일반적으로 국가채무로 인해 발생하는 이자부담을 감당할 수 있거나, 중장기적으로 국가채무비율이 일정 수준으로 복귀할 수 있다면 국가채무는 지속가능한 것으로 간주되었다. 이는 개인이나 기업이 채무상환에 대한 엄격한 요구를 받는 것과 달리, 국가의 주권을 행사하며 통화발행권을 갖는 정부의 입장에서는 채무상환에 대한 부담이 크지 않기 때문이다.

국가채무의 지속가능성에 대한 과학적이며 실증적인 연구는 IMF나 OECD 등을 통해 국가채무에 대한 시계열적 데이터베이스가 새롭게 구축되면서 본격적으로 활성화되었다(Vogel, 2014). 이러한 자료를 활용하여 경제성장과 국가채무 간의 관계에 대한 많은 실증 연구가 진행되었으며, 이를 토대로 국가채무의 지속가능성에 대한 다양한 이론적 논의가 전개되었다. '재정의 지속가능성(fiscal substantiality)'이나 '재정공간(fiscal space)', '재정여력(fiscal limits)', '재정지배(fiscal dominance)', '재정피로(fiscal fatigue)', '채무불내증(debt intolerance)',[14] '과잉

14) 선진국에서는 감당이 되는 국가채무 수준이 개도국에서는 지속가능성에 문제를 발생시킬 수 있음을 의미하며, 유당불내증(lactose intolerance)에서 그 용어를 차용하였다.

채무(debt overhang)' 등의 다양한 개념들을 통해 국가채무의 지속가능성에 대한 이론적 논의가 확대되고 있음을 확인할 수 있다(Salsman, 2017: 217).

국가채무의 지속가능성에 대한 우려는 20세기 초반 국가채무와 재정위기에 대한 연구를 진행한 Wright(1940)와 Hansen(1941)에서 출발하고 있다. 당시 영국의 국가채무비율은 1818년에 200%에 달했고, 1923년에도 150%를 상회하는 수준이었으며, 이들은 비록 재정위기가 발생하지는 않았지만 높은 국가채무비율에 따른 심각한 역효과가 발생하였다고 주장하였다.[15] 특히 Wright(1940)는 국가채무에 대한 제한이 없다는 당시 케인스학파의 주장에 처음으로 반론을 제기하였으며, 과도한 국가채무는 높은 조세부담과 인플레이션을 초래하여 오히려 민간의 투자와 소비를 감소시키는 '역(逆)승수효과'가 발생할 수 있음을 지적하였다. 국가채무 확대에 따른 경제적 역효과의 발생은 국가채무의 적절한 관리 필요성을 제기하였으며, 정치적으로도 과도한 국채발행에 따라 발생하는 인플레이션은 유권자들에게 부정적인 영향을 미치며, 이에 따라 정치가들은 국채발행의 한도나 국가채무비율의 한도를 정하는 재정규율의 도입을 추진한다고 주장한다.

반면에 국가채무 수준에 대한 특별관리의 필요성을 부정하는 입장도 1970년대까지 지속되었다. 대표적으로 Barro(1979)는 일관된 조세정책이 추진되는 한, 영구적이며 우려할 만한 수준의 재정적자와 국가채무가 발생하지 않을 것이라 주장하였으며, 전쟁과 같은 외부 충격에 의해 야기되는 국가채무 관리의 필요성만 인정하고 있다. 그는 조세정책을 통한 경기안정화 기능과 연계하여 국가채무 수준의 변화를 설명하면서 불황기에는 경제활동 축소로 세입이 줄어들고 사회안전망 등을 포함한 이전지출이 늘어나면서 정부지출은 늘어 재정수지와 국가채무 수준이 악화되는 반면, 호황기에는 세입이 늘고 사회보장성 지출이 줄어들면서 자연적으로 재정수지가 복구되고 채무상환을 통한 국가채무 수준의 완화가 자동적으로 이루어진다고 주장하였다(Salsman, 2017: 223).

그러나 국가채무가 경기변동에 대응하여 자동적으로 관리된다는 주장에

15) Wright(1940)는 국가채무이론의 발전에 많은 기여를 했으나, 구체적인 부채한도에 대한 논의는 하지 않았다.

대해 Brennan & Buchanan(1980)은 정부는 사회 전체의 공익보다 조세수입의 극대화를 통해 정부의 권력을 행사하고 지지집단에 제공할 추가적 이익에 관심을 가진다고 반박한다. 국가채무도 일종의 이연된 세금(deffered taxation)이라는 점에서 조세수입 극대화의 목적에서 정부에 의해 확대될 여지가 크다는 것이다(Salsman, 2017: 224). 이러한 점에서 Buchanan(1987)은 국가채무의 급격한 증가의 원인을 정치시장(political market)이 제대로 작동하지 못해 발생한 정치실패(political failure) 때문으로 주장한다.

국가채무가 증가하더라도 그 수준이 무제한적일 수는 없다. Buchanan (1987)은 국가채무비율과 부채총량, 부채증가율, 경제성장률, 이자율 및 이자비용, 연간 재정적자 및 정부지출의 비중 등을 고려하여 국가채무의 한도를 구체적으로 명시하려고 하였으며, 국가채무의 최대 한계치는 국가채무에 대한 이자비용이 정부의 재정적자와 일치하는 지점이라고 주장하였다. 그는 이자비용이 재정적자를 상회할 경우, 정부는 기존의 국가채무를 상환하거나 상환연장을 위한 비용 외에도 추가적인 국채발행을 통해 늘어난 이자에 대한 부담을 져야 하며, 이러한 상황이 지속적으로 발생될 경우에 이자비용이 통제할 수 없는 수준까지 늘어나면서 재정위기가 발생할 수 있다고 경고한다(Salsman, 2017: 222).[16] 그는 이러한 현상을 '채무의 자기 증속성(增速性)' 또는 '채무의 소용돌이(debt spiral)'라고 소개하였다(Buchanan, 1987). Brennan & Buchanan(1980)은 국가채무의 한도가 정부의 채무관리 능력, 개인의 국가채권과 다른 자산 간의 상대적 선호도, 개인의 현재와 미래 소비 간의 상대적 선호도의 세 가지 요인에 의해 결정된다고 주장하였다. 그러나 개인의 선호도는 정부의 관여대상이 될 수 없으며, 정부의 채무관리 능력과 관련해 채무를 상환하기 위한 수입확보 능력으로서 정부의 담세력(taxable capacity)의 중요성을 가장 강조하였다.

동일한 맥락에서 Joines(1991)는 국가채무비율과 연계해 정부가 체계적으로 관리할 수 있는 재정적자의 한도를 산출하고자 하였다. 그는 국가채무비율에

16) 그는 이자비용이 자기 증속적 특성으로 인하여 증가하면서 특정 시점에는 부채에 대한 연간 이자부담을 충당할 만한 충분한 국채발행이 어려워질 수 있다고 지적한다.

대한 시장의 모니터링으로 인해 정부가 계속적으로 높은 수준의 재정적자를 유지할 수 없으며, 지속가능한 재정적자 규모의 유지를 위해서는 국가채무 증가율이 경제성장률보다 낮아야 한다고 주장하였다. 또한 국가채무를 지속가능한 수준으로 유지하기 위해서는 현재와 미래의 비이자 재정흑자(current and future non-interest surpluses)를 채무원금 및 누적된 이자비용의 합과 동일한 수준 이상으로 관리할 것을 강조하였다(Salsman, 2017: 229). 그는 과도하게 높은 수준의 국가채무가 추가적인 세금부담을 통해 경제를 왜곡시킬 가능성을 우려하며, 더 나아가 담세력의 문제로 인하여 이자비용 및 채무상환의 부담을 감당할 수 없을 정도로 높은 수준의 국가채무는 채무불이행으로 이어질 수 있다는 점에서 국가채무의 상한선을 규정해야 한다고 주장하였다.

한편 Reinhart & Rogoff(2009)는 1800년 이래 서구 금융역사상 대표적인 화폐가치 하락(currency debasement), 은행권 위기(bank crises), 국가채무불이행(public debt default) 사례 분석을 통해 국가채무의 한도에 대한 실증분석을 진행하였다. 이들은 지난 200년간 66개국 320개의 채무불이행 사례를 분석하였으며, 이 가운데 250개의 사례는 외국에 대한 채무불이행이었으며 나머지 70개 사례는 국내에서의 채무불이행으로 파악하였다. 또한 채무발생의 배경과 관련해 국내에서 발행한 국채의 경우, 대부분 복지프로그램(entitlement programs)이나 사회안전망(safety nets), 대출보증(loan guarantees), 은행예금보험(bank deposit insurances), 경제위기에 따른 '긴급기업구제금융'의 목적에서 발행된 것으로 분석하였다. 이들은 이러한 사례분석을 통해 선진국의 경우 GDP 대비 90%, 개도국은 60%의 수준을 적정한 국가채무비율의 상한으로 산정하였으며, 선진국과 개도국이 감당할 수 있는 국가채무비율의 차이에 대해 채무불내증(debt intolerance)의 개념을 제시하였다. 즉, 적정 국가채무비율 이상의 채무수준은 구축효과를 발생시켜 오히려 경제성장에 부정적인 영향을 미치며, 이로 인한 채무불이행의 위험을 높인다고 주장하였다. 이들은 국가채무 수준과 채무불이행 가능성 간의 관계는 비선형적이며 채무비율 상승에 따라 급속하게 경제가 침체되거나 채무불이행의 위험이 높아지는 것은 아니지만, 국가채무비율이 60% 수준에 도달하면 잠재적인 재정취약성(latent financial fragility)이 나타나면서 부작용의 정도가 심각해지기 시작한다고 주장하였다.[17] 그러나 높은 수준의 국가채무가 인플레이션 등 경기거품을 유발함에도 불구하고, 대중영합적인 정치적 환경과 자본시장에서 국채에 대한 수요가 지속되는 한 높은 수준의 국가채무라도 오랜 기간 유지될 수 있음을 지적하였다.[18] 이들은 금융세계화에 따라 글로벌 자본시장에 대한 접근성이 대폭 개선된 상황에서 채무비율이 높은 국가도 신용도를 유지하면서 지속적으로 단기부채의 만기연장을 통해 채무불이행을 회피할 수 있다고 분석하였다.[19] 심지어 2011년 8월에는 신용도 하락 등으로 인해 미국 국가채무에 대한 매우 우려되는 상황이 발생했음에도 불구하고, '레버리지-수익률 역설(the leverage-yield paradox)', 즉 국가채무비율은 높아지지만 오히려 국채수익률은 낮아지는 현상이 나타나고 있는 부분을 매우 우려스럽게 지적하면서, 특정 임계점부터는 채무시장 자체가 갑작스럽게 붕괴할 수 있다고 경고하였다. 그러면서 이들은 선진국의 경우 90%, 개도국의 경우 60%를 초과하는 높은 수준의 국가채무에 대해 '과잉채무(overhang)' 개념으로 정의하고, 국가채무의 지속가능성 관점에서 접근할 필요성을 주장했다. 그럼에도 불구하고 오늘날 각 국가의 재정당국이 처해 있는 딜레마는 채무비율을 낮추는 긴축재정이 채무수준을 현상 유지할 때와 비교해 필연적으로 경제성장을 저하시킨다는 점이며, 이들은 지속가능성 확보를 위한 적정수준의 국가채무관리가 적용되는데 있어 현실적 한계가 존재한다고 설명하였다.[20]

17) 이들은 국가채무에서 외채가 차지하는 비중이 높을수록 부정적 영향이 더 크게 나타나는데, 이러한 경향은 개도국에서 두드러진 것으로 파악하였다.

18) 여기서 '거품'의 의미는 높은 채무수준에도 불구하고 낮은 이자율이 유지되어도 국공채가격이 지속적으로 높은 상태로 유지되는 현상을 일컫고 있다. 그리고 이들은 26개의 사례 중에서 20개의 사례는 장기적인 과잉채무가 10년 이상 지속되었다고 분석하고 있다.

19) 이들은 역사적으로 국가채무는 다양한 제도를 통하여 제한되었고, 매우 높은 부채수준은 지출 및 채무조정을 통하여 개선된 사례들이 많다고 언급한다. 특히 미국과 영국은 19세기에 두 번, 그리고 1970년대에 한 번 구조조정을 시도하면서 채무불이행을 막을 수 있었다고 주장한다.

20) 이러한 연구는 과잉부채의 문제를 제기하는 중요한 계기가 되었다는 점에서 의미가 있지만, Salsman(2017: 234-235)은 비록 이들의 연구가 실증적인 접근에도 불구하고 엄격하게 보면 역사적 사례연구에 불과하기 때문에 인과관계 확보가 어렵다고 주장한다. 특히 그는 Calvo(1989), Cochrane(2011), Aizenman & Marion(2011) 등의 연구를 언급하면서, Reinhart

국가채무비율의 한도 설정과 관련한 또 다른 연구로, Chowdhury & Islam (2010)은 국가채무비율에 대한 기존 실증연구들의 메타분석을 통해 이상적인 국가채무비율을 선진국의 경우 60%, 개도국의 경우 40%로 산출하였다. 이들은 1990년대 유로존 형성과정에서 마스트리흐트조약(Maastricht Treaty)이 목표로 삼은 부채비율이 60%이었음을 지적하였으며, 개도국의 경우 IMF(2002)의 보고서에서도 40% 수준의 채무비율이 벤치마크 수준으로 제시되었다는 점을 들어 분석결과의 타당성을 강조하였다.[21] Kumhof 외(2010)는 23개 선진국의 재정여력(fiscal space)[22]에 대한 실증연구를 통해 장기적으로 지속가능한 국가채무비율의 중간값(median)을 63%로 산출하였으며, 단기적으로는 최대 183%까지 감당할 수 있을 것으로 분석하였다. 그러나 이렇게 산출된 국가채무비율이 재정의 지속가능성을 보장하는 것은 아니며, 신중한 재정운영을 위해서 이보다 낮은 수준의 채무비율을 유지하는 것이 중요하다는 점도 지적하였다. 최근 Zoli 외(2018)는 선진국의 적정 국가채무비율을 85% 수준으로 제시하고 있는데, 기존 연구에 비해서는 다소 높아진 수준의 국가채무비율 한도로 파악된다.

한편 지속가능한 국가채무비율 산출에 대한 많은 연구에도 불구하고, 각 국가가 처해 있는 상황에 따라 국가채무에 따른 재정위험을 국가채무비율만으로 판단하기에는 한계가 있다. 또한 국가채무비율의 상한을 설정하더라도 채무수준을 어떻게 관리할 것인가에 대한 문제가 제기된다. 이러한 맥락에서 IDA(국제개발협회, 2001)는 선진국의 경우 60%의 채무비율을 지속가능한 수준으로 전제하고, 이를 달성하기 위한 채무관리 방향을 제시하였다. 구체적으로 향후 20년간 GDP의 4.5%p 수준의 증가가 예상되는 연금(1%p) 및 의료(3.5%p) 등의 분야에 대한 '연령관련지출(age-related expenses)'을 안정화시킬 수 있는 방안

& Rogoff(2009, 2010a)의 연구는 중앙은행의 통화량 조작을 통해 인플레이션을 유발시킴으로써 명목GDP의 증가가 발생하여 채무비율을 줄이고 부채부담을 경감시킬 수 있는 정책대안을 감안하지 않고 있다고 비판한다.

21) 물론 이들은 GDP의 40%를 넘는 국가채무비율이 반드시 재정위기를 발생시키는 것은 아니라는 점을 강조하면서, 실제로 부채비율이 GDP의 40%를 넘는 경우에도 위기를 겪지 않을 확률은 80%라고 진단하고 있다.

22) 재정의 지속가능성이나 경제의 안정성을 해치지 않으면서도 정부가 목표를 가지고 재정활동을 수행할 수 있는 재정규모를 의미한다.

을 모색해야 하며, 저출산·고령화 등 인구구조 변화와 관련되지 않는 분야의 재정지출에 대해서는 사업구조조정 및 지출규모를 축소할 필요가 있으며, 지출구조조정과 함께 세입 증대를 위한 노력 등을 제안하였다.[23)]

EU 집행위원회(European Commission, 2019)는 재정지속가능성(fiscal sustain-ability)을 "공공서비스를 제공하거나 혹은 부채를 갚을 수 있는 재정능력"으로 정의하고, 「재정지속가능성 보고서(Fiscal Sustainability Report)」를 통해 EU 국가의 재정지속가능성을 평가하였다. 재정지속가능성 평가는 「EU의 경제전망」 및 「고령화 보고서(Aging Report)」의 인구전망 등을 기초로 시기에 따라 단기, 중기, 장기로 구분하여 이루어진다. 단기평가에서는 재정 스트레스를 조기발견하기 위해 재정과 금융부문에서 발생하는 위험을 측정한다. 중기평가에서는 부채수준에 따른 위험요인을 평가하며, 고령화로 인한 비용조달 등 중기적으로 적정수준의 채무관리와 관련되는 요인들을 중점적으로 평가한다. 마지막으로 장기평가는 고령화에 따른 재정위험을 평가하며, 이를 위해 고령화로 인한 추가비용과 장기적인 채무안정화와 관련되는 지표들을 검토한다. 이 외에도 연금지출 및 자산, 부채수준, 우발부채, 현재 세율수준, 기초수지 등 재정지속가능성과 관련된 요인들도 장기평가 과정에서 고려된다. 이에 따라 중기 재정안전성 평가에서는 벨기에, 스페인, 프랑스, 이탈리아, 헝가리, 포르투갈, 영국 등 7개 국가가 고위험 국가로 평가되었으며, 장기 위험요인 평가에서는 벨기에, 스페인, 프랑스, 룩셈부르크, 헝가리, 영국 등 6개국이 고위험 국가로 평가되었다(한국재정정보원, 2019a).

국가채무의 지속가능성과 관련한 대표적인 국내 연구로서 김성태·박진(2014)은 재정의 지속가능성을 평가하는 방법으로 본(Bohn) 검정을 소개하였다.

23) 한편 IMF(2019)는 2017년 이후 주요 국가를 중심으로 한 확장적 재정정책으로 일반정부 채무(D1)가 높은 수준에 있다고 진단하였다. 2018년 주요 국가의 재정수지는 국내총생산(GDP) 대비 2.8%의 적자를 기록하면서 채무는 GDP 대비 82.0%로, 2024년에는 83.5%까지 증가할 것으로 전망하고 있다. 특히 미국(105.8%), 일본(237.1%), 이탈리아(132.1%) 등 정부채무가 높은 국가에 대해서는 사회보장제도의 개혁 등 성장친화적인 정책을 추진하여 정부채무를 안정적인 수준에서 유지함과 동시에 향후 경기침체에 대비해야 한다고 권고하였다(한국재정정보원, 2019b).

Bohn(1998)은 재정수지가 장기적으로 국가채무의 함수라고 정의하였으며, 이는 재정이 지속가능하기 위해서는 증가하는 국가채무에 상응하는 수준의 기초재정수지 흑자가 발생해야 함을 의미한다.[24] 또한 단기적으로는 경기변동 및 재량적 재정정책에도 영향을 받게 되며, 이러한 부분을 고려해 다음과 같은 모형을 구성할 수 있었다.

$$s_t = f(d_t) + \mu_t = \alpha_0 + \rho \cdot d_t + \alpha_G \cdot GVAR_t + \alpha_Y \cdot YVAR_t + \epsilon_t$$
$$where\ GVAR_t = \frac{g - g^*}{y},\ YVAR_t = \left(1 - \frac{y}{y^*}\right)\frac{g^*}{y}$$

모형에서 s_t는 GDP 대비 기초재정수지, d_t는 GDP 대비 국가채무 비중, y는 GDP, g는 정부지출, y^*와 g^*는 각각 GDP와 정부지출의 추세를 나타낸다. 재정의 지속가능성은 GDP 대비 국가채무의 계수인 ρ 값의 부호에 따라 결정되며, ρ가 양(+)의 값인 경우에는 국가채무가 증가하더라도 기초재정수지의 개선이 이루어진다는 점에서 국가재정은 지속가능하다고 판단할 수 있다. 반면 ρ가 음(−)의 값일 경우에는 국가채무의 증가에도 불구하고 기초재정수지가 오히려 악화되어 이자비용도 지불할 수 없게 되며, 국가재정은 지속가능하지 않은 것으로 판단할 수 있다. 지난 1988년부터 2013년까지의 자료를 이용한 실증분석 결과, ρ 값이 0.095로 나타나 우리나라의 재정이 지금까지는 지속가능한 수준에서 유지되고 있음을 시사하고 있다.

국회예산정책처(2016)는 국가채무비율과 기초재정수지의 추세치를 활용하여 미래시점에서의 본(Bohn) 검정을 시도하였으며, 국가채무비율이 68.4%에 달할 것으로 예상되는 2035년까지는 재정이 지속가능할 것으로 예측되지만, 국가채무비율이 70.6%로 높아지는 2036년 이후부터 재정이 지속가능하지 않다는 결론을 내리고 있다. 물론 이러한 결과가 2036년에 필연적으로 국가재정위기가 발생한다는 것을 의미하는 것은 아니며, 향후 변화되는 정책환경과 재정운

24) 기초재정수지=총수입−(총지출−이자지출). 따라서 본(Bohn) 검정은 현 시점 국가채무(과거 재정적자의 총합)가 미래에 발생할 기초재정흑자 총합의 현재가치보다 높은지 등을 판단하고 있다.

영을 감안할 때 멀지 않은 미래에 재정의 지속가능성 문제가 현실화될 수 있다는 점을 경고하고 있다. 인구구조의 변화와 저성장 경제국면에 직면한 상황에서 재정건전성 확보를 위해 보다 적극적인 세입 증대와 구조조정을 통한 세출감소의 노력이 요구된다.

2 국가채무와 경제성장

2.1 경제성장이론과 재정정책

경제성장은 오랜 기간 경제학자들의 주된 관심사였다. 특히 스미스(Adam Smith)와 리카도(David Ricardo)로 대표되는 고전학파는 성장을 위해서는 자본(저축)과 노동력을 포함한 공급능력의 향상이 중요하며, 노동력의 증가와 분업을 통한 생산성의 증가로 인해 국부가 결정된다고 주장한다. 반면 케인스학파는 공급능력과 수요의 불일치가 경기침체의 주된 원인임을 강조하며, 정부의 재정정책을 통한 유효수요의 창출을 통해 경제성장을 달성하고 있다고 주장한다.

일반적으로 정부의 확장적 재정개입은 국채발행에 따른 국가채무의 증대를 가져오며, 이러한 맥락에서 재정정책을 통한 경제성장이론은 국가채무와 경제성장의 관계에 대한 논의로 연결된다. 과연 과도한 국가채무는 경제성장을 저해하는가? 경제성장의 동력으로서 자본축적을 가장 중요하게 고려한 고전학파는 국가채무의 증가는 민간투자에 대한 구축효과를 발생시켜 자본의 축적을 저해하며, 이자부담과 채무상환을 위한 증세정책으로 민간투자를 더욱 악화시켜 경제성장에 매우 부정적인 효과를 발생시킨다고 주장했다. 그러나 19세기와 20세기 초반의 높은 국가채무비율에도 불구하고 고전학파가 주장한 경제위기설은 현실화되지 않았다. 이후 신고전학파는 불황기를 제외하고는 정부의 재정개입과 무관하게 경제성장을 달성할 수 있으며, 국가채무 증가에 따른 거시경제의 영향을 특별히 고려할 필요가 없다는 가정에서 대안적 경제성장이론으로 노동, 자본, 기술의 변화가 경제성장에 미치는 효과를 분리하여 추정하는 방식을 제시하였다. 특히 Solow(1956)는 1946년에 발표한 '해로드-도마 모형(Harrod-Domar model)'을 발전시켜 경제가 성장하려면 자본과 노동의 양이 증가하거나 생산기술이 향상돼야 한다고 가정하였으며, 시장경제가 완전고용을 이루면서 지속적인 균형성장을 할 수 있다는 것을 이론적으로 증명하였다.[25] 그리고 Solow(1957)는 실증연구를 통하여 1909년에서 1949년까지 미국의 1인당 총생산량이 2배 증가했으며, 성장에 미친 자본의 효과는 12.5%에 불과하고 나머지 87.5%는 기술진보에 의한 것으로 분석하고 있다. 그러나 외생적인 기술진보에 의해 경제성장이 달성된다는 신고전학파의 성장이론이 현실의 고도성장을 설명하는 데 한계가 있다는 점에서 Romer(1986) 등은 내생적 성장모형(endogenous growth model)을 통해 경제체제 내부에서 발생하는 기술진보를 통하여 장기적인 경제성장이 이루어지는 동태적 과정을 보완하고 있다.

이러한 논의의 대척점에는 (신)케인스학파가 있으며, 이들은 확장적 재정정책이 일시적인 국가채무를 발생시키지만, 경기불황을 극복하고 단기적으로는 물론 장기적으로도 경제성장에 긍정적인 효과를 발생시킨다고 주장한다(DeLong & Summers, 2012). 이들은 제로금리에 가까운 저금리 정책기조가 지속되는 상황에서 통화정책의 실효성이 점차 한계에 직면함에 따라 경기부양을 위한 확장적 재정정책이 상대적으로 더욱 중요하다고 주장한다. 특히 승수효과 및 이력효과(hysteresis effect),[26] 실효금리에 미치는 재정정책의 효과 등을 통해 단기적인 구축효과의 가능성에도 불구하고, 장기적으로는 국가채무의 부담을 완화할 수 있다고 주장한다.

---

25) '해로드-도마 모형'은 성장하는 경제의 완전고용조건을 달성할 수 있는 균형조건에 대하여 논의하고 있으며, 이를 위해 자연성장률과 적정성장률의 개념을 도입하고 있다. 이 모형은 케인스의 경기침체에 대한 분석이 공급과 수요의 불일치라는 유용한 처방을 내리고 있으나, 장기적인 성장과정을 설명하는 데 있어 발생하는 한계를 개선하기 위한 목적을 가지고 있다.

26) 이력효과(hysteresis effect)는 과거의 경험이 현재의 경제활동에 영향을 미치는 현상을 의미하며, 일반적으로 저성장이 반복되는 상황에서 전반적인 무기력감의 확산이 잠재성장률보다 낮은 수준의 경제성장률을 야기한다는 점을 설명한다. 반대로 계속적인 경제성장의 성취경험은 이후의 경제성장에 긍정적인 파급효과를 발생시킨다는 점에서 확대재정지출을 통한 직접적인 경제성장의 효과 외에도 간접적인 효과를 기대할 수 있다.

그러나 DeLong & Summers(2012)를 포함해 대부분의 케인스학파가 주장하는 재정지출로 인한 승수효과의 긍정적 측면에도 불구하고, 채무수준을 지속적으로 증가시키는 확장적 재정정책은 금융시장 등에 대한 부정적 영향을 발생시키고 장기적으로 경제성장을 저해할 수 있다는 과거 고전학파의 주장이 변화된 오늘날의 상황에서 다시금 제기되고 있다. 예를 들어 확장적 재정지출에 따른 국가채무 누적은 재정정책을 통한 경제성장의 효과 자체를 반감시키고(Teles & Mussolini, 2014), 금융시장에 대한 불확실성의 확대와 함께 정부의 시장개입 등을 통한 금융억압(financial repression)을 발생시키며(Cochrane, 2011),[27] 소버린리스크(sovereign risk)가 증가하여 투자를 위축시키거나(Codogno 외, 2003),[28] 실질이자율을 높여 민간투자를 축소시킴으로써(Tanzi & Chalk, 2000; Laubach, 2009), 재정정책을 통한 긍정적 효과에 비해 국가경제에 더 큰 부정적 효과를 발생시키는 것으로 분석되고 있다. 같은 맥락에서 Elmeskov & Sutherland(2012)는 높은 수준의 국가채무는 민간의 자본조달비용을 높이고, 왜곡적인 조세부담을 가중시키는 등 다양한 경로를 통해 경제성장에 악영향을 미칠 수 있다고 언급하고 있다. 이상헌(2016)은 한국적 상황에서 이동표본추정방법(rolling window estimation)을 통해 국가채무 증대를 수반하는 재정정책이 경제성장률이나 금융시장에 미치는 영향의 변화 추이를 분석하고 있으며, 시간의 경과와 함께 적자지출에 따른 금융불안 완화와 성장률 제고의 긍정적 효과가 전반적으로 약화되고 있음을 실증적으로 제시하고 있다. 이에 반해 시간의 경과에 따라 국가채무의 증가를 재정건전성의 악화신호로 받아들이는 경향성은 확대되는 것으로 나타나며, 국가채무 증가를 통한 재정정책의 중장기적 효과가 부정적임을 지적하고 있다.

27) 금융억압은 정책금융을 포함하여 정부가 금융시장에 개입함에 따라 발생하는 시장왜곡 현상을 의미한다. 따라서 금융시장에서 정부의 강제력에 의한 기회비용을 뜻한다.

28) 소버린리스크(sovereign risk)는 국제금융시장에서 외채를 발행한 국가가 채무상환을 하지 못했을 때 발생하게 되는 위험을 의미한다.

2.2 국가채무가 경제성장에 미치는 영향

일반적으로 국가채무의 증가는 직접적으로 이자율의 상승을 통해 민간의 투자를 저해함으로써 경제성장에 부정적인 영향을 미치는 것으로 알려져 있다 (Tanzi & Chalk, 2000; Laubach, 2009). 이러한 관점에서 Reinhart, Reinhart, & Rogoff(2012)는 과도한 국가채무와 실질이자율 사이의 관계에 대해 역사적 사례를 통한 실증분석을 시도하였다.[29] 이들의 초기 연구에서는 과도한 국가채무가 실질이자율의 급격한 상승이나 자본시장 접근성의 제한과 같은 부정적 영향과의 연관성이 낮은 것으로 분석되었으나,[30] 이후의 연구에서 26개의 과도한 국가채무 발생 사례 중 15개의 사례에서 실질이자율이 상승하는 현상을 확인하였다.[31] 이와 함께 이들은 20세기 후반에 선진국들에서 나타나고 있는 국가채무의 급격한 증가에 대응하여 각국 정부들이 민간의 자본흐름을 제한하고 금융제도를 규제하는 등의 재정압박정책(financial repression policy)을 강화함으로써 이자율의 상승에 따른 구축효과 외에도 정부규제에 따른 민간투자의 저하가 발생한다고 비판한다.[32] 비록 금융시장의 세계화로 인하여 높은 국가채무 수준을 유지할 수 있는 다양한 시장기법이 개발되고 있으나, 이러한 가능성은 선진국에만 국한되며, 오히려 개도국의 경우에는 변동성의 심화로 인해 국채시장에서의 위험을 가중시킨다는 점에서 이들 국가의 경제성장에 부정적인 영향을 미칠 수 있음을 지적한다. 국내 사례를 분석한 연구한 문외솔 외 (2010)는 국가채무비율이 1%p 상승할 때 국채(5년) CDS 프리미엄은 평균 4.7~

29) 한번 과다한 국가채무가 5년 이상 지속되면, 이러한 높은 부채상황은 10년 이상 지속될 가능성이 높다. 이 논문의 26개 사례 중에서 90% 부채율이 지속된 평균기간은 23년이었다.

30) 이들의 2009년 연구에서는 26개 사례 중 11개에서만 상승효과가 있었다.

31) 나머지 5개 사례에서는 이자율 변동이 없었고, 일본(1995~2015)을 포함한 6개 사례에서는 이자율이 오히려 감소되는 현상이 발생한다. 또한 제1차 세계대전 이후 벨기에(1920~1926)는 높은 국가채무 수준에도 불구하고 연평균 6.2%의 성장률을 달성하였으며, 이 기간 동안 실질이자율은 −8%에 이른다고 한다.

32) Reinhart, Reinhart, & Rogoff(2012)는 현대의 재정압박 도구들은 19세기 선진경제에서는 존재하지 않았으며, 다만 당시 식민지로부터의 착취를 통해 자금을 조달하여 대출을 줄일 수 있었다고 분석하고 있다. 1800년대에 네덜란드가 인도네시아로부터의 이익금을 재정적자 축소에 썼던 것을 예로 들 수 있다.

6.2bp 상승한다는 연구결과를 제시하고 있다.[33] 과도한 국가채무 수준은 투자자들로 하여금 채무상환 가능성에 대한 의문을 제기하게 하고, 이는 채무불이행 관련 리스크 프리미엄을 높여 중장기적으로 실질이자율이 높아지는 현상을 발생시키며, 민간투자 및 내구재 소비, 주택구입 등에 있어 부정적인 영향을 미칠 것으로 예상하고 있다.

과도한 국가채무에 따른 민간투자의 구축 등 다양한 경로의 영향을 포함하여 국가채무가 경제성장에 미치는 영향을 분석하려는 많은 실증연구들이 진행되었다. 이러한 연구는 일반적으로 특정한 임계수준을 넘는 과도한 국가채무가 발생하는 상황에서 국가채무와 경제성장률 간의 통계적 변화관계를 분석하고 있으며, 이러한 임계수준을 국가채무의 지속가능성 유지를 위한 상한점으로 설명하고 있다. 대표적으로 Kumar & Woo(2010)는 1970년부터 2007년까지 인구 500만 이상의 38개 국가에 대한 패널자료를 바탕으로 국가채무와 경제성장 간의 관계를 통계적으로 분석하였다.[34] 이들은 국가채무비율이 90%가 넘는 상황에서 10%p의 부채비율 상승은 0.2%p의 경제성장률 감소를 발생시킨다고 분석했으며, 이는 IMF(2010)의 연구에서 국가채무비율이 1%p 상승하면 경제성장률이 0.025%p 감소한다는 결과와 유사한 수준으로 파악된다. 동일한 맥락에서 Cecchetti, Mohanty, & Zampolli(2011)는 18개 OECD 국가의 국가채무와 경제성장 간의 관계를 분석하였으며, 국가채무비율이 85%라는 임계점을 넘으면 국가채무의 증가는 경제성장률의 감소로 이어진다고 주장하였다. 이들은 국가채무가 이러한 임계점을 상회하여 국가채무비율이 추가로 10%p 상승하면 경제성장률 역시 추가적으로 0.1%p 하락한다고 분석하였으며, 향후 경제위기 등의 상황에서 추가적인 확장적 재정지출이 이루어질 것을 감안하여 통상적으로 국가채무비율은 임계점인 85%보다 훨씬 낮은 수준으로 유지해야 한다고 주장한다. 1970년에서 2008년까지 12개 유럽국가의 자료를 분석한 Checherita-

33) 국채 CDS(Credit Default Swap, 신용부도스와프)는 국채를 발행한 국가가 부도를 선언할 경우, 원금을 돌려받을 수 있는 금융파생상품으로 부도위험을 헤지(hedge)하는 데 들어가는 보험료 성격의 수수료를 의미한다.

34) 여기서 소개되는 연구는 내생성의 문제해결을 위해 5년간의 변수 평균을 이용하고 있다.

Westphal & Rother(2010)는 국가채무가 GDP의 70~80% 정도만 되어도 경제성장에 부정적인 영향이 나타나기 시작한다고 보았으며, 국가채무비율의 임계점은 90~100% 수준으로 분석하였다. 그러나 후속연구인 Baum, Checherita-Westphal & Rother(2013)는 국가채무의 임계수준이 GDP 대비 67%이며, 임계점을 넘어선 이후에는 국가채무비율이 1%p 증가할 때 추가적으로 경제성장률이 0.06%p 감소한다고 분석하고 있어, 앞선 연구결과에 비해 국가채무비율 증가에 따른 경제성장률의 감소효과를 크게 추정하고 있다. 이 외에도 Arcand, Berkes, & Panizza(2012)는 1976년에서 2005년까지 44개 국가의 재정통계를 분석한 결과, 국가채무비율의 임계점을 다른 연구들과 비슷한 수준인 90%로 도출하였다. 직접적인 국가채무와는 차이가 있지만, Pattiilo & Ricci(2011)는 1969년에서 1998년까지 93개 개도국에서 정부와 민간의 외채규모가 경제성장에 미치는 영향을 분석하였다. 이들은 외채가 GDP의 35~40% 수준을 상회하면 경제성장에 부정적인 영향을 미친다고 분석하고 있으며, 선진국들을 대상으로 한 국가채무 일반에 대한 분석결과와 비교할 때, 채무비율의 임계점이 상당히 낮아지고 있음을 확인할 수 있다.

한편 국가채무와 경제성장률 간의 인과적 관계를 통계적으로 분석하고 있는 실증연구들은 내생성(endogeneity)의 문제를 해결할 필요가 있다. 예를 들어, Reinhart & Rogoff(2011)는 금융위기의 발생에 따른 정부의 시장개입은 급작스러운 국가채무의 증가와 저성장을 동시에 유발시킬 수 있다고 지적하며, 국가채무와 경제성장에 동시에 영향을 미치는 금융위기 발생이라는 요인이 통제되지 않는다면 국가채무와 경제성장 간의 인과관계의 분석에 편의(bias)가 발생하게 된다. 이러한 이유에서 Reinhart, Reinhart, & Rogoff(2012)는 채무와 경제성장 간의 인과관계를 증명하기 위해서는 채무에 직접적인 영향을 주지만 경제성장에는 영향을 주지 않는 도구변수(IV: Instrument Variable)를 통한 분석이 필요하다고 주장한다. 앞서 살펴본 기존 연구들에서도 내생성의 문제를 해결하기 위해 도구변수나 GMM 추정법 등을 활용하고 있다(Checherita-Westphal & Rother, 2010; Pattiilo, Poirson, & Ricci, 2011). 도구변수를 사용하여 국가채무와 경제성장 간의 관계를 분석한 실증연구로서 Panizza & Presbitero(2014)는 OECD 국가들을 대상으로 한 분석에서 일반회귀식을 이용하여 국가채무와 경제성장률과의 관계를 분석했을 때는 부의 관계를 가진다는 기존의 선행연구들과 동일한 결과를 얻고 있지만, 기존 연구결과와 달리, 도구변수를 사용하여 내생성의 문제를 통제할 경우에는 국가채무비율과 경제성장률 간의 부의 관계는 통계적으로 유의미하지 않다고 주장한다.[35] 이들이 지적하는 것과 같이 국가채무와 경제성장 간에서는 부정적 상관관계를 나타내고 있으나, 이러한 상관관계가 인과관계로 파악되기에는 추가적인 논의가 필요할 것으로 판단된다.

국가채무와 경제성장 간의 통계적 관계를 분석한 연구들과 달리, Reinhart, Reinhart, & Rogoff(2012)는 1800년대 이후 선진국에서 나타난 26개의 국가채무과잉(Public debt overhang) 사례를 통해 국가채무와 경제성장 간의 관계를 살펴보고 있다. 여기서 국가채무과잉은 국가채무비율이 5년 이상 90%를 넘는 상황으로 정의되며, 이들은 사례연구를 통해 국가채무과잉 현상이 발생할 경우 저성장으로 이어질 가능성이 높은 것으로 분석하고 있다.[36]·[37] 실제로 26개의 국가채무과잉 사례 중 23개의 사례에서 성장이 둔화되는 현상을 발견했으며, 구체적으로는 채무비율이 90% 이상인 경우에 연간 경제성장률이 1.2%p 감소되는 것으로 분석하고 있다.[38]·[39] 이러한 결과는 국가채무비율이 90%를 넘으

35) 이들은 도구변수로 부채의 구성과 환율을 활용하고 있으며, 외화부채(foreign currency debt)가 존재할 경우 국가의 환율변화가 부채비율(부채/GDP)에 직접적으로 영향을 준다는 사실에 기반하고 있다.

36) 저자들은 과도한 공공부채에 대해 분석하고 있지만 오늘날의 공공부채는 대부분 가계부채와 외부소유의 부채, '연령관련지출' 등의 잠재적 부채와 밀접한 연관관계가 있다고 보고 있다. 이들은 경제위기가 닥칠 때 국가채무와 민간이 보유한 금융부채의 경계는 때때로 모호해지는데, 이는 2008년 금융위기 이후의 아일랜드정부가 막대한 은행부채를 대신 부담하였던 것에서도 알 수 있다.

37) 참고로 저자들은 민간부채의 추이를 분석하고 있는데, 전반적으로 선진국의 경우 1950년 50% 수준에서 시작하여 이후 지속적으로 증가하여 2011년 현재 160%를 상회하고 있다. 특히 금융발전의 영향으로 인하여 2000년대 이후 상승세가 더욱 급속하게 증가하고 있다. 신흥국가의 경우 1950년대 20% 미만에서 시작하여 1980년대 이후로 꾸준하게 40%대를 유지하고 있다.

38) 저자들은 국가채무비율이 90% 이상인 기간 동안 연평균 경제성장률은 2.3%였으나, 90% 미만인 기간의 성장률은 3.5%라고 분석하고 있다.

39) 다만 과다한 부채 사례 중 세 가지 사례에서는 경제가 오히려 성장하였는데, 그중 하나는

면 1%p 정도 성장률이 낮아진다는 Reinhart & Rogoff(2009)의 분석결과와 유사하다.[40] 특히 1980~1990년대 벨기에, 캐나다, 그리스, 아일랜드, 이탈리아의 사례에서 높은 채무수준과 저성장의 연관성이 높게 나타나는 것으로 분석하였다. 또한 이들은 이와 같이 높은 수준의 국가채무가 장기화되는 현상에 주목하였으며, 실제로 이들이 분석한 26개 사례의 평균 지속기간은 23년으로 파악된다. 따라서 국가채무가 과도하게 상승하기 시작하면, 이러한 상황을 탈출하는 데 오랜 시간과 노력이 필요하며, 특히 선진국에 비해 개도국의 경우에는 그 시간과 노력이 더 커진다는 점에서 국가채무관리의 중요성을 강조하고 있다.

2.3 경제성장이 국가채무에 미치는 영향

앞서 살펴보았듯이 국가채무를 독립변수로 하여 종속변수인 경제성장에 미치는 영향을 밝히고자 하는 연구가 주로 진행되었으나, 일부 학자들은 국가채무와 경제성장과의 관계에 있어 오히려 역(逆)으로 인과관계가 성립되며, 저성장으로 인하여 높은 수준의 국가채무가 발생할 수 있다고 주장한다(Reinhart, Reinhart, & Rogoff, 2012). 통상적으로 국가채무 수준을 GDP에 대한 국가채무비율로 측정하고 있다는 점에서 동일한 국가채무 규모에도 불구하고 경제성장이 저하되면 국가채무비율은 자동적으로 악화된다. 더욱이 저성장에 따른 자동안전장치(automatic stabilizer)의 작동이나 경기조절을 위한 재량적 재정정책이 이루어질 경우, 이에 따른 국가채무의 증대로 인해 국가채무비율의 악화는 더욱 증폭될 수 있다.

대표적으로 Streeck(2013)는 1970년에서 2010년까지 OECD 회원국의 평균 국가채무가 GDP의 40% 수준에서 90% 이상으로 급격하게 증가한 현상을 성장둔화의 관점에서 분석하고 있다. 그는 전통적인 공공선택론적 관점에서 국가채무가 민주주의의 내재적 성향, 즉 유권자들의 단기적인 시야와 정치인들의

제1차 세계대전 이후 벨기에가 복구과정에서 경제가 성장하였기 때문이라고 한다.

40) Reinhart, Reinhart, & Rogoff(2012)는 저성장의 문제로 과도한 부채가 생성된다는 역(逆)의 관계보다는 국가채무가 저성장을 초래한다는 학설이 설득력을 얻고 있다고 주장하고 있다.

그림 7-1 OECD 국가의 평균 경제성장률(1963~2009년)

(단위: %)

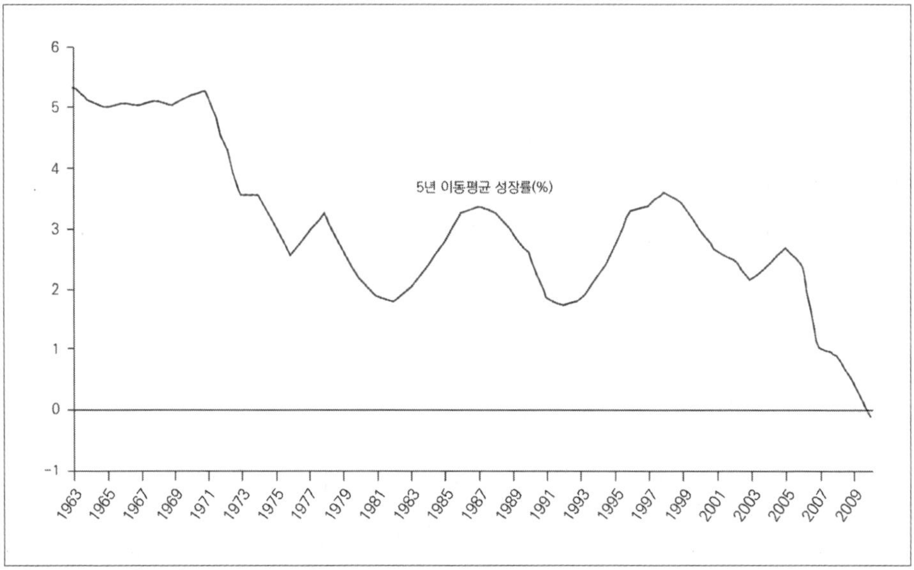

자료: Streeck(2013).

기회주의적 행태로 인해 발생한다는 주장과는 달리, 국가채무의 증가원인은 발전된 자본주의 체제의 장기적인 성장률 둔화라고 주장한다. 그는 국가채무가 1970년대 중반 이후 급격하게 증가하는 현상을 주목하고 있으며, 특히 1980년대 초 OECD 국가들 전반에 걸쳐 나타난 경기침체에 대응하기 위해 작동된 자동안정화기제와 확장적 재정지출로 인해 국가채무가 크게 증가하기 시작하였다고 주장한다. 이와 함께 1979년의 제2차 석유파동은 실업급여로 인한 높은 재정지출과 노동시장에 대한 적극적 개입정책을 요구하였으며, 정부가 6~7%의 실업률을 용인하면서 공공재정에 대한 막대한 부담이 발생하기 시작하였다. 경제성장과 인플레이션이 멈추면서 세입이 줄어드는 현상도 동시에 발생하였으며, 줄어든 세입을 보충하기 위한 국채발행으로 인해 국가채무는 더욱 증가하였다. Streeck(2013)는 1974년 이후 OECD 국가들의 연평균 실질성장률은 2~3% 수준을 유지하다가 1980년대에 잠시 3~4%로 증가하였으나, 1998년 이후 15년간 평균성장률은 2010년 0% 수준을 기록할 때까지 지속적으로 감소했다고 분석하고 있다. 또한 1980년대 이후 인플레이션이 지속적으로 감소하면서 의도적인 인플레이션의 유발을 통한 국가채무의 평가절하 방법도 더 이상 가능하지 않게 되었다고 지적한다.[41]

한편 일부 국가들은 증세정책을 통해 국가채무 수준을 낮추고자 시도하였으나, 1980년대 세계화 및 신자유주의의 확산과 세율인하 경쟁으로 인하여 오히려 세수가 감소하였으며, 2010년의 과세수준은 20년 전과 비슷한 수준으로 파악된다. Streeck(2013)는 1990년대에 OECD 국가들이 세입 감소에 따라 사회복지프로그램을 포함한 재정지출을 줄이려는 시도를 시행하면서 일부 이전지출의 수준을 줄일 수는 있었으나, 의무지출의 비중이 큰 복지국가의 특성상 구조적인 개혁을 추구하기에는 무리였다고 지적한다.[42] 더욱이 2007~2009년의 글로벌 경제위기는 정부의 금융권에 대한 긴급구제기금과 경기부양을 위한 대규모의 재정지출 및 통화확대를 가져왔다.[43] 그는 2002~2008년의 재정건전화 노력을 통해 평균적으로 재정적자의 발생이 거의 사라졌음에도 불구하고, 1998년 이후 지속되고 있는 낮은 성장률로 인해 상대적으로 국가채무비율이 높게 유지되고 있다고 분석한다.

경제성장이 국가채무 수준에 미치는 영향과 관련해 Abbas 외(2010)는 1880년부터 2009년까지 각국의 경제성장 수준에 따른 국가채무비율의 변화 특성을 비교하고 있다. 해당 기간 동안의 평균 경제성장률을 기준으로 4% 이상인 고성장국가와 3% 이하인 저성장국가, 그리고 이들 가운데 중(中)성장국가를 구분하고, 이들 집단의 평균 국가채무비율의 변화추이를 조사하였다. [그림 7-2]에

41) Streeck(2013)에 따르면 저성장은 다양한 형태의 재정상황을 연출하게 된다. 우선 1970년에서 1993년 동안은 높은 인플레이션과 낮은 부채수준을 유지하였으나, 1994~2007년 사이에는 낮은 인플레이션이 나타나면서 공공부채와 민간부채가 점진적으로 증가하게 되었으며, 2008년 이후 낮은 인플레이션이 유지되면서 민간부채는 감소하였으나 공공부채가 큰 폭으로 증가하였다는 것이다.

42) 다만 클린턴 행정부의 시기에는 미국은 재정흑자를 달성했다. 그러나 부시 행정부의 2001년 대규모 감세와 군비지출의 급격한 상승으로 인해 재정흑자는 오래가지 못했다. 이후 발생한 재정적자는 재정지출 축소에 대한 근거로 사용됐지만, 군비지출은 조정할 수 없었고 고소득자에 대한 높은 과세는 정치적으로 불가능했다.

43) Streeck(2013)는 이를 공공선택론이 주장하는 민주주의의 실패현상이 아니라 자본주의의 실패 또는 금융자본주의의 실패라고 일컫고 있다.

그림 7-2 경제성장과 국가채무비율의 관계

(단위: GDP 대비, %)

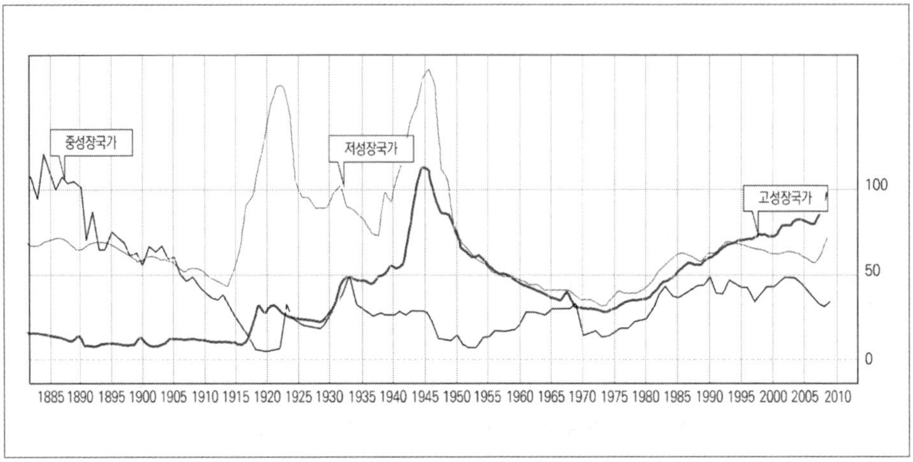

주: 구매력(PPP)지수로 가중평균한 GDP에서의 부채비중을 계산함.
자료: Abbas 외(2010: 14).

서 볼 수 있듯이, 고성장국가의 경우에 1900년대 이전까지는 다른 유형에 비해 가장 높은 수준이었으나, 1900년대 이후부터는 다른 유형에 비해 가장 낮은 국가채무비율을 나타내며 편차의 폭도 상대적으로 작은 편이다. 이에 비해 저성장국가의 경우에는 고성장국가에 비해 월등히 높은 수준의 국가채무비율을 나타내고 있으며, 대공황과 세계대전으로 인해 대규모 재정지출이 이루어진 1920년대와 1940년대에는 국가채무비율의 증가폭이 거의 100%p에 달할 정도로 전반적인 편차가 크다. 1970년대 이후부터는 고성장국가와 저성장국가의 국가채무비율 변화 추이가 거의 유사하게 나타나고 있음에도 불구하고 저성장국가의 채무비율이 일정하게 높은 수준으로 확인되는 부분은 경제성장률의 차이로 인한 결과로 해석할 수 있다.

3 저출산·고령화와 국가재정

앞서 경제성장과 국가채무에 대한 논의에서 국가채무가 경제성장에 영향을 미치는 부분과 반대로 낮은 경제성장이 국가채무 수준을 악화시킬 수 있음을 지적하였다. 일반적으로 저출산·고령화에 따른 사회의 인구구조 변화는 생산가능인구의 감소 및 소비와 투자의 하락 등으로 인해 경제성장률에 부정적인 영향을 미치며, 결과적으로 국가채무 수준에도 부정적으로 작용한다. 이와 함께 '연령관련지출'을 증가시켜 재정수지에 부정적인 영향을 미칠 뿐만 아니라 세금을 내야 할 인구가 줄어들어 국가재정의 수입에도 부정적인 영향을 발생시켜 국가채무비율을 더 악화시킬 것으로 예측되고 있다. [그림 7-3]은 30개 주

그림 7-3 인구고령화와 주요국의 국가채무비율

(단위: GDP 대비 %, %)

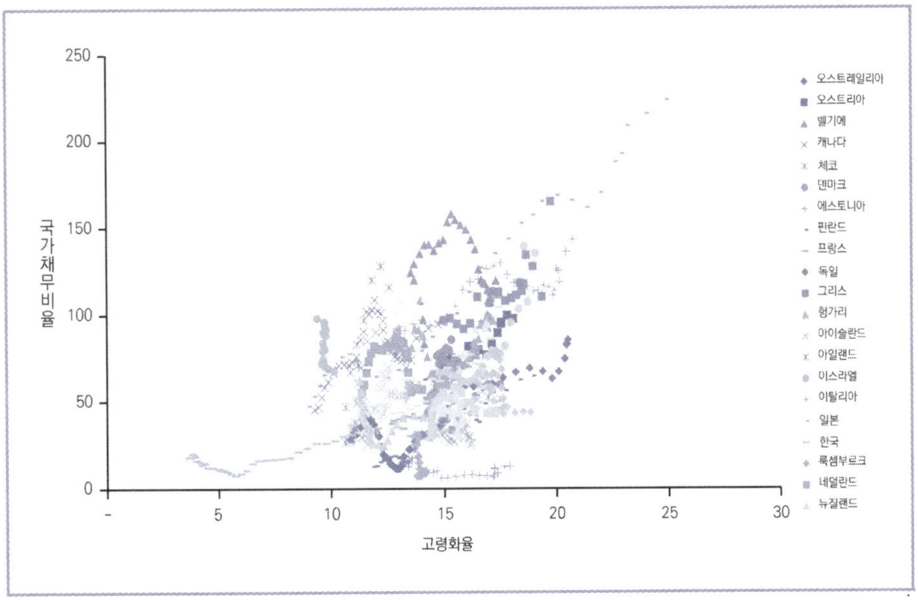

자료: OECD Data(2019년 12월 20일 접속).

요국의 65세 이상 인구비율(고령화율)과 국가채무비율 간에 뚜렷한 우(右)상향의 상관관계가 있음을 보여 주고 있으며, 이는 고령화 정도가 높아질수록 국가채무비율 역시 높아지고 있음을 보여 준다. 특히 급속한 고령화는 직접적인 재정지출로서 복지 및 의료비용의 증가와 각종 연금 및 기금의 고갈 등을 발생시킴으로써 재정건전성에 심각한 영향을 미칠 수 있다.

Clementes 외(2015)는 2015년 UN 인구전망보고서를 인용하면서 전 세계의 65세 이상 고령인구 비중이 2015년 12%에서 2100년 38%로 증가할 경우 예상되는 재정문제를 예측하고 있다. 이들 연구에 의하면, 연금 및 건강보험 등 사회보장프로그램의 확대로 인하여 평균 GDP의 10% 이상 재정지출 증가가 예상되며, 이로 인해 다른 지출사업의 삭감과 증세가 불가피해진다고 지적한다. GDP 대비 '연령관련지출' 비중이 2015년에서 2100년까지 선진국 8.4%p, 개도국 10.5%p로 대폭 증대될 것으로 예측하고 있다.[44] 특히 고령화로 인하여 노동생산성이 하락할 가능성이 크지만, 선진국의 경우에는 여성의 경제활동참가율을 증대시켜 일부 상쇄할 수 있는 반면, 개도국은 이러한 효과가 미미하다는 점에서 개도국의 재정부담이 심각할 것으로 분석하고 있다. 또한 인구증가율 하락이 경제상장률 둔화로 이어지면서 재정건전성이 악화될 가능성이 높다고 예상한 솔로(Robert Solow)의 경제성장모형을 이용하여 예측하고 있다. 인구감소로 인한 경제성장 둔화에 따라 국가채무비율의 증가가 예상되는 상황에서 이들은 공적연금과 의료보험 등에 대한 구조개혁 없이는 저출산·고령화로 인한 인구감소는 재정에 심각한 위협이 될 수 있다고 분석하고 있다.

Clementes 외(2015)는 인구통계학적 변화에 따른 재정위험에 대응하기 위한 정책대안으로 첫째, 출산율 증대, 이민 권장, 노동시장 참여 증대 등 인구통계학적 변수(parameter)를 변화시키는 정책, 둘째, 의료보험 및 연금제도 개선 등을 통해 '연령관련지출(age-related spendings)'을 변화시키는 정책 등으로 구분

44) 이들은 선진국의 경우, 2100년까지 연금 관련 지출 증가가 GDP 대비 1.9%p, 의료 관련 지출 증가가 6.4%p로 예상하여 총 8.4%p의 지출 증가를 예상하고 있다. 한편 개도국의 경우, 저출산·노령화의 속도가 상대적으로 느리게 진행되지만 제도구축이 선행되면서 연금 관련 지출 증가가 5.0%p, 의료 관련 지출 증가가 5.5%p로 예상하고 있다.

하여 제시하고 있다.[45] 공적연금 개혁과 관련해 이들은 기대수명 연장에 부합하는 은퇴연령을 2100년까지 5년 더 연장할 경우에 GDP 대비 재정지출 규모가 2%p 하락할 것으로 추정하였으며, '하후상박'식 연금개혁을 통해 연금액의 소득비례부분 조정 및 고소득자 연금소득 과세 또는 기여금 증액을 주장하였다. 반면에 생애소득 감소에 대한 반대급부로 고령빈곤억제정책 및 사적연금 확대의 보완 필요성도 지적하였다. 또한 의료보험 개혁과 관련해 현재 GDP 증가율보다 빠른 의료보험 지출 증가율을 완화할 경우, 선진국에서는 2100년까지 GDP 대비 4.5%p의 지출감축이 가능하다고 분석하고 있다. 이들은 장기분석의 경우, 출산율이나 기대수명, 이민 등 인구통계학적 변수에 따른 불확실성으로 인해 재정지출에 대한 부담이 이보다 훨씬 증대될 가능성도 배제할 수 없다고 주장한다.

한편 국내 연구로서 안병권·김기호·육승환(2017)은 통계청의 인구추계를 반영하여 향후 경제성장률을 추정하였다. 이에 따르면 인구고령화로 인해 2000~2015년 기간 중 연평균 3.9%에 달했던 우리나라 경제성장률은 2016~2025년에는 1.9%, 2026~2035년 기간에는 0.4%로 저하되고, 2036년 이후에는 생산가능인구 비중축소 외에도 인구증가율 축소까지 추가되면서 경제성장률이 0% 내외로 하락할 것으로 예상함으로써 기존 연구보다 비관적인 전망을 내놓고 있다. 그러나 정년을 연장하고 여성의 경제활동참가율을 높이는 한편, 생산성을 높이고 출산율을 높이는 종합대책을 시행할 경우, 향후 20년 내에는 1% 중반 정도의 경제성장률을 유지할 수 있을 것으로 분석하였다. 구체적으로 이들은 동태적 일반균형모형을 이용하여 성장회귀의 결과를 비교한 결과, 정년을 5년

45) 출산율 증대를 위해서는 출산 및 육아의 명시적 비용(출산장려금, 아동수당, 세제혜택)과 암묵적 비용(출산휴가, 보육지원, 유연근무제)을 낮추는 정책이 필요하다고 진단하였다. 다만 이러한 정책은 비용이 과다하게 발생하기 때문에 정책대상이 광범위한 정책보다는 세제혜택이나 보육제도 등 노동시장 참여유인을 제고하는 정책이 더 효과적일 것으로 분석하고 있다. 또한 이들은 이민을 통하여 노동력의 유입을 확대하는 정책을 추구할 수 있으나, 순유입국의 사회안전망 등 지출 증대요인 작용, 임금 하락 등으로 인한 정치적 부담 가중 및 순유출국의 인적자본 및 세원유출의 위험이 존재하고 있다고 분석하고 있다. 마지막으로 이들은 경제활동참가율 증대정책과 관련하여 여성의 경제활동 증대를 지원하는 정책지원이 필요하다고 주장한다.

더 연장하는 경우 경제성장률이 기준 대비 0.2%p가 높아지고, 여성 경제활동 참가율을 OECD 국가 평균 수준으로 개선할 경우 경제성장률이 기준 대비 0.25~0.28%p 높아질 것으로 분석하고 있다.

비록 기존 전망에 비해 현실적인 인구통계적 변화를 반영하고자 하였으나, 이러한 장기 경제성장전망은 최근 매우 심각해지고 있는 저출산·고령화의 추세를 충분히 반영하지 못하는 것으로 판단된다. 예를 들어 통계청이 2016년에 발표한 「장래인구추계」는 2010년 발표한 인구전망 시나리오보다 더 악화될 것으로 전망하고 있으며, 2019년 발표한 「특별추계」에서는 3년 전의 전망을 다시 하향조정하고 있어 그 문제의 심각성을 보여 주고 있다. 이러한 추세는 다음의 [그림 7-4]에서 확인할 수 있다. 경제성장과 함께 가족계획이 강조되면서부터 우리나라의 합계출산율은 지속적으로 감소하여 1980년에는 대체출산율 수준 이하인 2.82명에서 1990년에는 1.57명으로 하락하였고, 2000년에는 1.48명, 2010년에는 1.23명, 2017년에는 1.05명, 그리고 2018년에는 역대 최저수준인 0.98명으로 하락하였다. 이에 따라 우리나라는 OECD 국가 중 합계출산율이 가장 낮은 것으로 조사되고 있다(통계청, 2019a).

이러한 상황에서 우리나라의 인구전망과 관련하여 통계청(2016)은 출산율

그림 7-4 우리나라의 합계출산율(1970~2018년)

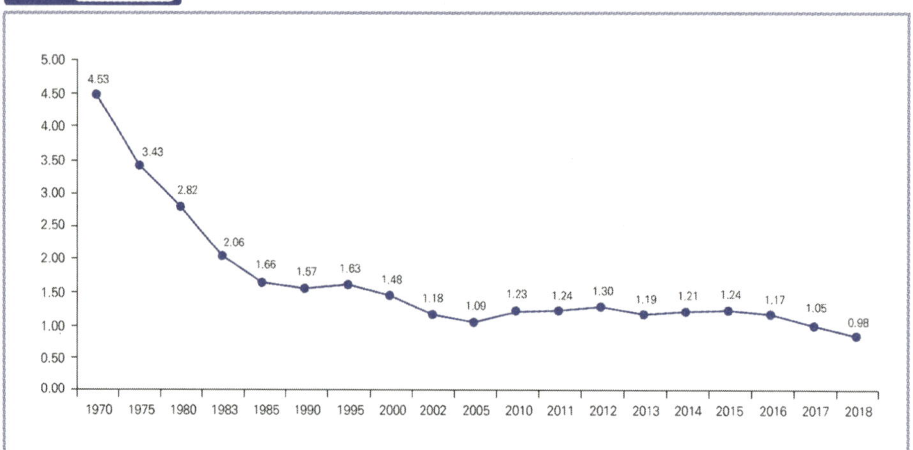

자료: 국회예산정책처(2018).

에 고위, 중위(기준), 저위의 세 가지 시나리오로 구분하여 살펴보고 있다. 중위(기준) 시나리오에 따르면, 우리나라의 출산율은 2017년에 1.20명, 2030년에 1.32명, 2040년 이후 1.38명으로 추정되며, 이 경우 2032년부터 총인구가 감소할 것으로 전망하였다. 반면 저위 시나리오에서는 출산율을 2017년에 1.14명, 2030년에 1.07명, 2040년에 1.12명으로 추정하며, 고위 시나리오에서는 출산율을 2017년에 1.27명, 2030년에 1.57명, 2040년에 1.64명으로 추정한다. 저위 시나리오에서는 총인구 감소시점이 기준 시나리오보다 4년 앞당겨진 2028년으로 예상되는 반면, 고위 시나리오에서는 총인구 감소시점이 기준 시나리오보다 3년 늦은 2035년으로 예상된다. 그러나 이러한 전망보다 최근 출산율은 더 악화되고 있는 추세를 보이고 있다. 실제 2017년 출산율은 1.05명으로 파악되어 통계청이 제시한 저위 시나리오의 출산율 전망보다 낮은 수준이며, 이미 2018년에 1보다 낮은 0.98명의 출산율을 기록하였고 2019년은 이보다 더 악화될 것으로 전망되고 있는 상황이다(김경수 외, 2018: 79).[46]

이와 같이 급변하는 상황을 반영하여 통계청(2019a)은 2017년 「인구주택총조사」와 2018년까지의 인구변동요인 추이를 반영하여 향후 50년(2017~2067)간

표 7-1 통계청(2016) 인구전망 시나리오별 합계출산율 추세

(단위: 15~49세 여성 1명당 출생아 수)

구분	2015	2016	2017	2018	2019	2020	2030	2040	2050	2060
기준	1.24	1.18	1.20	1.22	1.23	1.24	1.32	1.38	1.38	1.38
출산율 저위 (2060년 1.12) 시나리오	1.24	1.16	1.14	1.13	1.11	1.10	1.07	1.12	1.12	1.12
출산율 고위 (2060년 1.64) 시나리오	1.24	1.20	1.27	1.31	1.35	1.38	1.57	1.64	1.64	1.64
실적치	1.24	1.17	1.05	0.98	–	–	–	–	–	–

자료: 김경수 외(2018: 79).

46) 통계청은 합계출산율이 2025~2030년 1.07명 수준까지 떨어졌다가 다시 반등할 것으로 예상했다. 그런데 이보다 훨씬 앞선 2017년에 합계출산율이 1.05명까지 하락하였다.

의 장래인구를 전망한 「장래인구특별추계: 2017~2067」을 발표하였다.[47] 본 보고서에서는 향후 2021년의 출산율과 관련하여 고위 시나리오에서는 1.09명, 중위(기준) 시나리오에서는 0.86명, 저위 시나리오에서는 0.78명으로 재산정하고 있다. 중위 시나리오에 따르면, 총인구는 2017년에 5,136만 명에서 2028년에 5,194만 명까지 증가한 이후 지속적으로 감소하여, 2067년에 3,929만 명(1982년 수준)에 이를 것으로 전망하고 있다. 인구성장률은 2017년 0.28%에서 지속적으로 감소하여 2029년에는 인구가 줄어드는 마이너스 성장률을 나타내고 2067년에는 −1.26% 수준에 이를 것으로 전망했다. 더욱 심각한 것은 저위 시나리오에 따르면 인구성장률이 2020년부터 마이너스 성장률을 보이며, 이로 인해 인구정점은 2019년(5,165만 명)으로 빨라지고, 2067년에는 3,365만 명(1972년 수준)까지 감소할 것으로 전망되고 있다는 점이다.

이와 함께 통계청은 이러한 저출산 현상이 심각해지면서 지난 2019년 5월 기준 인구 1천 명당 신생아 수가 연간 5.8명에 그친 것으로 발표하였다. 통계청의 「2019년 5월 인구동향」에 따르면, 출생아 수는 통계집계 이래 월별 최저 기록을 3년 2개월 연속으로 경신했고, 5월 출생아 수는 총 2만 5,300명으로 1년 전보다 2,700명(9.6%)이나 줄어든 것으로 파악된다. 정부가 2019년 초에 발표한 인구전망에서 2019년 출생아 수가 32만 5,000명, 합계출산율은 0.94명이 될 것으로 추정했지만 출산율 하락이 정부 예상보다 더욱 급격히 진행되고 있는 것으로 보이며, 실제 출생아 수는 29만 8,200명에서 30만 1,740명 사이, 합계출산율은 0.89~0.90명으로 전망된다(이철희·이삼식, 2019).

김경수 외(2018)는 2016년도 통계청의 세 가지 인구추계 시나리오와 함께 더욱 부정적인 상황으로 2017년의 합계출산율인 1.05명이 전 기간에 걸쳐 동일하게 지속된다는 시나리오를 추가하여 2060년까지 거시경제 수준을 전망하였다. 분석 결과, 기준 시나리오 대비 저위 시나리오를 적용할 경우, 국내총생산 규모는 2030년에 0.2%가 추가적으로 하락하며, 2060년에는 3.3%로 하락폭이 확대되는 것으로 나타났다. 더 나아가 출산율 1.05명 시나리오에서는 2030년

47) 통계청의 장래인구추계는 5년 주기로 작성되어 2021년에 공표 예정이었으나, 최근 초저출산 상황을 반영해 특별추계를 공표하였다고 밝히고 있다.

그림 7-5 최근 출생자 및 사망자 현황(2015~2019년)

(단위: 천 명)

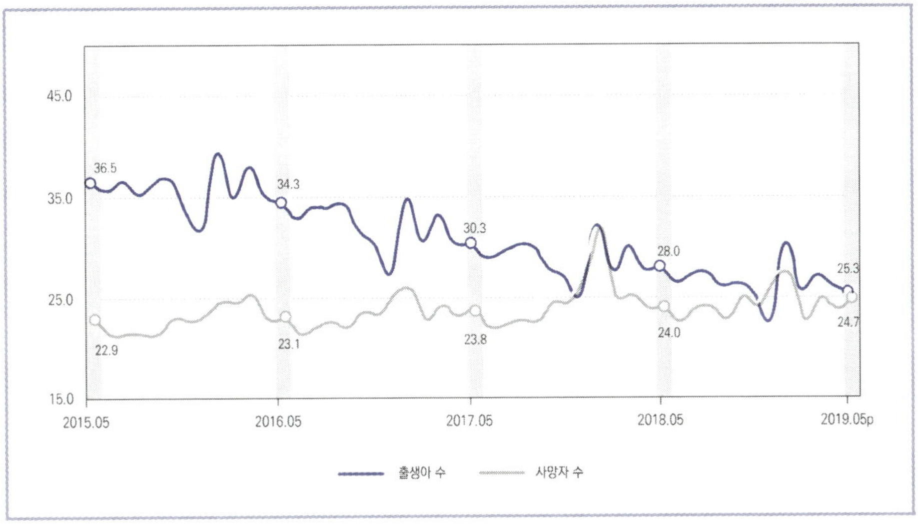

자료: 통계청(2019b).

과 2060년의 국내총생산이 기준 시나리오 대비 각각 0.4%와 5.0%까지 하락할 것으로 예상된다. 김경수 외(2018)는 출산율 하락문제가 현재 발생되고 있지만 경제활동에 참여하는 인구변화는 실질적으로 20년 후에 발생하고, 출산율 하락에 따른 경제적 파급효과가 장기적으로 더 확대될 것이라는 점을 경고하며, 초기에는 미미하지만 부정적 효과가 누적됨에 따라 인구 감소율보다 GDP 감소율이 높아질 것으로 전망하고 있다.

다음의 [그림 7-6]은 기준 시나리오 대비 출산율 변화에 따른 국내총생산 규모의 차이 변화를 나타내고 있다. 고위 시나리오(2060년 기준 1.64명)에서는 기준 시나리오에 비해 국내총생산 규모가 2060년에 5.2% 증가되는 것으로 추정되나, 저위 시나리오(2060년 기준 1.12명)에서는 기준 시나리오 대비 국내총생산 규모가 2060년에 3.3% 낮아지는 것으로 예상되며, 최저위 시나리오(2060년 기준 1.05명)에서는 2060년에 5.0%까지 감소될 수 있다고 전망하고 있다(김경수 외, 2018: 81-82).

그림 7-6 출산율 변화에 따른 국내총생산 변화율(기준 시나리오 대비)

(단위: %)

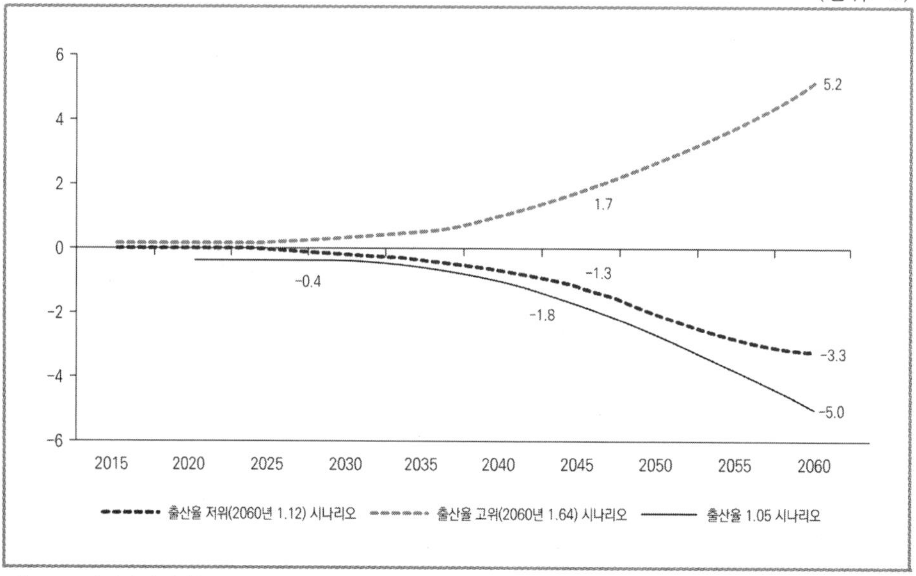

자료: 국회예산정책처(2018).

다음의 [그림 7-7]은 기준 시나리오 대비 출산율 변화에 따른 국가채무비율의 차이 변화를 나타내고 있다. 기준 시나리오와 비교하여 출산율 저위 시나리오에서는 2060년에 GDP 대비 국가채무비율이 5.4%p 더 높아질 것으로 추정되며, 최저위 시나리오인 출산율 1.05명 가정의 시나리오에서는 이보다 높은 7.8%p가 추가적으로 상승할 것으로 예측되고 있다(김경수 외, 2018: 86).

물론 이러한 분석은 현재 정책을 유지한다는 가정에서의 전망이며, 저출산·고령화의 문제에 대처하기 위해 추가적인 정책 노력이 투입될 경우에 비록 인구감소에 따른 경제성장률 저하의 문제를 상쇄하는 수준은 아니더라도 일정 수준의 거시경제지표의 개선을 예상할 수 있다(김경수 외, 2018: 94–103). 그럼에도 불구하고 김경수 외(2018)의 장기 재정전망 이후에 발표된 통계청의 인구추계가 더욱 비관적으로 제시되고 있으며, 저출산·고령화의 문제를 완화하기 위한 정부의 재정정책으로 인해 오히려 국가채무비율이 증가할 가능성이 크다는 점에서 국가채무의 지속가능성이 더욱 악화될 우려도 제기된다.

그림 7-7 출산율 하락에 따른 GDP 대비 국가채무비율의 변화(기준 시나리오 대비)

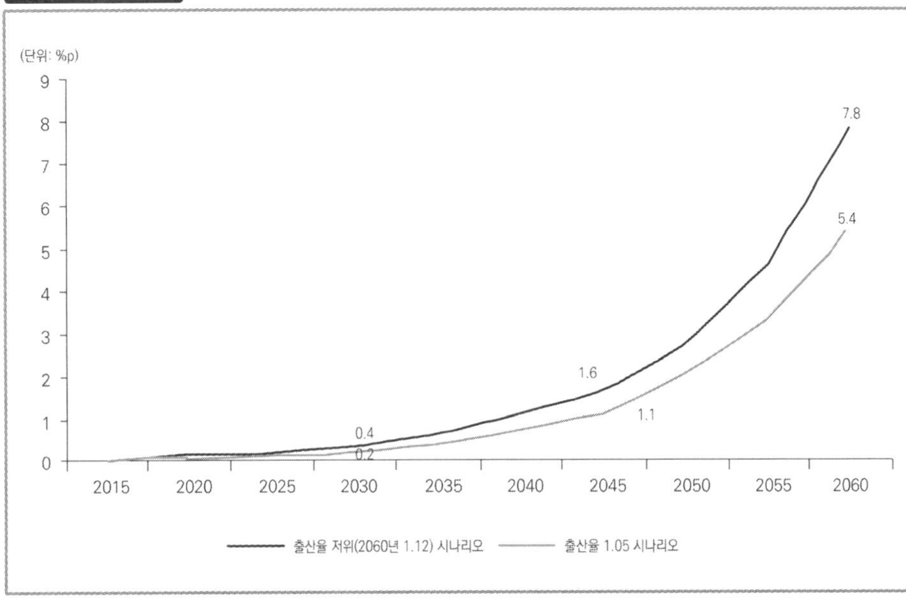

자료: 국회예산정책처(2018).

실제로 다음의 〈표 7-2〉에서 볼 수 있듯이, 제1차 저출산·고령사회 기본계획이 발표된 2006년부터 2019년까지 총 166조원 이상의 예산이 투입되었으며, 향후 매년 20조원 이상이 투자될 계획임에도 불구하고 출산율 개선에 대해서는 비관적 전망이 지배적이다. 통계청(2019c)은 2018년의 합계출산율이 0.98명으로 통계작성이 시작된 1970년 이래 최저치라고 발표하였으며, 통계청의 「2019년 9월 인구동향」에 따르면 3/4분기 전국 출생아 수는 7만 3,793명이며 합계출산율은 0.88명으로 더 낮아지고 있다. 이철희(2018)는 신생아 수가 2017년 35만 7,000명에서 2020년 28만 4,000명, 2026년 19만 7,000명으로 급감할 것이라고 전망하고 있으며, 이는 통계청(2016)이 출산율 저위 시나리오에 따라 예측한 2020년 36만 3,000명과 2026년 34만 8,000명의 수치와 비교해도 큰 차이를 보이고 있다.[48] 더욱이 앞서 언급했듯이 통계청은 2019년 3월, 2017년부터

48) 따라서 김경수 외(2018)는 첫째, 중장기적으로 결혼과 출산에 장애가 되는 제도적인 문제들을 완화해 나가는 정책 노력, 둘째, 양성평등과 아동보육을 중시하는 방향으로 저출산에 대

2067년까지 장래인구 특별추계 결과를 발표하면서 우리나라 총인구가 감소하는 예상시점을 앞당길 것으로 전망하고 있다. 이는 2018년 출산율이 저위 추계 시나리오(1.12명)를 하회하는 0.98명으로 발표되면서 인구감소 전환시점이 당초 출산율 저위 시나리오 기준에 따라 추정했던 2028년보다도 앞당겨질 것으로 전망되었기 때문이다. 이에 따른 추가적인 경제성장률의 하락과 국가채무비율

표 7-2 제1~3차 저출산·고령사회 기본계획 재정투자 현황

(단위: 조원)

구분		저출산	고령화	성장도력	총계
제1차 기본계획 (2006~2010)	2006	2.1	1.3	1.1	4.5
	2007	3.1	1.6	1.3	5.9
	2008	3.8	3.2	1.4	8.4
	2009	4.8	4.7	1.5	11.0
	2010	5.9	5.1	1.4	12.4
	합계	19.7	15.9	6.7	42.2
제2차 기본계획 (2011~2015)	2011	7.4	5.5	1.5	14.4
	2012	11.0	6.4	1.5	18.9
	2013	13.5	6.3	1.7	21.5
	2014	13.9	9.7	1.9	25.5
	2015	14.7	129.0	2.0	145.7
	합계	60.5	156.9	8.6	226
제3차 기본계획 (2016~2020)	2016	20.5	14.1	–	34.6
	2017	21.7	15.6	–	37.3
	2018	21.8	16.6	–	38.4
	2019	22.0	20.6	–	42.6
	2020	22.4	22.2	–	44.6
	합계	108.4	89.1	–	197.5
총계		188.6	145.8	15.3	349.6

주: 예산액 기준으로 정리함.
자료: 김경수 외(2018: 24).

응하는 정책, 셋째, 일·가정 양립을 위한 근로시간 축소 등 제도적 인프라 조성에 투자, 넷째, 보육인프라 확충 및 개선, 다섯째, 중기적으로 노동인구를 제고할 수 있는 프로그램 개발 등이 필요하다고 제언하고 있다.

의 악화가 우려되고 있다.

이러한 비관적인 전망은 인구통계의 부정적 예측에 따른 직접적 영향과 인구구조의 변화에서 기인하는 경제구조의 변화라는 간접적 영향을 통해 더욱 악화되고 있다. 최근 우리 경제에서 심각하게 제기되고 있는 선진국형 잠재성장률의 둔화와 장기침체(secular stagnation)에 대한 논의가 바로 그것이다. 전자는 일반적으로 선진국들의 경제성장 패턴이 과거 고도의 성장률을 유지하다가 지속적으로 하락하면서 2% 전후의 성장률 수준으로 고착화된다는 주장이고, 후자는 최근 경제침체가 일시적인 경기변동 차원이 아니라, 인구고령화에 따른 생산성 저하 및 고용 감소, 만성적인 수요 부족, 투자 감소 등으로 인한 구조적 차원의 경기침체라는 주장이다(정세은, 2016: 247). IMF(2013)에 따르면 2000년대 후반부터 진행된 G20 선진국의 급격한 국가채무 증가는 2008년을 전후한 글로벌 경제위기 이후 저성장 진입에 따른 국고수입의 감소요인으로 50% 이상 설명되며, 확대재정지출에 따른 부분은 약 17%에 불과하다고 분석하고 있다.

4 장기 재정전망과 국가채무

장기적으로 경제성장률과 인구구조의 변화가 국가채무수준 등 국가재정에 미치는 영향은 지대하다. 저출산·고령화는 경제성장률을 하락시키고, 경제성장률의 하락은 국세수입의 감소를 야기하여 재정건전성에 부정적인 영향을 발생시킨다. 특히 장기 재정전망에 있어 경제성장률 전망은 매우 중요한 영향을 준다. 예를 들면 2016~2060년 연평균 실질성장률이 기준선 전망인 1.9% 대비 0.3%p(경상기준 0.8%p) 하락하는 경우, 2060년의 국가채무비율이 기준선 전망 대비 32.2%p 증가한 94.6%에 도달할 것이라는 연구결과도 살펴볼 수 있다(박명호, 2015).[49]

49) 그러나 우리나라의 성장률 전망은 안타깝게도 오차범위가 매우 크고, 특히 장기전망으로

여기서는 국회예산정책처가 2016년과 2018년도에 발표한 「2016~2060년 NABO 장기 재정전망(2016)」과 「2019~2050년 NABO 장기 재정전망(2018)」, 그리고 기획재정부가 2015년에 발표한 「2060년 장기 재정전망(2015)」을 비교하여 살펴본다.[50] 각 보고서는 각기 다른 가정과 분석방법론을 적용하고 있어 직접 그 결과를 비교하여 타당성을 논하는 것 자체가 적절치 않으나, 여기서는 장기 재정전망과정에서 강조하고 있는 주요 쟁점의 차이가 어떠한 전망결과의 차이를 발생시키고 있는지를 중심으로 논의하고자 한다.

4.1 경제성장률 전망

국회예산정책처의 「2016~2060년 장기 재정전망」은 통계청의 「2010~2060년 장래인구추계」에서 발표한 내용 중 2016~2060년에 대한 인구추계 중위 전망을 기초로 작성되었다. 이러한 기본 전제에 따라 국회예산정책처(2016)는 고령화에 따른 노동투입 감소와 가계부채 증가, 자본투입 감소에 따른 총요소생산성 약화 등을 반영하여 저성장 추세를 전망하고 있다. 실질성장률은 2016년 2.5%에서 2060년 0.8%로, 경상성장률 역시 2016년 3.7%에서 2060년 2.3%로 감소될 것으로 전망하였다. 한편 취업자 수는 2020년부터 감소하여 그 증가율이 2037년을 기점으로 마이너스로 전환됨에 따라 노동투입 감소가 진행될 것으로 예측하였다. 또한 총요소생산성은 2016년 1.34%에서 2021년 1.51%까지 증가하다가 2036년부터는 1.2% 수준으로 지속될 것으로 전망하고 있다.

반면 국회예산정책처의 「2019~2060년 장기 재정전망」은 통계청의 「2015~2065년 장래인구추계」 중 2019~2050년 자료를 인용하고 있으며, 2019~2027년 사이에는 합계출산율을 저위수준으로 가정하나, 2028년 이후는 합계출산율이 중위수준으로 회복된다고 가정하고 있다.[51] 경제성장률의 전망은 국회예

갈수록 오차범위가 확대되고 있다.

50) 기획재정부는 「2060년 장기 재정전망」을 발표하였으며, 한국조세재정연구원은 해당 자료를 다소 보강한 「2016~2060년 장기 재정전망」을 발표하였다.

51) 2016년 12월에 통계청이 발표한 「장래인구추계(2015~2065)」에 따르면, 중위 추계에서 총인구 성장률은 2015년 0.53%에서 2032년 마이너스로 전환되고, 2065년 △1.03% 수준에 이를

산정책처의 「2019~2050년 거시경제 전망」을 활용하여 경상성장률을 대상기간(2019~2050) 동안 평균 3.7%로 예측하였으며, 이는 2016년 보고서와 같은 수준이다.

한편 기획재정부(2015)는 통계청의 2010년 중위 인구전망을 사용하였고, 해당 추계에서 생산가능인구는 2016년을 정점으로, 총인구는 2030년을 정점으로 인구 감소가 시작될 것으로 전망하고 있다. 경제성장률의 전망과 관련하여 기획재정부(2015)는 KDI가 산출한 「장기 거시경제전망(2016~2100)」 자료를 활용하고 있으며, 평균 실질성장률이 2016~2020년에 3.6%에서 2050~2060년에 1.1.%로 하락할 것으로 예측하고 있다(신석하 외, 2016). 그러나 앞선 국회예산정책처의 2016년 보고서에 비해서 높은 수준의 경제성장률을 가정하고 있는 것으로 파악된다.

각 장기 재정전망에서 활용하고 있는 경제성장률과 관련하여 주요 기관에서 발표한 우리나라 장기 실질경제성장률 전망치를 다음의 〈표 7-3〉을 통하여 비교하여 살펴볼 수 있다. 저출산·고령화의 경제적 파급효과에 대한 국내 연구에서도 경제활동인구 감소가 국내총생산을 줄이고 자본소득과 노동소득, 연금재정 등 대부분의 경제활동에 부정적인 영향을 주는 것으로 전망하고 있다(홍기석, 2003). 〈표 7-3〉에서 볼 수 있듯이, 우리 경제는 빠른 속도로 저출산·고령화가 진행되면서 잠재성장률이 하락하고 있다. KDI의 「장기 거시경제 전망」을 인용한 기획재정부(2015)의 발표에서는 2020년까지 3%대 중반에서 2060년에 1% 내외까지 하락하는 것으로 예측되고 있다. 이에 비해 국회예산정책처(2016)는 2020년까지 3.1%로 기획재정부의 전망보다는 낮은 수준이지만 이후 완만한 감소추세를 통해 2060년에는 기획재정부의 전망과 동일한 1.1%의

것이라고 전망하고 있어 마이너스 성장률의 전환이 1년 늦추어지고 있다. 생산가능인구 전망에서도 2016년 3,763만 명(59만 명 증가)을 정점으로 감소하기 시작하며, 2065년 2,062만 명에 도달할 것으로 전망하고 있다. 생산가능인구 중 25~49세의 비중은 2015년 52.8%(1,979만 명)에서 2065년 49.3%(1,015만 명)으로 감소하고 있고 감소폭이 나머지 연령대에 비해 매우 크다는 것은 2011년 발표와 유사하다. 한편 고령사회 및 초고령사회 진입연도에 대한 전망은 기존의 전망과 유사하다. 또한 유소년 인구비중이 2015년 703만 명(13.8%)에서 2035년 598만 명(11.3%), 2065년 413만 명(9.6%)으로 감소전망이 유지되었다.

표 7-3 주요 기관의 장기 잠재경제성장률 전망

(단위: %)

구분	2016~2020	2020~2030	2030~2040	2040~2050	2050~2060
기획재정부(2015)	3.6	2.6	1.9	1.4	1.1
국회예산정책처(2016)	3.1	2.8	2.1	1.6	1.1
OECD(2014)	3.3	2.7	1.9	1.6	1.3
Zoli 외(2018)	–	2.6	1.9	1.5	1.2

자료: 기획재정부(2015); 국회예산정책처(2016); OECD(2014); Zoli 외(2018).

경제성장률을 전망하고 있다. 한편 OECD(2014)는 우리나라의 경제성장률이 다른 OECD 국가와 비교해서 급속하게 하락하는 것으로 전망하고 있으며, 2030년이 되면 스웨덴, OECD 평균과 비슷해지고, 2030년 이후에는 OECD 평균보다 낮아져 2060년이 되면 일본, 유로존 평균과 같아질 것으로 전망하고 있다.

4.2 총수입 전망

재정기준선 전망을 위해서는 인구 및 경제성장률 전망에 기초한 총수입 규모의 전망이 필요하며, 여기에는 국세수입과 국세외수입이 포함된다.

먼저 국회예산정책처의 「2016~2060년 장기 재정전망」에서 총수입 전망을 살펴보면, 이 기간 동안 총수입은 저성장에 따른 국세수입 증가세 둔화와 생산가능인구 감소에 따른 사회보장기여금 수입감소 등으로 인해 경상성장률(3.7%)보다 낮은 3.3%의 증가율을 보일 것으로 전망되며, GDP 대비 총수입 비율도 2016년 24.1%(389.3조원)에서 2050년 22%(1,358조원), 2060년 20.7%(1,950조원)까지 하락할 것으로 예측된다. 장기적으로 총수입 증가율이 경상성장률보다 낮게 예측되고 있으며, 이는 현재 기준선 상태로는 향후의 재정수요를 감당하기 어렵다는 우려가 나타난다(국회예산정책처, 2016: 29). 한편 총수입 규모를 재원별로 나누어 살펴보면, 국세수입은 2025년까지 다소 증가하다가 잠재성장률 둔화에 따른 지속적인 감소추세가 전망되며, GDP 대비 국세수입비율은 2016년 13.8%

그림 7-8 기획재정부(2015) 총수입 장기 기준선 전망

(단위: GDP 대비 %)

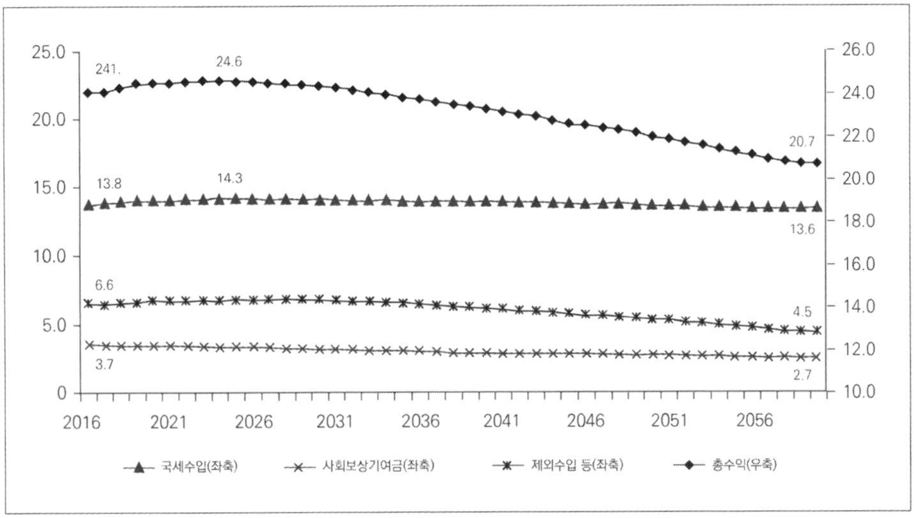

자료: 국회예산정책처(2016: xii).

(223.8조원)에서 2050년 13.8%(851조원), 2060년 13.6%(1,082조원)까지 하락할 것으로 예상하고 있다.[52] 조세부담률은 2016년 18.2%에서 국세수입의 증가와 함께 상승하여 2024년 18.6%로 정점에 도달한 후 2060년 17.9%까지 낮아질 것으로 전망하고 있다. 사회보장기여금 역시 생산가능인구 감소와 명목임금 증가율 둔화 등에 따라 GDP 대비 비율이 2016년 3.7%(59조원)에서 2050년 2.8%(136조원), 2060년 2.7%(212조원)까지 하락할 것으로 예상되고 있다.[53] 세외수입 비율도 금리 하향 안정화 추세에 따른 세외수입의 감소로 2016년 6.6%(106조원)에서 2050년

52) 국회예산정책처는 2016~2060년 국세수입 연평균 증가율은 3.6%로 최근 20년간 연평균 증가율(8.3%)을 하회할 것으로 전망하고 있으며, 소득세는 근로인구 감소 및 명목임금 증가율 둔화 등으로 GDP 대비 비율 2016년의 3.8%에서 2060년에 3.5%까지 감소할 것으로 전망하고 있다. 법인세는 고령인구 증가가 가속화되는 2010년대 후반부터 법인영업잉여가 증가함에 따라 GDP 대비 비율이 2015년 2.9%에서 2060년 3.5%로 증가할 전망이며, 부가가치세는 소비와 수입증가율이 둔화되어 GDP 대비 비율이 2016년 3.5%에서 거의 차이가 없이 2060년 3.6% 수준을 유지할 것으로 예상하고 있다.

53) 국민연금, 사학연금, 산재보험, 고용보험을 포함한다.

5.4%(332조원), 2060년 4.5%(356조원)까지 하락할 것으로 전망하고 있다(국회예산정책처, 2016: 18).

다음으로 국회예산정책처의 「2019~2050년 장기 재정전망」을 살펴보면, GDP 대비 총수입 비율은 2019년 25.6%(478조원)에서 정점에 도달한 이후 지속적으로 하락하여 2050년에는 23.2%(777조원)까지 낮아질 것으로 전망하고 있다.[54] 이는 2016년도 보고서에 비해 2050년의 GDP 대비 총수입 비율이 다소 높은 편이나 최초의 2019년도 수입비율 추정의 차이를 고려하면 큰 차이가 없

표 7-4 국회예산정책처(2018) 장기 재정전망

(단위: 조원, %)

구분	2019	2020	2030	2040	2050	연평균 증가율	
						불변 기준	경상 기준
총수입 (GDP 대비 비율)	478.3 (25.6)	492.9 (25.6)	612.4 (24.9)	707.2 (24.0)	777.1 (23.2)	1.6	3.3
국세수입 국세외수입	298.1 180.3	308.3 184.7	393.7 218.7	463.7 243.5	524.3 252.8	1.8 1.1	3.6 2.9
총지출 (GDP 대비 비율)	470.8 (25.2)	499.6 (26.0)	663.3 (27.0)	839.7 (28.5)	1,014.5 (30.3)	2.5	4.3
• 의무지출 (총지출 대비 비중) • 재량지출 (총지출 대비 비중)	240.4 (51.1) 230.4 (48.9)	257.6 (51.6) 242.0 (48.4)	369.2 (55.7) 294.0 (44.3)	487.9 (58.1) 351.8 (41.9)	614.2 (60.5) 400.3 (39.5)	3.1 1.8	4.9 3.6
통합재정수지 (GDP 대비 비율)	7.6 (0.4)	△6.6 (△0.3)	△50.9 (△2.1)	△132.5 (△4.5)	△237.4 (△7.1)		
관리재정수지 (GDP 대비 비율)	△36.0 (△1.9)	△45.9 (△2.4)	△71.3 (△2.9)	△110.1 (△3.7)	△149.4 (△4.5)		
국가채무 (GDP 대비 비율)	718.1 (38.4)	759.1 (39.5)	1,240.9 (50.5)	1,930.8 (65.6)	2,863.8 (85.6)	4.6	6.4

주: 1) 총수입은 2018년 개정세법을 반영한 국회예산정책처 전망액이며 2019년 불변가격임.
2) 총지출의 경우, 지방이전재원을 국회예산정책처 국세수입 전망액에 연동하여 반영하면서 2019년도 확정예산 총지출 469.6조원과 1.1조원 차이 발생.

자료: 국회예산정책처(2018).

54) 2019년 기준 불변가격으로 산정된 결과이다.

으며, 해당기간 동안 총수입의 연평균 증가율 역시 경상가격 기준으로 연평균 3.3%로 동일하게 예측하고 있다. 재원별로 구분하여 살펴보면, 국세수입의 비율은 2019년 15.9%(298조원)를 기록한 이후 증가율이 둔화되면서 2050년 15.7%(524조원)까지 하락할 전망이며, 사회보장기금을 포함한 국세외수입의 비율은 2019년 9.6%(180조원)에서 지속적으로 하락하여 2050년에는 7.6%(253조원)에 도달할 전망이다.

한편 기획재정부의 「2060년 장기 재정전망」에서는 2016년도의 GDP 대비 총수입 비율을 25.6%로 추정하고 있으며, 2040년까지 소폭 상승하여 28%에 도달한 이후 2060년에는 25.7%까지 하락할 것으로 전망하고 있다. 2040년까지의 증가세 및 그 이후의 감소세는 주로 사회보험수입의 급격한 변화에 의존하는 것으로 전망하고 있으며, 국세수입의 경우 지속적으로 소폭 상승하는 것으로 전망하였다. 앞선 국회예산정책처의 장기 재정전망에 비해 GDP 대비 총수입

표 7-5 기획재정부(2015) 장기 재정전망

(단위: GDP 대비 %, %)

구분	2016	2030	2040	2060	연평균 증가율
총수입	25.6	27.8	27.9	25.7	3.8
□ 국세수입	14.6	14.9	15.2	15.6	4.0
□ 사회보험수입	6.2	8.6	8.3	5.8	3.7
□ 기타수입	4.8	4.3	4.3	4.3	3.6
총지출	25.3	26.3	28.4	32.2	4.4
□ 의무지출	12.0	15.4	17.4	21.2	5.2
• 연금·건강보험	3.6	6.1	8.1	11.3	6.6
• 지방이전재원	5.1	5.5	5.6	5.8	4.1
□ 재량지출	13.3	10.9	10.9	10.9	3.4
※ 복지지출	8.1	10.6	12.4	15.5	5.4

주: 복지지출은 4대 공적연금, 기초연금, 건강보험, 노인장기요양보험 국고지원, 기초생활보장급여, 구직급여, 산재보험급여, 영유아 보육료지원 등 예산상 사회복지 및 보건 분야에 해당.

자료: 기획재정부 보도자료, 2015. 12. 4.

비율을 높게 전망하고 있으며, 지속적으로 국세수입의 증가를 예상하고 있다는 점에서 차이를 확인할 수 있다.

4.3 총지출 전망

국회예산정책처의 「2016~2060년 장기 재정전망」에 따르면 총지출은 인구고령화에 의한 공적연금 등 복지지출의 증가와 국채발행에 따른 이자지출 증가 등으로 인해 크게 상승할 것으로 전망하고 있다. 따라서 GDP 대비 총지출 비율은 2016년 23.9%(386조원)에서 2050년 29.9%(1,844조원), 2060년 32.2%(2,566조원)까지 지속적으로 증가할 것으로 예상하고 있다. 총수입의 연평균 증가율과 달리 해당 기간 동안 총지출의 연평균 증가율은 4.4%로 전망되며, 경상성장률인 3.7% 수준을 상회할 것으로 전망하고 있다. 총지출의 증가는 주로 의무지출의 증가가 이를 견인하는 것으로 분석되며, 총지출 대비 의무지출 비율은 2016년 47.1%(182조원)에서 2024년에 50%를 초과하고, 2050년 58.1%(1,071조원), 2060년 61.1%(1,568조원)에 도달할 것으로 예상되며,[55] GDP 대비 의무지출 비율도 복지지출과 이자지출이 증가함에 따라 장기적으로 상승할 것으로 전망되어 2016년 11.3%에서 2050년 17.4%, 2060년 19.7%로 8.4%p 상승할 것으로 예측하고 있다.[56] 2016~ 2060년 동안 의무지출의 연평균 증가율은 5.0%로 동 기간 총지출 증가율 4.4%를 상회할 것으로 예상되며, 특히 복지분야 의무지출의 2016~2060년 연평균 증가율은 5.5%로 이 중 공적연금에 대한 증가율이 6.1%

---

55) 고령화와 직접 연관된 사회보험·공적연금 등 복지분야 의무지출의 총지출 대비 비율이 2016년 21.5%에서 2050년 32.2%, 2060년 34.4%까지 상승할 것으로 예상하고 있다.

56) 의무지출은 2016년 182.2조원(GDP 대비 비율 11.3%)에서 2060년 1,568.4조원(19.7%)으로 꾸준히 증가하리라고 전망되고 있으며, 연평균 증가율로 볼 때 5.0%로 총지출 증가율을 상회하고 있다. 특히 복지분야의 증가율은 5.5%, 그중에서도 공적연금의 증가율은 6.1%이라는 점을 주목할 필요가 있다. 고령사회 시점인 2020년대부터 고령인구에 대한 사회복지지출이 급증하기 때문에 의무지출이 급격히 상승하는 것으로 볼 수 있다. 복지급여와 연금은 물론이고, 수명연장에 따른 의료급여 및 건강보험 지출의 증가도 염두에 두어야 한다. 또한 기준선 전망이어서 반영은 되지 않았으나, 복지지출 증대에 대한 국민의 요구가 지속적으로 늘어난다는 점도 매우 중요하다.

로 가장 높게 전망되고 있다. 이자지출의 연평균 증가율은 이보다 높은 6.6%로 예상되고 있다. 한편 GDP 대비 재량지출 비율은 정부의 세출구조조정 기조를 반영하여 5년간(2012~2016) GDP 대비 실적치 평균비율(12.5%)을 적용하여 전망하고 있다. 따라서 2016~2060년 재량지출의 연평균 증가율은 경상성장률과 동일한 3.7%로 추정하고 있으며, 2016년 204조원에서 2050년 773조원, 2060년 998조원으로 증가하나 증가율은 경제성장 둔화로 인해 감소할 것으로 예측된다.

다음으로 국회예산정책처의 「2019~2050년 장기 재정전망」에서는 총지출 전망에 고용보험 및 건강보험, 노인장기요양보험, 아동수당, 기초연금 및 장애인연금, 지방이전재원 등 주로 의무지출 분야와 관련한 주요 정책변화를 반영하였으며, 이러한 점에서 2016년 보고서와는 달리 정부지출에 대한 수정된 가정을 적용하고 있다. 또한 재량지출과 관련해서도 해당 기간 「2019~2022년 국가재정운용계획」의 재량지출 수준과 동일하다고 가정하고 2023~2027년은

그림 7-9 국회예산정책처(2016) 총지출 장기 기준선 전망

(단위: GDP 대비 %)

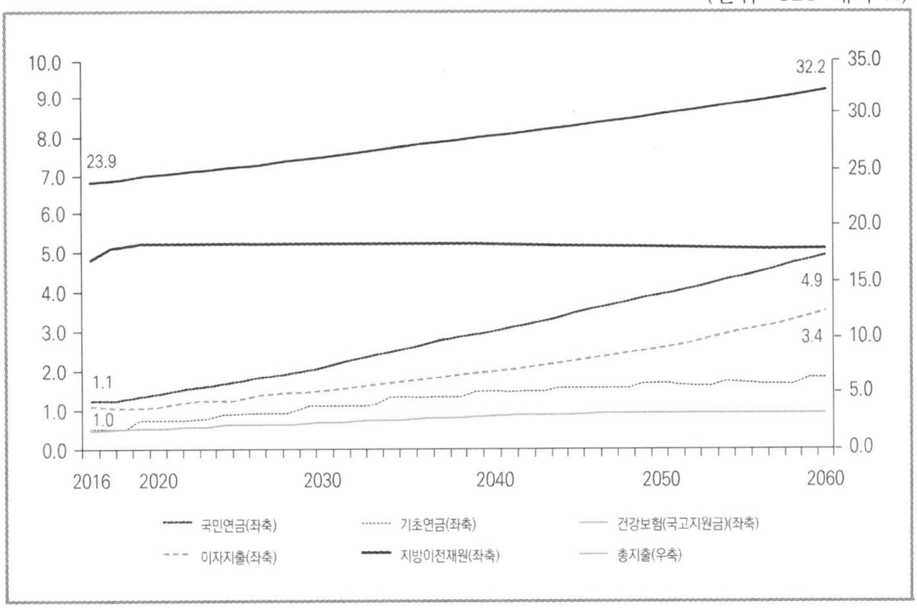

자료: 국회예산정책처(2016).

2022년 국가재정운용계획 재량지출 금액의 GDP 대비 비율 12.8%에서 매년 감소하여 2027년 12.0%로 수렴할 것을 가정하였으며, 2028~2050년은 GDP 대비 재량지출 비율이 12.0%로 유지된다고 가정하고 있다. 따라서 GDP 대비 총지출 비율은 2019년 25.2%(471조원)에서 2050년 30.3%(1,015조원)로 연평균 2.5% 증가할 것으로 전망하고 있다. 앞서 2016년 보고서에서 총지출 증가율을 연평균 4.4%로 예측한 것에 비해 정책조정을 통해 상대적으로 총지출의 증가세가 완화될 것으로 전망하고 있다. GDP 대비 의무지출 비율도 2019년 12.8%(240조원)에서 2050년 18.4%(614조원)로 총지출 증가율보다 높은 연평균 3.1% 수준의 증가율을 전망하고 있으나, 2016년 보고서에서 5.0%의 증가율을 예측한 것에 비해서는 다소 완화된 수치로 파악된다. 2018년 보고서에서도 의무지출 비율의 높은 증가율은 복지분야 의무지출(연평균 증가율 3.9%)과 이자지출(연평균 증가율 4.4%)의 높은 증가율에 주로 기인하다고 분석하고 있다. 반면, GDP 대비 재량지출 비율은 2019년 12.3%(230조원)에서 2050년 12.0%(400조원)로 오히려 감소할 것으로 예측하고 있으며, 실질경제성장률보다 낮은 연평균 1.8%의 증가율을 보일 것으로 전망하고 있다.

한편 기획재정부의 2016년도 보고서에서는 GDP 대비 총지출 비율이 2016년 25.3%에서 2060년 32.2%까지 지속적으로 증가될 것으로 전망하였다. 총지출의 연평균 증가율은 앞선 국회예산정책처의 2016년 보고서와 같이 4.4%로 예측하고 있으며, 경제성장률 및 총수입 증가율인 3.8%를 크게 초과하고 있다. 총지출의 증가세 역시 주로 의무지출에서 비롯한 것으로, 특히 연금·건강보험 등 복지지출의 증가세가 가파르게 예상된다. 의무지출의 연평균 증가율은 5.2%로 앞선 국회예산정책처의 재정전망에 비해 높게 산정되고 있으며, GDP 대비 의무지출 비율이 2016년 12.0%에서 2060년 21.2%로 9.2%p 증가할 것으로 예측하고 있다. 재량지출의 경우, 세출구조조정 정책을 반영하여 감소세가 유지되는 것으로 전망하고 있으며, 연평균 3.4%의 증가율을 보일 것으로 예측하였다.

4.4 장기 재정수지 및 국가채무 전망

국회예산정책처의 「2016~2060년 장기 재정전망」은 복지지출의 급속한 증가에 따른 총지출 증가율(4.4%)이 잠재성장률 둔화에 따른 총수입 증가율(3.3%)보다 높아 관리재정수지 적자가 지속적으로 심화되는 등 재정건전성이 악화될 것으로 전망하고 있다. 따라서 GDP 대비 통합재정수지는 2016년 0.2%(2.9조원) 흑자에서 2021년 적자로 전환된 이후 2050년 △7.9%(△486조원), 2060년 △11.5%(△917조원)까지 지속적으로 악화될 것으로 예측하고 있다. 한편 사회보장성기금수지는 2016년 GDP 대비 2.5%(20조원) 흑자를 기록한 후 국민연금기금수지의 흑자규모가 축소되면서 적자로 전환되며, 2050년 △1.8%(△109조원), 2060년 GDP 대비 △3.8%(△303조원)를 기록할 것으로 전망된다[57]. GDP 대비 관리재정

그림 7-10 국회예산정책처(2016) 총수입·총지출·재정수지 장기 기준선 전망

(단위: GDP 대비 %)

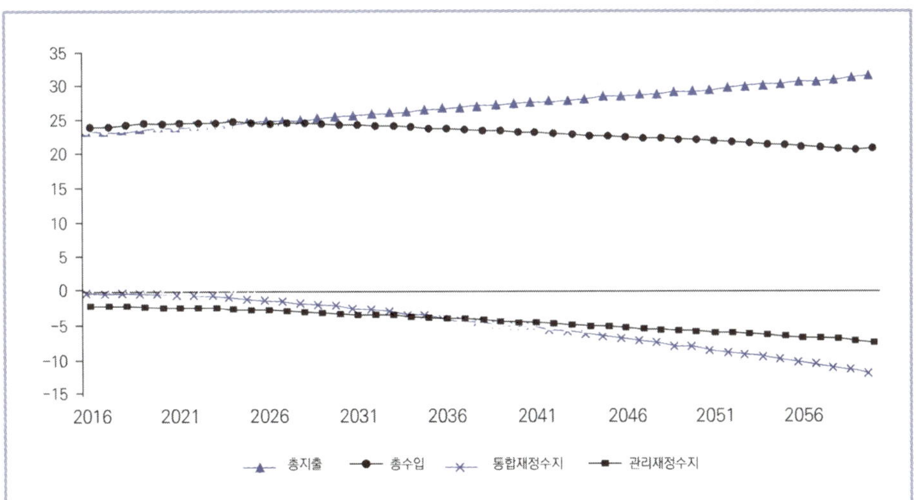

자료: 국회예산정책처(2016: xv).

57) 국민연금기금수지는 2016년 GDP 대비 2.3% 흑자에서 연금제도의 성숙화로 인해 2042년에 적자로 전환된 이후 적자규모가 확대되어 2058년에 기금이 고갈될 것으로 예상하고 있다. 이는 2044년에 국민연금기금수지가 적자로 전환된 이후 2060년 국민연금기금이 고갈될 것으로 예상하고 있는 기획재정부의 「2060 장기재정전망」 결과와 유사하다.

수지 역시 2016년 △2.3%(△37조원)에서 2050년 △6.1%(△377조원), 2060년 △7.7%(△614조원)로 악화될 것으로 예상하고 있다.[58)]

이러한 재정수지 악화에 따라 국채발행이 늘어나면서 GDP 대비 국가채무 비율은 2016년 39.5%(638조원)에서 2050년 111.0%(6,852조원), 2060년 151.8%(1경 2,100조원)까지 지속적으로 증가할 것으로 전망하고 있다([그림 7-11] 참조).[59)] 국회예산정책처(2016)는 복지지출(5.8%)과 이자지출(6.6%)의 증가속도가 국세수입(3.6%)의 증가속도보다 빠르게 나타나 국채발행을 통해 재원을 조달할 수밖에 없는 상황으로 해석하고 있다. 국회예산정책처의 2060년 국가채무 전망(151.8%)은 정부 전망치인 62.8%보다 현격히 높은 수치이며, 2016~2060년 동안 국민경제가 성장하는 속도(3.7%)보다 국가채무의 증가속도(6.9%)가 높은 까닭에 발생

그림 7-11 국회예산정책처(2016) 국가채무 추이 및 전망

(단위: GDP 대비 %)

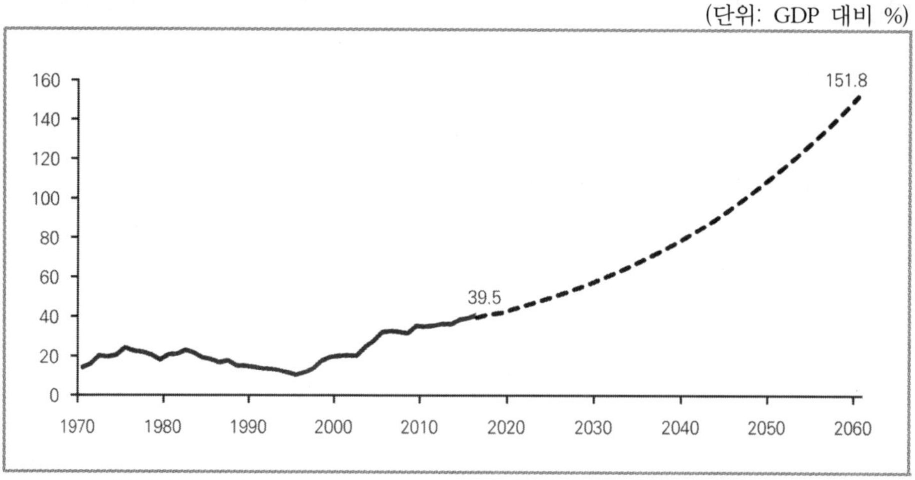

자료: 국회예산정책처(2016).

58) 관리재정수지는 정부의 재정재원으로 사용할 수 없는 사회보장성기금(국민연금, 사학연금, 산재보험, 고용보험) 흑자분을 통합재정수지에서 제외한 수지이다.

59) 한편 국회예산정책처가 2014년 발간한 「2014~2060년 NABO 장기 재정전망」에 따르면, 국가채무는 2014년 GDP 대비 37.0%에서 2060년 168.9%로 확대될 것으로 전망하였으며, 2018년 발간한 「2019~2050년 NABO 장기 재정전망」에서는 2050년에 국가채무가 GDP 대비 85.6%에 이를 것으로 전망되었다. 여기서는 중간적 시나리오를 제시하고 있는 2016년 자료를 요약하기로 한다.

하고 있다. 이를 생산가능인구 1인당 채무부담으로 환산할 경우 2016년 약 1,700만원에서 2060년 약 5.5억원[60]으로 급속히 확대되며, 채무수준의 증가와 생산가능인구의 감소가 함께 작용하는 탓에 상환능력의 저하 가능성은 더욱 높아지고 있다.

국회예산정책처(2016)는 이러한 기준선 전망 이외에 여러 정책 시나리오 분석을 시도하고 있다. 예를 들면 경제성장률 제고 시나리오에서는 다양한 정책변동으로 인하여 총요소생산성이 중장기적으로 상승할 경우에 실질성장률은 2.3%(0.3%p↑), 경상성장률은 4.1%(0.4%p↑)로 제고될 수 있다고 분석하고 있으며, 이에 따라 GDP 대비 관리재정수지 적자비율은 소폭 개선을 보여 2060년 기준 −7.3%(0.4%p↓)에 달한다고 전망하고 있다.[61] 또한 GDP 대비 국가채무비율은 2060년 140%(11.8%p↓)로 소폭 개선되는 것으로 예측한다. 세입확충 시나리오는 선진국과 마찬가지로 복지지출의 수준 및 고령인구의 비중에 따라 매년 조세부담률의 상향조정을 가정하며, 조세부담률을 2015년 18.5%에서 2060년 22.6%(+4.7%p)로 꾸준히 인상하는 방안을 고려한다. 이에 따라 GDP 대비 관리재정수지 적자비율은 2060년 4.0%(△3.7%p)로 상당히 개선될 여지가 있으며, GDP 대비 국가채무비율 역시 2060년 96.8%(△55%p)로 상당히 개선될 것으로 예상된다. 이 외에도 재량지출 증가율을 완화하는 지출절감 시나리오 및 GDP 대비 재정수지 적자비율을 축소하는 재정준칙 적용 시나리오를 통해 차별화된 재정전망을 제시하고 있다(국회예산정책처, 2016: 67).

다음으로 국회예산정책처의 2018년도 보고서에서는 GDP 대비 통합재정수지가 총지출 증가율(2.5%)이 총수입 증가율(1.6%)보다 높아지면서 총지출이 총수입을 추월하여 GDP 대비 통합재정수지의 비율이 2019년 0.4%(7.6조원) 흑자에서 2020년 △0.3%(△6.6조원)로 적자를 발생시킨 후, 2050년 △7.1%(△237.4조원)까지 늘어날 것으로 전망하고 있다. GDP 대비 사회보장성기금수지 비율은 국민연금 수급자 수 증가에 따른 급여지출 증가 등에 따라 2019년 2.3%(44조원)에서 흑자폭이 점차 감소하여 2050년에는 △2.6%(△88조원)까지 적자폭이 증가

60) 이는 2016년 현재가치로 1.1억원 정도이다.

61) 괄호 안 증감 수치는 기준선 전망 대비이다.

표 7-6 국회예산정책처(2018) 장기 재정전망: 재정수지

(단위: 조원, %)

구분	2019	2020	2030	2040	2050	연평균 증가율
총수입 (GDP 대비 비율)	478.3 (25.6)	492.9 (25.6)	612.4 (24.9)	707.2 (24.0)	777.1 (23.2)	1.6
총지출 (GDP 대비 비율)	470.8 (25.2)	499.6 (26.0)	663.3 (27.0)	839.7 (28.5)	1014.5 (30.3)	2.5
통합재정수지 (GDP 대비 비율)	7.6 (0.4)	△6.6 (△0.3)	△50.9 (△2.1)	△132.5 (△4.5)	△237.4 (△7.1)	
사회보장성기금 수입 (GDP 대비 비율)	90.5 (4.8)	93.4 (4.9)	115.7 (4.7)	124.8 (4.2)	118.0 (3.5)	0.9
사회보장성기금 지출 (GDP 대비 비율)	46.9 (2.5)	54.1 (2.8)	95.3 (3.9)	147.3 (5.0)	206.1 (6.2)	4.9
사회보장성기금수지 (GDP 대비 비율)	43.6 (2.3)	39.3 (2.0)	20.4 (0.8)	△22.5 (△0.8)	△88.0 (△2.6)	
관리재정수지 (GDP 대비 비율)	△36.0 (△1.9)	△45.9 (△2.4)	△71.3 (△2.9)	△110.1 (△3.7)	△149.4 (△4.5)	

주: 1. 전망액은 2019년 불변가격임.
2. 전망액이 불변가격인 경우, 연평균 증가율은 경상가격의 연평균 증가율에 비해 낮게 나타남.
자료: 국회예산정책처(2018).

될 전망이다. GDP 대비 관리재정수지 역시 2019년 △1.9%(△36조원)에서 2050년 △4.5%(△149조원)로 증가할 것이라 예측하고 있다.

GDP 대비 국가채무비율은 2019년 38.4%(718조원)에서 2050년 85.6%(2,864조원)로 연평균 4.6%의 증가율을 보일 것으로 전망하고 있다. 국회예산정책처(2018)는 중앙정부가 관리재정수지 적자보전을 위해 발행한 신규 국고채가 매년 누적된다고 가정하여 중앙정부의 GDP 대비 채무비율이 2019년 36.8%(688조원)에서 2050년 85.0%(2,846조원)로 증가할 것이라 전망하고 있다. 반면에 지방정부 채무는 증가 추세에 있는 중앙정부와 달리, 2019년에 29.7조원에서 2050년 17.4조원으로 감소하는 것으로 예상하고 있으며, 과소평가의 가능성을 의심할

표 7-7 국회예산정책처(2018) 장기 재정전망: 국가채무

(단위: 조원, %)

구분	2019	2020	2030	2040	2050	연평균 증가율
국가채무 (GDP 대비 비율)	718.1 (38.4)	759.1 (39.5)	1,240.9 (50.5)	1,930.8 (65.6)	2,863.8 (85.6)	4.6
중앙정부 채무 (GDP 대비 비율)	688.4 (36.8)	730.0 (38.0)	1,216.5 (49.5)	1,910.3 (64.9)	2,846.3 (85.0)	4.7
지방정부 순채무 (GDP 대비 비율)	29.7 (1.6)	29.2 (1.5)	24.4 (1.0)	20.4 (0.7)	17.4 (0.5)	△1.7

주: 1. 전망액은 2019년 불변가격임.
2. 전망액이 불변가격인 경우 연평균 증가율은 경상가격의 연평균 증가율에 비해 낮게 나타남.
자료: 국회예산정책처(2018: 38).

수 있다.[62)]

한편 기획재정부의 2015년도 보고서에서는 국가채무 추계대상으로서 일반재정부문과 사회보장성기금부문을 구분하여 분석하고 있다. 일반재정부문에 대해서는 재량지출의 규모와 관련해 두 가지 시나리오로 구분하고 있다. 시나리오 1은 재량지출이 경상성장률 수준으로 증가하는 것으로 가정하며, 시나리오 2는 세출구조조정을 통해 시나리오 1의 재량지출 증가분의 10%를 감축하는 것을 가정한다. 시나리오 1에 따르면, 재량지출이 경상성장률과 같은 연평균 3.4%의 증가율을 보이는 데 비해, 재정수입 증가율이 이보다 높은 3.9%로 추정되어, 재량지출의 증가는 재정적자에 별다른 영향을 미치지 못한다. 다만 연령관련지출 및 지방이전지출, 이자지출 등 의무지출의 높은 증가세로 인해 관리재정수지는 매년 1.6~1.8%의 적자를 유지할 것으로 예측된다. 국가채무비율 역시 지속적으로 상승하여 2060년에는 62.4%에 도달할 것으로 전망하고 있다. 반면 시나리오 2에 따르면, 세출구조조정을 통한 재량지출의 지속적인 감소로

62) 다만 국회예산정책처(2018)는 "지방정부 순채무는 최근 지방정부 순채무가 감소세를 보이고 있으며, 향후 추세를 전망하기에 어려움이 있어 2019~2050년 동안 2019년도 확정예산에 반영된 지방정부 순채무(29.7조원)가 동일하게 유지된다"고 가정하고 있다.

그림 7-12 기획재정부(2015) 장기 재정전망: 국가채무비율

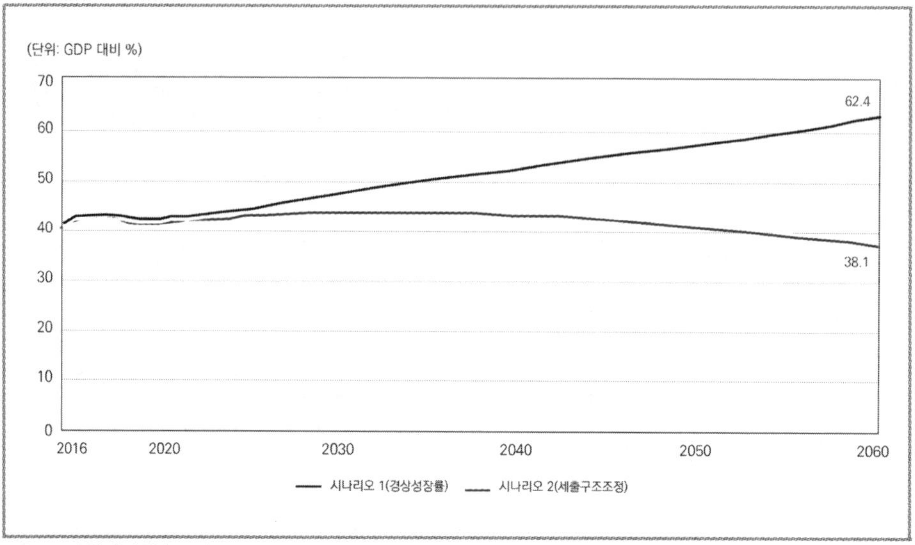

자료: 기획재정부(2015).

인해 기존에 3.4%로 예측한 재량지출의 연평균 증가율을 3.2%까지 낮출 수 있으며, 2060년에는 관리재정수지가 GDP 대비 0.2% 수준의 적자폭으로 개선될 것이라고 전망하고 있다. 이에 따라 국가채무비율 역시 2034년에 44.3%를 정점으로 2060년에는 38.1%로 감소해 현재보다 개선될 것이라 낙관적으로 예측하고 있다. 그러나 민감도 분석을 통해 재정건전성의 악화 가능성에 대해서도 전망하고 있으며, 재원조달 방안이 없는 신규 의무지출의 도입이나 의무지출 단가 상승, 저성장 리스크에 대한 요인으로 인해 국가채무비율의 전망이 현격히 달라질 수 있는 것으로 파악된다. 예컨대 정치적 이유에서 특별한 재원조달 방안 없이 10조원 수준의 신규 의무지출이 2020년에 도입된다고 가정할 경우, 2060년의 국가채무비율은 시나리오 1에 대비해 26.5%p 증가된 88.8%에 달할 것으로 예측하였다. 특히 저성장 리스크와 관련해 연평균 실질성장률이 0.3%p 하락한다고 가정할 경우, 2060년의 국가채무비율은 시나리오 1과 대비해 32.2%p 증가된 94.6%까지 확대될 것으로 예측하고 있다.

4.5 장기 재정전망 종합 비교

국회예산정책처와 기획재정부는 동일하게 2016년부터 2060년까지의 장기 재정전망을 수행하였으나, 그 결과는 매우 다르게 나타나고 있다. 두 기관은 장기 재정전망을 위한 공통 전제요건을 활용하고 인구 및 거시경제 전망 등에 대해서도 큰 차이를 보이지 않음에도 불구하고, 2060년의 GDP 대비 국가채무 비율을 국회예산정책처는 151.8%, 기획재정부는 62.4%로 전망하고 있어 2배 이상의 현격한 차이를 보이고 있다. 이렇게 큰 격차는 당연히 재정전망에 뒤따르는 정책대안의 도출과정에서 큰 이견을 발생시킨다는 점에서 심각한 문제로 지적된다. 사실 89.4%p에 달하는 국가채무비율의 예측결과 차이는 각 기관이 정부의 재정지출 감축에 대한 정책의지를 얼마나 신뢰하고 전망에 반영할 것인지에 따라 발생한 것이다. 예컨대 국회예산정책처(2016)는 정부 정책의지를 반영하더라도 실질적으로 재량지출의 증대를 억제시킬 수 있을 뿐 역진적 감소를 실현하기에는 어렵다고 보고 있으며, 2016년부터 전체 전망기간 동안 GDP 대비 평균비중인 12.5%를 일괄 적용하여 전망하고 있다. 반면 기획재정부(2015)는 2016년에 GDP 대비 13.3% 수준인 재량지출 비율이 재정감축을 통해 2019년에 10.8%까지 축소한 이후부터는 경상성장률에 비례해 일정하게 유지되는 것으로 전망하고 있다. 그러나 재량지출 감축을 위한 강도 높은 사업구조조정을 각 부처에 자율적으로 추진하도록 맡기고 있어 지출감축을 위한 강력한 의지가 있다고 보기는 어렵다. 실제로 2017년 재량지출은 전년 대비 약 0.2조원(204.2조원 → 204.0조원) 감소한 것으로 나타나 지극히 미미한 감축실적(0.09%)을 확인할 수 있다. 2018년 예산안에서도 재량지출은 211.8조원으로 총지출 대비 49.3% 수준으로 상대적 비중은 줄어들었으나, 전년 대비 절대량의 감축은 일어나지 않은 것으로 분석되고 있다. 더구나 「2018~2022년 국가재정운용계획」에서 전년도 계획과 비교해 총지출 증가율을 연평균 5.8%에서 7.3%로, 의무지출 증가율은 연평균 7.2%에서 연평균 7.8%로, 재량지출 증가율은 연평균 4.3%에서 연평균 6.7%로 대폭 상향조정하고 있어 재정지출의 감축을 통한 재정건전성 제고의 전망이 실현 가능할지 의문이다. 최근 「2019~2023년 국가재정운용계획」에서도 의무지출의 증가율은 연평균 6.1%로 전년도 계획에 비해 감소하였으나, 경제활력 제고를 위한 적극적 재정운용에 따라 재량지출은 전년도 계획에 비해 상승한 연평균 6.9%의 증가율로 전망하고 있다.

한편 기획재정부(2015)의 재정전망에서 민감도 분석에서 제시한 재정건전성 악화의 불확실성 요인들이 점차 현실화되고 있다는 점도 주목할 필요가 있다. 예컨대 2016년 당시 기획재정부는 신규 의무지출사업의 도입과 국민연금의 기준연금액 인상을 불확실성 요인으로 지적하였으며, 이러한 부정적 요인이 동시에 작용할 경우, 향후 2060년에는 국가채무비율이 148.9%에 달할 것이라고 전망한 바 있다. 그런데 2019년 현재 정부는 의무지출 분야의 대표 항목인 인건비와 사회복지 측면에서 공무원 증원 및 공공부문 정규직화, 건강보험 보장성 강화 및 아동수당 신설, 기초연금 증액 등을 추진하였다. 물론 이러한 사업의 재원이 구체적으로 어떻게 조달될 것인지는 지켜봐야겠지만, 이와 같은 대규모의 재정사업이 모두 세입으로 충당되기란 현실적으로 어려울 것이다. 따라서 기획재정부가 제시한 장기 재정전망에 비추어 보더라도 재정건전성의 악화는 그 심각성이 상당히 높아질 것으로 예상할 수 있으며, 상대적으로 부정적인 전망을 내놓고 있는 국회예산정책처(2016)의 재정전망까지 고려한다면 더욱 우려할 수준이다.

한편 각 기관의 장기 재정전망이 모두 세출규모와 관련한 민감도 분석을 포함하고 있으나, 국가재정의 다른 한 축인 세입규모와 관련해서는 별도의 민감도 분석을 고려하지 못하고 있어 공통적인 한계로 지적된다. 기획재정부의 경우, 세입부문은 장기전망에 반영하기 위한 외생변수로만 활용하고 있을 뿐 정책변수로는 전혀 고려하지 않고 있으며, 국회예산정책처도 세입확충을 시나리오에 따라 분석하고 재정건전성 측면에서 일정 수준 검토하고 있으나, 조세부담률의 증가를 단순히 가정하는 것에 그치고 있으며 조세부담률 증가를 추진하기 위한 구체적인 방법이나 정책에 대한 논의는 매우 부족한 편이다. 이러한 두 기관의 소극적인 태도는 증세 현안이 정치적으로 매우 민감한 이슈임을 방증하고 있다. 향후 기획재정부와 국회예산정책처는 중립적인 관점에서 정부의 실질적인 정책의지를 반영하며, 세입구조개혁을 어떻게 수행할 것인지에

표 7-8 국가기관별 주요 지표에 대한 장기 재정전망 비교

항목	기획재정부 (2016~2060)	국회예산정책처 (2016~2060)	국회예산정책처 (2019~2050)
연평균 경제성장률	실질: 1.9%	실질: 2.0% 경상: 3.7%	실질: 2.0% 경상: 3.7%
GDP 대비 총수입 비율	2060: 25.7%	2050: 22.0% 2060: 20.7%	2050: 23.2%
GDP 대비 총지출 비율	2060: 32.2%	2050: 29.9% 2060: 32.2%	2050: 30.3%
• 의무지출	2060: 21.2%	2050: 19.7% 2060: 17.4%	2050: 18.3%
• 재량지출	2060: 10.9%	2050: 12.5% 2060: 12.0%	2050: 12.0%
GDP 대비 통합재정수지 비율	–	2050: △7.9% 2060: △11.5%	2050: △7.1%
GDP 대비 관리재정수지 비율	2060: △1.8 ~ △0.2%	2050: △6.1% 2060: △7.7%	2050: △4.5%
국가채무비율	2060: 62.4 ~ 38.1%	2050: 111.0% 2060: 151.8%	2050: 85.6%

자료: 저자가 별도로 정리, 제시함.

대한 논의를 재정전망 과정에서 충분히 검토할 필요성이 제기된다.

5 소 결

전 세계적으로 높은 수준의 국가채무가 유지되는 현 상황에서 저성장이 구조화되는 거시경제적 환경은 새로운 도전을 제기하고 있다. 앞서 언급하였듯이, 1990년 이후 OECD 국가들은 재정의 자동안정화 기제의 작동, 경기부양을 위한 확장적 재정정책, 금융 및 기업부문의 구제금융 등으로 인하여 국가채무는 역대 최고수준에 가까워지고 있다. 이러한 상황에서 중장기 경제성장전망은 계속 하향조정되고 있어 재정건전성을 유지하는 것은 더욱 어려워지고

있다. 또한 급속한 인구고령화에 따른 의료지출 및 연금지출 등과 같은 연령관련지출의 증가는 구조적인 차원에서 더욱 강력한 재정압박을 가하고 있다. 더욱 심각한 문제는 높은 국가채무 수준으로 인해 경기부양을 위한 정책수단이 제한되고 증가하는 이자부담으로 인해 기초재정수지가 악화됨에 따라 미래에 발생 가능한 외부충격이 국가재정을 더욱 취약하게 만들고 있다는 점이다 (Abbas 외, 2013; 김성태·박진, 2014).

앞서 살펴본 것과 같이, 지속가능한 국가채무 수준에 대한 논의는 다양한 관점과 기준에서 진행되어 왔다. 비록 표준화된 기준은 아니지만 상당수의 실증 연구결과들을 종합하면, GDP 대비 국가채무비율이 선진국은 90%, 개도국은 60%를 넘어설 경우에 국가채무의 지속가능성에 문제가 발생하는 것으로 파악된다. 또한 선진국과 개도국 등 국가유형에 따라 국가채무의 지속가능성에 영향을 미치는 특성들을 어느 정도 분석할 수는 있으나, 개별 국가가 당면하고 있는 대외여건뿐만 아니라 다양한 정치경제적 상황에 따라 해당 국가의 적정 국가채무 수준이 상당히 달라질 수 있다는 점에서 일반기준에 따라 적정 국가채무 수준을 확인하는 것은 쉽지 않은 작업이다. 그럼에도 불구하고 적정 국가채무 수준에 대한 논의는 국가재정의 지속가능성을 보장하기 위한 안전기준을 설정한다는 차원에서 향후에도 체계적이고 지속적으로 이루어져야 할 필요성이 있다.

특히 상대적으로 대외변동성이 높고 국가발전에서 재정의 역할이 중요한 한국의 상황에서 다양하고 복잡한 여러 변수들이 동시에 작동하고 있기 때문에 지속가능한 국가재정을 달성하기 위한 국가채무의 적정수준을 결정하는 작업은 더욱 쉽지 않다. 그럼에도 불구하고 우리 경제를 둘러싼 다음과 같은 요인들을 고려할 때 국가채무 수준은 최대한 보수적으로 유지할 필요가 있다(김성태·박진, 2014). 첫째, 경제성장동력의 저하와 저출산·고령화에 따른 성장률 감소는 세입과 세출 측면에서 구조적 변화를 유발시켜 우리나라의 재정수지를 악화시킬 가능성이 매우 크다. 생산가능인구의 감소로 인한 세입 감소와 고령화에 따른 의료복지비용의 증가는 정부가 감당하기 어려운 수준의 동시다발적인 재정구조 악화를 초래할 것으로 우려된다. 둘째, 급속한 기술의 발전과 세계화에 따라 노동시장의 양극화가 가속화되고 있으며, 사회적 부의 재분배와 관련해 국민들은 정부로 하여금 더 많은 정책대응을 요구하고 있다. 셋째, 의료 및 복지사업 확대에 따른 의무지출의 증가와 함께 재량지출 역시 다양한 정치적 이유를 고려하여 증가될 가능성이 크다. 특히 예비타당성조사 면제사업의 확대는 재량지출에 대한 체계적인 통제를 어렵게 하고 있다. 넷째, 그동안 비정상적인 저금리기조가 정상화되면서 정부지출 확대에 따른 국가채무에 대한 이자비용이 크게 늘어날 가능성이 높다.[63] 마지막으로 장기적인 재정건전성 유지를 위한 재정통제장치가 효과적으로 작동되고 있지 못하다. 예컨대 「국가재정운영계획」은 수립만 있을 뿐 실제로 운영되지는 않는다는 지적과 같이, 중장기 전망에 근거한 체계적인 재정통제가 이루어지지 못하고 있다(김대철·박승준, 2015). 특히 과거 '양입제출(量入制出)'의 재정정책 기조가 무너져 재정지출 증가율이 수입 증가율보다 크게 높아지고 있으며, 장기 경기침체의 국면에서 재정당국과 정치권이 단기적 경기부양을 위한 적자지출을 선호하고 있어 재정건전성을 담보할 수 있는 큰 틀의 변화 없이는 국가채무는 지속적으로 늘어날 수밖에 없다.

이러한 요인들을 종합적으로 고려할 때, 과거 국회예산정책처(2016)가 전망한 2060년의 국가채무비율 151.8%에 대한 전망이 실제로 현실화될 가능성이 높다고 판단된다. 따라서 인구통계학적 변화를 포함한 사회변화에 대한 적극적인 재정정책의 대응이 필요하다. 특히 획기적인 재정지출 구조조정을 통하여 불필요한 예산을 축소함으로써 향후 확대가 필요한 SOC 인프라·교육·의료보험 서비스에 대한 투자를 늘리고, 세수 증대를 통하여 지출 증대에 대응하는 충분한 재정여력을 확보하며, 누진소득세(progressive income taxes)와 같이 조세 부담의 형평성을 제고할 수 있는 구체적인 정책방안을 마련하고 강력한 정책의지를 통해 이를 추진할 필요가 있다(IMF, 2019; 한국재정정보원, 2019b). 덧붙여 실현 가능성은 차치하고라도 향후 통일을 위한 추가적인 재정부담이 통일 이후 10년간 최소 GDP의 4%에서 최대 25%까지 예상되고 있으며(McKibbin 외,

---

63) 2019년 회계연도에 발생한 이자비용은 16조원 수준으로 이미 언급한 금리인상과 부채수준의 증가에 따라 향후 재정부담으로 작용할 전망이다.

2017; St. Brown, Choi, & Kim, 2012; Auerbach, Chun, & Yoo, 2004; 박태규, 1997),[64] 이에 따른 중장기적 대비 역시 필요하다.

64) 국회예산정책처(2014)의 최근 한반도 통일에 따른 재정전망에 따르면, 이러한 투자에 따라 국가채무는 2016년 GDP 대비 38.7%에서 2040년 133.6%로 증가될 것으로 전망하고 있다.

참고 문헌

국내 문헌

국회예산정책처(2012). **2012~2060년 NABO 장기 재정전망 및 분석**.

국회예산정책처(2014). **2014~2060년 NABO 장기 재정전망**.

국회예산정책처(2015). **남북교류협력 수준에 따른 통일비용과 시사점**.

국회예산정책처(2016). **2016~2060년 NABO 장기 재정전망**.

국회예산정책처(2018). **2019~2050년 NABO 장기 재정전망**.

기획재정부(2015). **2060년 장기 재정전망**.

김경수·허가형·김윤수·김상미(2018). 우리나라 저출산의 원인과 경제적 영향. **경제현안분석 제94호**. 국회예산정책처.

김대철·박승준(2015). 국가재정운용계획 11년 운영 평가 및 과제. **제도와 경제**, 9(1), 127-156.

김성태·박진(2014). **재정건전성의 평가 및 정책과제**. 한국개발연구원(KDI).

김성태(2018). 중장기적 시계에서 한국 재정정책의 방향. **한국경제포럼**, 10(4), 1-31.

문외솔·양오석·이동원·이태환(2010). **국가채무의 적정 비율**(CEO Information 765). 삼성경제연구소.

박명호(2015). **2016~2060년 장기 재정전망**(조세·재정 Brief 6). 조세재정연구원.

박태규(1997). 한반도 통일에 따른 소요비용의 추계와 재원조달방안. 전홍택·이영선(편), **한반도 통일시의 경제통합전략** (pp. 437-499). 한국개발연구원.

신석하·황수경·이준상·김성태(2013). **한국의 장기 거시경제변수 전망**. 한국개발연구원.

안병권·김기호·육승환(2017). 인구고령화가 경제성장에 미치는 영향(BOK 금융경제연구 2017-21). 한국은행.

이상헌(2016). 국가채무 증가가 경제성장률 및 금융시장에 미치는 영향. **재정정책논집**, 18(4), 63-92.

이철희(2018). 저출산·고령화 대응 정책의 방향, 인구정책적 관점. **보건복지포럼**. 2018(7), 50-64.

이철희·이삼식(2019). 인구 변화 시나리오. **저출산·고령화포럼** 발표자료. 저출산고령사회위원회.

이태석·허진욱(2017). 재정여력에 대한 평가와 국가부채 관리 노력 점검. **KDI 경제전망**, 2017 하반기. 한국개발연구원.

임 진(2009). 사회후생 극대화를 위한 국가채무 수준에 대한 연구. **금융경제연구**, 400호.

한국은행 금융경제연구원.

정세은(2016). 2060 장기재정전망의 비판적 검토: 거시전망, 국가채무전망을 중심으로. **한국사회보장학회 정기학술발표논문집**, 2016(2), 245−270.

통계청(2010). **2010년 인구주택총조사**.

통계청(2016). **장래인구추계**.

통계청(2019a). **장래인구특별추계: 2017~2067**.

통계청(2019b). **2019년 9월 인구동향**.

통계청(2019c). **2018 한국의 사회지표**.

한국재정정보원(2019a). 해외재정동향: EU의 경제전망과 재정지속가능성, **월간 나라재정** 27호.

한국재정정보원(2019b). IMF의 2019년 재정점검 보고서: 「Fiscal Monitor, 2019」. **월간 나라재정** 29호.

현대경제연구소(2016). **2017년 한국 경제 전망**.

현대경제연구소(2017). **2018년 한국 경제 전망**.

홍기석(2003). 고령화와 거시경제. 최경수·문형표·신인석·한진희(편). **인구고령화의 경제적 영향과 대응과제(I)**, 82−159, 한국개발연구원.

해외 문헌

Abbas, S. M., Belhocine, N., ElGanainy, A. A., & Horton, M. (2010). *A historical public debt database*(IMF Working Paper No. 10/245). Washington, D.C.: International Monetary Fund.

Abbas, S. A., Akitoby, M. B., Andritzky, M. J. R., Berger, M. H., Komatsuzaki, M. T., & Tyson, J. (2013). *Dealing with high debt in an era of low growth*(Staff Discussion Notes No. 13/7). Washington, D.C.: International Monetary Fund.

Aiyagari, S. R., & McGrattan, E. R. (1998). The optimum quantity of debt. *Journal of Monetary Economics*, 42(3), 447−469.

Aizenman, J., & Marion, N. (2011). Using inflation to erode the US public debt. *Journal of Macroeconomics*, 33(4), 524−541.

Arcand, J. L., Berkes, E., & Panizza, U. (2015). Too much finance?. *Journal of Economic Growth*, 20(2), 105−148.

Auerbach, A. J., Chun, Y. J., & Yoo, I. (2004). *The fiscal burden of Korean reunification: A generational accounting approach*(No. w10693). National Bureau of Economic Research.

Balassone, F., Francese, M., & Pace, A. (2011). *Public debt and economic growth in Italy*(Bank of Italy Economic History Working Paper No. 11). Rome: the Bank of Italy.

Barro, R. J. (1979). On the determination of the public debt. *Journal of political Economy, 87*(5, Part 1), 940-971.

Baum, A., Checherita-Westphal, C., & Rother, P. (2013). Debt and growth: New evidence for the euro area. *Journal of international money and finance*, 32, 809-821.

Bohn, H. (1998). The behavior of US public debt and deficits. *the Quarterly Journal of economics, 113*(3), 949-963.

Brennan, G., & Buchanan, J. M. (1980). *The power to tax: Analytic foundations of a fiscal constitution*. Cambridge University Press.

Buchanan, J. M. (1987). The ethics of debt default. In J. M. Buchanan., C. K. Rowley, & R. D. Tollison(Eds.), *Deficits*. Oxford, UK: Basil Blackwell.

Calvo, G. A. (1989). Is inflation effective for liquidating short-term nominal debt?. *Staff Papers*, 36(4), 950-960.

Cecchetti, S., Mohanty, M., & Zampolli, F. (2011). *The real effects of debt*(BIS Working Papers No. 352). Basel: Bank for International Settlements.

Checherita-Westphal, C. D., & Rother, P. (2010). *The impact of high and growing government debt on economic growth: an empirical investigation for the euro area*(ECB Working Paper No. 1237).

Chowdhury, A., & Islam, I. (2010). *Is there an optimal debt-to-GDP ratio*. Retrieved from http://www.voxeu.org/debates/commentaries/there-optimal-debt-gdp-ratio.

Claessens, S. (1990). The debt laffer curve: Some estimates. *World Development, 18*(12), 1671-1677.

Clements, B., Dybczak, K., Gaspar, V., Gupta, S., & Soto, M. (2015). *The Fiscal Consequences of Shrinking Population*(Staff Discussion Notes No. 15/21). Washington, D.C.: International Monetary Fund.

Clements, B., Dybczak, K., Gaspar, V., Gupta, S., & Soto, M. (2018). The fiscal consequences of shrinking and ageing populations. *Ageing International, 43*(4), 391-414.

Cochrane, J. H. (2011). Inflation and debt. *National affairs, 9*(2), 56-78.

Codogno, L., Favero, C., & Missale, A. (2003). Yield spreads on EMU government bonds. *Economic Policy, 18*(37), 503-532.

DeLong, J. B., Summers, L. H., Feldstein, M., & Ramey, V. A. (2012). Fiscal policy in a depressed economy [with comments and discussion]. *Brookings Papers on Economic Activity*, 233-297.

Domar, E. D. (1946). Capital expansion, rate of growth, and employment. Econometrica. *Journal of the Econometric Society*, 14(2), 137-147.

Elmeskov, J., & Sutherland, D. (2012). *Post-crisis debt overhang: growth implications across countries*. Available at SSRN 1997093.

European Commisssion(2018). *Fiscal Sustainability Report*. Retrieved from https://ec.europa.eu/info/publications/economy-finance/fiscal-sustainability-report-2018_en

Gale, D. (1990). The efficient design of public debt. In M. Draghi, & R. Dornbusch (Eds.), *Public debt management: Theory and history* (pp. 14-47). Cambridge: Cambridge University Press.

Hansen, A. H. (1941). The Growth and Role of Public Credit. *Chapter IX In Fiscal Policy and Business Cycles* (pp. 135-185). WW Norton & Company Inc.

Hansen, A. H. (1954). Growth or stagnation in the American economy. *The Review of Economics and Statistics*, 409-414.

International Development Association(2001). Financial Impact of the HIPC Initiative: First 22 Country Cases'. Washington, DC: World Bank.

IMF(2002). *Assessing sustainability*. Washington D.C.: International Monetary Fund.

IMF(2013). *Reassessing the Role and Modalities of Fiscal Policy in Advanced Economies*. Washington D.C.: International Monetary Fund.

IMF(2019). *Fiscal Monitor, April 2019: Curbing Corruption*. Washington D.C.: International Monetary Fund.

Joines, D. H. (1991). How large a federal budget deficit can we sustain?. *Contemporary Economic Policy, 9*(3), 1-11.

Krugman, P. (1989). Market-based debt reduction schemes and welfare. In J. A. Frankel, M. P. Dooley, & P. Wickham(Eds.), *Analytical Issues in Debt*. Washington, D.C.: International Monetary Fund.

Kumar, M., & Woo, J. (2010). *Public debt and growth*(Working Paper No. 10/174). Washington, D.C.: International Monetary Fund.

Laffer, A. B. (2004). The Laffer curve: Past, present, and future. *Backgrounder, 1765*, 1-16.

Laubach, T. (2009). New evidence on the interest rate effects of budget deficits and debt. *Journal of the European Economic Association*, 7(4), 858-885.

Laxton, M. D., Mursula, S., Kumhof, M. M., & Muir, D. (2010). *The Global Integrated Monetary and Fiscal Model (GIMF): Theoretical Structure* (Working Paper No. 10/34). Washington, D.C.: International Monetary Fund.

Lutz, H. L. (1947). *Public finance(*4th Edition). London: D. Appleton-Century Co.

McKibbin, W. J., Lee, J. W., Liu, W., & Song, C. J. (2018). Modeling the economic impacts of Korean unification. *Asian Economic Journal, 32*(3), 227-256.

OECD(2014). *OECD Economic Outlook*. Volume 2014/2.

OECD[Website]. General government debt(indicator), Retrieved Dec 20, 2019 from https://data.oecd.org/gga/general-government-debt.htm

Panizza, U., & Presbitero, A. F. (2014). Public debt and economic growth: is there a causal effect?. *Journal of Macroeconomics, 41*, 21-41.

Pattillo, C., & Ricci, L. A. (2011). External debt and growth. *Review of Economics and Institutions, 2*(3), 1-30.

Reinhart, C. M., Rogoff, K. S., & Savastano, M. A. (2003). *Debt intolerance*(Working Paper 9908). National Bureau of Economic Research.

Reinhart, C. M., & Rogoff, K. S. (2004). Serial default and the "paradox" of rich-to-poor capital flows. *American Economic Review*, 94(2), 53-58.

Reinhart, C. M., & Rogoff, K. S. (2009). *This time is different: Eight centuries of financial folly*. Princeton University Press.

Reinhart, C. M., & Rogoff, K. S. (2010a). Growth in a time of debt. *American economic review*, 100(2), 573-578.

Reinhart, C. M. & Rogoff, K. S. (2010b). Debt and Growth Revisited. Retrieved from https://voxeu.org/article/debt-and-growth-revisited.

Reinhart, C. M., & Rogoff, K. S. (2011). From financial crash to debt crisis. *American Economic Review*, 101(5), 1676-1706.

Reinhart, C. M., Reinhart, V. R., & Rogoff, K. S. (2012). Public debt overhangs: advanced-economy episodes since 1800. *Journal of Economic Perspectives*, 26(3), 69-86.

Romer, P. M. (1986). Increasing returns and long-run growth. *Journal of Political Economy, 94*(5), 1002-1037.

Sachs, J. D. (1989). The debt overhang of developing countries. In G. A. Calvo, & C. Díaz-Alejandro(Eds.), *Debt Stabilisation and Development: Essays in Memory of Carlos F. Diaz-Alejandro*. Oxford: Blackwell.

Salsman, R. M. (2017). *The political economy of public debt: three centuries of theory and evidence*. Edward Elgar Publishing.

Smyth, D. J., & Hsing, Y. (1995). In search of an optimal debt ratio for economic growth. *Contemporary Economic Policy, 13*(4), 51-59.

Solow, R. M. (1956). A contribution to the theory of economic growth. *The quarterly journal of economics, 70*(1), 65-94.

Solow, R. M. (1957). Technical change and the aggregate production function. *The review of Economics and Statistics, 39*(3), 312-320.

St. Brown, M., Choi, S. M., & Kim, H. S. (2012). Korean economic integration: Prospects and pitfalls. *International Economic Journal, 26*(3), 471-485.

Streeck, W. (2014). The politics of public debt: Neoliberalism, capitalist development and the restructuring of the state. German Economic *Review, 15*(1), 143-165.

Tanzi, V., & Chalk, N. (2000). Impact of large public debt on growth in the EU: A discussion of potential channels. *European Economy, 2*(2000), 23-43.

Teles, V. K., & Mussolini, C. C. (2014). Public debt and the limits of fiscal policy to increase economic growth. *European Economic Review, 66*, 1-15.

United Nations(2015). World Population Prospects: 2015 Revision. Retrieved from http://esa.un.org/wpp/

Vogel, E. (2014). *Optimal level of government debt-matching wealth inequality and the fiscal sector.* (ECB Working Paper No. 1665).

Woodford, M. (1990). Public debt as private liquidity. American *Economic Review, 80*(2), 382-388.

World Bank(2019). Debt Sustinablility. Retrived January 20, 2920 from http://www.worldbank.org/en/topic/debt-sustainability

Wright, D. M. (1940). The economic limit and economic burden of an internally held national debt. *The Quarterly Journal of Economics, 55*(1), 116-129.

Zoli, M. E., Wang, H., & Laxton, M. D. (2018). *A New Strategy for Korea's Fiscal Policy in a Low Growth Environment*(Working Paper No. 18/91). Washington, D.C.: International Monetary Fund.

08

재정개혁의 필요성과 방향

❶ 우리나라 국가재정의 진단
❷ 향후 재정개혁의 방향
❸ 종합적 논의

08 재정개혁의 필요성과 방향

1 우리나라 국가재정의 진단

대부분의 선진국들은 이제 과도한 국가채무의 시대로 접어들었다. 특히 OECD 주요국가의 GDP 대비 국가채무비율은 지속가능한 재정을 위한 임계점이라고 파악되는 90% 수준을 훨씬 넘어서고 있는 상황이다. 2018년 기준으로 이탈리아가 147.3%에 도달했으며, 프랑스와 영국도 각각 122.1%와 111.7%에 달하고 있다. 미국도 136.5%에 이르렀으며, 일본은 238.0%의 엄청난 국가채무비율을 기록하고 있다(OECD, 2019). 금융세계화에 따른 신용확대와 글로벌 경제위기에 따른 확장적 통화정책으로 인하여 낮은 이자율 정책이 지속되면서 높은 국가채무 수준에 대한 부담이 일시적으로 완화되었으나, 전 세계적으로 지속가능성의 관점에서 과잉채무에 대한 심각한 우려가 있는 것이 사실이다. 특히 금융세계화는 채무부담을 완화하는 긍정적 측면도 있는 반면, 변동성의 확대로 인해 국가채무관리에 더 심각한 재정위기의 발생원인으로 작용할 수도 있다(Reinhart, Reinhart, & Rogoff, 2012). 또한 이미 저성장시대를 맞이한 선진경제가 높은 국가채무로 인하여 성장동력을 훼손할 가능성이 높아지면서 세입성장률도 둔화되고 있어 이 같은 우려가 더욱 커지고 있다. 국가채무와 경제성장은 부(負)의 인과관계를 가질 가능성이 높으며, 비록 금융공학의 발전과 세계화로 인하여 적정한 국가채무 수준에 대한 새로운 패러다임이 제기되고는 있으나, 여전히 재정수지가 개선되지 않는 상황에서 현 수준의 국가채무는 다양한 위기론의 발원지가 되고 있다.

이에 비해 국내 재정관계자들은 국가채무(D1)가 2018년 결산기준 708.2조 원으로 GDP에서 차지하는 비율이 39.6%에 불과하고, 이는 100%를 넘는 OECD 평균보다 훨씬 낮은 수준이라는 점에서 우리나라의 재정건전성은 상당히 안정적이라고 주장한다. 그러나 이러한 주장은 반은 맞고 반은 틀린 주장이다. 다양한 측면에서 상이한 사회정치·경제적 구조를 가진 국가들의 재정상황을 직접 비교하는 것은 어려운 일이며, 미래의 인구통계학적 변화, 정부지출 패턴의 차이, 정부부문에 대한 설정범위의 차이 등을 감안하다면 우리나라의 채무수준은 결코 낮은 것만으로 볼 수 없기 때문이다.

물론 GDP 대비 국가채무비율 등과 같은 재정통계에서 확인하였듯이, 다른 선진국과 비교한다면 우리의 과거 재정은 비교적 건전하게 운영된 것이 사실이다. 이러한 건전한 재정을 유지할 수 있었던 것은 무엇보다도 재정당국이 '양입제출(세입 내 세출)' 원칙을 고수하는 등 자발적 재정규율을 잘 준수한 덕분이다. 이러한 재정규율이 잘 지켜진 이유는 첫째, 기획재정부 예산실과 같은 지출통제부서(budget agency)가 지출부서(spending ministries)에 대한 엄격한 통제를 유지할 수 있었으며, 둘째, 예산부서가 정치권과의 '일정한 거리'를 유지하면서 재정계획 등에 대한 정치적 독립성을 어느 정도 유지할 수 있었고, 셋째, 예산편성권과 집행권을 가진 행정부와 예산심의·의결권을 가진 입법부 간의 적정한 상호 견제가 있었기 때문이다(김성태·박진, 2014). 또한 우리나라의 공적 연금이나 사회보험이 선진국 수준의 성숙단계에 도달하지 못한 상황에서 고령화·저출산에 따른 인구구조 변화의 부정적 영향이 과거에는 크게 나타나지 않았던 점도 지적할 수 있을 것이다.

그러나 앞으로 우리나라가 재정건전성을 계속적으로 유지할 수 있을지에 대해서는 회의적인 의견이 대다수를 차지한다. 우선 최근 공신력 있는 국가기관에서 발표한 장기 재정전망들을 살펴보면, 현행 제도와 정책을 유지하기 위한 국가재정의 지속가능성을 부정적으로 예측하고 있다. 이미 국회예산정책처

(2016a)는 장기 재정전망을 통해서 GDP 대비 국가채무비율이 2016년 39.5%에서 2050년 111.0%, 2060년 151.8%까지 지속적으로 증가할 것으로 전망하고 있다.[1] 특히 본(Bohn)의 검정방법을 사용하여 재정의 지속가능성을 검증한 결과, 국가채무가 GDP 대비 70.6% 수준이 되는 2036년 이후로는 재정의 지속가능성을 확보하기 어려울 것으로 전망하고 있다.[2] 이러한 결과는 2016년 시점에서 재정지출 증가 추세만을 반영하였을 뿐, '연령관련지출' 등 재정지출이 크게 증가한 2017~2019년 사이의 정책변화를 감안하지 않았기 때문에 재정의 지속가능성은 더욱 비관적일 수밖에 없다.

우리나라가 과연 재정건전성을 지속적으로 확보하면서 재정활동을 늘려갈 수 있을지에 대해서는 최근 정부가 발표한 「2019~2023년 국가재정운용계획」에 대한 논의를 통해서도 가늠할 수 있다. 정부는 본 계획에서 구조적인 사회·경제적 문제 해결을 위해 충분한 투자가 이루어지도록 재정을 확장적으로 운용하여 총지출 증가율을 연평균 6.5%로 상승시킬 것을 밝히고 있으며, 이는 경상성장률(3.8%) 및 총수입 증가율(3.9%)보다 매우 높은 수준이다. 지난 「2015~2019년 국가재정운용계획」에서 총지출 증가율이 연평균 2.6%였던 것을 감안하면 5년 단위 계획의 연평균 총지출 증가율이 4년 만에 4.7%p 높아진 것은 매우 이례적이다.[3] 이와 관련하여 정부는 '지출혁신 2.0'을 통한 강력한 지출구조조정을 지속적으로 추진하겠다고 발표했으나, 구체적인 방법론은 결여되고 있다. 또한 재정당국은 이러한 지출구조 혁신을 언급하면서도 "재정운용에 사회적 가치를 반영하고, 재정의 소득재분배 효과를 분석하여 정책에 환류하는 등

1) 다만 이러한 결과는 국회예산정책처의 「2019~2050년 NABO 장기 재정전망」과 기획재정부의 「2016~2060 장기 재정전망」과는 다소 차이를 보이고 있다. 전자에서는 2050년까지 국가채무비율 전망을 85.6%(2,864조원, 연평균 4.6% 증가)로, 후자는 2060년에 62.4%까지 도달한다고 전망하고 있다.

2) 국회예산정책처(2016a: 요약 xvii)는 재정이 지속가능하지 못하다는 의미는 정부가 수입확충이나 지출절감을 통해 재정수지를 개선시키지 않고 기존의 세입세출구조를 그대로 유지한다면 국가채무 규모를 축소하지 못한다는 것이라고 주장하고 있다.

3) 정부는 「2017~2021년 국가재정운용계획」에서 재정지출 증가율을 연평균 5.8% 수준으로 발표했으며, 이는 「2016~2020년 국가재정운용계획」의 재정지출 증가율인 3.5%보다 2.3%p 상향조정한 것이다.

재정의 포용성 확대(대한민국 정부, 2018: 13)" 등을 논의하고 있어 과연 실질적인 지출구조조정이 가능한지에 대해 의문을 던지고 있다. 더욱이 이러한 상황에서 총 24.1조원 규모의 예비타당성조사 면제사업을 2019년 1월에 발표한 바 있어 실질적인 지출구조조정은 어려울 전망이다.4)

중앙정부뿐만 아니라 지방재정의 문제도 국가 재정의 지속가능성을 위협하는 요인이 되고 있다. 최근 지방정부의 재정위기에 대한 우려가 현실로 나타나고 있으며, 성남시의 지불유예선언과 인천시의 재정난 등이 대표적인 사례이다. 특히 현행 「지방재정법」에서는 지방채무를 지방채 증권 차입 및 증서 차입금, 채무부담행위, 보증채무부담행위로 한정하고 있어 최근 그 규모가 확대되고 있는 민간투자사업에 대한 정부지급금 등은 고려되지 못하는 문제점이 제기된다. 따라서 대규모 도로·교량건설 등 민간투자사업의 수익률 보조를 위해 발생하는 정부지급금은 지방채무에 반영되지 않아 지자체의 재정부담을 과소평가할 가능성이 높다.

정부 외에도 공기업에 대한 재정부담의 문제도 심각하다. 우리나라의 공공기관이 국가경제에서 차지하는 비중이 상대적으로 큰 상황에서 부채규모가 2000년대 들어 빠른 속도로 증가하고 있으며, 비록 공식적인 국가채무 산정과정에서 제외되고 있으나, 현재 우리나라 공공기관의 부채는 매우 심각한 수준으로 평가되고 있다(김성태·박진, 2014). 특히 최근 공공기관에 대한 PSO(Public Service Obligation, 공익서비스의무) 증대 및 사회적 가치 추구, 일자리 창출 및 비정규직의 정규직 전환 등의 요인으로 인하여 재무건전성이 급속도로 악화되고 있으며, 공공요금 인상 역시 정치적인 이유에서 유보되고 있는 상황이다. 실제로 일부 공공기관에서는 영업이익으로 부채에 대한 이자비용조차 충당하지 못하는 경우가 발생하고 있다. 국가채무(D1)에 직접 포함되지 않음에도 불구하고 공공기관의 부채를 우려하는 이유는 공공기관의 채무불이행이 정부의 직접적

4) 예를 들어 「2018~2022년 국가재정운용계획」에서도 예외 없이 이러한 강력한 지출구조조정을 통해 재정건전성을 확보한다고 논의하고 있다. 특히 재량지출은 저성과·유사중복·집행부진 사업 등을 중심으로 구조조정을 추진하고, 의무지출은 복지지출을 중심으로 부정수급 차단, 서비스 과다이용 방지 등 누수 방지를 통해 절감계획 등에 대하여 논의하고 있으나 여전히 실효성에 대한 의문이 많다.

인 재정부담으로 이어질 수밖에 없기 때문에 이들이 제공하는 보편적 공공서비스가 모든 경제주체에 영향을 미치기 때문이다. 따라서 공공기관 부채의 증가원인과 이에 따른 사업별 위험성을 평가하는 작업이 필요하며, 이에 기초한 체계적인 구조조정 등의 노력이 시급한 상황이다(김성태·박진, 2014).

한편 우리나라의 재정환경은 급속한 저출산·고령화의 인구구조 변화 및 이에 대응하는 복지정책 확대에 직면하고 있으며, 결과적으로 관련 부문에 대한 재정지출 수요가 급속하게 증가할 것으로 예상되는 반면(김용하, 2019; 염명배, 2016)에 재정수입은 2~3%대의 낮은 경제성장이 구조화되면서 세입 증가율이 둔화될 것으로 예상되고 있다. 실제로 2060년까지 잠재성장률을 전망한 결과를 살펴보면, 우리나라 경제의 실질성장률은 현재 2%대에서 2060년에 1% 내외까지 크게 하락하는 것으로 나타났다. 이와 같은 잠재성장률의 하락은 세입기반을 구조적으로 약화시킬 것으로 전망되며, 물가상승률 하락 등으로 인해 경상성장률의 하락폭은 더 클 것으로 예상되고 있어 세입기반의 위축은 예상보다 크게 나타날 가능성이 있다. 따라서 지출구조조정 및 세입구조 개편 없이 현행 재정구조가 유지될 경우, 만성적인 재정수지 적자가 지속되면서 국가부채는 크게 증가할 것으로 전망된다. 김성태·박진(2014)도 경제체제의 성숙으로 성장이 둔화되고, 소득분배에 대한 수요가 인구고령화 요인과 결합되어 급속하게 확산되고 있어 재정의 지속가능성의 관점에서 우려스럽다고 분석하고 있다. 물론 이러한 부분은 세계적으로 많은 국가들에서도 나타나고 있으며, Reinhart, Reinhart, & Rogoff(2012)는 대부분의 국가에서 인구고령화에 따라 의료복지 등의 의무지출 증대와 더불어 연·기금 관련 우발채무가 늘어나면서 국가채무는 더욱 증가할 것이라 전망하고 있다. 나아가 이러한 국가채무의 증가가 민간부문, 특히 가계부채의 급속한 증가와 동시에 발생하고 있어 금융시장의 변동성에 크게 영향을 미치고 있는 점도 우려하고 있다.

2 향후 재정개혁의 방향

우리나라의 국가채무 수준은 2018년 현재 GDP 대비 39.6%로 100%를 넘는 대부분의 OECD 국가보다는 양호하나 재정건전성에 부정적인 영향을 미칠 요인은 다양하다. 최근 재정동향을 감안하면 우리나라도 지속가능한 재정운용을 위해 향후 성장잠재력의 확충 및 세입기반의 확대, 재정지출의 효율화, 재정규율의 법제화 등 다각적인 측면에서 재정개혁의 필요성이 제기되고 있으나 일반론적인 논의에 그치고 있다. 다음에서는 향후 재정개혁의 쟁점과 구체적인 정책방향에 대해 논의한다.

2.1 세입기반의 확대

조세수입이 경상GDP에서 차지하는 비중으로 조세부담률을 살펴보면, 노무현 정부 말기인 2007년에는 19.6%까지 증가하였으나, 이명박 정부의 감세정책에 의해 2010년에는 17.9%까지 감소하였다. 이후 박근혜 정부의 '증세 없는 복지정책'을 추진하면서 조세부담률은 18~19%대를 유지하였으나, 최근 증가추세를 보이면서 2018년에는 21.2%를 기록하고 있다. 조세부담률에 사회보장기여금을 반영한 국민부담률의 경우도 이와 유사한 추이를 보이고 있으며, 2014년까지 24%대를 유지하다가 2018년에는 28.3% 수준으로 증가하였다.5)

앞서 지적하였듯이, 잠재성장률 하락에 따라 우리나라 재정의 세입기반은 향후 구조적 차원에서 약화될 것으로 예상되고 있다. GDP에 대한 국세수입의 탄력성이 1970년대 이후 1.1 정도로 유지되고 있음을 고려할 때, 잠재성장률

5) 국민부담률은 조세부담률보다 국민의 조세부담을 포괄적으로 측정하는 지표이다. 우리나라의 국민부담률은 2017년 현재 26.9%이고, 덴마크는 46.0%이며, OECD 평균은 34.2%이다. SNA 2015년 기준 경상GDP를 활용할 경우, 2018년 국민부담률은 26.8%이며, 전년 대비 1.4%p 증가한 것이다.

표 8-1 조세 부담률 추이(2007~2018년)

(단위: %)

연도	조세부담률	국민부담률
2007	19.6	24.8
2008	19.3	24.6
2009	18.2	23.8
2010	17.9	23.4
2011	18.3	24.2
2012	18.7	24.8
2013	17.9	24.3
2014	18.0	24.6
2015	18.5	25.2
2016	19.4	26.2
2017	20.0	26.9
2018	21.2	28.3

주: SNA 2010년 기준 경상GDP 활용.
출처: 국회예산정책처(2019).

1%p의 하락은 국세수입 증가율을 1.1%p 하락시키게 된다. 아울러 선진국의 경험에 비추어 볼 때 성장률의 하락은 물가상승률의 하락을 동반하는데, 이 경우 경상성장률의 하락폭은 실질성장률의 하락폭을 상회하게 된다. 우리나라의 경우에도 세입기반의 위축은 잠재성장률의 하락보다 훨씬 크게 나타날 가능성이 있다. 이러한 상황에서 중장기적으로 우리나라의 잠재성장률이 점차 하락하면서 모든 세원의 증가율이 둔화될 가능성이 매우 클 것으로 전망되며, 이를 방치할 경우에 재정지출 증가율이 세입 증가율을 상회하게 되어 대규모의 재정적자가 불가피할 것으로 예견된다(김성태, 2018).

따라서 재정의 지속가능성을 위하여 중장기적으로 경제·사회적 구조변화를 감안한 종합적인 세제개편 방안이 필요하다(김성태·박진, 2014). 2017년 기준으로 우리나라의 조세부담률은 20.0%이며, 이는 OECD 평균 조세부담률(25.0%)

보다 5%p 낮은 수준이다.[6] 제7장에서 밝혔듯이, 장기적으로 재정지출 증가세를 감안할 때 현재 수준의 조세부담률을 유지할 경우 재정의 지속가능성을 확보할 수 없을 가능성이 크다. 결국 재정지출 증가에 상응하는 재정수입의 확대가 필요하다는 것을 의미하고, 이를 위해서는 근본적인 세제개편이 요구된다. 중장기적 관점에서 급증하는 사회복지지출에 대한 재원조달을 위하여 향후 조세부담률을 점진적으로 상승시켜야 하며, 이러한 목적으로 조세부담의 증가가 필요하다는 국민의 인식을 제고하고 사회적 공감대를 확보해야 할 것이다(김성태, 2018). 따라서 재정건전성을 유지하면서도 재정의 역할을 강화하기 위해서는 향후 조세부담률을 점진적으로 제고하는 증세정책의 채택을 고려할 필요가 있다(황성현, 2014).

이를 위해서는 국민경제의 패러다임 전환이 요구되는 시점에서 성장동력을 유지하면서도 복지재정 등을 충당할 수 있는 현실적 대안이 필요하며, 장기적으로 국민적 합의를 기반으로 한 세제개편의 우선순위를 결정하는 것이 무엇보다 중요하다(김성태·박진, 2014: 58). 그동안의 세제개편은 일부 세목 및 비과세, 감면 항목을 중심으로 단편적으로 이루어져 왔기 때문에 보다 근본적인 개혁이 필요하다. 한편 재원조달 방안에 대한 사회적 합의를 위해서는 세수확충을 특정 세목에 의존하기보다는 패키지 형태로 세목 간에 공동분담하는 구조가 더욱 효과적일 수 있다(국회예산정책처, 2015). 이는 현실적으로 소득세 및 법인세, 부가가치세 등 세입규모가 큰 세목의 증세에 대한 구체적 논의가 필요하다는 것을 의미한다. 이러한 세제개편은 세목별 효율성과 재분배 효과 등의 경제적 효용성을 충분히 감안해야 하며, 국민적 공감대와 수용도 제고를 위해 재원의 특정 목적 사용에 대한 논의가 동반되어야 한다. 한편 '국민개세주의'와 '넓은 세원–낮은 세율'이라는 조세원칙에 부합하도록 면세자 비율을 축소하고 자영업자의 과표를 양성화하는 방향으로 진행되어야 한다.[7] 비과세 및 감면규

6) 조세부담률은 국민의 조세부담 정도를 측정하는 지표로서 국세 및 지방세를 합한 조세수입이 경상GDP에서 차지하는 비중을 의미하며, 국민경제의 총량적 조세부담 정도를 보여 주는 핵심 지표이다. 조세부담률에 영향을 주는 요인은 다양하지만, 조세제도, 세무행정, 경제환경 등이 대표 요인이다. 2017년 기준으로 우리나라(20.0%)는 가장 높은 조세부담률을 보이고 있는 덴마크(45.9%)의 절반에도 미치지 못하고 있으며, 가장 낮은 조세부담률을 보이고 있는 멕시코(15.0%)보다는 5.0% 더 높은 것으로 나타나고 있다.

모에 대한 총량적 규제를 통해 법적 세부담 수준과 실제 세부담 수준 간의 격차를 완화하기 위해 조세지출을 축소하는 방안이 요구된다.

이러한 세입기반 확충을 위해서는 단계별 전략이 필요하며, 우선적으로 어떠한 수준의 사회보장을 원하는지를 확인하고, 이를 달성하기 위한 적정수준의 조세부담률에 대한 국민적 합의가 이루어진 이후, 다음 단계로 세목별 세입기반 확충규모를 결정해야 할 것이다(김성태, 2018). 예를 들어 조세부담률을 일정 수준까지 증가시키기 위한 세수규모가 결정되면, 다음은 어떤 세목을 중심으로 세입기반을 확충할지 결정해야 한다. 이 문제는 최적 조세체계를 모색하는 작업이 전제되고, 조세의 효율성 비용, 세수의 GDP 탄력성 및 조세행정비용을 감안한 최적 조세개편으로 이어지게 된다.[8] 조세개편에 대해서는 '넓은 세원, 낮은 세율'을 원칙으로 과세표준을 확대하고 비과세·감면을 대폭 감축해야 하며, 보다 구체적인 방안으로 다른 OECD 국가의 평균 부가가치세 세율인 19.2%보다 낮은 현행 10% 수준의 부가가치세 세율 인상,[9] 담배소비세 및 조세를 포함한 개별소비세 인상,[10] 비과세·감면대상 축소, 사업소득포착률 제고 등을 통한 소득세 세입기반 확충, 법인세 세원 투명성 제고 및 조세지출 감축 등의 법인세 세입기반 확충 등을 검토할 필요가 있다.[11]

---

7) 근로소득자 중 면세자의 비중은 2010년 39.2%에서 2013년 32.4%로 축소되었다가, 2014년 48.2%로 크게 증가하였다(국회예산정책처, 2015). 한편 국회예산정책처(2014)는 자영업자의 탈세율을 20%로 예측하고 있다.

8) 조세의 한계효율비용은 세수 1원을 확보하는 데 필요한 추가부담을 의미하며, 통상적으로 소비세의 효율성 비용이 소득세와 법인세보다 작다고 주장한다. GDP 탄력성은 경제성장에 따른 세수 증가의 규모를 측정하는 것으로, 소득세의 탄력성이 가장 크고 다음으로 부가가치세와 법인세, 특별소비세, 주세의 순서라고 한다(김성태, 2011).

9) 염명배·유일호(2011)는 분단국가였던 독일은 통일비용 조달 및 재정적자 해소를 위해 부가가치세를 1992년 14%에서 1993년 15%, 1998년 16%, 2007년 19%로 인상한 사례를 설명하고 있다.

10) 정부는 이미 담배소비세를 대폭 인상하여 2018년 6월 현재 과세표준과 세율은 피우는 담배는 궐련 20개비당 1,007원, 전자담배 니코틴 용액 1밀리리터당 628원이다. 이 외에 담배가격에 포함된 세금에는 담배소비세 외에도 개별소비세, 지방교육세, 국민건강기금 등이 있으며, 개별소비세, 국민건강기금은 담배의 종류에 따라 상이하고, 지방교육세는 담배소비세의 44%가 부과된다.

11) 복지지출 부담 시 사회보장기여금으로 우선 사회복지 관련 재정수요를 조달하고 세금은 보

요약하면, 세입기반을 확충하기 위해서 중장기적으로 경제·사회적 구조변화 등을 감안하여 종합적인 세제개편 방안을 마련하고, 국민의 협의와 사회적 공감대 확보를 위한 노력이 필요하다. 나아가 증가하는 재정부담을 증세와 재량적 재정지출의 구조조정을 통해 적절히 분담하되, 장기적으로 2018년 기준 조세부담률(21.2%)을 3~4%p 추가로 증가시킬 필요가 있으며, 국민부담률(28.3%)도 최소한 5~6%p 추가로 증가시키기 위한 정책의지와 노력이 필요하다고 판단된다.

2.2 재정지출의 구조조정

현재의 우리나라 재정상황을 살펴보면, 2012년 이후 재정지출 증대를 통한 경기부양을 지속적으로 추구한 결과 적자편향성이 나타나고 있다. 재정건전성을 확립하기 위해서는 재정의 적자편향성에서 벗어나야 하는데, 실질경제성장률이 2010년대 들어 2~3%대를 유지하고 있으며, 중장기적으로 1%대의 성장이 전망되는 상황에서 재정지출에 대한 보다 실효성 있는 구조조정과 일정한 재정규율을 제도화하는 방안이 필요하다(김성태, 2018; 국회예산정책처, 2015).

외국의 경우에도 글로벌 금융위기 및 재정위기에 대응하기 위해 각 국가들이 경기부양을 실시하였고 사회복지지출의 증가, 경제성장률의 둔화 등으로 국가채무 수준이 금융위기 이전에 비해 크게 증가하자 다방면의 재정건전화 조치를 취하고 있다. 〈표 8-2〉에서 볼 수 있듯이, OECD 주요국가는 재정건전성 회복을 위해 신규 세원 확충, 비과세·감면 정비, 탈세감독 강화, 복지지출을 포함한 재정지출 삭감 등을 공통적으로 단행하고 있으며, 일부 국가에서는 부채감축을 위한 목표치를 제도화시키고, 재정준칙의 법제화를 추진하기도 한다.

우선 중장기적인 관점에서 불요불급한 재정지출을 축소하고 관리할 수 있는 제도도입이 필요하다(염명배, 2016). 가령 1980년대 이후 선진국들의 국가채무 감축이 이루어진 사례를 살펴보면, 경제성장과 지출구조조정을 통한 재정수지

조적인 수단으로 활용해야 한다는 의견도 제시되고 있다(김성태, 2018).

표 8-2 OECD 주요국가의 재정건전화 대책(2009~2015년)

국가	세원 확충	재정지출 절감 및 복지개혁	재정규율의 법제화
미국	• 고소득층에 대한 세제혜택 일몰 • 소득세 최고세율 인상 • 국제조세체계 개혁을 통한 세금 탈루 방지 • 환경세(수퍼펀드세) 부활 • 자본소득 및 배당세율, 상속세율, 사회보장세율 등 인상	• 사회보장급여의 부정수급 차단 및 심사 강화 • 비안보 재량지출의 동결 • 비효율적 재정사업의 종료 및 예산 삭감 • 행정쇄신을 통한 예산낭비 근절	• 국가채무(GDP 대비 %): (2007) 78.6→(2014) 111.6 • 2010년 PAYGO 원칙의 부활
영국	• 고소득자 세율 인상 • 연료세·주류세·담배세의 인상 • 조세회피방지정책의 입법화	• 공공부문 임금인상 억제 정책 • 연금가입기간을 2020년까지 41.5년으로 연장 • 정책 우선순위가 낮은 지출에 대한 예산 삭감 • 근로유인 강화를 위한 복지제도 개혁(universal credit의 도입) • 정부자산의 매각 및 관리의 효율화	• 국가채무(GDP 대비 %): (2007) 55.6→(2014) 116.8 • 「2010년 재정책임법」과 「2011년 예산책임 및 감사법」을 제정, 2011~2016년까지 GDP 대비 공공부문 순채무 비율을 전년보다 감축하고 2017~2018 회계연도 이내에 경기조정 재정수지 균형 달성을 목표로 설정
프랑스	• 최고소득세율 상향 • 주류세·담배세의 인상 • 비과세 및 감면 정비 • 신규 세원 발굴(탄소세·은행세 등) • 사회보장세 납부액에 대한 공제감면비율 인하(3% → 2%) • 사회보험료의 고용주 기여율 인상(4% → 6%) • 연금기여금의 인상(고용주 8.3% → 8.45%, 근로자 6.65% → 6.8%)	• 공무원 인원 감축 • 공공부문 지출 삭감 • 2013년에 2020년까지 연금재정수지 균형 달성을 목표로 연금개혁안 통과(연금기여금 0.3% 인상, 기여금 납입기간 연장) • 의료비 지불제도를 총액예산제에서 포괄수가제로 전환, 의료비 및 약제비 절감을 위한 상환액 차등지급 등 시행 • 사회부조 수급자의 근로유인 강화를 위해 최저통합수당(RMI)을 활동연대수당(RSA)으로 전환	• 2012년 10월 신재정협약(Fiscal Compact)을 비준, 구조적 재정수지균형을 법률에 명시 • 2015~2018년 안정화 프로그램(Programa de Estabilidad)을 통해 재정적자를 GDP 대비 3% 이하로 감축할 계획
독일	• 연금기여금·건강보험료·노인장기요양보험료의 인상	• 공무원 및 군인 인력 감축 • 공공건설사업의 연기 • 공공부문 지출 삭감	• 국가채무(GDP 대비 %): (2007) 64.2→(2014) 82.1 • 2009년 독일 헌법인 「기본

	• 비과세 및 감면 정비 • 신규 세원 발굴[항공세·은행세·토빈세(Tobin tax)·핵연료세]	• 실업수당·육아수당·생활보험 대상자에게 지급되던 연금보험의 삭감 • 재생에너지 사업 보조금 축소 • 의료재정의 지속가능성 제고를 위해 지불제도를 총액예산제에서 포괄수가제로 전환, 급여항목 조정, 비급여항목 확대, 본인부담금 신설, 약제비 증가 억제정책 등 실시	법」에 2016년(연방정부) 및 2020년(주정부) 균형재정 달성을 포함 • 2012년 9월 신재정협약(Fiscal Compact)을 비준 • 2014년 자국 내 재정준칙인 부채제한법 기준(GDP 대비 0.35% 이내의 신규 순채무)과 EU의 신재정협약 및 안정성장협약의 재정준칙(GDP 대비 3% 이내의 재정수지 적자)을 모두 이행
일본	• 고소득층의 세금공제 축소 • 특별공제항목의 정비 • 환경세 등 인상 • 2014년 4월 사회보장 재원확보를 위해 소비세율을 5%에서 8%로 인상, 2017년에 8%에서 10%로 인상 예정	• 공공사업비 대폭 삭감 • 공무원 인원 감축 및 임금 삭감	• 국가채무(GDP 대비 %): (2007)162.4 → (2014) 226.1 • 국가 및 지방의 기초재정수지 적자를 2015년까지 2010년의 절반, 2020년까지 흑자로 전환할 것을 목표로 설정

자료: 국회예산정책처(2016b).

개선이 가장 중요하게 작동한 것으로 파악되는 반면, 인플레이션과 이자율 등은 상대적으로 역할이 작았고, 저성장과 저금리로 대표되는 어려운 거시경제 환경에서는 국가채무 감축이 실제로 이루어지기에 상당한 어려움이 있음을 확인할 수 있다(Abbas 외, 2013). 저성장 기조가 이어지는 상황에서 국가채무 감축을 위해서는 무엇보다도 지속적인 지출구조조정이 필요하며, 시장에서 신뢰할 수 있는 중장기적 접근과 재정제도의 개혁이 필요하다(Abbas 외, 2013). 또한 성장률 제고를 위한 거시경제의 구조개혁과 지출구조조정에 따른 역효과를 줄일 수 있는 정책대안도 요구된다.

한편 재정지출 중 이전지출(transfer programs)은 증가 추세도 빠를뿐더러 의무지출로서 하방경직적 성격을 갖고 있다는 점에서 국가채무 감축을 위한 지출구조조정(fiscal adjustment)을 더욱 어렵게 만든다(Alesina & Perotti, 1999). 최근 급속한 저출산·고령화 현상과 사회취약계층을 위한 다양한 복지제도가 확충되고 있으며, 복지 관련 재정지출 비중이 2020년 13.1%에서 2030년 20.4%, 2040년 27.1%, 2050년 31.4%, 2060년 33.7%로 급격히 확대될 것으로 예측되면서 이로 인해 정부재정에 큰 부담이 발생할 것으로 우려된다(김성태·박진, 2014). IMF(2012a)와 같은 국제기구도 향후 한국 재정에서 가장 큰 위험요소로 지적하고 있는 것이 인구구조변화에 따른 각종 연금 등의 복지지출 증가이며, 특히 의무지출은 법령에 의해 지급대상과 단가가 결정되는 비가역적 특성으로 인해 지출 증가 시 그에 상응하는 재원조달 방안을 법제화할 필요가 있다. 총량적 재정규율을 유지하기 위한 PAYGO 방식의 도입이 이러한 방안의 하나이며(김성태·박진, 2014),[12] 신규사업을 추진하거나 기존사업의 예산 증액이 필요한 경우에는 해당 부처에서 지출절감계획을 마련하게 함과 동시에 지출구조조정 등을 통해 자체적인 대안마련을 유도할 필요가 있다.

한편 재량지출에 대해서는 성과 중심의 재정운용을 강화하고, 비효율이 발생하는 사업은 적극적으로 구조조정을 추진하며, 재정사업의 효율성 제고를 통한 지출 점감과 예산 재배분을 통한 전략적 절감을 동시에 달성할 수 있는 '전략적 지출사업 점검제도(strategic spending review)'를 도입할 필요가 있다. 이러한 제도를 통하여 예산안 편성 시 유사·중복 사업의 사전검증을 체계적으로 실시하고, 3~5년 주기로 모든 재정사업을 원점에서 재검토(zero-base)하는 작업이 필요하다(김성태, 2018). 또한 지출 증가 및 세입 감소를 수반하는 법률 제·개정 또는 계획수립 시 상세한 재원조달 방안을 첨부해 재정당국과 협의한 이후에 이를 추진하도록 할 필요가 있으며, 동시에 이러한 지출수반 법령에 대한 국회의 심의를 강화해야 한다(국회예산정책처, 2015).

또한 재원배분의 조정에서 경제분야의 지출비중을 점진적으로 축소함으로써 복지지출 증가에 대응해야 할 필요성은 인정되나, 급격한 경제분야의 지출 축소가 SOC 투자의 위축을 야기하며 경제성장을 저해하지 않도록 추진되어야 한다. 이를 위해 민간자본을 적극적으로 활용하기 위한 대책이 필요하며, 다양

12) 다만 일부 학자들은 사회복지지출이 낮은 우리나라 현실에서 이러한 의무지출에 대한 PAYGO 방식의 적용은 저출산·고령화 등의 현실적 문제에 대한 정부의 대응력을 약화시킨다고 주장하고 있다(김유찬, 2015).

한 민관협력(PPP: Private-public Partnership) 수단이 필요하다(김성태·박진, 2014).

한편 정부는 대규모 공공투자사업에 대한 검증을 강화하여 무분별한 투자로 인한 예산낭비를 방지하기 위하여 2006년 「국가재정법」 제정 시 예비타당성조사에 대한 법적 근거를 마련한 바 있다. 그러나 제5장에서도 확인했듯이 문화재 복원사업, 국방 관련 사업, 긴급한 경제·사회적 상황 대응, 지역균형발전 등 국가정책적으로 추진이 필요한 10개 항목에 대한 예비타당성조사를 제외할 수 있는 조항을 과도하게 해석함으로써 예비타당성조사 면제사업이 확대되고 있는 문제가 발생하고 있다. 이와 함께 정부는 2019년 4월 「경제활력대책회의」에서 예비타당성조사제도 개편방안을 예고하면서 평가기준 중 경제성의 비중을 낮추고 균형발전 비중을 늘렸으며, 최종 통과 여부를 결정하는 종합평가를 KDI에서 기획재정부 산하 재정사업평가위원회로 이관시키기로 결정하였다. 이러한 조치는 대규모 공공사업에 대한 부실한 사전검증으로 이어지면서 재정건전성에 위협요인이 될 가능성이 매우 높다. 따라서 향후 예비타당성조사 면제사업의 엄격한 관리와 충실한 제도운영을 위해 「국가재정법」 등을 비롯한 제도개선이 요구된다.

2.3 재정규율의 법제화

예산의 편성 및 심의, 의결, 집행과 관련된 규칙을 포함한 예산제도(budgetary institutions)는 재정건전성에 중요한 영향을 미치며(Alesina & Perotti, 1995), 공유자원의 문제를 해결하기 위한 '협약으로서의 재정준칙'은 재정적자를 감소시키는 동시에 국가채무도 같이 낮추는 것으로 분석된다(신가희 외, 2016: 379). 예컨대, 독일은 2009년에 신규채무(국가채무 순증)가 명목GDP의 0.35%를 넘지 않도록 규정한 채무준칙을 도입하였으며, 재정수지 적자가 2009년 GDP 대비 -3.0%에서 2012년 0.1%, 2014년 0.6%까지 재정수지 흑자로 전환되는 데 기여한 것으로 분석된다(박용주, 2015). 같은 맥락에서 재정준칙은 재정당국 또는 정치권의 자의적 예산배분을 제약함으로써 재정건전성을 제도적으로 확보할 수 있는 효과적인 수단이다(Kopits & Symansky, 1998). 재정준칙은 재정수지, 국가채무비율,

정부차입금 규모 등 주요 재정지표에 목표치를 설정하여 이를 의무적으로 지키게 하는 재정규율로 정의되며, 구체적으로 균형예산준칙, 적자준칙, 차입준칙, 채무준칙, 준비금준칙 등으로 구분된다.

재정준칙 중 가장 많이 활용되는 균형예산준칙(balanced budget rule)은 총수입과 총비율이 균형을 이루도록 법제화시키는 방법을 의미하며, 적자준칙(deficit rule)은 GDP에 대한 재정적자 비율에 대해 한도를 설정하는 방식이다. 차입준칙(borrowing rule)은 중앙은행을 포함해서 정부가 차입할 수 있는 제한액을 정하는 방식과 차입을 허용하되 과거의 총수입 혹은 총지출의 일정 비율만큼만 허용하는 방식으로 구분할 수 있다. 반면 채무준칙(debt rule)은 총부채 혹은 순부채가 GDP의 일정 비율을 넘지 않도록 하는 방식이며, 준비금준칙은 사회보장기금과 같은 예산 이외의 기금에 대해 연간 지급액의 일정 비율을 준비금으로 적립하게 함으로써 기금적자에 대비하는 방식이다(Kopits & Symansky, 1998).

현재 우리나라의 재정운용에 있어 자율적으로 준수되던 '양입제출(量入制出)'의 준칙은 이미 실효성을 잃은 상황이며, 잠재성장률은 저하되는 데 비해 정부의 재정역할이 점차 커지면서 적자편향성이 확대되고 있다는 점에서 보다 강력한 재정규율이 필요한 것으로 판단된다. 특히 이러한 적자편향성은 경제성장을 위한 재정 의존도 증가 외에 심각하게 정치화되고 있는 자원배분결정 과정, 선거가 재정운영에 미치는 부정적 효과[13] 등의 정치적 요인이 상당 부분 작용한다는 점에서 재정규율의 필요성이 더욱 강조된다.[14] 물론 「국가재정운용계획」의 총지출 및 총수입 증가율과 관련한 연성준칙이 존재하지만, 이러한 재정계획의 강제력에는 한계가 있기 때문에 균형재정수지준칙과 같은 경성

13) 김성태(2010)에 따르면, 선거 이듬해에 주기적인 조세부담률 및 국민부담률 하락이 이어지고, 재정수입 및 재정수지는 선거 이듬해에 주기적으로 감소하는 것으로 나타났으며, 부문별 지출에서는 경제 및 보건사회 부문의 지출이 선거 이듬해에 주기적으로 증가하였다고 분석하고 있다.

14) 이와 같은 맥락에서 안현실(2015)은 "세상은 경제가 조금이라도 안 좋다 싶으면 바로 케인스 프레임으로 내달리기 일쑤"라고 비판하면서 한국에서도 경기부양을 위해 재정지출, 저금리 등으로 경제를 무조건 살리고 봐야 한다는 논리가 팽배하다고 지적하였고, 그 결과는 "재정적자의 누적, 걷잡을 수 없는 국가부채라는 치명적인 결과를 초래할 뿐"이라고 주장하였다.

준칙이 요구된다. 이러한 균형재정수지준칙은 세입과 세출의 균형을 이루기 위한 구체적인 목표를 부여함과 동시에 '균형'과 관련된 다양한 정책판단을 재정당국에 부여하기 때문에 재정운영의 유연성을 유지할 수 있다(김성태·박진, 2014). 예를 들면 의무지출은 재정건전성에 장기적인 영향을 미치기 때문에 지출 증가 시 그에 상응하는 재원조달 방안을 법제화할 필요가 있지만, 재량지출은 재정정책의 기능상 경기대응을 위해 유연성이 필요하기 때문에 총수입을 고려해서 신축적으로 대응할 수 있는 균형재정수지준칙으로 설계하는 것이 좋은 대안이다. 또한 재정준칙의 목표변수를 설정할 때도 단년도 목표부여 방식보다는 3~5년이라는 중장기적 시계를 적용하는 것이 보다 현실적이다.

따라서 관리재정수지의 5년 평균치를 균형재정수지준칙의 목표변수로 사용하는 대안도 검토할 수 있다(김성태·박진, 2014). 이러한 다년도 평균치를 사용할 경우, 우리나라의 경기순환주기와도 잘 맞을뿐더러 재정준칙에 유연성을 부여하기 때문에 경기대응 정책을 구사하는 데도 큰 문제가 생기지 않는다고 판단된다.[15] 또한 관리재정수지는 그 구성항목인 수입과 지출이 모두 경기변동의 영향을 많이 받기 때문에 한 해보다는 여러 해의 추세변화를 고려해야만 중기적으로 재정건전성을 판단할 수 있다.[16] 더욱이 5년이라는 기간은 대통령의 임기 및 「국가재정운용계획」의 시계와도 일치하기 때문에 중기계획에 대한 평가 및 대통령의 집권기간에 대한 정책평가도 가능해진다는 장점이 있다(김성태·박진, 2014).

다만 균형재정수지준칙만으로 지속가능한 재정이 보장되는 것은 아니다.

---

15) 김성태·박진(2014)은 관리재정수지는 지표가 단순하여 관리가 용이하지만 정책목표가 될 경우에 경기순응성을 발생시킨다는 단점이 있다고 분석하고 있다. 그리고 경기변동의 영향을 배제한 구조적 재정수지가 개념상 바람직하지만, 경기의 영향을 배제하는 과정에서 임의성이 과도하게 개입될 수 있으며 경기전환점을 확정하기 전에는 그 규모를 정확히 파악하기 어렵다는 단점이 있다고 언급한다.

16) 다른 대안으로는 관리재정수지에 국민연금기금, 사립학교교직원연금기금, 산업재해보상보험 및 예방기금, 고용보험기금 등 사회보장성기금수지를 포함한 통합재정수지를 활용할 수 있다. 전자는 당해 연도의 일반회계, 특별회계, 기금을 모두 포괄한 수지로서 회계-기금간 내부거래 및 차입, 채무상환 등 보전거래를 제외한 순수한 재정수입에서 순수한 재정지출을 차감한 수치로 정의된다.

국가채무에는 이와 같은 재정활동을 통한 적자성 채무와 외평기금채권, 국민주택기금채권 등의 금융성 채무도 포함되기 때문이다. 따라서 GDP 대비 적정한 채무수준을 정하는 방식의 채무준칙 제정도 고려할 필요가 있다(김성태·박진, 2014). 이러한 국가채무와 관련된 재정준칙의 목표변수와 관련하여 개념상으로 보면, 국가채무(D1)는 중앙정부와 지방정부가 부담하는 확정된 금전채무만 계상하기 때문에 공공부문 전체의 재정건전성을 파악하기에는 한계가 있어 체계적인 재정건전성 관리를 위해서는 일반정부 부채(D2)가 일반적으로 선호된다. 다만 일반정부 부채(D2)의 통계에 대해서는 국내·외의 논란이 많기 때문에 당분간 국가채무(D1) 개념을 사용하되, 향후 정부의 재정부담으로 전이될 가능성이 있고 상대적으로 우리나라에서 규모가 큰 공공부문 부채(D3)를 보조지표로 활용하는 것이 더 바람직할 것이다(김성태·박진, 2014).[17)]

앞서 제4장에서 논의했듯이, 우리나라는 「국가재정법」에 따라 5년 시계의 「국가재정운용계획」을 통해 수입 및 지출 통제, 국가채무관리 등에 관한 규정들을 운용하고 있으나 그 실효성은 미흡해 보인다. 「국가재정운용계획」은 중장기 재정위험을 사전에 인지하고 선제적으로 대응함으로써 재정운용의 안정성과 예측 가능성을 제고하기 위해 5년의 시계(time horizon)를 가지는 국가 차원의 재정계획을 담고 있으며, 과거 개략적이고 추상적으로 작성되어 온 기존의 중기계획과 달리 2004년부터 재정수지와 국가채무 등 재정총량과 분야별 재원배분계획을 제시하고 있다. 그러나 계획상의 재정운용 목표와 실적치 간의 괴리가 커지고 있어 계획수립의 필요성과 효과성에 대한 의문이 지속적으로 제기되고 있다. 따라서 선언적 의미의 재정운용계획이 아닌 정확한 경제전망에 근거하여 재정운용계획을 수립할 필요가 있다. 단기적으로는 국가재정운용계획수립의 절차적 보완 등과 같은 제도를 개선하고, 중장기적으로는 법적 구속력 확보를 위한 방안을 검토해야 한다.

17) 중앙정부와 마찬가지로 비금융공기업의 적자편향성이 클수록 공공부문 부채의 증가속도는 빨라질 수 있다. 그러나 D3는 일부 국가에서만 집계하고 있으며 국제적인 부채기준이 상이하기 때문에 국제비교가 어렵다는 한계가 있다.

2.4 국회의 재정통제권 강화

재정건전성 확보에 있어 국회의 역할은 매우 중요하다. 국회는 「헌법」 제54조에 따라 국가의 예산안을 심의·확정하는 권한을 가지고 있으며, 정부가 예산을 합리적으로 집행했는지에 대해 결산을 심사한다. 그러나 현재 정부 중심으로 재정정책 관련 의사결정이 이루어지는 상황에서 이를 견제하기 위한 국회의 기능은 상당히 부족한 편이다.

우선 국회의 예산심의와 관련해 예산심의과정에서 국회 상임위원회(상임위)는 증액 위주의 예비심사를 하고 있으나, 이러한 상임위원회의 심사결과를 예산결산특별위원회(예결위)의 종합심사에서 반영하지 않고 있다. 또한 상임위와 예결위가 거시적·총량적 심사보다는 개별사업 위주의 미시적 심사에 치중하고 있어 중기 재정운용, 총액배분·자율편성, 성과 중심의 재정운용에 부합하는 국회의 예산심사제도로 개편할 필요가 있다(이인실, 2016). 특히 저출산·고령화 등으로 인한 의무지출 비중이 지속적으로 증가함에 따라 재정총량에 대한 국회의 실질적인 심사의 필요성은 더욱 확대되고 있다(국회예산정책처, 2015). 이를 위한 제도개선 방향으로 현행 2단계의 상향식 심사방식(상임위 예비심사 → 예결위 종합심사)을 3단계의 하향식 심사방식(예결위 총량심사 → 상임위 심사 → 예결위 종합·조정)으로 변경하는 제도개선을 고려할 필요가 있다(이정희, 2014).[18] 이러한 역할 분담에 따라 예결위가 총량심사를 통해 총수입·총지출, 분야별·위원회별 지출한도 등을 미리 설정하고, 각 상임위는 주어진 지출한도 내에서 소관예산을 자율적으로 심사하며, 마지막으로 다시 예결위가 상임위의 지출한도 준수 등을 점검·조정하는 역할을 수행하게 된다.

18) 한편 국회 예산결산특별위원회에 이러한 지출한도 조정역할을 부여하는 것보다는 재정을 중기적 시각에서 총량을 결정하고 분야별 한도액을 배분하기 위해 가칭 재정총량위원회 설치가 필요하다는 의견도 있다(국회예산정책처, 2013). 재정총량위원회는 거시경제지표, 총수입액, 총지출액, 재정적자 또는 흑자규모, 국채발행총액의 결정뿐만 아니라 분야별, 부처별 재원배분의 한도액을 결정하며, 의무지출과 재량지출의 구분과 관리방안 등을 정한다. 또한 조정지침을 정하여 각 상임위원회가 재량권한의 범위 내에서 조정지침을 준수하면서 심사할 수 있도록 가이드라인을 제시할 수 있다.

이와 함께 국회의 결산심사권 강화를 위해서도 적극적인 제도개선이 필요하다(김춘석, 2006; 국회예산정책처, 2015; 이영환·이남수, 2016). 결산과정은 정부의 결산보고서 작성 및 제출 이후 국회의 결산심사와 정부의 후속조치 순으로 이루어지고 있다. 그러나 국회는 조기결산제도 도입 이후 2011년을 제외하고 결산 법정기한을 준수하지 못하고 있어 결산심사에 대한 국회의 미흡한 인식을 여실히 나타내고 있다. 또한 국회에서 제시한 결산시정요구사항의 실효성이 부족하다 보니 정부는 예산안 심사 시 전년도 결산심사 내용을 충분히 반영하고 있지 못하다(국회예산정책처, 2015).

결론적으로 결산과 예산안 심사의 연계성이 부족한 것을 의미하고 있다. 따라서 「국회법」의 보완을 통해 결산심사의 법정기한을 준수하는 것이 우선적으로 요구되며, 정부의 결산보고서 제출기한을 앞당겨 결산심사 기간을 확보하고, 7월 내 결산심사 완료를 통하여 정부예산안 편성에 결산심사 결과를 반영할 수 있도록 관련 제도를 개선할 필요가 있다.

한편 이러한 과정에서 재정준칙 등의 제도개선도 중요하지만 국회예산정책처와 같은 독립재정기구의 역할도 매우 중요하다(이우진, 2015; 하연섭 외, 2018). 독립재정기구는 일반적으로 정치적 영향력을 차단할 수 있기 때문에 재정정책 등에 대한 중립적이고 객관적인 평가 등을 통해 재정성과의 제고를 가능케 하며, 예산안 수립 시 필요한 경제전망치를 제공·평가하고, 재정준칙의 준수 여부를 감시하며, 경제여건이 예외조항 적용에 해당하는지 등을 평가함으로써 재정성과에 기여할 수 있다(IMF, 2012b).

특히 제5장에서 보았듯이 우리나라 정부는 매년 낙관적인 경제전망을 근거로 예산안과 「국가재정운용계획」을 수립하고 있어 재정적자의 편향성을 발생시키고 있다. 따라서 재정건전성을 확보하기 위해서는 예산안 및 「국가재정운용계획」 수립과정에서 미래의 재정, 경제여건에 관해서 중립적 판단을 내리고 재정준칙의 준수 여부를 감시할 수 있도록 국회예산정책처의 역할을 강화할 필요가 있다.

마지막으로 국회의 예산안 심사는 주로 세출심사에 초점이 맞추어져 왔기 때문에 세입예산안에 대한 심사는 상대적으로 소홀했던 측면이 없지 않다. 특히 과거에는 높은 경제성장에 따른 세입 증가로 세입 부족 우려가 크지 않아 실질적인 심사가 이루어지지 않았으며, 예산안 심의 시 대규모 세입규모의 변경은 이에 상응하는 규모의 세출예산안 수정을 수반할 수밖에 없기 때문에 세입에 대한 수정은 제한적으로 이루어질 수밖에 없었다. 그러나 향후에는 예산안 심사과정에서 세입규모가 적정하게 조정될 수 있도록 이 같은 심사관행을 개선해 나갈 필요가 있다. 구체적으로 예산심사(11~12월) 및 예산편성(7~8월) 시 반영하지 못했던 정부안 제출 이후의 경제성장률 변화 등 세입 관련 여건 변화를 면밀히 모니터링하고, 이를 세입예산안 심사에 반영할 필요가 있다(국회예산정책처, 2015).

3 종합적 논의

현재 한국의 재정상황을 요약하자면, 첫째, 경제성장과정에서 정부 재정정책에 대한 높은 의존도와 이에 따른 재정정책의 적자편향성이 증가되고 있으며, 둘째, 사회복지 및 연령 관련 재정수요는 급격하게 증가하고, 셋째, 정치화된 예산편성 및 심의과정에 따른 재원배분의 비효율성이 발생하고 있다. 특히 기업을 포함한 민간부문의 성장이 저조한 상황에서 정부의 재정정책에 대한 의존도가 크게 증가하고 있으나, 이미 많은 연구에서 재정지출에 따른 승수효과가 최대 0.5 수준으로 분석되면서 그리 효과적이지 않은 상황에서 재정지출을 늘린다는 것은 타당하지 않다.

더욱이 우리나라는 급격한 저출산·고령화로 인한 노동인구 감소와 성장동력 하락이 점차 가시화되고 있다. 이러한 요인에 따라 세입은 정체될 가능성이 크지만 의료·복지, 연·기금 등의 연령관련지출은 급속하게 증가할 것으로 전망되고 있다. 더욱이 유념해야 할 점은 이러한 인구구조의 변화, 성장잠재력 하락, 그리고 재정지출의 증가는 국가채무비율이 1990년대 초반 60%에서 현재는 250%까지 급속하게 증가한 일본이 겪어 온 현상과 매우 유사하다는 것이다

(김정훈, 2017). 한국이 이와 같은 일본의 재정실패 사례를 되풀이하지 않기 위해서는 우선 중장기적인 시계에서 '세입 내 세출 원칙'을 지키는 재정정책의 원칙을 재설정해야 하며, 재정건전성 제고를 위하여 세입기반 증대 및 세출의 구조조정을 중심으로 보다 과감한 재정개혁을 추진해야 한다.

한편 국가채무라는 재정산물은 시장과 정부가 상호작용하는 과정에서 발생하는 정치경제학적 이슈이면서 조세정책, 재정정책, 경제정책, 복지정책의 접점에 있기 때문에 매우 복합적인 논의가 수반된다(김성태, 2018). 이미 공공선택론학파는 민주주의 국가에서 정당이 정권획득을 위해 확장적 재정정책을 통해 국민의 지지를 확보하려는 유인이 높으며, 이로 인해 적자지출과 국가부채가 지속적으로 증가하게 될 가능성이 높다고 지적하고 있다. 특히 국가채무의 증가는 정치화된 예산편성과정에서 사회복지예산을 포함한 재정지출 증가와 높은 인과관계가 있다는 여러 연구결과를 고려할 때, 재정당국과 정치권이 재정규율을 지키고 균형재정에 기반한 세입·세출을 할 수 있도록 제도적 기반을 마련하는 것이 중요하다.

재정건전성을 유지하기 위해서는 경제호황기에는 흑자재정을 유지하고, 경제위기가 발생할 때에는 적자재정을 활용할 수 있는 경기대응적(counter-cyclical) 재정정책이 필요하다. 그러나 극심한 경기침체나 경제위기가 발생한 이후 경제회복기에 들어서면 이러한 자동안정화 기제(built-in stabilizer)가 작동하지 않을 가능성이 높다. 예를 들면 경제침체기에는 필연적으로 경제성장률 저하에 따른 세입감소 현상이 발생하고, 정부는 통상적으로 경기불황에서 벗어나기 위한 재정지출을 늘리면서 재정건전성이 악화되는 과정이 발생한다.

그러나 경기가 회복된 직후에 정부가 재정건전성 확보를 위해 인기 없는 긴축정책을 강행한다는 것은 정치적으로 상당히 부담스럽기 때문에 경기회복 이후에도 적자지출은 줄지 않으면서 국가채무는 증가하는 현상이 나타날 가능성이 농후하다. 정부가 자발적으로 균형재정목표를 잘 지킨다면 경기침체와 회복에 유연하게 대처하면서도 재정건전성을 확립할 수 있겠지만, 지극히 정치화된 현대국가의 예산과정을 고려한다면 이러한 원칙을 지킨다는 것은 매우 어려운 것이 현실이다. 따라서 정부와 정치권에 법적 강제성이 있는 재정준칙을 부여함으로써 재정목표를 달성하는 방안을 적극 논의할 필요가 있다.

그러나 균형재정수지 등과 같은 법적인 재정준칙의 도입과 독립적 재정기구의 운영만으로는 올바른 예산규율(budget discipline)을 운용하는 데 충분하지 않다(Alesina & Perotti, 1995). 즉, 이러한 제도적 장치는 재정건전성 확보의 필요조건이지만 충분조건은 아닌 것이다(하연섭 외, 2018). 왜냐하면 적자편향성과 국가채무에 대한 의존을 줄이기 위해서는 재정건전성을 위한 강력한 정치적 의지가 중요하며, 이를 지탱할 수 있는 정치적 합의가 담보되어야만 하기 때문이다. 따라서 이러한 재정준칙과 함께 지속가능한 재정건전성을 확보하기 위해서는 재정을 운용하는 정부와 정치권의 '의지(commitment)', 그리고 이를 엄중히 감시하는 '국민의 눈'이 필수적으로 요청된다. 그 이유는 정치화된 정부예산과정에서 재정적자와 국가채무의 증가를 막을 수 있는 자동기제란 존재하지 않기 때문이다. 특히 재정당국의 의지는 '양입제출'에 기초한 '내부적이고 자발적인 재정규율'의 회복을 의미한다. 비록 예산과정에서 '탈정치화(depoliticization)'가 현실적으로 어렵다 하더라도 재정준칙 도입을 통한 '보수적 재정운용규칙의 제도화(institutionalization)'와 정치적 합의를 통한 '재정활동의 합리화(rationalization)'가 필요하다.

마지막으로 재정건전성을 확보하기 위해서는 균형재정수지 등의 제도적 기반도 중요하지만, 경제의 구조개혁이야말로 성장을 촉진하고 장기적으로 국가채무비율을 줄이는 데 가장 필요한 도움을 줄 수 있다(Barkbu, Rahman, & Valdés, 2012).[19] 산업구조개혁과 같은 정책은 중장기 성장잠재력을 개선하고 국가채무비율을 지속적으로 감축시킨다는 점에서 재정정책 차원에서도 중요한 의미를 지닌다(Abbas 외, 2013). IMF의 글로벌 통합통화재정모델(GIMF: Global Integrated Monetary and Fiscal Model)에서 모든 유로지역(Euro zone) 국가들이 이상적인 개혁의 절반 수준에 근접하는 대규모 노동과 제품시장, 연금개혁을 동

19) 다만 Abbas 외(2013)는 부채감축을 위해서는 재정수지 개선을 위한 정부의 정책의지 표명 및 효과와 시차 등을 고려한, 신중한 정책설계가 필요하다고 주장한다.

시에 추진한다고 하더라도 5년 동안 GDP를 4.5% 이상 증가시킬 수 있다고 나타나듯이, 잠재성장률을 높일 수 있는 과감한 구조개혁정책이 필요한 시점이다.

참고 문헌

국내 문헌

국회예산정책처(2009). **2008년 대한민국 재정.**

국회예산정책처(2012). **2012~2060년 장기 재정전망 및 분석.**

국회예산정책처(2013). 현행 국회 예산심사 제도 평가 및 개선방안 논의. **국회예산결산특별위원회 공동주체 나라살림 토론회** 자료. 국회예산정책처.

국회예산정책처(2014). **자영업자의 소득 탈루율 및 탈세규모의 추정**(연구보고서 제18호).

국회예산정책처(2015a). **2014회계연도 총수입 결산 분석.**

국회예산정책처(2015b). **국회 결산심사 강화를 위한 국회운영개선 방안 업무보고 자료.**

국회예산정책처(2016a). **2016~2060년 NABO 장기 재정전망.**

국회예산정책처(2016b). **주요국가의 재정제도.**

국회예산정책처(2019). **2019년 대한민국 재정.**

김성태(2010). **재정준칙 도입에 관한 연구: 정치적 지대추구행위와 장기재정추계를 중심으로**(KDI 정책연구시리즈 2010-03). 한국개발연구원.

김성태(2011). 우리나라 재정건전성 제고를 위한 정책과제. **경제연구, 29**(2), 111-152.

김성태(2018). 중장기적 시계에서 한국 재정정책의 방향. **한국경제포럼, 10**(4), 1-31.

김성태·박진(2014). **재정건전성의 평가 및 정책과제.** 한국개발연구원.

김유찬(2015). 향후 경제 및 재정운용방향. **국회 기획재정위원회 공청회** 자료.

김용하(2019). 시뮬레이션 기법을 이용한 국민연금 제도적 지속가능성 고찰. **보건사회연구, 39**(2), 37-64.

김정훈(2017). 중장기 재정전망 및 국민부담: 정치경제적 관점의 논의. **재정학연구, 10**(1), 1-38.

김준석(2006). 17대 국회의 국정감사와 예산결산심의과정평가. **한국정당학회보, 5**(2), 5-36.

대한민국 정부(2015). **2015~2019년 국가재정운용계획.**

대한민국 정부(2018). **2018~2022년 국가재정운용계획.**

대한민국 정부(2019). **2019~2023년 국가재정운용계획.**

박유성·류재린·김균(2018). 우리나라 사회보장제도의 재정적 지속가능성. **사회보장연구, 34**(3), 59-89.

박용주(2015). 향후 경제 및 재정운용방향. **국회 기획재정위원회 공청회** 자료.

박형수(2019). 국가재정, 정말 문제없나?. **국가경영전략연구원 건전재정포럼** 세미나 자료.

박형수·류덕현·박노욱·백웅기·홍승현(2012). **재정제도 및 재정운용 시스템의 개선**. 한국조세재정연구원.

신가희·김영록·하연섭(2018). 재정제도가 재정건전성에 미치는 영향 분석: 정치제도와의 정합성을 중심으로. **한국정책학회보, 25**(4), 359-383.

신석하·황수경·이준상·김성태(2013). **한국의 장기 거시경제변수 전망**. 한국개발연구원.

신영임·강민지(2014). **자영업자의 소득 탈루율 및 탈세규모의 추정**. 국회예산정책처.

안현실(2015. 9. 18). [안현실의 산업정책 읽기] 케인스와 슘페터의 대화. **한국경제신문**.

염명배(2016). 저성장시대, 재정 트릴레마 극복을 위한 새로운 재정정책 패러다임의 모색. **재정학연구, 9**(1), 45-85.

염명배·유일호(2011). 독일과 우리나라의 통일비용 및 통일재원 비교 연구. **재정학연구, 4**(2), 183-221.

이우진(2015). **한국의 재정과 복지**. 국회예산정책처.

이영환·이남수(2016). 결산 및 예산안 심의제도 개선에 관한 연구. **재정학연구, 10**(2), 223-261.

이인실(2016). 국가재정법」과 지속가능 건전재정을 위한 국회의 예산심사제도 개선. **예산정책연구, 5**(2), 99-128.

이정희(2014). 재정건전성 확보를 위한 Top-down 예산심사 및 PAYGO제도 도입방안. **법안비용추계 확대와 예산심사제도 개선방안 토론회** 자료. 국회예산정책처.

최 광(2012). 한국 재정의 과거 현재 미래: 고찰과 성찰. **재정학연구, 5**(2), 53-89.

하연섭(2016). 재정건전화의 정치경제: 비교제도분석. **한국정책학회보, 25**(1), 237-267.

하연섭·신가희·유승원(2018). 재정준칙과 독립적 재정기구의 효과적 운영을 위한 제도적 조건 탐색: 퍼지셋 질적비교 분석을 중심으로. **한국정책학회보, 27**(2), 1-25.

홍승현(2012). **글로벌 경제위기와 재정준칙**(정책분석 12-03). 한국조세연구원.

황성현(2014). 정권별 조세재정정책기조의 평가와 시사점: 문민정부에서 박근혜정부까지. **재정학연구, 7**(2), 117-157.

해외 문헌

Abbas, S. A., Akitoby, M. B., Andritzky, M. J. R., Berger, M. H., Komatsuzaki, M. T. and Tyson, J. (2013). *Dealing with high debt in an era of low growth*(No. 13-17). Washington, D.C.: International Monetary Fund.

Alesina, A., & Perotti, R. (1995). Fiscal expansions and adjustments in OECD countries. *Economic policy, 10*(21), 205-248.

Alesina, A. and Perotti, R. (1999). Budget deficits and budget institutions. In Poterba. J. M., and von Hagen. J.(Eds.), *Fiscal institutions and fiscal performance*(pp.

13-36). Chicago, Illinois: University of Chicago Press and NBER.

Barkbu, B., Rahman, J., and Valdés, R. (2012). *Fostering Growth in Europe Now*(IMF Staff Discussion Notes 12-7).

Blanchard, O. J., Chouraqui, J. C., Hagemann, R., & Sartor, N. (1991). *The sustainability of fiscal policy: New answers to an old question*(NBER Working Paper R1547).

IMF(2012). Fiscal *Monitor-Taking Stock: A Progress Report on Fiscal Adjustment.* Retrieved January 20, 2020 from https://www.imf.org/en/Publications/FM.

Kopits, G., & Symansky, S. A(1998). *Fiscal Policy Rules*(Occasional Paper No. 162). Washington D.C.: International Monetary Fund.

OECD(2018). *OECD Sovereign Borrowing Outlook 2014.* Paris: OECD Publishing,

OECD(2019). *Government at a Glance 2017.* Paris: OECD Publishing.

Reinhart, C. M., Reinhart, V. R., and Rogoff, K. S. (2012). *Debt Overhangs: Past and Present*(SSRN Scholarly Paper No. ID 2047266). Retrieved January 20, 2020 from https://papers.ssrn.com/abstract=2047266.

찾아보기

저자 약력

김 준 기(金俊基)

학　　력

- 1984~1987년 英國 London School of Economics and Political Science 經濟學학사
- 1987~1989년 美國 Harvard Kennedy School of Government 政策學석사
- 1991~1995년 美國 Harvard University 政策學박사

경　　력

- 1996~1997년 Harvard University, Data Center Government and Business Program, Research Fellow
- 2003~2004년 Duke University, Political Science Department, Visiting Associate Professor 강의: NGO and Governance, NGOs and Globalization
- 1997년~현재 서울대학교 행정대학원 교수
- 2010~2012년 서울대학교 국제협력본부장
- 2012~2014년 서울대학교 행정대학원 원장
- 2015~2017년 국회예산정책처장
- 2018~2019년 기획재정부 준정부기관경영평가단장

연구실적

- 1999년, 합리적 선택과 신제도주의(공저). 서울: 대영문화사
- 2004년, 세계화시대의 국가정책(공저). 서울: 박영사
- 2006년, 정책사례연구(공저). 서울: 대영문화사
- 2006년, 정부와 NGO, 서울: 박영사
- 2006년, System Transformation in Comparative Perspective(공저). Berlin: LITVerlag
- 2006년, 희망한국을 향한 성찰의 기록(공저), 정책기획위원회
- 2006년, 한국의 사회복지 네트워크의 효과성에 관한 연구, 서울대학교 출판사
- 2014년, 공기업정책론, 문우사.

국가채무

초판발행 2020년 3월 20일
중판발행 2021년 9월 10일

지은이 김준기
펴낸이 안종만·안상준

편 집 이강용
기획/마케팅 손준호
표지디자인 박현정
제 작 고철민·조영환

펴낸곳 (주) 박영사
서울특별시 금천구 가산디지털2로 53, 210호(가산동, 한라시그마밸리)
등록 1959. 3. 11. 제300-1959-1호(倫)
전 화 02)733-6771
f a x 02)736-4818
e-mail pys@pybook.co.kr
homepage www.pybook.co.kr
ISBN 979-11-303-0950-7 93350

정 가 29,000원